러시아 정체성

SLAVICA 슬라비카총서 08

슬라비카 총서 08
러시아 정체성 포스트소비에트의 이념과 정서

발행일 초판1쇄 2018년 5월 15일 • **지은이** 제임스 빌링턴 • **옮긴이** 박선영
펴낸이 유재건 • **펴낸곳** (주)그린비출판사 • **주소** 서울시 마포구 와우산로 180, 4층
전화 02-702-2717 • **이메일** editor@greenbee.co.kr • **신고번호** 제2017-000094호

ISBN 978-89-7682-291-8 93920
이 도서의 국립중앙도서관 출판예정도서목록(CIP)은 서지정보유통지원시스템 홈페이지(http://seoji.nl.go.kr)와
국가자료공동목록시스템(http://www.nl.go.kr/kolisnet)에서 이용하실 수 있습니다.(CIP제어번호: CIP2018013555)

이 책은 (주)한국저작권센터(KCC)를 통한 저작권자와의 독점계약으로 (주)그린비출판사에서 출간되었습니다.
저작권법에 의해 한국 내에서 보호를 받는 저작물이므로 무단전재와 복제를 금합니다.
책값은 뒤표지에 있습니다. 잘못 만들어진 책은 서점에서 바꿔 드립니다.

철학이 있는 삶, 그린비출판사 www.greenbee.co.kr

러시아 정체성

포스트소비에트의 이념과 정서

제임스 빌링턴 지음 | 박선영 옮김

SLAVICA 슬라비카총서 08

옹B
그린비

서문

이 책은 러시아인들이 소비에트연방 붕괴 이후 자국의 본성과 운명에 대해 어떻게 생각해 오고 있는가에 대한 논의이다. 그것은 이 시기 러시아 국가 자체의 역사라기보다는 거대한 지적 전통의 계승자들이 자유라는 새로운 조건들 아래서 러시아 정체성이라는 고전적인 물음과 어떻게 씨름하고 있는지를 연대순으로 기록하려는 시도라고 할 수 있다.

1980년대 중반, 미하일 고르바초프Mikhail Gorbachev 집권하에서 글라스노스치glasnost' ── '말할 수 있는' 자유 ── 가 현실이 되어 버린 이후쭉 러시아의 정체성에 대한 논의는 예전 그 어느 때보다 더욱 공개적으로 진행되어 오고 있다. 이런 논의 과정에서 등장한 여러 의견들은 현대 서구로부터 차용한 것일 뿐만 아니라 러시아의 과거로부터 캐낸 것이기도 하다.

오랫동안 억압받아 왔던 여러 집단의 사람들이 자신들의 목소리를 찾게 되었고 논쟁에 뛰어들었다. 이 논쟁은 불과 몇 년 전만 해도 상상할 수 없었던 다양한 방식을 통해서 이루어졌다. 즉, 텔레비전, 인터넷, 공개 원탁회의상으로, 그리고 여론조사 기관들, 나이트클럽 출연자들, 커리큘럼을 만들어 내는 교육 전문가들과 백일장을 후원하는 기관들을 통해서 이루어졌던 것이다. 이 모든 것들이, 이제는 상상 가능한 거의 모든 관점의 대중적인 논쟁과 학술적인 논쟁을 모조리 발표하여 이미 넘쳐흐르고 있는 저널리즘의 강으로 흘러 들어가고 있다.

러시아인이 되는 것이 의미하는 바가 무엇인가에 대한 이 논의는 러시아 역사상 최초로 제국이 아닌 **국가**, 독재정이 아닌 **민주주의**가 이제 막 되어 버린 정치적 실체 안에서 생겨나고 있다. 공산주의적 전체주의는 국가의 제국적이며 독재적인 권력을 한껏 확장시켜 인류 역사상 전대미문의 현상으로 만들어 버렸다. 공산주의적 전체주의의 권력 이양 과정 또한 그와 마찬가지로 전례가 없을 정도였다.

소비에트연방 내 스탈린주의의 킬링필드에 심어졌던 많은 것들은 씨앗이 되어 천천히 썩어 갔으며 1980년대에 새로운 성장을 위한 부식토가 되었다. 수천의 새로운 꽃들과 그 수만큼의 씨앗들이 밑에서부터 싹을 틔웠거나 외부로부터 옮겨 와 심어졌다. 그러나 오래된 뿌리들은 결코 체계적으로 캐내어지지 못했다. 새로운 러시아연방의 척박한 토양과 무자비한 추위 속에서 어떤 싹이 궁극적으로 꽃을 피우고 열매를 맺을지가 곧바로 분명해지지는 않았던 것이다.

그러나 일정한 인간적 회복력과 온기는 어떻게든 소비에트 시기를 살아냈고 사람들은 더 나은 교육을 받게 되었다. 공산주의가 붕괴되자, 러시아인들은 세계 제국 내에서 우세한 권력이 되어야 한다는 주장으로부터, 그리고 어디에나 스며 있는 변덕스럽고도 간섭해 대는 독재의 공포로부터 갑작스럽게 자유로워졌다. 의식 있는 러시아인들은 전체적으로는 삶에 대한 진리를, 부분적으로는 자신들의 공동의 국가적 삶에 대한 진리를 탐색하고 있었다.

러시아인들은 전통적으로 자신들이 제어할 수 없는 무시무시한 중앙 권력을 마주했을 때 그런 탐색을 해왔다. 아주 오래도록 그들을 통치하고 그들의 의식에 침투한 이런 힘을 의미하는 많은 러시아어 단어들이 존재한다. '블라스치'vlast'는 순수한, 날것으로서의 힘을 의미하고, '실라'sila는 물리력을, '데르자바'derzhava는 목표를 부과하는 힘을, '고수다르스트보'gosudarstvo는 주권력을, '프라비텔스트보'pravitel'stvo는 통치력을 의미한다.[1]

　단일 통치자의 무제한적인 힘을 의미하는 러시아어 단어 '사모데르자비에'samoderzhavie는, 원래 단순히 '아우토크라토르'autokrator로 표현되었던 비잔틴 그리스어 '아우토크라테스'autokrates를 고유하게 슬라브어로 번역한 것이다. 그리고 러시아 제국의 통치자들은 북유럽의 그 어떤 독재정보다 더 강력한 절대적인 독재정을 만들기 위해 자신들이 취한 최초의 비잔틴 모델 위에다 몽골과 초기 근대 서유럽의 권위주의적인 관례들을 쌓아 올렸다.

　그러나 전통적으로 러시아 제국 내에서 책임지지 않는 단일 통치자에 의해서 행사된 힘은 언제나 광활한 공간을 뒤덮고 내부의 투쟁들을 가렸던 얇은 외피였다. 그러나 그것은 절대 비어 있는 외피가 아니었다. 오히려 그것은 러시아인들이 마트료시카matreshka라 부르는 인형들 —— 짧은 일정으로 러시아를 찾는 외국인들이 러시아의 고유한 것이라 여겨 뭔가 좀 재미있는 것을 가져가고 싶을 때 사 가는 그런 것 —— 가운데 한 인형의 바깥 인형과 유사하다.

　러시아에 좀 더 길게 머물거나 권력의 외면을 안쪽으로 좀 더 깊게

---

1 우리말로 '블라스치'는 '권력', '실라'는 '힘', '데르자바'는 '주권', '고수다르스트보'는 '국가', '프라비텔스트보'는 '정부, 통치'의 뜻에 가깝다. —— 옮긴이

바라본 사람들은 다른 얼굴들을 지니고 있는 또 다른 인형들을 보게 되었다. 러시아 문화는 변방의 수도사들[2]과 성스러운 바보들[3]에서 시작해 고립된 예술가들과 영웅적인 반체제 인사들에 이르는 수많은 변형들을 통해서, 권력을 향해 진실을 말하고 진실을 찾는 사람들을 늘 만들어 냈다. 러시아가 힘은 좀 잃었지만 보다 자유로워졌을 때, 러시아 국민들은 자신들이 예전에는 가슴속에만 간직하고 있었거나 소규모의 신뢰할 수 있는 친구들 모임에서만 토론할 수 있었던 생각들을 공개적으로 표현하기 시작하게 되었다.

그러나 러시아인들이 고르바초프의 글라스노스치 시기에 자신들의 공개적인 목소리를 회복하기 시작하자마자 그들은 자신들이 누구이며 어디로 가고 있는지에 대한 내적 확신을 잃어버리기 시작했다. 과도한 중앙집권화와 소비에트 체제에 대한 강요된 확실성은 구멍이 숭숭 뚫려 있는 러시아연방의 분열과 불확실성에 굴복하게 되었던 것이다.

격변기에 나타난 불확실한 상황은 일종의 문화적·심리적 신경쇠약을 만들어 냈다. 풍성하고 다채로운 말 공세가 쏟아져 나오고 있지만, 러시아 자체는 말할 것도 없고 그 소란스러운 대화가 대체 어디를 향해 가고 있는지는 분명치가 않다. 그 어젠다는 안드레이 사하로프Andrey

---

2 17세기 중반, 총대주교 니콘(Nikon)과 차르 알렉세이 1세가 단행한 교회 개혁에 맞서 기존의 전례 의식과 전례서를 그대로 따를 것을 주장하다가 1666년경 파문당했던 지방의 사제들과 신도들을 가리킨다. 박해를 피해 볼가강이나 시베리아 등의 변방으로 숨어들 수밖에 없었던 이들은 '구교도' 혹은 '분리파'로 불렸다. 구교도의 대표적인 인물로는 러시아 문학사에서 높이 평가받는 『아바쿰의 생애전』(Zhitie protopopa Avvakuma)이라는 자서전을 남긴 사제장 아바쿰(Avvakum)이 있다. 이에 대해서는 이인영, 『아바쿰: 러시아문화사적 측면에서 본 「생애전」』, 서울대학교출판부, 1991 참조. ── 옮긴이
3 러시아어로 '유로디비'(yurodivy)라 불리는 이들은 겉으로는 바보, 광인으로 보이지만 이곳저곳을 떠돌아다니며 고행을 하면서 진리를 설파하는 러시아 정교회의 성직자였다. ── 옮긴이

Sakharov와 알렉산드르 솔제니친Aleksandr Solzhenitsyn 같은 거물급 인사들도 세우지 못했다. 과거의 러시아에서처럼 위나 중심으로부터 통제되지 못했고 심지어는 틀이 잡히지도 않았다. 러시아인들은 심지어 주관적인 문제들에 관해 폭발적으로 글을 써내는 것이 지정학이나 경제학의 객관적인 요인들에 의해 만들어진 음울한 현실에 비해 역사적으로 더욱 중요하다는 것조차 확신하지 못했다.

그러하니 대체 어떻게 멀리서, 한때는 라이벌이었던 국가의 한 연구자가 이렇게 아주 다른 문화 속에서 전개된 심각하고 종종 고통스러운 그 대화들을 감히 기술할 수 있겠는가? 미국인들은 결코 러시아인들과 싸운 적이 없지만 우리들은 반세기가 넘도록 세계 파괴의 가능성이 있었던 새로운 종류의 갈등 속에서 러시아인들과 함께 맞물려 있었다. 그러나 이 대결은 10여 년 전, 두 나라 중 그 어떤 나라도 예상치 못한 평화로운 방식으로 갑작스럽게 끝나 버렸다.

그 이후, 한 나라의 이상들이 다른 나라에 의해서 극적으로 받아들여졌다. 그러나 자유, 민주주의, 시장경제와 같은 이상들은 갈피를 잡을 수 없을 만큼 수많은 현재의 문제들에 직면한, 매우 상이한 과거사를 지닌 국민들 사이에 심어졌다. 그리고 평범한 러시아인들은 어떤 점에 있어서는, 멀리 떨어져서 책임도 지지 않는 자신들의 통치자들에 대해 느꼈던 매혹과 분노가 뒤섞인 감정을 유일하게 남아 있는 초강대국, 즉 훨씬 멀리 떨어져 있는 미국에다 옮기고 있다.

나는 오랫동안 지속된 러시아에 대한 학문적 매력으로 인해 이런 힘겨운 물살을 계속 헤치고 나아갈 것이다. 그것은 내가 미국인으로서, 민주주의를 창조하려는 러시아의 실험이 우리가 생각해 왔던 것보다 더 나은 세계를 건설할 수 있는 더 큰 잠재력을 품고 있다고 확신하기 때문이거니와 우리가 일반적으로 이해해 오던 것보다 더 지속적인 위험들을 품고 있다고 확신하기 때문이기도 하다. 내 연구 방법은 엄청난 몰입에 있었다. 그러나 아아, 유감스럽게도, 그 몰입은 러시아에서의 장기 체류를 통한 것이 아니라 45년이 넘는 동안 가졌던 셀 수 없이 많은 방문과 내가 책임을 맡고 있는 새로운 의회 프로그램들에 참가한 러시아인 참석자들과의 최근에 있었던 수많은 대화를 통한 몰입이었다.[4]

러시아에 대한 나의 관심은 스탈린그라드 전투[5]가 맹렬했던 시절, 초등학생이었던 내가 레프 톨스토이Lev Tolstoy의 『전쟁과 평화』Voina i mir를 발견하면서 시작되었다. 그때 나는 어제의 소설이 오늘의 신문보다 내일이 가져올 것에 대해 더 많은 것을 말해 줄 수 있다는 것을 막연하게나마 감지했다. 그 이후 나는 갖가지 방식으로 음악과 그림, 그 무엇보다 러시아인들이 쓴 글을 정복하게 되었다.

두 권의 주요 저서 『이콘과 도끼』The Icon and the Axe와 『인간들 가슴속의 불꽃』Fire in the Minds of Men에서 필자는 처음에는 (러시아 문화의 독특한 종교적이고 토착적인 요소들을 강조하면서) 통일체로서의 러시아 문화에 대한 내러티브를, 그다음에는 주로 그 문화를 파괴한 힘(서구로부터 이식된 혁명적 신념)에 대한 내러티브를 만들어 내려 노력하였다.[6] 1987년

---

4 러시아 내에서의 분열이나 독재정의 부활은 여전히 엄청난 러시아의 대량살상무기 보유량으로 인한 전략상의 위험들을 재활성화시킬 수 있거나/있고, 주요한 유라시아 대륙 내에서 우세한 전제정으로 인한 전통적인 지정학적 위험을 재확인할 수 있다(러시아와 국경을 가장 많이 맞대고 있고 21세기 초의 평화와 자유를 가장 위협하고 있는 것으로 종종 보이는 두 세력, 즉 남쪽의 독재적 이슬람이나 동쪽의 중국과의 새로운 갈등을 통해서든 새로운 동맹을 통해서든 말이다).

5 1942년 8월 21일부터 1943년 2월 2일까지 러시아의 남서부에 위치한 도시 스탈린그라드(현 볼고그라드)에서 소련군과 독일군 사이에서 벌어진 전투. 제2차 세계대전의 최대 격전이자 전환점이 된 전투로, 세계 전쟁사에서도 의미 있게 다루어지고 있다. ──옮긴이

6 제임스 빌링턴, 『이콘과 도끼: 해석 위주의 러시아 문화사』 전 3권, 류한수 옮김, 한국문화사, 2015; 『혁명과 신념: 혁명적 신념의 토대』 전 2권, 이병석·김한경 옮김, 맥남, 1987. ──옮긴이

미 의회도서관장이 되고 난 뒤, 나는 분량이 좀 더 적은 책 두 권을 썼다. 1991년 8월 모스크바에서 직접 목격한 공산주의의 마지막 전복을 기술한 『변화된 러시아: 희망을 향한 약진』*Russia Transformed: Breakthrough to Hope*과 러시아인들이 이전에는 진지하게 경험해 보지 못했던 연속적으로 들여온 여섯 개의 외국 예술 양식을 어떻게 완전한 모방에서 자신들의 것으로 받아들여 창조적인 개혁을 하게 되었는지를 추적한 『러시아의 얼굴』 *The Face of Russia*이 그것이다.[7]

예술 분야에서 보인 뜻밖의 창조적인 약진을 다룬 러시아인들의 기록을 통해 나는 러시아인들이 입헌 민주주의 건설이라는 어려운 예술에서도 언젠가 성공할 수 있지 않을까 생각하게 되었다. 여기에는 다시 한 번 그들이 예전에는 거의 알고 있지 못했던 독창적인 방식이 있었다. 그들은 마치 그들이 1000년 전 비잔틴의 종교·예술 모델들을 갑작스럽게 받아들이기 시작했던 것처럼, 외국의 정치·경제 모델들을 성급하게 대규모로 수입하기 시작했던 것이다. 지금 러시아인들은 14세기 종교화宗教畵에서 그들이 이루어 냈던 것처럼, 세속적인 정치에서 자신들만의 혁신적인 버전들을 창조해 낼 수 있을 것인가? 아니면 그들이 도입한 새로운 사회 모델들이 17세기 중반 서구 자연주의의 출현으로 인해 성상화가 그랬던 것처럼 파괴되고 분해될 것인가?

포스트소비에트 러시아에 새롭게 찾아온 자유는 예전 그 어느 때보다 훨씬 다양한 사상가들이 러시아의 본성과 운명의 역사에 관한 가

---

7 후자의 책에서 빌링턴은 루블료프(Andrey Rublev)의 회화, 라스트렐리(Francesco Bartolomeo Rastrelli)의 건축, 고골(Nikolay Gogol)의 문학, 무소르그스키(Modest Mussorgsky)의 음악, 에이젠시테인(Sergey Eisenstein)의 영화와 자유라는 여섯 가지 주제를 가지고 러시아의 특성을 규명하려고 노력한다. —— 옮긴이

장 다각적인 공개 토론들에 참가할 수 있도록 해주었다. 주창 저널리즘 advocacy journalism(푸블리치스티카publitsistika)이 메시지 전달의 매체로서 소설(벨레트리스티카belletristika)을 대신하게 되었다. 사실상 푸블리치스티카가 이제 막 깃털이 나기 시작한 민주주의의 주도적인 예술 양식이 되었던 것이다. 소비에트 검열로 불가가 되었던 전통적인 예술 분야는 새로운 경제체제에서 국가 지원이 끊기는 새로운 방식으로 인해 현재 허약해져 있다.

새로운 푸블리치스티카는 확실히 자리를 잡은 출판 문화뿐만이 아니라 새로운 멀티미디어 양식들, 전자 커뮤니케이션을 점유하고 있다. 나는 내 최근작의 제목과 동일한 '러시아의 얼굴'이라는 타이틀로 러시아 문화 관련 텔레비전 시리즈를 만들면서 이 세계에 발을 들여놓았다. 그리고 미 의회는 의회도서관이 인터넷상에 미국과 러시아 양국 역사에서 유사한 주제들을 보여 주는 희귀한 주요 문서들로 구성된 '경계의 만남'The Meeting of Frontiers이라는 이름의 양국어 교육 도서관을 만들 수 있도록 해주었다.

이 책은 포스트소비에트 러시아가 어떻게 국가로서 자신의 정체성을 정의하는지, 그리고 축소되긴 했지만 여전히 널찍한 국경 내의 권력 행사를 다시금 합법화하는지를 밝혀내기 위해 폭넓고 방대한 양의 푸블리치스티카를 살펴보려는 시도이다. 나의 해석은 미국 학계에 있는 다른 학자들보다 러시아 문화의 도덕적 격정과 종교적인 차원을 역사적으로 더욱 중요한 것으로 여긴다. 그러나 나는 러시아 문화 전공자들이 경제학이나 정치학 전공자들보다 더 명확하게 소비에트 체제의 한시성을 자주 예언했었다고 주장하고 싶다.

물론 보다 개방적인 포스트소비에트 시대의 지적·문화적 표출을 연구하는 것이 새로운 러시아연방에게 닥쳐올 미래 국면들을 예측하는 데에 도움을 줄 것으로 꼭 생각할 필요는 없다. 중요한 것은 방대한 자료와 의견을 자세히 살펴보고, 그것들을 각주를 달아 문서화하며 어떤 잠정적인 결론들을 제시할 수 있는 서술 텍스트로 출판하는 것이다. 나는 다른 외부 관찰자들의 여러 관점들과 논쟁하며 러시아의 일차 자료들을 발전시키기보다는 그 일차 자료들에서 잠정적인 결론을 도출하고자 시도하였다.

내가 러시아의 기록에서 발견했던 복잡하고 종종 패러독스적인 사유의 흐름을 따라갈 수 있을 만큼 인내심이 있는 독자들에게는 세 개의 잠정적인 결론이 드러날 것이다. 이 세 결론 중 그 어느 것도, 오늘날의 러시아에 관한 현재 일치된 의견 — 변변히 존재하는 건 아니지만 — 의 한 부분이 될 수는 없을 것으로 보인다. 이 결론들은 중요한 러시아 사상가들이 자국에 대해 말하는 것을 진지하게 받아들여 도출한 것이다. 나는 이 사상가들이 스스로 러시아의 미래를 규정하기는커녕 러시아의 미래에 결정적으로 영향을 끼치게 될 것이라고도 생각하지 않는다. 그러나 신흥 정치 지도자들이 그런 미래를 만들어야 할 것이라는 생각에서 비롯된 러시아 국민들의 심리 상태를 이 사상가들이 반영하고 있다고 나는 굳게 믿는다. 나는 또한 믿음과 확신의 문제가 역사속 두드러진 변화들을 위한 중요한 결정 요인들이며 러시아의 경우에는 특히나 이런 문제들이 종종 결정적이라고 생각한다.

내가 제시하는 첫 번째 결론은 확실히 가능성 있는 미래의 러시아 정체성들의 범위는 현재 예상되고 있는 그 어떤 것보다 훨씬 좋다, 훨씬 나쁘다라는 두 가지 대안을 포함해야 한다는 것이다. 두 번째, 나는 가능성들 사이의 균형이 심각한 국제 전쟁이나 내부 격변이 없다면 대체로 가능성 있다고 여겨지는 것보다 상당히 나은 최종 결과를 가리키고 있다고 믿는다. 마지막으로, 지속되고 있는 긍정적인 정체성은 러시아인들이 유럽의 정치·경제적 제도를 자신들 문화의 종교·도덕적인 차원을 고유하게 회복하는 것과 조화롭게 종합할 때라야만 가능할 것이라고 나는 믿는다.

위험 요인은 포스트공산주의 러시아가 효율적이지만 한계가 있는 법치를 완벽히 제도화하는 데 성공하지 못하거나 더욱 현대적이고 다원적인 사회를 위한 심층적인 도덕적·정신적 기반들을 발전시키는 데에 성공하지 못할 수도 있다는 것이다. 그러한 실패는 대외무역을 늘리고 서구 경제로부터 유용한 기술의 수입을 늘림으로써, 현대화되고 역사적으로 과도하게 중앙집권화된 러시아 전제정의 또 다른 버전이 될 공산이 크다. 러시아가 슬라브주의나 전제군주제 혹은 과거 소비에트로 돌아가지는 않을 것이다. 러시아의 미래를 위한 투쟁은 전설 속 러시아 정신 안에 있는 '동'東과 '서'西 사이에 있는 것이 아니라 신흥 정치적 통일체body politic 안에 있는 동의 요소와 서의 요소라는 두 가지 아주 상이한 점들을 종합하는 가운데 있다.

*   *   *

애초에 나는 소비에트 제국이 붕괴되기 시작한 1980년대 후반에 있었던 러시아의 새로운 정체성 모색을 연구하려고 했었다. 우드로윌슨국제학술센터Woodrow Wilson International Center for Scholars의 책임자로 13년간 근속한 뒤, 1987년에 뉴욕카네기재단Carnegie Corporation of New York에서 받은 연구비로 러시아에서 연구를 수행하기 위해 반년간의 안식년을 준비하고 있었던 것이다. 그러나 나는 미 의회도서관장으로 임명되어 안식년

휴가를 접게 되었고, 훨씬 큰 이 기관의 책임자로 16년간 근속하기 시작하면서 이 연구를 미뤄 둘 수밖에 없었다.

공산주의의 붕괴와 소비에트연방의 와해는 연구 주제를 보다 복잡하고도 시급한 것으로 만들었다. 다소 놀랍게도, 나의 새로운 직책은 내가 러시아 내 변화 과정들과 접촉하는 것을 감소시켰다기보다는 오히려 크게 증가시켜 주었다. 때로는 국회의원 사절단, 대통령 사절단, 도서관 및 교회 관계자들과 함께, 때로는 소장 도서를 늘리고, 전시회를 진척시키며 자매 기관들과의 관계를 증진시키기 위해 나는 러시아연방의 많은 지역들을 방문하게 되었던 것이다.

나는 일련의 학회 —— 처음에는 미 의회도서관 내의 미국인 동료들과 유럽 동료들과 함께한 소규모 학회들, 이후에는 러시아의 주도적인 사상가들이 대거 참석한 가운데 보다 긴 일정으로 열린 이스트라, 톰스크, 모스크바에서의 학회들 —— 를 조직함으로써 러시아의 정체성 탐색과 관련하여 지속되어 온 나의 연구를 결론짓기로 결심했다. 로체스터대학교의 캐슬린 파르테Kathleen Parthé 교수를 그 프로젝트 첫 단계의 공동 연구자로 요청할 수 있었던 것은 나에게는 아주 큰 행운이었다. 농촌 작가들과 국수주의적 경향의 푸블리치스티카 작가들에 관한 그녀의 중요한 연구는 대부분 일차 자료들을 활용한 것이었다. 그리고 그녀의 연구는 유럽의 관찰자들이 종종 러시아의 현상들에 접근하면서 특징적으로 가지게 되는 반사적인 비난이나 감상적인 찬사로부터도 아주 자유로웠다. 그녀는 러시아에서 있었던 세 번의 콜로키움 테마의 틀을 잡는 데에도 도움을 주었으며 그 콜로키움의 전체 회의록을 러시아어 원문에서 영어로 번역하고, 보충 해설을 담아 단독으로 출판하기 위해 편집하는 과정에서도 대단한 작업 능력을 보여 준 바 있다.[8]

애초에 나는 그 출판물에 이 학회들을 묘사하고 10년간의 폭넓은 독서와 러시아인들과의 집중적인 대화를 통해 얻어진, 러시아의 정체성 탐색에 관한 내 결론을 조합하는 에세이를 포함시킬 생각이었다. 하지만 그 에세이는 자라나서 한 권의 책이 되었다. 책의 완성은 늦어졌지만 새 천 년을 맞으며 한껏 부풀어오른 논쟁과 예언으로 늘어난 분량 때문에, 그리고 의회가 주최하고 내가 의장으로 있었던 '오픈월드: 러시아 리더십 프로그램'으로 1999년 6월부터 2003년 12월까지 미국을 방문했던 7500명 이상의 러시아 젊은이들 덕분에 이 책은 더욱 풍성해졌다.

이 책에 쓰일 일차 자료들을 선별하고 내 생각을 내세우기보다는 러시아의 기록물에서부터 도출해 내려고 애썼던 해석들은 모두 나 홀로 담당한 것이었다. 그러나 무엇보다 나는 미국 의회에 큰 빚을 지고 있다. 지속적이고 초당파적으로, 미 의회는 의회 차원으로는 러시아 내 민주화 과정을 도울 수 있는 다양한 프로젝트들로 의회도서관을 지원해 주었고, 개인적으로는 내가 러시아 관련 저술을 계속할 수 있도록 용기를 북돋아 주었다. 무엇보다, 나는 의회도서관을 전 세계 거의 모든 언어와 형식으로 구성된 세계 지식의 완전한 컬렉션으로 만들어 유지하고 있는 것에 대해 미 의회에 감사한다. 각주에서 언급된 거의 모든 항목은 의회도서관에서 찾아볼 수 있다. 이 자료들이 없었더라면 나는

---

8 James H. Billington and Kathleen Parthé, *The Search for a New Russian National Identity: Russian Perspective*, Washington, D.C.: Library of Congress, March, 2003. http://www.loc.gov/about/welcome/speeches/russianperspectives/index.html에서 이용 가능하다. 파르테 교수는 이 책의 원고도 친절히 읽어 주셨고 값진 의견들을 주셨다. 최초에 나는 해당 주제로 1990년 『워싱턴포스트』에 글을 쓴 바 있으며("Russia's Quest for Identity", *Washington Post*, January 21, 1990; "Looking to the Past", *Washington Post*, January 22, 1990), 이후 동일 주제로 모스크바에서 강연을 하였다. 강연 내용은 "Rossiia v poiskakh sebia", *Nezavisimaia gazeta*, June 4, 1991[「자기 정체성 탐색 중인 러시아」, 『자주신문』]으로 발표되었다.

이 책을 쓸 수 없었을 터이지만 의회의 소장 자료들은 내가 의회에 진 많은 빚 중에서 시작에 불과할 뿐이다.

나는 아주 오랜 기간 다방면으로 나를 도와준 의회도서관 러시아 분과의 두 동료, 아이린 스테클러Irene Steckler와 해리 라이Harry Leich에게 감사의 마음을 전한다. 그들은 최고의 재능을 지닌 우리 직원들이 얼마나 헌신적이며 학자적 기량이 뛰어난지를 보여 주는 전형이라고 할 수 있다. 나는 모스크바 안팎에서 연구 자료를 찾아 준 미하일 레브네르Mikhail Levner에게 깊이 감사드린다. 전前 러시아 대사 제임스 콜린스James Collins 에게도 깊은 감사를 드린다. 그분은 자신의 문화 담당관 존 브라운John Brown과 마찬가지로 콜로키움에 참석해 주셨다. 또한 나는 의회도서관의 러시아 프로젝트들을 지원해 준 알렉스 힐코프Alex Khilkov와 모스크바 주재 미국 대사관과 상트페테르부르크 주재 미국 영사관의 많은 분들께도 깊은 감사를 드린다.

나와 함께 이 책의 주제에 대해 토론했던 수많은 러시아인들에게 감사드린다. 나는 만년의 드미트리 리하초프Dmitry Likhachev와 예카테리나 게니예바Ekaterina Genieva의 도움과 우정에 특별히 감사드린다. 내가 고마움을 표해야 하는 의회도서관의 많은 동료 가운데, 특히 나의 뛰어난 특별 보좌관 팀 로빈스Tim Robbins의 유용한 도움과 비길 데 없이 훌륭한 전前 비서 바바라 사카모토Barbara Sakamoto가 출판용 원고 최종본을 준비하면서 보여 준 뛰어난 작업에 감사를 표한다.

드미트리 글린스키Dmitry Glinsky는 이 연구 작업에서 특히나 큰 도움을 주었다. 그는 소중하고 창의적인 연구 동료로 내가 이 연구를 위해 찾았던 수많은 입장들을 발견하고 기술하고 분석하고 비평하기 위해 잘 알려지지 않은 출판물, 인터넷 웹사이트, 대중적인 텔레비전 쇼를 살펴봐 주었다. 또한 최종본을 읽어 주고 비평해 준 드미트리 글린스키와 캐런 캐들Caron Cadle에게 감사한다.

관대하게 이 프로젝트를 지원해 주고 그것이 완성되기를 인내심을 가지고 기다려 준 뉴욕카네기재단에 감사한다. 나는 이 재단의 가장 최근의 대표셨던 두 분, 데이비드 햄버그David Hamburg 박사와 그의 후임자 바턴 그레고리언Vartan Gregorian 박사의 정신적이며 지적인 영향력에 감사 드린다. 햄버그 박사는 최초의 연구 기금을 조성하시고 이 프로젝트에 지속적으로 관심을 가져 주셨던 선견지명이 있는 분이고, 그레고리언 박사는 이 프로젝트를 지원해 주고 완성할 수 있도록 마감일을 너그러이 연장해 주신 아주 훌륭한 교육자이시다. 내게 본보기가 되어 영감을 준 내 형제 데이비드 P. 빌링턴David P. Billington에게도 깊은 감사를 전한다.

끝으로, 내 아내 마요리Marjorie Billington에게 한없는 감사와 애정을 표한다. 가정에 헌신적이고 한결같이 쾌활하며 직관적인 분별력을 지니고 있는 그녀는 이 책을 쓰는 일과 나의 모든 일을 다방면으로 지원해 주었다.

2003년 12월 9일 버지니아주 매클린에서
제임스 H. 빌링턴

차례

| 일러두기 |

1 이 책은 James H. Billington, *Russia in Search of Itself*, Woodrow Wilson Center Press & The Johns Hopkins University Press, 2004를 완역한 것이다.

2 본문의 주석은 모두 각주로 표시되어 있다. 옮긴이 주는 끝에 '— 옮긴이'라고 표시했으며, 표시가 없는 것은 모두 지은이 주이다.

3 본문 중 '— 옮긴이'라고 표시되어 있지 않은 대괄호([ ])는 원저자가 사용한 것이다.

4 각주에 제시된 러시아어 문헌의 경우, 독자의 편의를 고려하여 대괄호 속에 번역어를 넣어 두었다.

5 단행본·정기간행물은 겹낫표(『 』)로, 논문·기사·단편·음악·영화·텔레비전 프로그램 등의 제목은 낫표(「 」)로 표시했다.

6 외국어 고유명사는 2002년에 국립국어원에서 펴낸 외래어 표기법을 따르는 것을 원칙으로 하되, 러시아어의 현지 발음과 국내에서 관례적으로 통용되는 표기를 고려하여 폭넓게 예외를 두었다.

7 키릴문자의 라틴 알파벳 전사는 미국도서관협회/미국국회도서관 제정 표기법(ALA-LC)을 따르되, 고유명사의 경우 폭넓게 예외를 인정하였다.

1부

긴 서막

현대 세계에서 민족국가로 알려진 대규모 정치적 단위들은 자신의 정체성을 기본적으로 세 가지 방식으로, 즉 지리적·역사적·문화적으로 정의한다. 이 세 카테고리 모두에서 러시아는 아주 독특하다.

지리적으로, 러시아는 — 심지어 축소된 포스트소비에트 경계 내에서조차 — 세계 그 어느 국가보다 가장 넓은 영토를 차지하고 있다. 러시아는 미개발 천연자원의 비축량에서도 세계 최대 보유국이다. 게다가 러시아는 북부와 동부 지역에 세계에서 가장 혹독한 기후 조건을 가지고 있기도 하고, 남부와 서부 지역에는 아주 상이하고 종종 적대적이기도 한 갖가지 문명들과 맞닿아 있는, 기다랗고 대부분이 무방비 상태인 국경을 지니고 있기도 하다.

역사적으로, 러시아는 강력한 군사 안보력과 엄청난 국가 관료제의 지지를 받는 독재적인 단일 통치자에 의해서 통일되어 통치되어 왔다. 중앙집중적이며 거의 무제한적인 권력은 이데올로기적 기구들(정교회, 공산당)에 의해 정당화되어 왔으며, 그 기관들의 요구는 언어와 민족이라는 전통적인 경계를 넘어서는 것이었고, 통치자에게 신과 같은 속성을 부여했다. 이 모든 것이 러시아를 역사의 대부분 동안 현대의 민족국가보다는 고대의 제국과 유사하게 만들었다.

러시아인들은 아주 드물게 그리고 최근에 와서야 자신의 나라를 '국가'nation(나치야natsiia)로 기술했고, 아직까지도 '국가'state(고수다르스트보 gosudarstvo)로 사용되는 단어는 역사적으로 독재적인 '군주'sovereign(고수다리gosudar')로 사용되었던 용어에서 파생된 것이다. 20세기까지 러시아 역사학자들은 거의 항상 최고의 자리에 있는 '위대한 군주'velikii gosudar'에 자신들의 관심을 집중시켰다. 그리고 심지어는 공산당 서기장이 차르를 대체했던 소비에트 시대에조차, 비밀경찰 외의 다른 정부 기관에는 역사적인 관심을 거의 쏟지 않았다.

통일체를 유지하고, 거대하고 공격받기 쉬운 영토 통제권을 유지하려 애쓰면서 러시아 제국은 주변국들과 자주 전쟁을 해왔다. 지속적으로 발생한 이 모든 충돌들을 러시아인들은 기본적으로 그들의 주요 인접국들과는 정반대로 이해하고 있다. 러시아인들은 몽골족과 튜턴기사단에서 나폴레옹과 히틀러에 이르기까지 라이벌 제국들이 자신들의 영토를 침입해 왔다는 사실에 기대어, 일반적으로 자신들을 외국 약탈자들의 지속적인 피해자로 보아 왔던 것이다. 그러나 대부분의 러시아 인접국들은 자신들을 희생자, 즉 제국의 확장을 위해 무한의 이념적 정당성으로 무장한 훨씬 강력한 힘의 무자비한 팽창에 의한 정복으로 위협받는 소국으로 보고 있다.

문화적으로, 19세기 이전까지 러시아 제국 내에는 국가 정체성에 대한 일반적인 인식이라는 것이 사실상 존재하지 않았다. 압도적인 수의 농민들은 본래 농노였고 문맹이었으며 차르와 정교 신앙에 충성스러웠다. 농노 계급은 ― 화를 잘 내고 때로는 반항적이긴 하지만 ― 멀리 떨어져 있는 고등 당국이라는 이름으로 자신들의 지방적인 삶의 방식에 끼어드는 정부 및 관료 기관에 일반적으로 순종적이었다.

제국 내에는 민족적 통일성도, 언어적 통일성도 없었다. 영토를 동쪽으로 확장시킴에 따라, 제국은 서유럽에서 온 사람들과 이념들을 평온하게 흡수했던 대로 토착 아시아인들을 국민으로 추가하였다. 이와 같은 내적 유럽화 과정은 16세기에 시작되었다. 이후 정교 러시아는 대체로 프로테스탄트 모델에 따라 군사 기구, 관료 기구, 상업 기구를 세웠고, 가톨릭 모델에 따라 귀족적인 예술 문화를 만들었다.

표트르 대제는 기본적으로 스웨덴의 정부 형태를 채택했고, 자신의 새 수도 상트페테르부르크를 암스테르담을 모방하여 만들었다. 그는 사적으로 북유럽의 프로테스탄트 국가들을 방문했으며 그 국가들로부터 여러 가지를 두루두루 차용했다. '외국인'을 뜻하는 일반적인 러시아어 단어는 '독일인'을 뜻하는 단어인 '네메츠'nemets였다.

그러나 러시아의 근대 예술 문화는 주로 가톨릭 유럽에 의해 형성되었다. 그것은 폴란드에 의해 통치되며 폴란드 문화의 영향을 받았던 우크라이나 서부와 벨라루스의 대부분을 러시아 제국이 흡수한 뒤인 17세기 후반, 옛 수도 모스크바에서 표트르의 아버지인 차르 알렉세이 집권하에서 반쯤 폴란드화되면서 시작되었다. 새 수도 상트페테르부르크에서 18세기의 두 주요 통치자 옐리자베타 여제와 예카테리나 대제는 시각적·음악적으로는 이탈리아적이고, 언어적으로는 프랑스적인 새로운 귀족 문화를 창조했다.

19세기에 이르러서야 러시아가 민족과 언어 같은 세속적인 기준에 의해 정의되는 분명한 국가 정체성을 지니고 있다는 어떤 일반적인 자각이 널리 퍼지게 되었다. '제3로마'로서의 모스크바[1] 개념은 16세기 초에 그 개념을 만들어 낸 수도원 문화에서조차 이때까지는 거의 언급되지 않았었다. '새로운 로마' 상트페테르부르크의 칭송적인 궁정 문학은 그것을 만들어 냈던 귀족 문화 내에서조차도 큰 영향력을 지니지 못했다. 교회슬라브어 요소들로 장식된 지나치게 격식적인 러시아어로 쓰인 18세기 문학적인 수사법은 근본적으로 프랑스어로 말하는 것을 선

---

[1] '모스크바 제3로마론'은 16세기에 등장한 러시아의 정치·종교 이론으로, 제2의 로마제국이라 할 수 있는 비잔틴제국이 오스만투르크에 의해 멸망당하고 16세기 들어 모스크바공국이 번성하게 되자 모스크바에 신성성을 부여하며 러시아 내의 모든 세력을 결집시키려는 의도로 만들어졌다. 이 이론은 1523년 말에서 1524년 초에 프스코프의 성직자 필로페이(Filofei)가 성직자 미슈리-무네힌(Misyur'-Munekhin)과 모스크바 대공 바실리 3세에게 보낸 서한에서 최초로 나타났다. ── 옮긴이

호하는 귀족들의 관심도, 비표준어인 러시아어나 우크라이나어로 말하는 농민들의 관심도 끌지 못했다. 두 계급 모두 자신들의 정체성을 차르에 대한 봉사, 정교회 고수, 러시아 땅에의 거주로 정의하였다.

이 모든 것이 최근 두 세기 동안 알아볼 수 없을 만큼 많이 변했다. 자주 당혹감에 빠졌던 민중은 그들이 차지하고 있는 거대한 물리적 공간에 상응하는 현대 세계 속에서 자신들을 위한 자리를 정의하기 위해 노력했다. 그들의 정체성 탐색은 19세기에는 격렬한 지적 논쟁을, 20세기에는 전례 없는 사회적 대격변을 만들어 냈다. 이 모든 것들이, 공산주의 붕괴 이후 이어진 혼란스럽긴 하지만 극적인 새로운 국가 정체성 탐색의 전주곡이었으며 이것이 이 책의 주요 주제이기도 하다.

1장

19세기의 정체성 발견

러시아인의 자의식은 세계 최대이자 최강 군대를 격퇴했다는 도취감으로 인해 19세기 초반 극적으로 변화되었다. 나폴레옹의 '대군'grande armée 은 1812년 모스크바를 점령하였으나 이후 패배당해 파리로 계속 밀려났다. 러시아의 전 계층 사이에 고조된 애국심은 최초에 18세기에 지배적이었던 예술 형식인 기념비적 건축 속에서 공식적인 표현법을 찾으려 애썼다. 불타 버린 모스크바를 재건하는 것은 그 자체로 기념비적인 사업이었다. 오래된 도시의 불에 잘 타는 목조건물들이 신고전주의적인 석조 구조물로 대체되었고 공공의 관심은 나폴레옹에 대한 승리를 기념하기 위한 공식적인 국가 기념비를 공적으로 논의해 가는 중에 더욱 커져 가고 있었다.

기념비를 계획하고 세우고 봉헌하는 데에 거의 한 세기가 오롯이 쓰였다. 그 과정은 나폴레옹이 최초로 모스크바를 바라보았던 바로 그 언덕[1]을 거대한 3층짜리 교회로 재건하려는 한 스웨덴 건축가의 과대망상적 계획과 함께 1810년대에 시작되었다. (지하의 삼각형 토대는 육신을, 지상의 십자형 건물은 영혼을, 꼭대기의 거대한 반구형 돔은 성령을 상징하고자 했다.) 이 프로젝트는 1889년, 완전히 다른 건물, 즉 다른 스웨덴 건축가가 디자인한 거대한 네오비잔틴 양식의 구세주 사원의 봉헌과 함께 끝나게 되었다. 구세주 사원은 로마의 성베드로 사원의 돔보다 더 거대하고 크렘린의 이반 대제의 종탑보다 더 높은 돔으로 씌워졌다.[2]

차르 알렉산드르 1세(재위 1801~1825년)는 이미 1812년에 기념비는 미래 세대에게 "돌로 말해야" 한다고 법령을 공포한 바 있다. 그러나 돌은 차가웠고 기념비 건축물은 귀족적인 예술 형식이었다. 승전에 대해 문화적으로 환기시키려는 탐색이 결국 근대의 가장 위대한 서사 소설, 즉 톨스토이의 『전쟁과 평화』를 창조해 냈다. 자국어 문학이라는 새로운 예술 매체를 통해서 러시아인들은 역사상 가장 강력한 군대를 무찌르기 위해 뭉쳤던 그 국가의 본성을 논의하기 시작했다.

러시아인들이 공유하고 있는 자부심을 표현하기 위해, 그리고 그들의 세속적인 민담과 역사적 연대기의 이야기들을 바꾸어 말하거나 윤색하기 위해 보다 유려한 러시아어 형식이 생겨나게 되었다. 격조 있게

---

1 모스크바 서쪽에 위치한 포클론나야고라(Poklonnaya gora)를 말한다. 1958년 2월 23일에 이곳에 제2차 세계대전 승전 기념비가 세워졌으며, 주변에 '승리 공원'(Park Pobedy)이 조성되어 있다. ── 옮긴이

2 두 명의 스웨덴 건축가 알렉산드르 비트베르크(Aleksandr Vitberg)와 콘스탄틴 톤(Konstantin Ton)이 진행한 이 프로젝트의 진전에 대해서는 James H. Billington, *The Face of Russia*, New York, 1998, pp.106~110; 스톡홀름에서 1994년 열린 '비트베르크(1787~1855)' 전시 카탈로그 및 T. A. Slavina, *Konstantin Ton*, Leningrad, 1989 참고[저자 빌링턴은 두 건축가 모두가 스웨덴인인 것으로 서술했지만, 비트베르크는 스웨덴계 러시아인, 톤은 독일계 러시아인이다. ── 옮긴이].

그 당시 수도였던 상트페테르부르크에도 이에 비견될 만한 두 개의 거대한 기념물 프로젝트가 있었다. 몽페랑(Monferrand)은 승전을 기념하기 위해 겨울궁전 앞 광장에 역사상 가장 거대한 단일 암석으로 된 화강암 원주[알렉산드르 원주 ── 옮긴이]를 세우는 데 20년을 바쳤다. O. A. Chekanova and A. L. Potach, *Oguist Monferran*, Leningrad, 1990 참조. 톤은 철제 보강재를 쓴 역사상 최초의 대규모 돔을 가진 성 이사악 사원 완성에 20년을 바쳤다. 그것은 미국 국회의사당 같은 제2의 돔 건물을 디자인할 때 모델이 되기도 했다.

독재정을 옹호하는 니콜라이 카람진Nikolay Karamzin의 열두 권짜리 『러시아 국가사』Istoriia Gosudarstva Rossiiskogo(1819-1826)와 러시아의 삶과 역사에 관한 알렉산드르 푸시킨Aleksandr Pushkin의 많은 시 작품과 파노라마적인 회상은 이와 같은 자의식적인 러시아의 글 문화가 갑작스럽게 개화한 시기에 나타난 핵심적인 것들이라 할 수 있다.

한층 늘어난 서구와의 접촉 및 러시아 내 고등교육과 접하기 쉬운 저널리즘의 확산이 러시아와 유럽의 관계를 정의하고자 하는 욕구를 심화시켰다. 지속되어 온 다른 왕족 가문들과의 결혼은, 국가의 권력을 정당화하기 위해 비교적 새로운 용어인 '국가'nation라는 단어를 이제 막 사용하기 시작했던 서구와 관계를 맺기 위한 충분한 수단이 더 이상은 될 수 없었던 것이다. '국가'는 프랑스혁명의 수사법으로 인해 만들어지고 확산되었던 세속적인 이상이었다. '국가'는 혁명의 이상에 대한 나폴레옹의 제국적 왜곡에 저항하는 비非프랑스 국민들의 함성이 되었다. 독일의 낭만주의 철학은 민족이 다르고 언어가 다른 국민들이 사실은 유기적인 조직체이며 각 개인은 더 큰 전체의 종속적인 부분으로서만 완전하게 제 힘을 발휘할 수 있다고 시사함으로써 새로운 개념에 강력함을 더했다.

'국가'la nation는 '조국'la partrie에 비해 더 참여적이고 덜 가부장적인 공동체를 의미했다. 국가는 혁명의 3대 이념 중 세 번째 이상인 박애라는 격렬한 감정에 의해서 자유와 평등이 구현될 수 있었던 실체였다. 국가nation는 전 국민이 마음속으로 그린 형제애에 의해서 정당화되었다. 지방정부들states은 군주에 대한 계층화된 주민의 차별적 충성도로 인해 더 이상 뭉쳐지지 않았다.

제정러시아 당국은 처음에 자신들만의 반동적인 삼위일체를 가지고서 자유-평등-박애라는 혁명적인 호소와 싸우려 노력했다. 차르 알렉산드르 1세는 나폴레옹을 무찌르기 위해 힘을 모았던 세 군주, 즉 정교도 로마노프와 가톨릭교도 합스부르크, 프로테스탄트교도 호엔촐레른[3]이 사실은 유럽 내에서 군주를 복원시킬 뿐 아니라 성 삼위일체의 세 부분으로서 기독교를 재결합시키도록 운명 지어진 신성동맹이었다고 주장했다.

　알렉산드르 1세의 후계자인 니콜라이 1세(재위 1825~1855년)는 1831년 폴란드에서 있었던 민족주의적 반란을 진압한 후, 이러한 새 이상에 대한 호소를 선취하기 위해 노력했다. 그는 1833년 제정러시아를 위한 공식적인 이데올로기가 되었던 세 개의 이상을 제시하면서 '민족주의'nationalism라는 단어를 두 개의 서로 다른 전통적 용어인 '독재정'autocracy과 '정교'orthodoxy에 추가했다. 이 공식에서 '민족주의'를 위해 사용된 러시아어 단어(나로드노스치narodnost')는 '민중'을 뜻하는 용어(나로드narod)에서 파생되었기 때문에, 그것은 본래 반독재적인 뉘앙스를 지니고 있었다. 니콜라이 1세의 개혁 후계자인 차르 알렉산드르 2세 치하에서 들고일어났던 혁명가들은 자신들의 주장을 인민주의narodnichestvo로 정의함으로써 동일한 핵심어에 대한 감정적인 호소에 의지했다.

　러시아의 국가 정체성에 대한 문화적 물음은 19세기에 러시아 귀족정이 자신들의 정체성에 대해 사회적이며 심리적으로 탐색한 것의 한 부분으로 나타났다. 귀족정은 특권은 황실('dvorianstvo'라는 그 명칭 자체가 궁정이라는 뜻의 'dvor'에서 파생되었다)에, 나날의 양식은 농노 계급에 의지해 오고 있었다. 그러나 러시아 문학은 곧 귀족적인 '잉여인

---

3 1871~1918년까지 독일을 지배했던 왕가. —옮긴이

간'lishnii chelovek'을 문학의 주요 캐릭터 중 하나로 만들었다. 1861년 농노 해방령 및 계층화 와해가 급속도로 진전된 이후 보다 도시적인 문화, 귀족적인 정체성은 실용적인 의미의 많은 것을 잃어버렸다. 많은 귀족들이 유지되고 있었던 특권에 대해 불편함과 죄의식을 느꼈거나 러시아 국민 전체를 위한 숭고하고도 차별 없는 정체성을 규정하는 데 도움을 줄 수 있도록 자신들의 우위를 유지할 필요성을 느끼기도 했다.

그러나 귀족들이 보통 도시에서는 하인들과만, 시골에서는 농노들과만 러시아어를 사용했기에 국가를 대표하기는 어려웠다. 귀족들은 프랑스어로 이야기를 했고 이탈리아 음악과 건축을 갈고 닦았으며 — 가장 치명적이게도 — 독일어로 사색했던 것이다.

헤겔 심취

깨어나고 있는 프러시아와 마찬가지로 러시아는 나폴레옹을 다 함께 물리치고 난 이후 새로운 국가적 정체성을 찾아야 한다고 절감하게 되었다. 젊은 프러시아인들을 새로운 종류의 공직으로 몰아댔던 개혁의 추동력은 1809년 베를린에 세워진 최초의 훌륭한 근대적인 연구 대학이었다. 새로 설립된 베를린대학은 교회가 아닌 세속적인 국가에 도움이 되기 위해 만들어졌으며 대형 강의실이나 소규모 강의실보다는 도서관과 실습실이 곳곳에 세워졌다. 이 대학을 곧바로 모방했던 베를린 및 그 밖의 훌륭한 독일 대학들은 정치에 있어서 프랑스혁명이나 영국의 산업혁명보다 더 한층 러시아의 자의식 형성에 영향을 끼쳤던 사고의 혁명을 가져왔다.

독일 대학들의 낭만적 이상주의는 위대한 변화들이 역사 자체에서 불가피하게 도출된다는 믿음을 주입시켰다. 인류는 영적이고 세속적이며 정치적인 것이 ── 동시에 ── 될 수 있는 완전한 해방을 향해 전진하고 있는 것으로 여겨졌다. 역사는 인간의 정신mind과 영혼spirit(독일어 'Geist'는 이 두 가지 뜻을 모두 지닌다)에 의해서 앞으로 나아가게 되었다. 역사는 형이하학적 귀결을 지닌 형이상학적 과정이었고, 역사의 가장 중요한 최종 생성물은 이상적인 민족국가를 실현하는 것이었다.

베를린대학에서 철학은 신학을 대체하여 주요 교과목이 되었다. 요한 피히테Johann Fichte는 1807~1808년 「독일 국민에게 고함」Reden an die deutsche Nation에서 새로운 세속적 민족주의를 소리 높여 호소한 이후 대학의 총장 겸 철학과 교수가 되었다. 1818년부터 1830년까지 철학과 교수로 재직했던 헤겔G. W. F. Hegel은 역사는 ── 인간의 사고 자체와 마찬가지로 ── 부정의 과정을 통해서 전진했기 때문에 현재의 실패가 미래의 이익을 가져올 수 있다고 가르쳤다.

젊은 독일인들은 세계정신/영혼Weltgeist의 이러한 '변증법적' 진전이 새로운 유형의 독일 국민의 창조를 통해서 충족될 수 있을 것임을 믿도록 장려되었다. 많은 분리 공국 출신의 독일인들은 베를린에 와서 프러시아 국가 개혁에 기여하게 될 것이라는 이런 생각들로 고무되었다. 전통적인 루터교의 프러시아가 중부유럽에서 주도적인 힘으로서의 다민족적인 합스부르크 왕가를 대체했던, 새로운 종류의 세속적인 민족국가로 성장할 수 있었던 그 과정을 그들은 시작했던 것이다.

프러시아의 경쟁자들과는 달리 독일 대학들로 모여들었던 러시아의 젊은 귀족들은 고국에서는 자신들의 이상을 실현시키기 위한 그 어떠한 실제적인 표현 수단도 찾을 수가 없었다. 니콜라이 1세 치하의 제정러시아는 1825년 중도적인 데카브리스트 개혁가들의 최초의 충돌과

1831년 폴란드 독립운동 이후 온갖 종류의 개혁에 저항하는 유럽 내 정치적 반동의 요새가 되었다.

사회에 폭넓게 접근할 수 없었던 러시아의 젊은 지식인들은, 미래를 위한 유토피아적 희망을 낳고 범상치 않은 정서적 격정을 만들어 냈던 1830년대와 1840년대의 소규모 철학 서클에서 서로 만나며 자신들을 깊이 탐구해 가고 있었다. 형이상학적 철학은 모스크바의 수도원 문화나 상트페테르부르크의 귀족 문화에서는 전혀 존재하지 않던 것이었다. 그러나 러시아 정교의 역사 신학은 역사가 러시아에 특별한 역할을 부여했다는 관점으로 러시아인들이 기울어지게끔 하였다. 러시아의 젊은이들로 하여금 위대한 사고의 사색가들이라는 새로이 발견한 자신들의 정체성이 자신들에게 러시아를 위한 새로운 종류의 리더십을 제공할 수 있을 것이라고 믿게 함으로써 독일의 낭만주의적 사고가 프리메이슨의 모임에서의 경험 위에 쌓였다. 그들의 임무는, 새로운 종류의 '두꺼운 잡지'를 통해 더 많은 대중과 궁극적으로 공유할 수 있는 비밀 서클의 정제된 의견들을 서클 안에서 더 깊이 논의하는 것이었다. 잡지의 발행은 사회에 오락거리를 제공하기보다는 사회를 변혁시킬 수 있는 것이었다.

젊은 귀족들에게 비밀 서클은 유럽에서 회자되었으나 러시아에서는 얻을 수 없었던 '자유, 평등, 박애'라는 자신들의 새로운 견해를 찾아낼 수 있었던 일종의 '자유 지대'였다. 실제적인 개혁을 위한 그 어떤 실현 수단도 거부당한 채 '무도회의 자유'bal'nye vol'nosti에는 만족하지 못했던 그들은 자신들의 미학적 상상력과 도덕적 열정을 보다 나은 사회에 대한 종종 유토피아적인 비전들에 쏟아부었다. 그들은 러시아 전체가 어떠했으며 어떻게 되어 가야 하느냐에 대해 질문하기 시작했다. 과거의 역사가 미래의 운명을 규정하는 것으로 보였으며 과거와 미래에 대한 물음들은 곧 러시아의 독특한 국가 정체성 밝혀내기라는 하나의 문제로 합쳐졌다.

러시아보다 국가 정체성의 문제에 답하는 데에 지적 에너지를 더 쏟아부었던 국가는 여태껏 없었을 것이다. 비귀족에 독학으로 공부한 이르쿠츠크 출신 저널리스트 니콜라이 폴레보이Nikolay Polevoy는 여섯 권 짜리『러시아 민중사』Istoriia russkogo naroda(1829~1833)를 집필함으로써 민족 국가로서의 러시아라는 보다 확장된 개념으로 향하는 길을 제시해 주었다. 책의 제목은 정부에만 초점을 맞추었던 니콜라이 카람진(『러시아 국가사』)에 대한 비난이자 1832년 모스크바대학 역사 교수 취임 강연에서 러시아의 "웅대하며 거의 무궁한 미래"를 예언했던 또 다른 보수 역사가 미하일 포고딘Mikhail Pogodin에 대한 비난이었다.

포고딘이 정확히 표현한 도취감은 1836년 표트르 차아다예프Petr Chaadaev의『철학 서한』Filosoficheskie pis'my이 출판됨으로써 깨어졌다.『철학 서한』은 모스크바를 '네크로폴리스'(죽은 자의 도시)로, 러시아를 자신만의 정체성이라고는 전혀 갖지 못한, 역사라기보다는 지리의 한 부분으로 기술함으로써 황실 당국을 충격에 빠뜨렸던 것이다. 자신을 광인으로 선언한 차아다예프는 러시아가 바로 그 후진성 덕분에 서구의 국가들보다 더 많은 것을 해낼 수 있다고 시사하면서『광인의 변명』Apologiia sumasshedshego으로 답하였다. 본질적으로 이것은 슬라브주의자들과 서구주의자들 간에 벌어진 논쟁에 불을 붙였던 기본적인 예언/희망/자부심이었다.

슬라브주의자/서구주의자 논쟁은 국가 정체성이라는 주제를 두고 러시아에서 벌어졌던 최초의 열린 토론이었다. 그리고 어쩌면 보다 선진적이었던 외국 모델들의 침입에 직면하고 있는 전통적인 국가에서 벌어졌던 모든 논쟁 가운데서 가장 유명하고도 중요한 것이었을지도 모른다. 두 경쟁 무리 모두 서구 사상에 큰 영향을 받았다. 양측 모두 러시아가 니콜라이 1세의 공식적인 민족주의와 군국주의와는 달랐던 역사 속에서 독특한 역할을 수행할 수 있다고 믿었다.

슬라브주의자들은 러시아를 정교 신앙, 슬라브 민족성, 공동체적 기구들, 압도적인 수를 차지하는 농노 인구의 의사 결정 방식의 장점들을 결합한 독특한 문명으로 보았다. 그들에게 러시아란 러시아 내의 사회 분열뿐만 아니라 혁명과 전쟁으로 파괴된 유럽의 정신적 상처들도 그 본보기의 힘으로 치유할 능력이 있는, 정치를 초월하는 힘이었다. 그들은 인간의 모든 역사를 정신적인 힘과 물질적인 힘 간의 투쟁으로 보았다. 시인 표도르 튜체프Fedor Tiutchev는 그것을 조화cosmos 대 혼돈chaos으로 기술했고, 철학자 알렉세이 호먀코프Aleksey Khomiakov는 『세계사 스케치』Ocherki vsemirnoi istorii에서 이란 정신과 쿠슈 정신 간의 영구적인 투쟁으로 기술했다.[4]

호먀코프의 관점에 따르면, 이란인들은 신과 내적 자유, 예술적 창조력을 믿었고 쿠슈인들은 물질적인 힘과 감각적인 희열을 믿었다. 로마가 그리스를 정복했을 때, 비잔틴 형식주의와 프러시아 군국주의가

---

4 슬라브주의자들에 관한 현재의 방대한 참고문헌 가운데서 오래되긴 했지만 여전히 기본적인 두 편의 연구를 참조하라. 호먀코프와 정교 전통의 중심적인 주요 의의를 강조하며 종합하고 있는 A. Gratieux, A. S. Khomiakov et le mounement slavophile, 2 vols., Paris, 1939와 독일 낭만주의 사상이 슬라브주의자들의 이념에 끼친 영향을 강조하고 있는 Nicholas Riasanovsky, Russia and the West in the Teaching of the Slavophiles: A Study of Romantic Ideology, Cambridge, Mass.: Harvard University Press, 1952가 그것이다. 시인이자 비평가인 니콜라이 바쿠닌(미하일 바쿠닌Mikhail Bakunin의 형)은 독일의 영향이 러시아 사상의 발전에 전반적으로 '파멸을 초래하는' 것으로 간주했다. Nikolay Bakunin, "Vera i znanie", Zveno, no.155, 1926, pp.3~4 [「믿음과 지식」, 『고리』].

슬라브의 자연스러움 위에서 포개졌을 때 쿠슈인들이 승리했다. 이란 정신의 최초 전수자인 유대인들은 선민으로서의 자신의 역할을 이제 훼손되지 않은 러시아에 넘겨주었는데, 러시아의 가족 같은 느낌, 자연 친화성, 구전 민담이 모든 국민 간의 미래의 조화 가능성을 꺼지지 않게 했던 것이다.

급진적인 저널리스트 비사리온 벨린스키Vissarion Belinsky의 말로 하자 면 서구주의자들은 "푸른 하늘에서 부엌으로" 새로운 러시아의 정체성 탐색을 떨어뜨리려고 노력했다.[5] 1840년대 철도와 전신, 증기 인쇄기가 도래하면서 상트페테르부르크의 '유럽을 향한 창'은 폭넓은 통로로 확장되었다. 러시아 문제에 대한 서구주의자들의 많은 새로운 대답들은 슬라브주의자들의 낭만주의 이론에 이의를 제기하기 위하여 흘러나온 것이었다.

그들의 리더인 티모페이 그라노프스키Timofei Granovsky는 1839년부터 1855년까지 모스크바대학 역사학 교수로 오랫동안 재직하는 동안 했던 훌륭한 강의에서 역사를 향한 새로운 서구 지향적 접근법을 제시했다. 그는 전통주의의 보루에다 자유주의적 전망을 끌어들임으로써 신세대 대학생들을 고취시켰다.

그라노프스키는 베를린에서 수학하였고 합리적 과정을 통해 사고 의 변증법이 사회의 해방으로 이끌게 된다는, 합리적 과정으로서의 헤

---

5 초기의 자유주의적 서구주의자들에 관한 최근의 연구는 그들의 상대자인 슬라브주의자들에 관한 연구에 비해 수적으로 아주 약세이다. 초기 혁명론자들로 소비에트의 판테온에 조건부로 받아 들여진 알렉산드르 게르첸(Aleksandr Gertsen)과 비사리온 벨린스키는 예외라고 할 수 있다. 균형 잡힌 판단을 위해 아이제이아 벌린(Isaiah Berlin)의 저작 중 벨린스키에 관한 Isaiah Berlin, "The Marvelous Decade", *Encounter*, December 1955, pp.22~43을 참고하라. 이 시기에 관한 보다 전 반적인 내용은 F. Nelidov, *Zapadniki 40kh godov*, Moscow, 1910[『1840년대의 서구주의자들』]을 참 고하라.

겔의 기본적인 역사관을 받아들였다. 하지만 그는 영국과 프랑스의 자유주의적 역사가들의 저서들에도 정통했었다. 그는 자신의 강의에서 입헌군주제가 독재정보다 낫고, 러시아 역사에 니콜라이 1세의 압정보다는 다른 결과를 낳을 수 있는 선례들이 있었다는 것을 주장하는 듯한 비교주의적 관점을 도입하기도 했다.

대체로 슬라브주의자들은 러시아의 정체성과 운명이 신앙과 가족 및 농경 러시아의 정신적 가치와 공동체적 기구들에 놓여 있다고 주장했다. 서구주의자들은 보다 개인적인 자유와 정부의 법적 책무, 그리고 러시아가 어쨌든 점점 더 연루될 수밖에 없었던 국제 교역의 보다 확대된 개방이 바람직하고도 불가피하다는 것을 강조했다.

두 진영 사이의 쟁점은 동 대 서뿐만 아니라 과거 대 미래였다. 각 진영은 러시아의 과거와 현대적인 서구 속에서 찬미할 수 있는 모델들을 찾아냈다. 슬라브주의자들은 표트르 대제 이전 모스크바의 깊은 신앙심과 현대 옥스포드의 묵상적인 평온을 이상화하였다. 서구주의자들은 중세 노브고로드의 원시 민회veche와 현대 런던의 붐비는 활기를 이상화하였다.

자유주의적 서구주의자들은 차르 알렉산드르 2세(재위 1855~1881년)에 의해 도입된 개혁이 휩쓸게 되자 명예를 회복하는 듯 보였다. 알렉산드르 2세는 1860년대 초 농노를 해방시켰고 배심원에 의한 재판과 지방자치법을 시행하였다. 그러나 러시아 정치의 새롭고도 철저히 다른 두 견해는, 친영국적인 알렉산드르 2세가 최초로 만든 듯 보이는 온건한 자유주의적 정체성에 이의를 제기하기 위하여 좌파와 우파 모두로부터 생겨났다.

좌파의 사회주의적 행로는 그라노프스키의 제자이자 평생의 친구였던 알렉산드르 게르첸에 의해 그가 망명 중에 있을 때 펼쳐졌다.[6] 게르첸은 슬라브주의자들과 서구주의자들을 하나의 야누스에게 있는 두 개의 머리로 보았는데, 그 야누스의 공통의 가슴은 니콜라이 1세의 무자비한 통치에 맞서고 있는 러시아 민중을 위해 뛰고 있었다. 그러나 그는 서구가 1848년의 실패한 혁명들 속에서 만들어 내지 못했던 사회주의적 사회를 러시아에서 실현시키기 위해 알렉산드르 2세의 법률 개혁을 넘어서는 것을 원했다.

게르첸은 사회주의적 변혁을 위한 매개물로 농민 공동체인 오프시나obshchina를 사용함으로써 자신의 급진적인 서구화 이상이 러시아에서 진전을 볼 수 있다고 믿게 되었다. 러시아에서 이후 발전한 혁명적 인민주의populism는, 보수적인 슬라브주의자들이 선호한 러시아의 공동체적 기구는 서구가 지금 막 거부한 급진적인 서구의 이상을 러시아에서 실현시키도록 도와줄 수 있다는 생래적으로 받아들이기 힘든 생각에 의해 한껏 고취되었다.

서구화 운동의 자유주의적이고도 인민주의적인 단계들 이후에 그리고 너머에서 또 다른 혁명의 날개가 러시아 헤겔주의의 파편에서 탄생했다. 독일 내 제2의, 급진적인 젊은 헤겔주의자 세대처럼, 문학비평가 벨린스키와 격정적인 무정부주의자 미하일 바쿠닌은 헤겔의 이상주의를 거부했지만 도래하는 혁명적인 변화를 변증법적인 헤겔 방식으로

---

6 게르첸에 관해서는 Berlin, "The Marvelous Decade", *Encounter*, May 1956, pp.20~34; Martin Malia, *Alexander Herzen and the Birth of Russian Socialism*, Cambridge, Mass.: Harvard University Press, 1961; 벌린의 서문이 붙어 있는 게르첸의 파노라마식 회상록 『나의 과거와 사상들』을 참고하라. Alexander Herzen, *My Past and Thoughts*, 4 vols., New York, 1968. '주목할 만한 10년' (remarkable decade)이란 용어는 당대에 쓰인 다른 귀중한 회상록 P. Annenkov, *Literaturnye vospominaniia*, Moscow, 1960[『문학적 회상』]에서 사용된 것이다.

보았다. 외견상 영광스러운 현재의 사회적 '테제'(왕의 통치와 무역)는 혁명적인 '안티테제'(역사에 부응하는 사상가들)에 의해 파괴될 예정이었다. '세계적으로 유명한 역사적 인물'이라는 새로운 유형에 의해 주도된 '부정의 부정'이라는 영웅적 과정은 필요성의 속박에서 자유 영역까지 인류를 고양시킬 수 있다.

독일 내 헤겔 역사철학의 궁극적인 영향은 이상화된 민족국가를 역사의 절정으로 찬미했던 '우파 헤겔주의'로 판명되었다. 그러나 헤겔은 주로 변증법으로 러시아에 영향을 끼쳤는데, 변증법은 존재하고 있는 러시아 정부에 대한 완벽한 거부를 합법화하는 것으로 보였다. 헤겔의 변증법적 이상주의는 악명 높을 정도로 '사나운' 벨린스키를 1840년대 초반에 '현실과의 화해'로 잠시 진정시켰지만 이후 벨린스키와 다음 세대 러시아 지식인들을 일종의 자신들만의 변증법을 통해 혁명으로 이끌었다.

호전적으로 유물론적인 '1860년대 사람들'은 이상주의의 모든 형식에 저항하였기에 1862년 작 투르게네프Ivan Turgenev의 소설 『아버지와 아들』Ottsy i deti에 나오는 구세대 자유주의자들에 의해 '니힐리스트들'이라고 불리기도 했다. 그러나 1890년대의 또 다른 세대는 새로운 유물론을 가지고 구舊변증법을 베를린대학의 또 다른 좌파 헤겔주의자인 맑스Karl Marx의 혁명주의적 변증법적 유물론으로 통합했다.

민족주의의 발흥

새로운 대중사회와 도시의 저널리즘은 19세기 후반 다양한 민족으로 구성된 제국 내에 세속적인 러시아 민족주의를 낳았다. 러시아 정체성에 대한 보수주의적 관점은 알렉산드르 2세의 온건적 자유주의의 우파와도 친해졌고, 러시아의 사상과 정치를 20세기 초까지 지배하였다. 이 보수주의는 이전에 쓰인, 가장 길면서도 문서로 입증이 잘된 러시아 역사서, 즉 세르게이 솔로비요프Sergey Solov'ev가 1851년부터 사망하던 해인 1879년까지 집필한 스물아홉 권짜리 저술 『러시아사: 가장 오래된 시기부터』Istoriia Rossii c drevneyshikh vremen 속에서 가장 설득력 있게 주장되었고 책임감 있게 집대성되었다.

초창기 러시아의 반+어용적 역사가들인 바실리 타티셰프Vasily Tatishchev와 니콜라이 카람진은 기본적으로 '전 러시아인들의 정부에 관한'gosudarstva rossiiskogo 제국사를 기술했다. 포고딘의 '민중'사는 제국의 정책에 대한 민중의 충성을 낭만적으로 기술한 이야기이다. 솔로비요프는 마치 국가가 자신만의 삶을 가지고 있는 듯 유기적인 국가에 대한 기록에 근거한 내러티브를 기술했다. 확장된 러시아 국경 내 국민은 한 몸체의 각 부분들이었는데, 솔로비요프는 그 몸체가 물리적 성장뿐 아니라 '국민의 자의식'narodnoe samosoznanie 면에 있어서도 어떻게 성장했는지를 말하려고 한 것이었다.[7]

이것은 고전적인 19세기의 민족주의적 역사였다. 그러나 그 시기 유럽 국가의 연대기 작가들 대부분이 압제에 맞서 자유를 위한 투쟁을 정당화하고 있었던 반면, 솔로비요프의 역사서는 독재 정부로의 전환에 저항을 했다는 이유로 기본적으로 러시아 민중을 칭찬하고 있다. 솔

---

7 L. V. Cherepnin, "S. M. Solov'ev kak istorik", introduction of S. Solov'ev, Istoriia Rossii c drevneishikh vremen, 5 vols., Moscow, 1959~1966[「역사가로서의 S. M. 솔로비요프」, 『러시아사: 가장 오래된 시기부터』 서문] 참고. 또한 더 앞선 시기의 더 균형 잡힌 분석으로 E. Shmurlo, "Solov'ev(Sergey Mikhailovich)", F. A. Brokgauz and I. A. Efron, Entsiklopedicheskii slovar', vol.30, St. Petersburg, 1900, pp.798~803[「솔로비요프(세르게이 미하일로비치)」, 『백과사전』].

로비요프는 알렉산드르 2세의 자유주의적 개혁을 군주가 지휘를 할 때 항상 지녀야 하는 고삐도 없이 말을 타려고 시도하는 것이라고 비판했다. 솔로비요프는 미래의 차르 알렉산드르 3세(재위 1881~1894년)의 가정교사가 되었는데, 알렉산드르 3세는 변혁에 온갖 압박으로 고삐를 매려고 시도했던 인물이었다.

상대적으로 아담하고 민족적으로 단일한 서유럽의 국가들이 1880년대와 1890년대에 새로운 제국을 건설하기 위해 외부로 눈길을 돌렸던 것에 반해, 이미 광활하고 다민족적인 영토를 가진 제정러시아는 조금이라도 통합할 수 있는 자신만의 정체성을 찾으려 내부로 눈길을 돌리게 되었다. 이탈리아와 독일은 1848년의 낭만주의적 혁명들이 지닌 자유주의적 이상주의보다는 피에몬테와 프러시아의 조직되지 않은 힘에 바탕을 둔 에스닉·언어적 민족주의를 만들어 냄으로써 이제 막 통일을 이룩했다. 알렉산드르 3세 치하에서 러시아는 — 러시아 역사상 최초로 — 언어와 민족ethnicity에 바탕을 둔 세속적 민족주의를 창조하려 시도했다.

'러시아화'는 제정러시아의 주변부에서 커져 가고 있었던 민족주의적이며 분리주의적인 발언을 저지하기 위해 계획되어 불공정하게 시행된 정책이었다. 폴란드, 핀란드, 발트해와 카프카스의 국가들은 모두 서로 다른 언어로 말했고 독립된 정치의 역사를 가지고 있었다. 민족주의적 러시아사와 러시아어 강제 교육은 이와 같은 비슬라브권 지역에서뿐만 아니라 긴밀하게 연관된 우크라이나에서조차도 민족주의적 반동을 불러일으키게 되었다. 늘어나는 무슬림 인구가 기독교도 차르에게 복종하고 있었던 중앙아시아 내에서 최근 새롭게 러시아의 통치를 받게 된 지역에서도 동요가 일고 있었다.

산업화, 사실주의 문학, 유물론 철학이 성장하고 있던 시기에 낭만주의적 이상들은 제 호소력을 상실해 버렸다. 19세기 후반 러시아인들의 세속적 민족주의는 그들이 반대했던 외부 적들과 그들이 희생시켰던 내부 희생양들의 관점에서 점점 더 부정적으로 정의되었다. 1881년에 혁명적 인민주의자들이 차르 알렉산드르 2세를 암살한 뒤, 거의 곧바로 반유대적 대학살이 시작되었고, 대중 언론은 유대인들을 진정한 러시아 정체성에 대항하는 공모자까지는 아니더라도 그 반대자로 그리기 시작했다. 러시아인들은 영국과 프랑스 같은 기독교 국가들이 크림전쟁 기간 중에 러시아를 물리치면서 무슬림 터키와 연합했다는 사실에 큰 상처를 입게 된다. 러시아인들은 발칸반도에서 터키인들을 격퇴한 뒤 1878년 베를린 평화회의에서 자신들이 받았던 홀대로 인해 더욱 격분하게 되었다. 그러자 많은 러시아인들은 유럽 자체를 자신들의 적으로 바라보기 시작했다.

전통적인 외교어보다는 포괄적인 이데올로기적 용어를 사용하면서, 생물학자이자 한때 급진주의자였던 니콜라이 다닐레프스키Nikolay Danilevsky는 자신이 1868년에 집필한 『러시아와 유럽』Rossiia i Evropa에서 러시아를 '로마-게르만' 서구와의 다윈적 적자생존 투쟁에 휘말려 있는 것으로 묘사한 바 있다.[8] 그에 따르면, 러시아는 평화를 사랑하고 관조적인 그리스-비잔틴 대안의 후계자였다. 정교 러시아는 자신이 지닌 바

---

8 N. Ia. Danilevsky, *Rossiia i Evropa*, Moscow, 1991 [『러시아와 유럽』]. 이 책에서 발췌된 내용들이 여러 판본으로 재발행됨으로써 이 책은 포스트공산주의 러시아에서 가장 많이 논의되는 저서 중 하나가 되었다. B. P. Baluev, *Spory o sud'bakh Rossii. N. Ia. Danilevskii i ego kniga "Rossiia i Evropa"*, Tver, 2001 [『러시아 운명에 대한 논쟁들. 다닐레프스키와 그의 저서 "러시아와 유럽"』]을 보라[니콜라이 다닐렙스키, 『러시아와 유럽』, 이혜승 옮김, 지만지, 2009. ——옮긴이]. 다닐레프스키 관련으로 적어도 여섯 편의 학위 논문이 최근 러시아에서 쓰였다.

로 그러한 정체성을 보존하기 위해 유럽에 대항하는 전쟁을 준비해야
만 한다. 발칸반도의 슬라브 민족들은 무슬림 오스만인들에 맞서서뿐
만 아니라 크림전쟁에서 자신의 러시아 동맹국을 지지하지 않았던 믿
지 못할 오스트리아에 맞서서 자신들을 방어해야만 했다. 다닐레프스
키는 슬라브인들이 서구의 '아리아인들'을 궁극적으로 이길 수 있게 되
는 역사의 다단계적 패턴을 추적하였다. 1877~1878년 터키를 상대로
한 발칸 전쟁에서 러시아가 거둔 승리는 이런 종류의 문화적·인종적 민
족주의를 입증하는 것처럼 보였다.

　민족주의적인 대중 저널리즘은 러시아의 외부 적들의 관점에서 러
시아의 정체성을 규정하기 위해 다양한 시도를 했다. 독일의 황제 빌헬
름 2세는 1890년대에 러시아와의 동맹 관계를 잃어 가고 있었지만 개
인적으로는 차르 니콜라이 2세가 위대한 태평양의 권력이 되고 '황화'黃
禍, yellow peril를 제압할 수 있도록 북돋아 주었다. 시베리아횡단철도의 완
공과 1894~1895년 전쟁에서 [일본이 ─ 옮긴이] 청나라를 무찌르고 승
리한 것이 많은 러시아인들로 하여금 자신들을 유럽 문명의 방어자까
지는 아니더라도, 백인종의 방어자로는 생각하게끔 만들어 주었다.

　20세기가 시작될 무렵, 세속적 민족주의는 러시아 국내에서의 러
시아화 및 범슬라브뿐 아니라 범아시아적 해외 확장에 대해 가끔 꾸던
꿈까지 포함하게 되었다. 급진적 경향의 반동주의자인 모스크바의 저
널리스트 미하일 카트코프Mikhail Katkov는 1867년 정부 지원의 모스크바
범슬라브 회의가 있고 나서부터 1887년 자신이 사망할 때까지인 20년
동안에 터키의 점령하에 있었던 슬라브족의 해방을 유명한 운동으로
만들었던 것이다. 그 후 수년간 페테르부르크의 저널리스트 에스페르
우흐톰스키Esper Ukhtomsky는 새로 설립된 러시아중국은행Russko-Kitaiskii bank

은행장으로, 그리고 시베리아횡단철도 만주 지선 담당자 중 한 명으로 근무하는 동안 이와 유사한 아시아로의 확장을 옹호했다.

러시아가 전쟁에서 승리하기보다는 패배하기 시작했을 때, 대중적 쇼비니즘이 아무 내용 없다는 사실과 제국이 지나치게 확장되어 있으며 또한 허약하다는 사실이 명백해졌다. 1904~1905년 일본전에서의 패배와 1914~1917년 독일전에서의 패배는 러시아를 일련의 혁명들로 이끌었으며, 최종적으로는 민족nationality과 민족주의nationalism 모두를 대체한다고 주장했던 새로운 공산주의 체제의 도래로 이끌었다.

1913년, 로마노프 왕가가 왕조 300주년을 기념하는 것을 지켜보았던 대다수의 러시아인들에게 패전은 있을 수 없을 것처럼 보였다.[9] 경제는 성장하고 있었고 자유는 확대되고 있었다. 온건한 헌법적 규제들이 독재정 위에 놓였고 1905년 혁명에 뒤이어 일종의 의회[10]가 만들어졌다. 대부분의 주도적인 혁명가들은 해외로 도피했고, 러시아 민중은 그들이 1914년 세르비아 슬라브 정교도의 독일 억압자들에 맞서 전장을 향해 행진해 나아갔을 때 결집한 것처럼 보였다.

그즈음, 러시아 역사에 대한 민족주의적 관점은 대중적인 잡지나 점차 읽고 쓸 줄 아는 인구가 늘어 가는 초등학교들에서 거의 제도화되

---

9 1913년 로마노프 왕조 300주년을 기념하는 겨울궁전에서의 무도회가 최근 제작된 영화 「러시아 방주」(Russkii kovcheg)의 마지막 장면이었다. 이 영화는 혁명 전 시기 역사를 자세하게 보여 주는 겨울궁전/에르미타슈 안에서 전체가 96분 싱글 쇼트로 촬영되었다. (러시아 밖에서는 아직까지 폭넓게 상영되지 않은) 장황한 서사 영화 「시베리아의 이발사」(Sibirskii tsiriul'nik)는 차르 알렉산드르 3세로 분한 이 영화의 감독 니키타 미할코프(Nikita Mikhalkov)와 함께 장관을 이루는 군대의 사열을 크렘린 내에서 재연하고 있다[한국에서는 '러브 오브 시베리아'라는 제목으로 2000년 10월 개봉했다. ──옮긴이]. 그런 이미지들은 혁명 이전 국가의 장엄함에 대한 믿음을 대중적인 차원에서 강화시킨다. 우흐톰스키의 '아시아주의적 비전'에 관해서는 David Schimmelpenninck van der Oye, *Toward the Rising Sun*, Delkalb, 2001을 참고하라.

10 1905년 8월 6일에 설립된 '국가두마'(Gosudarstvennaia Duma)를 말한다. ──옮긴이

고 있었다. 러시아인들은 자신들의 자연 친화성과 영웅적 역사에서 얻은 민중의 풍부한 지혜를 지닌 채 오랫동안 고통받고 있는 민족으로 스스로를 바라보도록 부추김을 당했던 것이다. 성자와 군인은 동양(몽골, 무슬림, 이제는 중국과 일본) 및 서양(튜턴기사단, 폴란드, 스웨덴, 나폴레옹, 이제는 독일)과의 투쟁을 강조하는 내러티브의 지명당한 주인공들이었다. 가장 심각한 위협적 존재는 일반 민중과 차르 사이에 서서 양쪽 모두에게 이익으로 여겨지는 것을 좌절시켰던 반역자들, 나쁜 조언자들, 하급 관리들이었다. 러시아의 힘은 물리적 보호와 형이상학적 영감을 동시에 제공해 주었던, 타고난 재능을 지닌 러시아 민중과 광활한 영토에 있었다.

어떤 정책을 채택해야 할지, 어떤 관리가 이런저런 실수를 하고 있는지에 관한 수준 높은 논쟁들도 물론 점차 늘어나고 있었다. 그러나 대중의 지배적인 관점은 본질적으로 비평적이라기보다는 신화적이었다. 국가적 차원의 사회 및 경제 문제에 대한 일반적인 무관심과 과거의 사건 및 영웅에 대한 순진한 이상화는 기본적으로 러시아 고유의 기념비적 역사를 그대로 되풀이하는 것이었다. 기념비적 역사는 현안과 관련된 정책 문제에 대해서는 거의 토론하지 않았고, 그 이야기를 현재와 가까운 어딘가로 옮겨 놓지도 않는 것이었다.

타티셰프의 찬사적인 『러시아사: 무엇보다 가장 오래된 시기부터』Istoriia Rossii c samykh drevneishikh vremen(1739)에서부터 바실리 클류체프스키 Vasily Kliuchevsky의 때때로 비판적이며 사회학적으로는 수준 높은 『러시아사 강의』Kurs russkoi istorii(1905~1911)에 이르기까지, 위대한 역사가들은 동시대의 논란거리를 직접 다루는 것을 피하는 경향을 보였다. 그들 대부분은 ― 명시적으로는 아니더라도 암시적으로나마 ― '러시아'를 제국의 긴 명칭 속에 기술된 영토 전체에 부여된 지리학적 독립체로서 정당화하고 있었다. 이것은 '전全 러시아들'——대러시아, 소러시아, 백러시아——과 차르의 통치권을 인정했던 기타 모든 인접한 비非슬라브 영토들을 포함하는 것이었다. 대러시아인들은, 그저 민족적으로나 언어적으로 '러시아인'russkii이 아니라 '러시아의'rossiiskii 사람이었던 다른 유라시아 국민들과 함께 그 드라마에서 주연 배우들이었다.

19세기 이전에는 러시아의 세속적인 국가 정체성에 대한 그 어떠한 실제적 감각은 없었지만, 문화적 특수성에 대한 강한 감각만큼은 존재해 오고 있었다.[11] 그것은 정교회 신앙에 대한 독실함과 소작농 문화라는 자연 친화성에 근거한 것이었다. 17세기 후반의 민중 문화에서는 이미, 러시아 구교도 신자들이 외국의 삶의 방식과 예배 방식에 저항했던 자들을 묘사하기 위해 루사크rusak[순수 러시아인——옮긴이]라는 용어를 사용했다. 구교회 의식을 위해 목숨을 바친 위대한 순교자 사제장 아바쿰은, 고유한 러시아 전통에 헌신하는 데 있어 육체적으로 강인하고 정신적으로 충실한 누군가를 암시하기 위하여 이 용어를 사용했다. 그리스 모델에 따라 러시아 교회 예식들을 개혁하는 것을 막기 위한 실패로 돌아간 시도 속에서 가족적 충심과 예로부터 이어 오는 충심에 호소하며 아바쿰은 차르 알렉세이를 부칭父稱으로 호명하면서 다음과 같

---

11 갈린스카야와 스크보르초프가 편찬한 '러시아의 자의식'(Samosoznanie Rossii) 선집 중 1권 참고. I. L. Galinskaia and L. V. Skvortsov, *Drevniaia Rus' i moskovskoe gosudarstvo*, Moscow, 1999[『고대 루시와 모스크바공국』]. 스크보르초프는 블라디미르 공이 10세기 말 기독교로 개종한 것에서부터 시작하여 일찍부터 러시아 자의식이 일련의 문화적 '진척'(sdvigi)으로부터 생겨났다고 보고 있다(pp.4~23). 갈린스카야는 이 관계를 입증하기 위하여 거의 알려지지 않은 선도적 시도를 하고 있다(pp.24~41). M. O. Koialovich, *Istoriia russkogo samopoznaniia po istoricheskim pamiatnikam i nauchnym sochineniiam*, St. Petersburg, 1901[『역사적 기념물과 학술 저술로 살펴보는 러시아 자의식의 역사』] 참고.

이 말했던 것이다. "미하일로비치, 당신은 그리스인이 아니라 루사크입니다."[12]

'루사크'는 현재 드물게 쓰이기는 하지만 명백히 민족 고유의 성격을 지니는 단어로, 러시아 산골 깊숙한 곳에 살고 있는 회색 산토끼를 가리킬 뿐만 아니라 특색 있는 다양한 농민 음식들을 묘사하기 위해서도 사용된다. 이 용어는 외국인들 한복판에서도 러시아인의 고유한 방식에 매달렸던 사람들에 대한 특별한 애정을 표현하기 위한 것으로 보였다. '루사크'의 지소형指小形 '루사촉'rusachok은 "불속으로 뛰어들지언정 진정한 신앙을 배반하지 않았던" '현명하고' '소중한' 자들을 칭송하기 위해 사용되었다.[13]

어근 '루시'Rus 혹은 '로스'Ros에 바탕을 둔 여러 명사들과 형용사들은 지리적 위치나 민족 정체성에 대한 어떤 분명한 암시 없이 정교 동슬라브인들을 묘사하기 위해 사용되었다. 1750~1775년 사이 차르 알렉세이 치하에서 우크라이나와 벨라루스의 많은 곳에서 모스크바인들이 얻어 낸 승리와 함께 시작되어, 이 어근들의 현대적 형태들('s'가 하나인 것보다는 두 개인 형태)은 러시아어를 사용하는 모든 정교도 차르의 백성들을 지칭하기 위해 사용되기 시작했다.[14] 때때로 대러시아의 북쪽에

---

12 Daniel Rancour-Laferriere, *Russian Nationalism from an Interdisciplinary Perspective: Imagining Russia*, Lewiston, N.Y., 2001에서 논의되었고 언급되었던 Pavel Miliukov, *Ocherki po istorii russkoi kul'tury*, vol.2, Moscow, 1995, part 1, p.53[『러시아 문화사 스케치』]. 파벨 밀류코프는 인용한 참고 자료에 대해 언급하지 않는다.

13 *Slovar' russkogo iazyka XI-XVII vv.*, Moscow, 1997, vol.22. p.258[『11~17세기 러시아어 사전』]. '루사크'라는 용어는 생선, 곡물로 만든 음식들에서 바퀴벌레까지, 일상적인 농민 생활과 연계되는 모든 것에 사용되었다. '루사코바티'(rusakovatyi)와 '루스코바티'(ruskovatyi)라는 용어는 진짜 러시아적인 무언가와 유사하거나/하고 그것을 보유하고 있음을 시사한다. *Slovar' russkikh narodnykh govorov*, vol.35, St. Peterburg, 2001, pp.267, 269[『러시아 민중 방언 사전』]와 *Slovar' russkogo iazyka*, vol.3, Moscow, 1983, p.741[『러시아어 사전』] 참고 바람.

있는 지리적 위치를 간주하기도 했다. 반드시 대러시아 혹은 심지어 정교 슬라브족 출신이지는 않았던 차르의 백성들은 종종 '로시치'rossichi로, 유럽 러시아인들은 '로시유슈카'rossiiushka로, 동쪽의 아시아로 이주했던 러시아인들은 '로세이스키예'rosseiskie로 불렸다.[15]

단일 's' 형태는 특히 서구 지배권으로 넘어가 가톨릭교도가 되었거나 그저 새로운 모스크바공국 러시아보다는 키예프 루시와 더 가깝다고 느꼈던 동슬라브인들에 의해 계속 사용되었다. 합스부르크가 지배한 갈리치아[16] 사람들은 자신들을 표현하기 위해 '루신'rusin이란 말을 사용했다. 폴란드가 지배한 리투아니아 사람들은 러시아인들을 표현하기 위해 '루스만'rusman과 '루스만카'rusmanka라는 말을 사용했다.[17] 많은 단어와 속담이 사실상, 진짜 러시아인 '무지크'muzhik가 되는 것에는 독특한 무언가가 있었다는 것을 주장하기 위해 널리 사용되었다. 그러나 제정 러시아의 국민은 민족nationality으로보다는 계층, 직업, 가문으로 스스로를 규정하는 경향이 있었다.

19세기 러시아에서 있었던 예술적 창작력의 폭발 —— 그리고 특히 도덕적이며 예언적인 내용으로 채워져 있는 자국어 문학의 폭발 —— 은 세련된 특수성이라는 감정과 민족적 자부심이라는 감정을 강화시켰다. 그러나 분명하게 연결되어 있으며 일관성이 있는 세속적 민족주의는 20세기 이전에는 결코 완전하게 탄생하지 못했다.

---

14 *Slovar' russkogo iazyka*, vol.22, pp.217~218, 259~261 [『러시아어 사전』].
15 *Slovar' russkikh narodnykh govorov*, vol.35, pp.190~192 [『러시아 민중 방언 사전』].
16 동유럽에 위치한 곳으로, 현재 우크라이나의 서부와 폴란드의 남동부에 걸쳐 있는 지역을 가리킨다. ——옮긴이
17 Max Vasmer, *Etimologicheskii slovar' russkogo iazyka*, vol.3, Moscow, 1987, p.521 [『러시아어 어원 사전』]; *Slovor' russkikh narodnykh govorov*, vol.35, p.271 [『러시아 민중 방언 사전』].

2장

20세기의 정통성 탐색

격동의 사회적 대변동과 전쟁에서의 참패는 20세기 첫 20년간 정체성 탐색을 기본적인 정치적 정통성 탐색으로까지 심화시켰다. 본질적으로 낡아 버린 제국은 점점 증가하고 있는 교육받은 반항적 국민의 수동성에 더 이상 기댈 수가 없었다. 19세기에는 주로 소규모 지식인 그룹이 몰두했던 문제들이 이제는 훨씬 다양한 참여자들에 의해 가장 긴급하게 다루어지게 되었다. 그들은 제정러시아 내의 사람들에 대해 어떤 종류의 권한을 누가 행사해야 하는가를 묻고 있었다.

이 시기에는 러시아 정체성을 정의하기 위한 세 가지 새로운 접근법이 나타났으며 소비에트 시대와 그 이후에도 이를 계속해서 발전시켜 나가고 있다. 첫 번째 접근법은 차르 통치 마지막 기간에 있었던 정치를 넘어서고 피하기 위해 찾아냈던 문화적·종교적 관점이었다. 두 번째 접근법은 정치 활동을 완전히 믿었으며 소비에트 통치를 위한 공식적이며 합법적인 이데올로기가 되었던 사회학적·반종교적 관점이었다. 세 번째 접근법은 포스트소비에트 시대에 첫 번째 관점의 종교적 구속력을 얻기 위해서나 두 번째 관점의 정치적 권력과 수완을 재획득하기 위해서 분투했었던 것으로, 비非제국적인 러시아 국민들에 대한 민족-지리적 관점이었다.

러시아 이념

20세기 초 '은세기'Serebrianyi vek에 러시아의 문화적·종교적·철학적 창작력이 갑작스럽게 절정에 이르자 러시아 정체성에 대한 순수하게 문화적인 관점이 나타나게 되었다. 도스토예프스키Fedor Dostoevsky는 '러시아 이념'이 세계 속 러시아의 정체성과 사명을 규정할 수 있다는 견해를 피력했다. 1861년에 그는 '러시아 정신에 대한 감각'이 부족하고 대지 pochva와의 친밀감이 부족하다는 이유로 서구주의자들과 슬라브주의자들 양쪽을 모두 비판했다.

> 이젠 이미 만리장성을 쌓아 인류로부터 우리 스스로를 방어할 수 없다는 것을 우리는 알고 있다. 우리는 경건하게 예측하고 있다. 우리들의 미래 행동의 특징은 최고의 수준에서 전 인류를 포함할 수 있다는 것을. 러시아 이념은 …… 유럽이 각 민족들national'nostiiakh 속에서 발전하고 있다는 온갖 이념들의 종합이 될 것이라는 것을. 어쩌면 이러한 이념들 속에 있는 적대적인 모든 것은 러시아의 민중성narodnost' 속에서 그 조화와 향후 발전을 발견하게 될 것이라는 것을.[1]

---

1 Fedor Dostoevsky, *Polnoe sobranie sochinenii*, vol.18, Leningrad, 1978, pp.37, 115, 229[『전집』]. 여기서 나로드노스치(narodnost')는 민족과 민족의 정신을 모두 의미한다. 논의를 위해서 Vasily Vanchugov, "O 'pochve' i 'russkoi idee'", *Ocherk istorii filoslfii "samobytno-russkoi"*, Moscow,

1994, pp.121~125[「대지와 '러시아 이념'에 대하여」, 『'독자적인 러시아' 철학사 개설』]; Eduard Batalov, *Russkaia ideia i amerikanskaia mechta*, Moscow, 2001, p.9[『러시아 이념과 아메리칸 드림』]를 참고하라.

도스토예프스키는 수용소 유형 이후 동생과 함께 창간한 새 잡지 『시대』(Vremia) 계획서에서 '나로드노스치'라는 이 새로운 용어를 만들어 냈다. 이 계획서에서 도스토예프스키는 초기의 급진주의적 서구 이념 몰두에서 벗어나 평범한 러시아인들의 신앙에 대한 깊은 경의로 이동했다. 이런 이유로, 서구의 '내셔널리티' 이념과 러시아의 나로드노스치 이념이 병립하게 된다.

'러시아 이념'에 관한 저술은 1990년대에 지나치게 방대해졌다. 이 책의 다른 지면에서 논의된 저술에 덧붙여 Arseny Gulyga, *Russkaia ideia i ee tvortsy*, Moscow, 1995[『러시아 이념과 그 창조자들』]; T. I. Ketkovets and I. M. Kliamkin, "Russkie idei", *Polis*, no.2, 1997, pp.118~140[「러시아 이념들」, 『정치연구』]; Kh. Kh. Bokov and S. V. Alekseev, *Rossiskaia ideia i natsional'naia ideologiia narodov Rossii*, Moscow, 1996[『러시아 이념과 러시아 민족들의 민족 이데올로기』]; S. V. Alekseev, V. A. Kalamanov, and A. G. Chernenko, *Ideologicheskie orientiry Rossii*, 2 vols., Moscow, 1998[『러시아의 이데올로기적 방향 지시기』]; M. A. Maslin, *Russkaia ideia*, Moscow, 1992[『러시아 이념』]; N. S. Rozov, "Natsional'naia ideia kak imperativ razuma", *Voprosy filosofii*, no.10, 1997, pp.13~28[「이성의 명령으로서 민족 이념」, 『철학의 제 문제』]을 참고하라. Andranik Migranian, *Rossiia v poiskakh identichnosti(1985-1995)*, Moscow, 1997[『정체성 탐색 중인 러시아, 1985~1995』] 또한 참고하라.

사려 깊은 개혁주의자 버전으로는, 에스닉 민족주의를 넘어선 시민적 민족주의에 대한 발레리 티시코프의 주장, '러시아 이념'이란 서구 문명에 대한 거부라기보다는 확대라는 바딤 메주예프의 주장, 경제와 문화의 동시적인 현대화에 대한 알렉산드르 아히예제르의 주장을 참고하라. V. A. Tishkov, "Zabyt' o natsii", *Voprosy filosofii*, no.9, 1998, pp.3~26[「민족에 대해 잊다」, 『철학의 제 문제』]; Vadim Mezhuev, "O natsional'noi idee", *Voprosy filosofii*, no.12, 1997, pp.3~14[「민족 이념에 대하여」, 『철학의 제 문제』]; Aleksandr Akhiezer, *Rossiia: kritika istoricheskogo opyts (Sotsiokul'turnaia dinamika Rossii)*, Novosibirsk, 1997[『러시아: 역사 경험 비판(러시아의 사회문화적 역동성)』].

보다 권위주의적이고 에스닉 민족주의적인 관점은 다음 문헌들에 나타난다. Sergey Fomin, "O russkoi natsional'noi idee", *Moskva*, no.1, 2000, pp.215~224[「러시아 민족 이념에 대하여」]; Viktor Kozlov, *Istoriia tragedii velikogo naroda. Russkii vopros*, Moscow, 1986[『위대한 민족의 비극사. 러시아 문제』]; 발렌틴 라스푸틴(Valentin Rasputin)에 중점을 둔 길이가 긴 두 논의 "V kakom sostoianii nakhoditsia russkaia natsiia", *Nash Sovremennik*, no.3, 1993, pp.148~160[「러시아 민족은 어떤 상태에 있는가」, 『우리 동시대인』]; "Besedy o russkom", *Moskva*, February 1994, pp.112~115[「러시아적인 것에 관한 대담」]; "Russkaia Elita", *Zavtra*, June 1994, pp.6, 8[「러시아 엘리트」, 『내일』]에 나타난 것과 같은 견해들로 엮인 사실상의 선집.

새로운 민족주의자들의 비판적인 평가에 대해서는 Michel Niqueux ed., *La question russe. Essais sur le nationalisme russe*, Paris, 1992; Kathleen Parthé, "The Empire Strikes Back: How Right-wing Nationalists Tried to Recapture Russian Literature", *Nationalities Papers*, December 1996, pp.601~624; Geoffrey Hosking and Robert Service eds., *Russian Nationalism, Past and Present*, London, 1997; Thomas Parland, *The Rejection in Russia of Totalitarian Socialism and Liberal Democracy: A Study of the Russian New Right*, Helsinki, 1993.

오스트레초프와 솔로드키는 '러시아 이념'이라는 개념 전체를 명백한 위험은 아닐지라도 도덕적 혼란의 원천으로 여겼다. V. Ostretsov, "Russkaia ideia kak fakt falsifikatsii", *Russkii Vestnik*, 1992, pp.41~44[「위조의 팩트로서의 러시아 이념」, 『러시아통보』]; B. S. Solodky, "Russkaia ideia:

이 '러시아 이념'을 더 진전시킨 정의는 이후 '은세기'에 군림한 사상가 블라디미르 솔로비요프Vladimir Solov'ev에게서 나왔다. '러시아 이념' Russkaia ideia이라는 제목의 파리 강연에서 그는 1888년 "국가 개념은 그것이 시간 속에서 자신에 대해 생각하는 것이 아니라 영원 속에서 신이 그것에 대해 생각하는 것이다"라고 단언한 바 있다.[2] 그러나 국가는 "자신의 소명을 이해할 수 없다". 솔로비요프의 동시대 러시아인들은 발칸반도 슬라브인들을 위한 전투에 불려 나갔지만, 자신들의 실제 소명은 기독교에는 연합을 결성시키고 세계에는 기독교를 복원하는 것이라고 생각했다. 예술적 창조력은——도스토예프스키의 유명한 문구를 따오자면——"미美가 세계를 구원할 것"이기 때문에 정신적인 소명으로 여겨졌다.

솔로비요프는 러시아가 국가들 사이에서 본질적으로 비폭력적이고 비정치적인 역할을 수행할 수 있도록 평화적이고 정신적인 러시아 정체성을 찾으려고 노력했다. 니콜라이 베르댜예프Nikolay Berdiaev는 독

---

konseptsiia spaseniia ili provokatsiia konflikta", Evgeny Troitsky ed., *Russkaia tsivilizatsiia: sobornost'*, Moscow, 1994, pp.70~77[「러시아 이념: 구원이란 개념인가, 충돌이란 방해 활동인가」, 『러시아 문명: 소보르노스치』]. 이고르 클럄킨과 타티야나 쿠트코베츠의 1996년 주장에 따르면, 러시아를 위한 '특별한 길'에 관해 지속되어 온 담론은 기본적으로 "자신의 과거를 아직 떠나보내진 않았지만 그 과거로 되돌아가려고는 않는 나라"에 있는 현재의 비애를 위한 '심리적 보상'이다. I. Kliamkin and T. Kutkovets, "Osobyi put' Rossii: mify i paradoksy", *Moskovskie Novosti*, no.34, August 25-September 1, 1996, p.9[「러시아의 특별한 길: 신화와 패러독스」, 『모스크바뉴스』].

Tim McDaniel, *The Agony of the Russian Idea*, Princeton, N.J.: Princeton University Press, 1996은 사회가 궁극적인 가치들, 보다 고양된 형태의 공동체, 사회 평등 및 국가 신용에 바탕을 두고 있지만 옐친(Boris Yeltsin) 시대 양극화된 '이항적' 사고와 외견상 교정 불가한 혼란 양상에 사로잡혀 있기도 한데, 러시아인들이 그런 사회를 신뢰하고 있다고 보는 생기 넘치는 에세이다. 카잔 출신의 블라디미르 쿠라쇼프는 러시아 민속을 철학사에 혼합하는 독창적인 접근법을 취했다. Vladimir Kurashov, *Filosofiia: rossiiskaia mental'nost'*, Kazan, 1999[『철학: 러시아 멘털리티』].

2 Vladimir Solov'ev, "Russkaia ideia", *Sochineniia v dvukh tomakh*, vol.2, Moscow, 1989, p.230[「러시아 이념」, 『두 권 선집』].

특한 '러시아 이념'에 대한 이러한 믿음에 보다 민족주의적인 전환점이 되었다. 1918년에 집필한 전쟁과 국가에 대한 에세이 「러시아의 운명」 Sud'ba Rossii에서 그는 러시아를 가장 극단적인 모순을 지닌 나라, 즉 독재주의적 충동과 무정부주의적 충동, 자신의 나라에 대한 거친 광신적 애국주의와 진심으로 거북스러워하는 태도, 외부 권위 앞에서의 무력한 굴종과 무한한 내적·정신적 자유를 지닌 나라로 규정짓고 있다.

베르댜예프는 러시아라는 국가가 '영원히 여성적인'vechno bab'e 러시아 국민의 소극성에 의해 계속해서 저지될 것을 두려워했다. 1915년에 그는 제1차 세계대전이 "러시아의 남성적 혼의 돌파구"[3]를 만들어 낼 수 있길 희망했으나 그 "돌파구"가 공산주의 혁명을 만들어 내면서 끝났을 때, '은세기'의 다른 많은 주요 사상가들이나 예술가들과 마찬가지로 1922년 즉결로 국외 추방을 당하게 되었다. 처음에는 베를린에서 망명 생활을 시작하였지만 파리에서 대부분을 보낸 그는 1948년 사망할 때까지 러시아 망명자들 사이에서 러시아 정체성에 관해 가장 많이 쓰고 영향력을 끼친 저술가가 되었다.

『러시아의 혼』Dusha Rossii이 나온 제1차 세계대전 발발 시기부터 『러시아 이념』이 나온 제2차 세계대전 직후까지 베르댜예프는 러시아 국가의 정수가 창조적인 사상가들과 예술가들의 정신적 분투에 놓여 있다고 주장하는 수많은 글들을 써냈다. 러시아인들은 본질적으로 순례자들, "러시아 땅을 떠도는 방랑자들"이었는데, 그들은 러시아의 광활한 영토로 인해 영감을 얻었지만 무질서한 상태로 남게 되었다.

---

3 Nicholas Berdiaev, *Dusha Rossii(voina i kul'tury)*, Moscow, 1915[『러시아의 혼(전쟁과 문화)』]; Nicholas Berdiaev, *Sud'ba Rossii: opyt po psikhologii voiny i natsional'nosti*, Moscow, 1918[『러시아의 운명: 전쟁 및 민족성의 심리학 체험』].

러시아의 영혼 속에는 러시아의 광활한 평원 속에 있는 것과 같은 그런 무한함, 끝없음, 무한을 향한 지향이 있다. …… 거대한 자연의 힘과 형태에 대한 상대적인 허약함도 있다.[4]

러시아가 다양한 시련에서 구출되는 길은 지리학 너머에 있는 역사를 향해 가는 것이었다. 솔로비요프에게처럼 베르댜예프에게 러시아는 신의 뜻에 의한 사명과 궁극적으로는 기독교적인 운명을 지니고 있었다. 그러나 베르댜예프에게 러시아관觀의 끝은 솔로비요프의 보편 신앙 화해론이 되기보다는 러시아 사회가 여타 존재하는 기독교 국가보다 더욱 생생한 기독교 정신을 어떻게든 구현할 수 있을 것이라는 보다 민족주의적인 믿음이 되었다.

새 예루살렘은 광활한 러시아 땅에서 분리되지 않았다. 새 예루살렘은 러시아 땅과 연결되어 있으며 러시아 땅은 새 예루살렘으로 들어갈 것이다.[5]

불행하게도 러시아는 전간기에 새 예루살렘이 아니라 스탈린Iosif Stalin 독재 정권을 만들어 내고 있었다. '은세기'의 많은 창조적인 인물들과 마찬가지로, 베르댜예프는 기본적으로 미학적이고 비정치적인 세계관을 유지하였다. 그는 획기적인 발행물 『이정표』Vekhi의 주요 기고자였는데, 『이정표』는 러시아 인텔리겐치야를 철학적 이상주의와 종교적 신념에 주목하도록 만들었다. 그 후 베르댜예프는 반동적인 네오비잔틴

4 Nicholas Berdiaev, *The Russian Idea*, New York, 1948, p.2[니꼴라이 베르쟈예프, 『러시아 사상사: 19세기와 20세기 초의 러시아 사상의 근본 문제』, 이철 옮김, 범조사, 1980. ── 옮긴이].
5 *Ibid.*, p.255.

주의 사상가인 콘스탄틴 레온티예프Konstantin Leont'ev를 찬양하는 전기를 쓰기도 했다.

강요된 망명 후 곧 그는 베를린에서 반反평등주의적인 『불평등의 철학』Filosofiia neravenstva을 집필하였고,[6] 이후 파리에서 러시아의 비종교적 집산주의와는 정반대에 있는 프랑스의 기독교적 인격주의personalism에 동질감을 느끼게 되었다. 그러나 베르댜예프는 역사를 진보적인 비종교적 구제의 과정으로 보길 선호하는 러시아 인텔리겐치야의 성향에서 결코 벗어나지 못했다. 1930년대 소비에트 통치가 가장 억압적이고 잔인한 국면으로 들어섰던 바로 그때에, 베르댜예프는 소비에트 체제에 대한 보다 유순한 관점을 발전시키기 시작했다.

베르댜예프는 1936년에 집필한 영향력 있는 저서 『러시아 공산주의의 원천과 감각』Istoki i smysl russkogo kommunizma[7]에서 소비에트 공산주의를 서구 맑시즘의 각색이라기보다는 러시아의 공동체주의로, 종교를 파괴시키려는 전투적인 무신론 체계라기보다는 무가치한 이름뿐인 기독교들에 맞서 일어선 이단적인 기독교의 일종으로 그리고 있다. 정작 자신은 방문 목적으로도 소비에트연방으로 절대 돌아가지 않았지만, 베르댜예프는 제2차 세계대전 직후 많은 러시아 망명자들에게 스탈린이 통치하는 러시아로 되돌아갈 것을 충고하기도 했다.

---

6 Nicholas Berdiaev, *Filosofiia neravenstva*, Berlin, 1923[『불평등의 철학』]. 베르댜예프가 이후에 쓴 콘스탄틴 레온티예프 전기는 1990년대에 재발견되어 널리 인용되었다. Konstantin Leont'ev, *Vostok, Rossiia i slavianstvo*, Moscow, 1885~1886[『동(東), 러시아, 슬라브주의』]은 서구의 상스러움과 퇴폐스러움에 대한 전면적인 고발장이었고(Konstantin Leont'ev, "The Average European as an Ideal and Instrument of Universal Destruction", J. Edie et al., *Russian Philosophy*, vol.2, New York, 1965), 포스트소비에트 시기에는 반(反)서구적 러시아 민족주의자들에게 원형이 되었다.

7 본래 프랑스어로 출간되었다. *Les sources et le sens du communisme russe*, Paris, 1936.

소비에트 공산주의의 독특한 러시아 계보를 추적하면서 베르댜예프는 공산주의 이념가들이 자신들을 정당화하기 위해 이용한 급진주의적 사상가들을 대부분 똑같이 열거하고 있었다. 그 신성한 계보는 러시아 사회 조건들에 대한 18세기 후반 알렉산드르 라디셰프Aleksandr Radishchev의 비평과 함께 시작하였고, 1825년 박해당한 데카브리스트들의 시기를 거치면서 지속되었으며, 1840년대와 1850년대에 알렉산드르 게르첸 같은 귀족 출신 급진주의자들과 함께 힘을 모으게 되었다. 또한 1860년대의 비귀족계급의 '니힐리스트들'과 함께 주목을 받게 되었고, (테러리스트라는 용어가 자부심의 상징으로 사용되었던 첫 시기인) 1870년대와 1880년대에는 테러리스트들과 함께 혁명가가 되었으며 1890년대와 1900년대 초 맑시즘의 등장과 함께 일관된 역사철학을 얻게 되었다.

러시아의 맑시즘은 소외된 러시아 인텔리겐치야의 핵심적인 믿음을 확신시키는 신선한 방식을 제공했다. 즉, 역사란 혁명적인 변화에 열성적인 엘리트에 의해 실현될 수 있는 해방의 숙명을 지니고 있다는 것이다. 만년에 베르댜예프는 맑시즘을 정화된 기독교 정신을 위한 변증법적 필수 전제 단계라고 여기는 것 같았다. 『요한계시록』에서 보이는 종말이 그 길을 준비했기 때문에 새 예루살렘은 러시아에서 정확하게 나타날 수 있을 것이다.

유토피아적 이념 정치

블라디미르 레닌Vladimir Lenin이 제시한 공산주의의 볼셰비키 변이형은 혁명적 인민주의의 모반적 정치 테러리즘을 맑시즘의 과학적 주장과 통합하였다. 레닌이 존경한 자신의 형이 테러리스트 전통의 순교자였고,

레닌은 규율을 부과하고 1917년의 카오스 한복판에서 자신에게 권력을 주었던 쿠데타에 '과학적' 합법성을 제공하기 위하여 맑시즘이라는 새로운 무기를 사용했다.[8]

기존 질서에 대한 러시아 인텔리겐치야의 저항은 사회가 혁명을 준비하는 데 있어 유용하였지만 혁명가들이 통치를 준비하는 데 있어서는 쓸모가 없었다. 레닌의 '새로운 유형의 당'은 처음부터 인텔리겐치야에게는 일종의 라이벌로 여겨졌다. 권력에 진실을 말하는 것으로 일컬어졌지만 국민을 위해서는 이룬 것이 거의 없었던 지식인들과는 대조적으로 레닌은 국민에게 진리를 제공해 주기 위해 자신의 볼셰비키 당이 권력을 얻는 데 집중했다.

1917년의 핵심 저서인 『국가와 혁명』*Gosudarstvo i revoliutsiia*에서 권력을 얻은 후 혁명가들이 어떻게 통치해야 하는가에 관해 레닌이 유일하게 제안한 것은 "문명화된 사람들의 무리라면, 현대사회에서 싸움을 말리거나 여성을 폭행으로부터 보호하기 위해 끼어드는 것만큼이나 간단하고 재빠르게" 갈등을 풀어 나가야 한다는 것이었다. 혁명 통치는 "특별

---

8 소비에트 시기의 문서들이 부분적으로 공개되자 레닌 전집의 소비에트 판본에는 결코 포함되지 못했던 레닌의 많은 문서들이 드러나게 되었다. 레닌의 야만적인 테러 사용을 보여 주는 문서들이 특히 중요하다. 1918년 8월 11일 자 특별한 전보는 펜자의 공산주의자들에게 "주변 수백 마일의 사람들이 보고, 몸을 떨고, 알고, 소리 칠 수 있게 하는 방식으로 …… 적어도 100명의 악명 높은 쿨라크(Kulak), 부자, 흡혈귀 같은 착취자들을 [대중이 볼 수 있도록 실패 없이] 매달고" "흡혈 같은 쿨라크들을 목 졸라 죽이자"라고 지시하고 있다. *Revelations from the Russian Archives*, Washington, D.C., 1997, p.12(1992년 6~7월 미 의회도서관 전시회에서 전시된 문서들로 만들어져 영어판으로 출간되었다). 내전이 끝난 후에도 레닌은 비밀경찰에게 "우리가 쏘아 죽일 수 있는 반동적인 성직자 대표가 많으면 많을수록 더 좋다"라는 비밀 지령을 내리기도 했다(1922년 3월 19일 지령. Alexander Yakovlev, *A Century of Violence in Soviet Russia*, New Haven, 2002, p.160에서 재인용). 이 문서들을 공개하고 소비에트의 공식적인 역사 기술을 철저하게 개정하는 데 선구자가 된 전직 소비에트군 정책 책임자가 쓴 다음의 전기 또한 참고하라. Dmitry Volkogonov, "Zhretsy terrora", *Lenin: politicheskii portret*, Moscow, 1994, pp.327~430[「테러의 신관들」, 『레닌: 정치 초상』].

한 기계도, 특별한 억압 기구도" 요구하지 않는다.[9]

　이 놀랄 만한 유토피아적 관점은 인간의 완벽함을 신봉하고 있었던 지식인들을 얼마간 끌어당겼다. 그리고 다수는 처음부터 혁명적 투쟁이라는 새로운 삶 속에서 '무장한 민중'에 합류하자는 볼셰비키의 초대를 받아들였다. 그러나 '새로운 유형의 당'은 곧 구舊인텔리겐치야뿐 아니라 '무장한 인민'의 선봉으로서 스스로 만들어 낸 역할에 저항하는 다른 모든 집단들을 파괴하기 시작했다.

　공산주의의 권력은 차르 체제 제국이 1914년 여름, 전쟁에 돌입했을 때부터 시작되어 1922년 겨울, 새로운 소비에트사회주의공화국연방의 공식 수립으로 끝났던 긴 '동란기'가 종료될 때까지 완벽히 확보되지 못했다. 한때 전 세계 기독교의 사명을 지닌 '제3로마'로 여겨졌던 모스크바는 1919년 전 세계의 혁명 임무를 지닌 '제3인터내셔널'의 조직지組織地가 되었다. 러시아의 레닌주의 당은 말 그대로 사회민주주의 제2인터내셔널의 공개적인 민주주의적 접근을 거부했던 새로운 세계 공산주의 당의 지부가 되었다. 새로운 공산주의 체제가 비록 과거의 전통을 완전히 거부했을지라도, 대중으로부터 정통성을 인정받기 위해 예전의 상징들을 새롭게 변형해서 사용해야만 했다. 1924년에 카리스마 있는 레닌이 사망하자 그를 숭배한 후계자들은, 루시 최초의 성인들이 키예프 페체르스크 수도원['페체르스크'는 '동굴'이라는 뜻이다── 옮긴이]에 보존되어 있는 것과 같은 방식으로 붉은 광장의 지하 묘지에 그를 매장하였다. 한때 신학대 학생이었으며 미래에 권력 후계자가 될 이오시프

---

9 Vladimir Lenin, "Gosudarstvo i revoliutsiia", *Polnoe sobranie sochinenii*, vol.33, 5th ed., Moscow, 1962, p.91[「국가와 혁명」, 『전집』].

스탈린은 레닌의 장례식에서 레닌을 향한 충성을 담은 일련의 교리문답식 맹세를 읊조렸다. 새로운 정통성의 최초이며 가장 기본적이고도 가장 영속적인 요소 ── 마치 절대적으로 옳은 정치 지도자에 대한 사이비 종교 숭배 의식 같은 것 ── 가 새로운 정치 독립체가 막 시작되던 그 때에 이와 같이 확립되었던 것이다.

고인이 된 레닌은 기존의 성자전과 이콘을 대체한 새로운 성자전과 이콘을 위한 일종의 그리스도의 형상이 되었다. 후에 레닌은 신격화된 스탈린을 위한 길을 준비하는 세례자 요한으로 더 많이 해석되었다. 공산당 서기장인 그의 후계자들은 자본주의 파괴를 통해 봉건주의의 구속으로부터 초국가적인 평등주의 사회의 지상낙원으로 인류를 인도하는 지도자들의 사도전승의 한 부분으로 스스로를 묘사하였다.

새로운 소비에트 체제의 주요 공적은 절대적인 독재 정권이 절대적인 인간의 행복을 ── 모든 곳에서는 말할 것도 없지만 ── 어딘가에서는 만들어 낼 수 있다는, 본질적으로 받아들이기 힘든 생각이 얼마간이라도 옳다고 인정할 수 있게끔 만들어 낸 능력이었다. 공산주의 지도자들은 역사란 모순적인 단계들을 통해 해방의 결말을 향해 움직이는 합리적 과정이라는 러시아 인텔리겐치야의 기본적 헤겔주의적 믿음에 유물론적이고 과학적인 새 의복을 제공하였다. 이 핵심적인 관점은 1890년대에 전前 인민주의자 게오르기 플레하노프Georgy Plekhanov에 의해 러시아인들을 위한 맑시즘 형식으로 제시된 바 있다. 경제력을 조절하는 권력에 대한 그의 강조가 새로운 세대의 러시아 사상가들이 다시 한 번 "푸른 하늘에서 부엌으로" 이동할 수 있게 해주었다. 혁명적 인민주의의 좌절로 인한 절망과 초기 산업화로 인해 커져 가는 불평등은, 러시아의 새로운 자본주의 단계가 단명할 것이며 자본주의를 파괴하고 새로운 무계급 사회를 창조할 프롤레타리아를 '변증법적으로' 만들어 낼 것이라는 의기양양한 견해로 인해 일소된 듯 보였다.

러시아를 위한 혁명 임무를 정당화해 주었던 맑시즘 이데올로기에서 레닌 스스로 두 부분에 필수적인 수정을 가하였다. 1905년의 『사회민주주의의 두 가지 전술』Dve taktiki sotsial-demokratii에서 레닌은 '프롤레타리아'라는 개념을 맑스가 부르주아를 대신하며 모든 계급투쟁을 종식시킬 존재로 보았던 도시 노동자들뿐만 아니라 가난한 소작농들까지 포함시키는 것으로 확장했다. 『국가와 혁명』에서 그는 과도過渡 '프롤레타리아 독재정'은 여전히 뒤떨어진, 주로 농촌 지역인 러시아를 무계급 사회로 이행시킬 준비를 할 필요가 있다고 시사했다. 새로운 공산주의 사회가 생겨나면, 독재정은 그 후 곧 "시들어 버릴 것"이라고 그는 주장하였다. 물론 시들어 버린 것은 독재의 전통이 있는 나라에서 독재정이 스스로 시들어 버릴 것이라는 그 생각이었다.

이른바 임시 독재정은 소비에트 통치의 두 번째 합법화 수단, 즉 이념에 바탕을 둔 비밀 당 엘리트에 의한 집권이라는 레닌의 개념에 의해 장기 임대로 주어진 것이었다. 레닌은 1902년에 쓴 중요한 팸플릿 「무엇을 할 것인가?」Shto delat'에서 "당은 스스로를 숙청함으로써 더욱 강해진다"라는 것을 맨 첫 쪽에서 주장하면서 이러한 반민주적인 생각을 설명한 바 있다. 그는 자신의 볼셰비키 파벌을 점차 커져 가고 있었던 러시아사회민주노동당RSDRP, Rossiiskaia sotsial-demokraticheskaia rabochaia partiia 내에서 보다 민주적인 멘셰비키 그룹에서 분리시킴으로써 그런 당을 그다음 해에 생겨나게 만들었다.

사실상 레닌의 새 유형의 당은 급진적인 인텔리겐치야가 종종 스스로에게 요구했던 두 가지 역할 ── 역사적 진실의 해석자이자 고통받는 러시아 국민의 하인으로서 발언할 수 있는 독점권 ── 을 제 것으로 삼았다. 이로부터 냉혹하게 뒤따른 것은 라이벌 진실 정의자이자 관직 요구자인 구舊지식인들이, 여당이 자신의 일간지를 '진실'(프라브다Pravda)이라고 불렀던 러시아 내에서 몸둘 곳이 없었다는 사실이었다.

레닌은 볼셰비키 공산당이 노동자와 가난한 소작농에게 '의식화' consciousness를 제공하고 있다고 여겼다. 만약 단독으로 내버려 둔다면, 하위 계층은 헛된 반란들을 채찍질하거나 하찮은 경제 지원금에나 만족하면서 자멸하는 '자연스러움'에 굴복할 것이다. 레닌의 신당은 좌파의 '유아증'과 '모험주의'와도, 우파의 '노동조합주의'와 '추수주의'追隨主義와도 모두 투쟁하고자 노력했다. 그의 당은 권력을 획득하기 위한 전략 및 대중과 이제 시작 단계인 그들의 혁명적 포부에 비밀스럽게 단호한 전술적 명령을 부과하기 위한 전략을 만들어 내는 것에 초점을 맞추었다.

볼셰비키는 1917년 혁명에 뒤이어 일어났던 내전에서 승리하자마자, 러시아를 통치하고 자신들이 광활한 영토에 부과하고 있었던 권력을 정당화하기 위한 정치적 전략을 발전시켜야만 했다. 볼셰비키는 역사적 필연성의 대리인이 되어야 하는 자신들의 주장을 지지하는 동시에 효과적인 정부가 요구할 수 있는 모든 변화들을 정당화하는 방식을 고안해 냈다. '당의 노선'이 통치의 새로운 도구가 되었다. 역사적 진실의 집행자라고 전해지는 당 엘리트는 '좌' 혹은 '우' 편향을 피하는 방식으로 '당의 노선'을 비밀 회의에서 정했고 모든 급변과 전환을 정당화하였다.

투쟁적이고 계급적인 당은 이른바 과학적 이데올로기라는 점에서 모든 것을 정당화했고 이전에 보아 왔던 것에 비해 훨씬 더 전체주의적이고 참견해 대는 독재정 수립을 속행하였다. '당의 기본 방침'은 '정치국'Politbiuro에 의해 정해졌고, '당성'partiinost'(희생적인 당 정신)이라는 최고의 새로운 미덕으로 기운을 얻은 당원들에 의해 위에서 아래로 부여되었다.

스탈린은 비참한 상태에 놓인 자신의 피지배자들에 대한 대규모의 동원 캠페인을 계속해서 강행하기 위해 '인위적인 변증법'이라는 새로운 기술을 발전시켰다.[10] 당의 노선이 변하기 시작할 때마다 이전 노선의 볼셰비키 집행자들은 비난받고 굴욕당했으며, 고통받는 대중에게 일종의 위로상을 주는 의미로 숙청당했다. 이후 그 방식은 다음 캠페인에서 그 과정을 되풀이할 수 있도록 공개되었는데, 이로써 당 최고 지도자에 집중된 소규모 측근들에 의해 당과 인민 모두가 조종당했고 통제되었다. 늘 이른바 무결점 지도자의 잘못된 과거 협력자의 이름들로 명명되었던 트로츠키주의, 부하린주의 혹은 다른 이단적 이론들 때문에 숙청당할 것이라는 끝없는 공포 속에서 당원들은 살아갔다.

이 기술들은 계속해서 사용되었지만 1953년 스탈린 사후에는 정당성을 잃게 되었다. 스탈린의 후계자인 니키타 흐루쇼프Nikita Khrushchev가 1956년 2월 제20차 당대회에서 스탈린의 '개인 숭배'kul't lichnosti에 대해 부분적으로 맹비난하며 전능한 지도자의 신비를 벗겨 내기 시작했던 것이다. 사도전승과 무결점의 신화가 깨어졌으며 그로 인해 공산주의 지배를 정당화해 왔던 다른 독특한 요소들을 유지하기가 점차 더 어

---

10 현대 정치에 행한 스탈린의 특별한 공헌이라고 생각했던 계획된 테러의 조직적이고도 주기적인 사용을 묘사하고자 아이제이아 벌린은 '인위적인 변증법'이라는 용어를 만들어 냈다. 가명으로 발표한 벌린의 글 O. Utis, "Generalissimo Stalin and the Art of Government", *Foreign Affairs*, January 1952, pp.197~214를 참고하라.

려워지게 되었다.

소비에트 공산당이 전 세계의 혁명운동을 이끌어 가고 있었다는 견해는 1930년대에 시들해졌다. 스탈린은 공산주의 이데올로기에 근간을 두고 있는 색이 바래 가고 있는 소비에트 권력의 정당성을 강화하기 위해 의무적으로 러시아 중심적 역사관을 도입하였다. 그는 일반적인 계급투쟁을 강조하고 개별 지도자들에 관한 모든 발언을 사실상 삭제해 버렸던, 미하일 포크로프스키Mikhail Pokrovsky의 기존 정전화된 맑시즘적 접근을 거부했던 것이다. 러시아 역사에 인간미를 부여하기 위하여, 그리고 자신이 행한 숙청과 희생 요구를 정당화하기 위하여 스탈린은 러시아를 외부 침입과 내부 배신의 영구 희생물로 묘사하는 새로운 내러티브를 발전시켰다.

당은 당의 역할을 '일국사회주의' 건설로 재규정했다. 스탈린은 강압적인 농업 집단화와 무자비한 산업화, 대규모 숙청, 강제노동수용소(굴라크gulag)의 '군도'群島를 통해 소련의 국민에게 전례 없는 고통과 사회적 대변동을 강요했다. 이후 레오니트 브레즈네프Leonid Brezhnev 집권 아래 뻗어 가고 있는 무계급 공산주의 이전에 '발전된 사회주의' 획득 필요에 관한 이데올로기적 합리화는, 당직자라는 '새로운 계급'에 의해 주도되었던 내향적이고 억압적인 전제주의의 현실을 그다지 감추질 못했다. 제3인터내셔널(코민테른Komintern)은 1943년에 사라졌고, 전후에 생겨난 그것의 생기 없는 후신인 공산당정보국Kommunisticheskoe Informbyuro(코민포름Kominform)은 1956년에 폐지되었다.

그 이후 30년이 넘게 소비에트 공산주의는 막강한 군사력을 유지하고 양측이 동등했던 대량살상무기라는 하나의 무대에서 관심을 집중시켰던 라이벌 미국과의 정상회담을 주기적으로 연출함으로써 국제적으로 권위를 유지했다. 소련 내 권력은 계속 늘어 가는 공산당 관료인 '아파라트치크'apparatchik들과 치안 부대들에 의해 행사되었다. 지도부가 흐루쇼프에서부터 브레즈네프, 유리 안드로포프Yury Andropov, 콘스탄틴 체르넨코Konstantin Chernenko로 연로하고 노쇠한 손들을 끊임없이 거쳐 오면서 공산주의 이데올로기는 정통성의 힘을 잃어버렸다. 권력은 (흐루쇼프 집권 아래 '상임간부회'Presidium라는 이름으로 간결히 위엄이 갖춰진) 중앙위원회 정치국 내에서 벌어지는 그로테스크한 의식을 통해 한 지도자에게서 그의 후계자에게로 전해졌다. (물러나는 서기장을 포함하여) 당의 다른 지도자들 모두의 명예를 잠정적으로 실추시킬 만한 정보가 담긴 '블랙파일'이 새로 선출된 당 서기에게 장엄하게 전해졌던 것이다.[11]

그 체제는 그것으로 다스렸던 대중과 함께 정통성을 잃었으나 소련 내외부 엘리트 계층의 견해는 소비에트 체제가 가까운 미래를 위해 기본적으로 변화되지 않은 채 남겨질 것이라고 예상했다. 1983년, 소비에트 체제에 관한 가장 야심 찬 연구들 중 한 연구에서 서구의 전문가 40명은 많은 분야와 관점을 대표해 서문에서 다음과 같이 요약한다.

우리 모두는 소비에트연방이 정치적 민주주의를 이룩한다거나 가까운 미래에 붕괴된다거나, 혹은 먼 미래에 국제사회의 마음에 맞는 평화로운 구성원이 될 가능성은 전혀 없다는 데 동의한다.[12]

---

11 만년에 드미트리 볼코고노프(Dmitry Volkogonov) 장군이 나에게 묘사해 주었던 이 절차는 핵무기 작동 코드를 담은 서류가방을 전달하는 것과 유사해 보인다.

12 Robert Byrnes ed., *After Brezhnev: Sources of Soviet Conduct in the 1980s*, Bloomington, 1983, p.xvii.

2년 후, 미하일 고르바초프라는 아주 젊은 새 인물이 당 서기장이
되었고, 위의 결론들을 하나씩 무효로 만들었던 변화의 과정을 시작하
게 되었다.

대(大)러시아 민족주의

대러시아 민족주의가 소비에트 전체주의를 만들고 그것을 떠받쳐 수명
을 연장하고 종국에는 그것을 해체하는 데 있어서조차 구동력이었다
는 사실은 러시아 내에서조차 제대로 다 밝혀지지 못했다. 국제 공산주
의에 대한 최초의 믿음이 사라지자마자 러시아의 모든 것에 대한 민족
주의적 믿음이 1930년대 스탈린 집권하의 소비에트 제국을 위한 주요
정당화 요소가 되었다. 그 후, 1953년 스탈린 사망 후에 흐루쇼프는 문
화적 통제 속에서 있었던 불완전한 '해빙'을 일종의 공산주의 부흥 운
동(러시아 국내에서 있었던 보다 거대한 프로젝트들과 국외에서 있었던 혁
명주의자들에 대한 새로운 지지)과 결합했다. 이와 같은 불안정한 조합은
공산주의의 중심 설계자들이 강요한 강제적인 도시화, 그리고 전통적
인 가치 파괴를 담고 있는 현대화를 거부했던 러시아 문화 내에 '원초적
인'primordial 민족주의를 만들어 냈다.[13]

---

13 이 주제와 관련하여 방대한 참고문헌 목록을 가지고 있는 훌륭한 개관들로는 다음과 같은 것이
   있다. 1986년의 독일어판 원본에 새로운 서문을 추가한 Gerhard Simon, *Nationalism and Policy
   toward the Nationalities in the Soviet Union*, Boulder, Colo., 1991 ; Valery Tishkov, *Ethnicity,
   Nationalism in Conflict in and after the Soviet Union: The Mind Aflame*, London, 1997.
   　　미하일 아구르스키는 『제3의 로마』에서 소비에트 공산주의는 바로 초기부터 러시아−독일 간
   적대감에 근거를 둔 민족주의에 의해 배태되고 있었다고 주장한다. Mikhail Agursky, *The Third
   Rome: National Bolshevism in the USSR*, Boulder, Colo., 1987. 다른 한편으로, 최근 학자들(그리고
   많은 포스트소비에트 러시아 민족주의자들) 중 일부는 러시아 민족주의가 소비에트 정책의 결정적

브레즈네프 집권(1964~1982년)하의 오랜 정체기 동안 소비에트 지도자들은 이 '농촌 산문'의 감정적인 호소력을 끌어들이고 경직된 공산주의 이데올로기를 러시아 민족주의의 살과 피로 강화하기 위해 진지하게 시도한 바 있다.[14] 1980년대를 거치면서 소비에트연방 자체가 응집력을 잃기 시작했을 때, 공산당 중앙위원회 선전 부서 출신으로 그때까지 거의 알려지지 않았던 인물인 겐나디 쥬가노프Gennady Ziuganov는 브레즈네프 정권에 의해 부각되었던 극단주의적 민족주의 신봉자들과 정치적 동맹을 맺기 위해 노력했다.[15] 이는 자유화에 맞서서 좌-우 혹은 '적-갈'[16] 정치 블록을 구축하기 위한 많은 노력들 중 최초의 노력이었다. 그들은 고르바초프의 개혁을 저지하지도, 소비에트연방을 유지하지도 못했다. 그러나 1990~1991년에 있었던 그들의 단합은 새롭게 부상한 공산주의의 새 지도자 쥬가노프가 포스트소비에트 시기 러시아에서 민주화에 맞서 자신이 계속해 온 투쟁을 고려할 것이라는 지침을 민족주의에 제시하였다.

어떤 종류의 러시아 민족주의 역시 소련의 최후 붕괴가 평화롭게

인 요인이 아니었다고 결론짓는(혹은 항의하는) 경향이 있다.
　　소비에트 이후 공산주의 지도부가 소비에트 체제의 중앙 통제를 영속시키기 위해 러시아 민족주의 정서를 흡수하려 노력했던 다양한 방식들을 올바르게 판단하기 위해서는 Yitzhak Brudny, *Reinventing Russia: Russian Nationalism and the Soviet State, 1953-1991*, Cambridge, Mass.: Harvard University Press, 1998을 참고하라. 그의 각주들은 민족주의에 관한 일반적인 참고문헌이 러시아의 특수한 경우에 어떻게 적용되는지를 논의하고 있다. '러시아는 무엇이고 어디로 가야 하는가? 정치적 논쟁 1971~1985년'(What is Russia and where should it go? Political debates 1971-1985)이라는 절(pp.150~191)에서 기술된 자료는 어느 점에 있어서는 소비에트 붕괴 이후 행동을 시작했던 민족주의자들 사이의 폭넓은 논의를 기대게 한다.

14 Kathleen Pathé, *Russian Village Prose: The Radiant Past*, Princeton, N.J.: Princeton University Press, 1992.
15 Brudny, *Reinventing Russia*, pp.255~256.
16 적색은 공산주의를, 갈색은 파시즘을 상징하는 색이다. ── 옮긴이

유지되길 희망했을 뿐만 아니라 소비에트 말기에는 공산주의 체제가 비합법화되길 희망하기도 했다는 사실은 역설적으로 보일 수 있을 것이다. 그러나 실제로는, 공산주의 신봉자들이 정치적 목적을 위해 홍보했던 제국적 민족주의가, 인위적이고 비인간적인 제국 체제가 러시아 국가 자체의 핵심적인 가치, 생태계, 경제를 파괴하고 있었다는 차분히 전개되어 가는 중대한 결론보다는 훨씬 덜 알려진 것이었음을 입증한 것이었다.

1991년 6월, 소련의 러시아공화국 국민들은 압도적인 지지로 보리스 옐친을 대통령으로 선출하였는데, 그는 이미 단호히 공산주의를 거부했던 인물이었다. 1991년 8월에 러시아공화국 정부 청사인 모스크바의 벨리돔에서 옐친은 굳건하게 자리를 지킴으로써 전술 소비에트연방 장악을 간략히 주장했던 강경파 공산주의 쿠데타에 대한 저항 운동에 닻을 내렸던 것이다. 러시아 정부가 이름뿐인 소비에트의 권력자들을 제압하고 제국적 공산주의 국가에서 사실상 분리되었을 때 비로소 타민족 공화국들이 독립을 할 수 있었다. 소련의 붕괴는 (서구 자유의 혜택을 획득할 수 있다는 그들의 투지뿐만 아니라) 자신들의 민족적 자부심을 확신하고 있는 러시아인들에 의해 이루어졌기 때문에, 다른 국가들은 이와 유사한 감정을 표출하는 데 있어 좀 더 자유로웠던 것이다. 게다가 소비에트연방은 유고슬라비아에서처럼 민족 간 분쟁으로 폭력을 동원하여 처리하는 대신에 이를 구성 국가들에 평화롭게 맡겨 두었다.

그러나 제국적 배음이 깔린 정치적 민족주의는 살아남았을 뿐만 아니라 포스트소비에트 시기 러시아에서 야망 있는 정치인들을 위해 커가는 수사학적 주요 인자가 되기도 했다. 쥬가노프나 그 밖의 다른 대망을 품은 반대파 지도자들이 권력 획득을 가능케 하는 연합을 형성할 수 없었던 반면, 블라디미르 푸틴Vladimir Putin은 자신의 세력을 유지하기 위해 점차 민족주의적 단체들을 끌어들이고 있었다. 소비에트 시기에 활성화된 이러한 원시적 민족주의primitive nationalism는 대중의 사고 속에서 지속되고 있고, 보다 민족적으로ethnically 러시아적인 러시아에서 다원주의pluralism를 합법화하고자 투쟁하는 이들에게는, 어느 정도는 무의식적일지언정, 20세기의 중요한 유산이자 소련의 비非러시아인 독재자 스탈린의 중요한 유산으로 남아 있다.

*　　*　　*

스탈린은 강제 산업화와 농업 집단화라는 국내의 사회혁명을 개시하기 위해서는 공산주의 이론보다는 보다 현실적이고 절실한 무언가를 가지고서 소련의 러시아 대중 대부분을 자극해야만 한다는 것을 알아차렸다. 스탈린이 강제수용소들을 채우고, 온갖 형태의 실행에 옮겨진 저항과 상상에 그친 저항을 진압했을 때, 그는 자신의 권력을 유지할 필요 또한 있었다. 조지아 소수민족 출신 독재자 스탈린은 외래 적군들에 대한 공포심을 키웠고 국내 반역자들에 대한 증오심에 초점을 맞추었으며 유대인과 기타 소수민족을 희생양으로 이용했던 에스닉 러시아 민족주의에 점점 더 의지하게 되었던 것이다.

　소비에트사회주의공화국연방USSR/SSSR, Soiuz Sovetskikh Sotsialisticheskikh Respublik은 현대 세계에서 공식 명칭에 민족적 지명도, 지리적 지명도 포함하지 않았던 최초의 중요한 주권이었다. 카프카스의 소공국 출신의 비러시아인 스탈린은 히틀러와 마찬가지로 다민족 합스부르크제국의 민족성과 민족주의의 역할을 연구하였다. 레닌은 다민족 소련을 위한 민족 정책을 만들기 위해 스탈린을 선택했다. 그러나 오랫동안 숨겨져 왔던, 사망 전 짧게 쓴 정치적 유서에서 레닌은 그 조지아인이 '대러시아 쇼비니즘'에 비밀스럽게 이끌리고 있음을 경고하고 있다. 스탈린의 계속되는 숙청과 동원 운동이 소련을 마비시키거나 치명적으로 약화시킬 조짐이 보였을 때, '대러시아 쇼비니즘'은 1930년대 후반 스탈린의 만일을 위한 대비책이었던 것으로 확실히 드러났다.

스탈린은 프롤레타리아 지도자보다는 제왕을 더 연상시키는 장식을 걸친 채, 모스크바 크렘린으로부터 전능과 전지를 뿜어내면서 모든 대러시아인 가운데 최고의 인물로서 자신의 초인적 이미지를 홍보하기 시작했다. 그의 집무실에는 이반 뇌제와 표트르 대제의 초상화가 맑스와 레닌 초상화와 함께 걸려 있었다. 스탈린은 영화라는 새로운 예술 형식이 비현실적인 공산주의자들과 희화화된 자본주의자들을 대조시켜 묘사하던 것에서 외래 침략자들에 저항하는 과거 러시아 영웅들에 대한 애국적 찬양으로 넘어갈 것을 지시하였다.

소비에트의 위대한 영화 제작자인 세르게이 에이젠시테인은 무성영화(1924년 작 「전함 포템킨」Bronenosets Potemkin과 1928년 작 「10월」Oktiabr') 속에서 부르주아에 맞선 프롤레타리아 혁명을 이상화하는 이미지들의 몽타주를 만들어 냈다. 이후 제2차 세계대전 발발 직전에, 에이젠시테인은 이제 막 시작될 것 같은 독일의 새로운 침략을 예언적으로 내다보면서, 13세기 튜턴기사단의 침략을 물리치기 위해 힘을 합쳤던 분리된 러시아에 관한 강렬한 영웅 전설인 「알렉산드르 네프스키」Aleksandr Nevsky를 제작하며 이에 대한 연상력을 높이는 세르게이 프로코피예프Sergey Prokofiev의 음악을 삽입하기도 했다.

옛 제정러시아의 정치 분할 구역들(구베르니야guberniia)은 민족에 의해 정해진 것이 아니었다. 그러나 스탈린이 새 소비에트연방을 위해 계획했던 분할 구역들(연방 공화국들, 자치 공화국들)은 기본적으로 그 분할 구역에서 우세했던 민족에 의해 정해졌다. 이는 얼마간 현실을 반영한 것이었을 뿐 아니라 소비에트가 언어적·문화적 다양성을 조정하기 위해 고려할 만한 요구이기도 했다. 그러나 스탈린은 우세한 민족에 대해 역사적으로 적대적인 상당한 수의 소수민족을 포함시키기 위해 많은 주요 비러시아 공화국들의 국경을 자주 임의로 정리하곤 했었다. 수많은 순수 혈통의 러시아인들은 가장 넓은 두 공화국(우크라이나와 카자흐스탄)에 정착하였고, 이후 그들이 다시 정복당했을 때에는 에스토니아와 라트비아에 재정착하게 되었다. 한편 소수 종교들은 독립적인 성향을 띠는 카프카스의 여러 공화국 영토로 들어가게 되었다(무슬림 아제르바이잔의 기독교도 아르메니아인들, 기독교 조지아의 무슬림 오세티야인들과 압하지야인들).

이런 구조는 제국의 위기 관리에도 유용했다. 크렘린의 독재자는 불안 지역 내에서 서로 대립적인 민족 집단을 능숙하게 다루었다. 러시아의 민족주의는 포괄적인 징계 장치로 이용되었고, (뒤늦게 받은 중국 국경의 작고 황량한 유대 자치 구역[17]을 제외하고는 그 어떤 영토상의 근거지를 받지 못했던) 유대인들은 주기적으로 그 밖의 모든 민족을 위한 희생양이 되어야 했다.

소비에트연방은 제2차 세계대전 중에 진정한 애국심의 회복을 통해 사실상 다시금 정당성을 인정받게 되었다. 독일의 대규모 침입에 성공적으로 저항하기 위해서는 기존에 금지당했던 러시아 전통이 복원

---

17 남쪽으로 중국과 국경을 맞대고 있는 유대인 자치주를 가리킨다. 이 자치주는 1934년에 형성되었고, 행정 중심지는 비로비잔시(市)이다. —— 옮긴이

되어야만 했다. 차르들과 군 지도자들 그리고 상징물들이 대우를 받게 되었다. 그리고 소멸의 가장자리에서 박해받아 왔던 러시아 정교회는 1943년 스탈린이 총대주교를 방문한 이후 높은 지위를 부여받았다.

'대조국전쟁'[18]이라고 불렸던 그 전투에서 러시아인 사상자도 많았고 엄청난 궁핍을 겪어야 했기에, 평범한 러시아인들은 최후의 승리를 근원적인 러시아적 가치, 즉 '오랜 인내'dolgoterpenie와 '희생적 고통' stradanie을 통해 유지된 '영웅적 행위'podvizhnichestvo 덕분으로 보았다. 그러나 곧 긍정적인 애국주의는 다시 한 번 부정적인 민족주의로 변질되었다. 스탈린은 전시에 맺은 소련의 민주주의 동맹국들과의 좋은 관계를 계속 유지하길 바라는 국민들의 전후 희망을 꺾어 버리기 위해 이른바 '서구의 전쟁광들'에 맞선 '평화를 위한 투쟁'을 이용했던 것이다. 말년에 스탈린은 예전의 동맹국들뿐 아니라 서구화된 레닌그라드의 '뿌리 없는 코즈모폴리턴들'과 소련의 비러시아 공화국 내의 '부르주아적 민족주의자들', 크렘린 내부에 있는 유대인 '의사-독살자들', 잠재적으로 어디에나 있었던 '인민의 적들'에 대한 대중의 증오심을 자극하였다.

러시아의 민족주의는 1950년대에 수소폭탄의 폭발, 대륙 간 로켓 무기, 우주 공간에서 지구 궤도를 돌기 위해 제작된 최초의 인공위성 스푸트니크 발사를 통해 새로운 방식으로 강화되었다. 진정으로 긍정적인 이와 같은 소비에트 과학의 업적들은 흐루쇼프가 처음에는 '묻어 버리기'를, 이후에는 '따라잡고 넘어서기'를 약속했던 라이벌 미국에 치명적으로 사용될 수 있는 잠재적 위험성을 높여 주었다.

---

18 러시아인들은 19세기 나폴레옹과의 전쟁을 '조국전쟁'으로, 20세기 독일과의 전쟁을 '대조국전쟁'으로 부른다. ── 옮긴이

스탈린은 강제 산업화를 통해 대규모 노동자 계급을 만들어 냈지만 그와 그의 후계자들은 프롤레타리아의 것이라기보다는 프롤레타리아 위에 **군림하는** 독재 정권을 확실히 이끌어 나갔다. 실제 권력은 (소비에트 시기 말에 1900만 명의 당원을 가지고 있던) 공산당에 의해서라기보다는 (불과 300만 명으로 추정되는) 당내 강경파이자 굉장한 특권을 지니고 있었던 '노멘클라투라'nomenklatura에 의해 쓰이기에 이르렀다.

포스트스탈린 시대에 대부분의 강제노동수용소가 텅 비어 버리고 공포심이 줄어들자마자, 국민을 자극할 만한 대안적인 롤 모델이 필요해졌다. 개별 영웅들이 러시아 역사를 차지하기 위해 귀환하였고, 끊임없이 위험에 처했던 러시아 국가가 필요로 하는 것이 무엇인지를 예측한 바 있었던 이전의 군 지휘관들과 혁신적인 과학자들에게 특별한 명성이 다시 주어졌다. 히틀러에 대한 스탈린의 설명할 수 없는 신뢰가 1941년 독일군의 침입에 러시아가 무방비 상태로 있게 만들었는데, 스탈린은 스스로에게 총사령관generalissimo이란 타이틀을 부여하였다. 게다가 그의 후계자인 흐루쇼프는 처음에 자신의 새로운 지도부로 진정한 군 전쟁 영웅인 게오르기 주코프Georgy Zhukov 원수를 영입함으로써 정통성을 찾았다.

1957년 주코프가 사퇴했을 무렵, 러시아는 우주에 있었고 과학자들과 우주인들로 구성된 새로운 영웅 퍼레이드가 시작되었다. 흐루쇼프가 영구 매장 되어 있는 모스크바의 노보데비치 수도원 묘지에서 멀지 않은 곳에는 특별한 기념비, 즉 러시아 로켓 프로그램 창설자의 안식처임을 표시해 주는 금속 로켓 발사 장치 집합체 미니어처가 얹힌 특대형 석상이 서 있다. 위쪽을 향해 움직이는 우주선 금속 기념비들이 러시아 국민에 의해 그토록 이상화된 '공간'space, prostranstvo을 우주 밖으로까지 연장시킨 영웅들의 조각상들과 함께 러시아 전역에 나타나기 시작했다.

우주 공간에서 이뤄 낸 소비에트의 위업들이 진정한 국민적 자부심을 만들어 냈던 반면, 러시아와는 아무런 역사적 연관성도 없고 국익에도 거의 도움이 안 되는 것처럼 보였던 멀리 떨어진 지역들(에티오피아, 앙골라, 베트남, 쿠바)에 이데올로기적인 이유로 소비에트의 힘을 보여 주기 위해 흐루쇼프 시기에 시작했던 많은 값을 치른 시도들에 대한 진정한 분노 또한 존재했다. 아프가니스탄 침공은 러시아에 많은 사상자와 환멸감을 가져다주었다.

기본적으로 민족주의적이며 권위주의적인 러시아 역사관은 소비에트 시기 후기까지 고정되어 있었다. 예로부터 전해져 온 슬라브의 미덕은 키예프 루시에서 기독교보다 앞선 것이었으며 문화적·군사적 번영을 이끌어 냈던 일종의 유전학적인 선물로 미화되었던 것이다. 그 이후에는 우크라이나인이나 벨라루스인보다는 대체로 러시아인들로 묘사되는 고결한 동슬라브인들의 박해와 희생에 관한 끝없는 이야기가 시작되었다. 동쪽에서 온 몽골인들의 침략과 장기간의 통치 뒤에는 훨씬 길었던 서구 침략자들의 행렬이 뒤따랐는데, 이는 러시아를 통일시키고자 하는 지도자에게 보였던 러시아인들의 허약하거나 믿을 수 없는 불충 때문이었다.

소비에트의 이데올로기 위원들이 오랫동안 희망했던 용기를 주는 '긍정적인 영웅들'은 '사회주의 리얼리즘'이라는 새로운 문학에서 탄생하게 될 것이었지만, 그보다는 오히려 과거로 거슬러 올라가 전통적인 러시아 역사 속에 위치해 있었다. 알렉산드르 네프스키Aleksandr Nevsky와 드미트리 돈스코이Dmitry Donskoy 같은 전사-성자들과 이반 뇌제와 표트르 대제 같은 전사-차르들이 미하일 로모노소프Mikhail Lomonosov처럼 국가에 봉직했던 위대한 과학자들이나 자주 바뀌는 현대 '소비에트연방의 영웅들'과 함께 칭송받았다.

브레즈네프 집권(1964~1982년)하의 장기간의 '침체기'에 이어 훨씬 병약하고 연로했던 지도자들, 즉 전前 국가보안위원회KGB, Komitet gosudarstvennoi bezopasnosti 위원장 유리 안드로포프와 내무인민위원회 산하 국경수비대 출신 콘스탄틴 체르넨코의 시대가 뒤따랐다. 러시아 민족주의는 젊은이들을 위한 이상이라기보다는 노인들을 위한 부적처럼 보였다.

(1964년 브레즈네프에서 시작되어) 노령 수뇌부가 오랫동안 통치한 이후, 노멘클라투라는 미래는 안전하다고 생각했고 그로 인해 마침내 1985년 훨씬 젊은 미하일 고르바초프를 선택하게 되었던 것이다. 고르바초프는 스타브로폴에서 정력적인 당 대표로 활동하고 있었는데, 스타브로폴은 나이 든 정치국 부원들이 원기 회복을 위해 광천욕을 즐기러 자주 찾던 곳이었다. 베테랑 스탈린주의자인 안드레이 그로미코Andrey Gromyko는 고르바초프가 '훌륭한 미소'와 '강철 치아'를 겸비하고 있다며 자신의 동료들을 확신시켰다. 소비에트 이념가들이 부르주아 서구 사회와의 투쟁 속에서 '치아 없는 채식주의'로 오랫동안 맹렬히 비난해 왔던 것에 굴복하지 않고 새로운 정통성을 공산주의 권력에 제공할 수 있었던 지도자가 아마도 여기 있었던 것 같다.

뒤이은 공산주의 및 소비에트 제국의 붕괴는 소비에트 체제의 수많은 실패뿐만 아니라 그 체제의 가장 큰 성공인 교육 확산의 결과이기도 했다. 고르바초프는 대학 교육을 수료한 러시아 최초의 통치자였다. 그는 더 나은 교육을 받은 신세대를 참여시킴으로써 당을 젊게 만들려고 했다. 그들은 공산주의 이념가들이 뒤처진 경제와 지나치게 확장된 제국을 유지하기 위해 요구해 왔던 '과학적이고 기술적인 혁명'을 가속화할 수 있었다. 만약 고르바초프의 페레스트로이카perestroika(국가기관의 재건) 관련 발언이 주로 이념적 슬로건으로 남았다면, 글라스노스치(공개 발언) 관련 발언은 실제적이고 혁신적인 것이었다.

체르노빌 원전 오염이나 아프가니스탄 군사작전 실패 같은 재앙들에 관해 더 많이 알게 될수록 대중은 정부 정책에 대해 더욱 공개적으로 비판하기 시작했다. 예전에는 접근이 금지되었던 정보들을 접할 수 있게 되자 그들에게는 외부 세계의 경제적·정치적 경험에 관해 더 많이 알아내고자 하는 갈망이 커가고 있었다. 그러나 그와 동시에 그들은 자신들의 유산 속에서 잃어버렸던 것을 복구하고자 노력하였다. 그들은 새로운 종류의 반反소비에트적 문화 민족주의를 만들어 냈다.

복구는 말 그대로 실제적인 방식으로 시작되었다. 포스트스탈린주의 러시아의 소위 '농촌 작가들'derevenshchiki은 바래 가는 시골 삶에 대한 기억과 훼손되고 방치된 러시아의 지방을 강력하게 변호하기 시작했다. 민중 전통의 가치도, 러시아 땅의 생태도 파괴했던 도시화 중심의 계획자들을 향한 대중의 분노는 커져 가고 있었다.

세계에서 수심이 가장 깊은 호수이자 가장 거대한 신선한 수원水源의 보고인 바이칼호의 오염은 가장 논쟁적인 농촌 작가 발렌틴 라스푸틴의 작품 속에서 주요 논쟁점이 되었다. 이르쿠츠크 인근 지역 출신인 라스푸틴은 1976년 작 『마초라와의 이별』Proshchanie s Materoi에서 러시아 자체를 수장시키고 있던 소비에트 공산주의의 메타포로 강 유역에 있는 한 마을의 범람을 만들어 낸 바 있다. 그는 뒤이어 (1985년 작 『화재』 Pozhar에서) 소비에트 체제에 대한 예언적인 판결로서 시베리아 수용소

안에서 발생한 화재를 그려 내기도 했다.[19]

1980년대 후반, 소비에트 계획자들이 시베리아강의 흐름을 바꾸기 위한 진지한 새 청사진을 제안했을 때, 그때까지 유순하기만 했던 최고 소비에트 신참 의원 라스푸틴은 러시아 국가 자체가 소비에트연방에서 탈퇴해야 한다고 제안했다. 엄밀히 말하면 이 사건은, 위에서 지적했듯이, 옐친 정부가 소련의 공산주의 쿠데타 지도자들을 압도했었던 1991년 8월에 일어났던 것이다. 그 후 옐친 정부는 사실상 다른 모든 지역 공화국에게 있어 평화 독립의 조장자가 되어, 재빨리 소련의 러시아 구역이었던 곳에 대해 완전한 통치권을 쥘 수 있었다.

외부 세계를 알아내고 자신의 유산을 복구하고자 하는 욕구는 소비에트 체제 내의 정치적 자유 및 도덕적 책임의 부재에 이의를 제기하였다. 전후 서구 사회에 관해 더 많이 연구한 것은 자유에 대한 갈망을 충족시키고자 한 것이었다. 오랫동안 금지되어 왔던 그들 자신의 종교적·문화적 유산의 여러 측면에 접근할 수 있게 된 것은 개인적 의무에 대해 생각해 보도록 자극하였다. "이건 제 책임이 아닙니다"Eto ot menia ne zavisit 라는 소비에트 관리들의 위대한 '주문'呪文은 위에서부터 아래까지 늘 존재했던 것이다. 진정한 의미의 선거가 도입되기 시작했던 고르바초프 집권 후반기, 그리고 특히 그 결과가 불확실했던 때인 1991년 8월 고르바초프에 맞선 강경한 공산주의 쿠데타 시도가 진행되는 동안 국민

---

19 캐슬린 파르테가 서문을 쓴 Valentin Rasputin, *Farewell to Matyora*, Evanston, 1991과 Valentin Rasputin, "Fire", *Siberia on Fire: Stories and Essays*, DeKalb, 1989를 보라. 또한 David Gillespie, *Valentin Rasputin and Soviet Russian Village Prose*, London, 1986을 참고하라.
　　이 학파는 시골 인구의 전례 없는 감소에 대해 큰 반향을 일으켰다. 기초 인구조사 결과, 러시아의 15만 5290개 마을 중 절반 이상이 버려졌거나 겨우 50명이 거주하는 것으로 나타났다. Eve Conant, "Ghosts of the Heartland", *Johnson's Russia List*, no.7246, July 14, 2003.

들은 실제로 개인적인 결정을 해야만 했다.

민주적인 러시아연방은 쿠데타 실패와 이어진 소련의 붕괴에서 태어났다. 러시아인들은 자유를 경험하고 책임을 받아들이기 시작하고 있었다. 그러나 몰수적 성격의 사유화와 관의 부패, 만연한 범죄를 통해 새로운 자유가 새로운 **무책임**을 낳고 있었다는 사실 또한 곧 드러나게 되었다. 게다가 옐친이 1993년 10월, 러시아 의회를 일시 해산 시키고 포격하였을 때 민주화가 제공할 수 있는 정치적 정당성이 심하게 훼손되기도 했다. 그로 인해 옐친 지지자들은 1993년 12월 의회 선거에서 대부분 낙선했다.

옐친은 1996년 대통령으로 재선되었고 1999년 말, 자신의 후계자로 블라디미르 푸틴을 지명하였다. 푸틴은 2000년에 대통령으로 당선되어 대중적인 지도자임이 증명되었다. 그러나 러시아 국민들은 새로운 러시아에 분명한 정체성과 도덕적 정당성을 제시해 줄 수 있는 특별한 국가적 요소들을 발견하고자 하는 욕구가 지속되고 있으며 여러 면에서 증가하고 있음을 느꼈다.[20]

---

20 연속된 세 차례의 대통령 선거(1991년, 1996년, 2000년)에서 당선자는 각 단계에서 득표수도, 득표율도 감소하는 것을 경험했다.

2부

가속화된 탐색

새로운 러시아의 정체성에 대한 현재의 탐색은, 그 누구도 예상하지 못했고 그 누구도 아직까지 만족스럽게 설명해 내지 못한 방식과 속도로 소비에트연방이 해체되어 버렸던 1991년 8월 모스크바에서의 놀랄 만한 사흘 동안 여러 방법으로 시작되었다. 일반적인 설명은 새로운 글라스노스치 세대가 제2차 세계대전 후 서구 세계에 물질적 풍성함을 가져다주었던 그 자유를 공유하길 그저 원했을 뿐이라는 것이다. 그러나 이런 뻔한 소리는 변화를 촉발시켰던 특수한 위기의 본성과 결과에 관한, 아래에서 제시되는 믿기 어려운 중요 사건들 중 그 어느 것도 절대 해명해 주지 못한다.

- 쿠데타는 신중히 계획되었고 처음에는 최고 소비에트 지도부에 있었던 거의 모든 인물들이 지지했다.[1]

- 쿠데타에 대한 저항을 지지하는 그 어떤 두드러진 민중 봉기도 없었다.

- 벨리돔에서 옐친을 둘러싸서 가느다란 인간 띠를 형성하고 있던 약 150명의 무장병들이 자신들에 맞서 정렬하고 있었던 550만 명의 군인들을 압도하였고, 그중 거의 모든 리더들이 쿠데타를 지지했었다.

- 결국 저항했던 유일한 최정상급 소비에트 지도자(고르바초프)는 무엇보다, 글라스노스치를 만들어 냈던 인물이었다는 사실 때문에 진행 과정에서 지도자로서 철저히 거부당하게 된다.

---

1 고르바초프가 크림의 포로스에서 휴가를 보내러 모스크바를 떠난 바로 그날 시작된 주도면밀한 쿠데타 준비에 대한 상세한 기술은 레프 포노마료프(Lev Ponomarev)가 의장으로 있었던 러시아 의회위원회가 수행한 공식 조사의 속기록 사본(미 의회도서관 소장)을 참고하라. *Uchastie rukovodiashchego sostava voorushennykh sil v gosudarstvennom perevorote 19-21 avgusta 1991 goda*, February 18, 1992, 특히 p.110ff[『주요 병력 조직의 1991년 8월 19~21일 쿠데타 참여』].

모스크바에서 있었던 이 운명적인 76시간을 지켜보면서 나는 벨리돔 주변의 초현실적인 상황과 분위기가 혁명적이라기보다는 카니발적이었다는 것을 알아차렸다. 그 후 나는 그것을 전제주의적 체제를 끝내버렸던 열병의 한 고비(페렐롬perelom)로 묘사한 바 있다.[2] 그러나 회복기 환자에게 미래의 건강을 확실하게 보장할 수는 없었다. 8월 사태는 사회가 다른 유형의 권력을 완전하게 세우지 못한 채 한 유형의 권력을 거절하였다는 것을 보여 주었다. 뒤이어 나타난 정통성의 위기는 새로운 러시아에서 지금껏 해결되지 못했다. 우리는 실패로 돌아간 쿠데타가 벌어진 사흘 동안 어떻게 옛 정통성이 무너지게 되었는지를 최종적으로 정확히 살펴봄으로써 어떻게 새로운 정통성이 마침내 확보되었는지에 대한 단서 찾기를 시작할 수 있을 것이다.

그때 발생했던 것은 전통적인 중국에서 오랜 기간의 독재 통치 이후 주기적으로 발생하고 있는 '천명天命에 따른 퇴각'과 유사한 것이었다. 그것은 어쩌면 ── 미국의 마틴 루터 킹Martin Luther King, Jr., 남아프리카공화국의 넬슨 만델라Nelson Mandela, 폴란드의 자유노조운동에 의해 추진된 변화와 다소 유사한 ── 대규모의 비폭력적인 도덕 혁명으로 기술될 수도 있다. 그러나 러시아에서의 저항은 킹이나 만델라 같은 카리스마 있는 지도자도, 자유노조 같은 조직도 갖지 못했다.

펼쳐진 것은 역사 속에서 희귀하고 독특한 사건 중 하나였다. 이것은 충격받은 국민 자체의 정체성에 관한 일관된 논쟁에 뒤따라왔던, 심오하고도 즉각적인 정치적 변화를 이끈 완전히 자발적인 운동이었다. 1991년 8월, 벨리돔을 방어하자는 호소나 급습하자는 명령을 그 누구도

2 James H. Billington, "Russia's Fever Break", *The Wilson Quarterly*, Autumn 1991, pp.58~65.

분명히 발표하지 않았다. 대중매체가 침묵하고 그 누구도 무엇이 일어나고 있는지에 대해 전적으로 확신하고 있지 않았던 동시에 모스크바 사람들 간의 외적 갈등이 그들 각자의 내부에서 일어났던 격렬한 갈등에 비해 갑자기 덜 중요해지게 되었다. 거의 모든 이들 — 바리케이드 양쪽 위에 서 있던 사람들과 사이드라인에서 방관자로 웅크리고 있었던 자들 — 이 어떤 기본적인 감정을 공유하고 있었다. 이와 같은 공통의 감정이 마트료시카 인형처럼 거의 모든 사람들 안에서 층을 이루고 있었다.

맨 처음에는 공포가 찾아왔다. 1991년 8월 19일, 언젠가 부다페스트와 프라하에서 살인적인 결과를 가져왔던 것처럼 탱크가 모스크바로 밀고 들어왔다. 그러나 이 같은 권력의 위협적인 면은 그저 마트료시카의 얇은 바깥 껍데기처럼 보이게 되었다. 그 후 불확실했던 사흘간 온갖 다양한 신념을 가진 러시아인들은 그들 대부분에게 완전히 새로운 감정이었던 개인의 도덕적 책임감이란 것을 내적으로 경험하게 되었다.

러시아인들은 아직까지 자유롭다고 느끼지는 않았으나 그들이 무엇을 말하거나 행동해야 하는지 혹은 그래서는 안 되는지를 개인적으로 결정해야만 했다. 방아쇠를 당겨야 했던 이들은 타깃이 되었던 이들 못지않게 도덕적 격변을 느꼈다. 내적 길잡이 찾기가 혼돈스러웠던 많은 러시아인들은 러시아 민족주의라는 것으로 윤을 낸 독재 권력을 지닌 러시아와는 판이한 러시아를 무의식적으로 재발견하고 있었다.

러시아 문화의 내적 힘은 소비에트 권력의 외피를 깨고 있었다. 쿠데타 실패 이후 가택연금에서 풀려나 되돌아온 고르바초프의 얼굴이 다음 러시아 마트료시카에 잠깐 동안 나타났다. 그러나 그의 이미지는 권력의 나이 든 외부 얼굴과 자유를 추구하고 있는 젊은 세대의 내부 층 사이에 있는 얇은 껍질 위에 새겨졌다. 극적인 벨리돔 포위 작전은 그 안쪽 인형 위에다 옐친의 새로운 모습을 지워지지 않게 새겨 넣었다. 중간에 끼어 있는 고르바초프의 모습과는 다르게 옐친의 이미지는 딱딱한 나무 위에 서 있는 것처럼 보였다.

옐친은 쿠데타에 저항하면서 보여 준 자신의 용기를 통해서뿐만 아니라 그의 주요 행동들이 반쯤 잊힌 러시아 문화의 종교적 토대와 조화를 이룸으로써 새로운 민주주의적 정권에 최초의 합법성을 제공하였던 것이다. 거리의 탱크 위에서 불끈 쥔 주먹을 들어 올린 채 미소 짓고 있는 은발의 옐친은 어디에서나 마주칠 수 있는 이미지로 이콘의 일부 요소들과 효과를 지니고 있었는데, 그 영적 의미는 얼굴과 손으로 전달되었다. 이 이미지는 사람들이 예전에 본 적 있는 쿠데타 주도자 겐나디 야나예프Gennady Yanaev의 유일한 사진과 적나라한 대조를 이루었는데, 그 사진은 실내 기자회견장에서 선글래스를 쓰고서 찔리는 듯한 눈빛으로 손을 떨고 있는 야나예프의 모습을 찍은 것이었다.

쿠데타가 일어난 바로 첫날, 이 두 대조적인 이미지가 선과 악의 싸움이 나타나는 오디오 및 비디오에 민감한 신세대에게 떠올랐던 것이다. 그리고 마치 러시아 정교회 신자들이 영성체에 참석하기 전에 자주 서로서로에게 용서를 구하는 것이나 두 편의 위대한 러시아 역사 오페라인 무소르그스키의 「보리스 고두노프」Boris Godunov와 차이코프스키Petr Tchaikovsky의 「마제파」Mazepa에서 비극적인 주인공들이 마지막 장면에서 용서를 구했던 것처럼 옐친이 폭동 중에 사망한 세 젊은이의 부모들에게 공개적으로 용서를 구했을 때, 위기 상황의 막바지에서 옐친의 정당성은 감정적으로 확고해졌다.

옐친의 벨리돔 방어를 처음부터 옹호한 주요 인물들은 크렘린의 성

모승천 사원[우스펜스키 사원 — 옮긴이]에서 거행된 의식, 즉 현성용顯
聖容 축일에 열린 '동포 대회' 개막식에서 벨리돔으로 곧장 이동해 왔다.
(러시아에서 쓸쓸히 흔적만 남은 역할만 수행하면서 오랫동안 경시되어 왔
던) 고령의 정교회 여신자들은 벨리돔을 포위하고 있는 젊은 군인들이
자신들의 상관들에게서는 결코 오지 않았던 '아버지 조국'fatherland의 명
령을 기다리고 있었을 때 사격하지 말라고 충고하며 대안적인 '어머니
조국'motherland의 명령을 제공하였다.[3] 정교회 신부들은 공격을 기다리
고 있었을 때 원형 대열 속의 일부 방어자들에게 기도를 올려 주기도 했
다. 게다가 쿠데타가 실패로 돌아간 이후에는 모든 사람들이 이 사건 전
체를 묘사하기 위해 반쯤 잊힌 단순한 단어, '기적'이란 뜻의 '추도'chudo
를 사용하였다.

　이 사흘간 희망의 모습은 공포의 바깥 표면의 안쪽에서부터 생겨난
것이었다. 소비에트 권력의 훌륭한 시멘트인 공포는 스탈린주의 테러
가 점차 줄어들고 거부당하자 러시아 내에서 꾸준히 약화되고 있었다.
러시아가 오류가 발생한 체제의 말라빠진 외피를 갑자기 벗어 버렸을
때 희망이 드러났다. 그러나 러시아인들이 기대를 과장하지 않고 무언
가를 희망할 수 있었을까? 역사적으로 독재적이었던 자신들의 전통을
일부 새롭게 바꾼 변이형 속에서 그들은 진실로 그들이 희망했던 것 그
이상을 발견할 수 있을까? 혹은 그들은 서유럽이 제2차 세계대전 이후
채택했던 자유주의적 민주주의 방식의 자신들만의 버전을 만들면서 희

3　'조국, 고국'을 의미하는 영어 단어 'fatherland'와 'motherland'는 각각 러시아어 '오테체스트보'
　(otechestvo)와 '로디나'(rodina)에 대응된다. 어원상 'otechestvo'는 '아버지'를 뜻하는 'otets'에
　서, 'rodina'는 어머니와 큰 연관성을 지닌 '종'(種), '출생'을 뜻하는 'rod'에서 파생된 단어로, 저
　자가 이를 강조하고자 하는 의도가 도드라질 경우 'otechestvo/fatherland'는 '아버지 조국'으로,
　'rodina/motherland'는 '어머니 조국'으로 옮겼다. — 옮긴이

망을 발견할 수 있을까? 이러한 물음들이 예전 그 어느 때보다 훨씬 많은 사람들의 관심사가 되었다. 논쟁을 확산시키는 많은 여론조사들과 새로운 러시아의 반쯤 혼돈스러운 정치적·경제적 생활은 학계의 표준적인 분석 범주에 딱 맞추기 힘든 여러 층 안의 층들을 밝혀내고 있다.

러시아 문화에서 현실은 흔히 소설보다 훨씬 기이하여, 현대 러시아의 역사나 문학에 관한 진지한 고찰은 분명한 결론을 맺지 못한다. 일찍이 시인 뱌체슬라프 이바노프Viacheslav Ivanov는 도스토예프스키와 러시아 최고의 문학은 '실제적인 것에서 보다 실제적인 것으로'의 공감적 침투proniknovenie를 이루어 냈다고 말했다.[4] 우리는 러시아의 미래를 위한 '가장 실제적인 것'은 고사하고 현재 무엇이 '보다 실제적인 것'인조차 결코 파악해 낼 수 없을 것이다. 하지만 수많은 러시아인들의 자기 분석을 집중적으로 살펴보면, 이 사람들을 함께 묶고 있는 보다 깊숙한 현실에 우리를 노출시킬 수 있을 것이며, 그들이 어디를 향해 나아가고 있는지에 대한 얼마간의 암시 또한 얻을 수 있을 것이다.

---

4 Viacheslav Ivanov, *Freedom and the Tragic Life: A Study in Dostoevsky*, New York, 1952, pp.48~50. 도스토예프스키가 스스로를 "보다 높은 의미에서의 사실주의자, 즉 나는 인간 영혼의 모든 깊이를 묘사한다"라고 기술했던 점에 대한 최신의 논의에 대해서는 V. N. Zakarov, "Khristianskii realizm v russkoi literature", *Evangel'skii tekst v russkoi literature XVIII-XX vekov*, Petrozavodsk, 2001, pp.5~20, 특히 p.9[「러시아 문학 속의 기독교적 사실주의」, 『18~20세기 러시아 문학 속의 성서 텍스트』] 참조.

3장

자아 정체성 탐색 중인 신생국

1991년 소비에트연방 붕괴와 함께, 러시아는 역사상 최초로 제국이 아닌 국가가 되었다. 러시아소비에트연방사회주의공화국은 러시아연방으로 개명되었다. 14개의 나머지 소비에트 공화국들은 독립되었고, 러시아연방 내에 남아 있던 15개의 크지 않은 자치 소비에트 공화국 속의 일부 소수민족들과 지방정부들은 그들 역시 자신들의 자치권을 확대할 수 있을 것으로 희망하였다.

심지어 러시아 내에서조차 중앙 당국에서 지방으로의 지속적인 권력 이양은, 여전히 광활한 자신들의 영토를 통일시키고 포스트공산주의 정부를 정당화할 정체성을 찾으려는 러시아인들의 욕망을 강화시켰다. 우크라이나, 카자흐스탄, 발트해 연안과 그 밖의 소비에트 공화국들의 독립 러시는 2500만 명의 순수 러시아인들을 하룻밤 사이에 외국인으로 만들어 버렸다. 새로운 연방의 러시아인들은 '인접국'이라고 부르는 곳에서 현재 살고 있는 친척들과 자신들을 여전히 연결시켜 줄 수 있는 것이 무엇인지를 알고자 했다. 그들은 또한 단순히 새로운 러시아연방의 모든 시민들을 형식적으로 칭했던 '로시스키'rossiiskii와 새로운 정치 독립체와 관련된 '루스키'russkii가 어떻게 명확히 차이가 나는지 알고자 했다.

이토록 갑작스럽고 방향 감각을 잃게 만드는 변화에 직면한 러시아인들은 자신들의 정치, 경제, 역사 및 세계 내 위치에 대해 다시 생각해봐야 했다. 새로운 자유 국가 안에서 그들은 현대 역사상 국가의 정체성에 관한 가장 광범위한 논의 중 하나를 만들어 냈다.

경제 분야에서 새로운 러시아 국가는 주로 서구에 눈길을 주었으며 사유재산과 시장경제를 도입하기 위해 재빨리 움직였다. 그렇게 하면서 옐친 정부는 주요 상대국의 모델을 대대적으로 도입함으로써 갑작스럽게 전면적인 제도 변화를 만들어 내는 러시아의 오랜 전통을 따르고 있었다. 러시아인들은 예전에 습격하기도 했던 비잔틴으로부터 종교와 예술을 취했고, (표트르 대제 통치기에) 오랫동안 싸웠던 스웨덴으로부터 최초의 근대식 정부 구조를 취했으며, 두 차례의 세계대전에서 맞붙었던 독일로부터 산업 구조 모델을 취했다. 1990년대에 러시아인들은 냉전 기간의 숙적이었던 미국의 모델을 근본적으로 도입하였다.

러시아인들은 문화적인 습관으로 인해 시장 개혁 러시에 대한 최초의 기대에 대해서도, 그에 뒤따르는 실망에 대해서도 과장하는 경향이 있었다. 러시아인들은 최종 결과물을 가능하게 만들었던 사고나 제도 형성의 과정은 모방하지 않고, 다른 문명의 최종 결과물만을 반복적으로 도입하는 경향이 있었다. 그들은 그 어떤 비판적 사고 없이 완성된 독트린으로 정교를 받아들였다. 이제 그들은 현대의 자유주의 국가에서 사유화에 수반되었던 시민 기관이나 사법기관도 없이 사유화에 기반한 경제를 확립하고 있었다. 그들은 수단 없이 결과에 도달하고 뿌리

없이 꽃을 옮겨 심고자 노력하고 있었던 것이다.

어떤 면에 있어서 새로운 러시아의 개혁가들은 유토피아적 경제 결정론이라는 오랜 소비에트 전통으로 인해 희생당했다. 점점 도시화된 전문적인 새로운 세대는 공산주의 이데올로기에 환멸을 느끼게 되었다. 하지만 그들은 경제체제가 사회 내 중요한 모든 것을 통제하고 있으며 그 자체만의 기능으로 빛나는 미래를 만들어 낼 것이라는 근원적인 맑시즘적 믿음에 매달렸다. 그들은 이제 시장 메커니즘이라는 마법이 중앙 계획이 이루어 내지 못했던 것을 곧 달성하리라고 믿고 있었다. 사회주의뿐 아니라 완전한 현대의 세속적 사고인 자본주의에 대한 이 근원적인 전제를 재평가하는 것보다는 경제적 결정론의 다른 형태를 수용하는 것이 더 용이했던 것이다.

최근 러시아에서 많이 쏟아져 나오고 있는 시장경제 관련 비평은 경제체제가 인간 삶의 모든 것을 결정하지는 않는다는 뒤늦은 인식을 반영하고 있다. 많은 자유주의적 개혁가들조차 러시아 역사 속의 경제 외적 결정 요인에 대해 현재 강조하고 있는 상황이다. 저자들은 경제적 사욕과는 관계없이 — 그리고 종종 상반적으로 — 작동해 온 러시아 역사 속의 특이한 정신적·문화적·사회적·심리적 요인들에 대해 점점 더 많이 논의하고 있는 중이다. 1998년 재정 체제 와해 후 경제가 개선되기 시작한 이래로 국가의 정체성을 정의하려 노력하면서 전반적으로 경제적 요인들에는 관심을 덜 쏟게 되었다.

많은 러시아 젊은이들은 국가의 정체성 탐색을 시대착오적 도락으로 보고 있다. 혁신과 야망을 향해 시야를 열어 주는 실제적 활동에 열중하고 있는 그들은 그런 사변적인 관심사에는 거의 관심을 보이지 않는다. 포스트공산주의 시대에 성인으로 성장한 이들은 스스로를 자주

'실용주의자들'이라고 부른다. 실용주의란 그 어느 때보다 20세기 초 러시아에서 가장 널리 퍼졌으며, 윌리엄 제임스William James의 러시아 추종자들은 원탁회의라는 독특한 러시아 전통을 고안해 냈다는 것이 최근에 입증된 바 있다.[1]

'러시아인들은 본래 사업적인 사람들이 아니다'라는 서구에 널리 퍼져 있는 믿음은 서구인들이 고대 러시아의 독창적인 시장 네트워크(북부 노브고로드인들, 내륙 깊숙한 지역의 구교도들, 시베리아 정착민들)에도, 소비에트 시대의 대중적인 지하경제에도 무지하였음을 반영하는 것이다. 포스트공산주의 시대 러시아에서는 국가적 수준에서 재정 및 행정 구조들이 자주 제 기능을 못했기 때문에 지방의 사람들은 일을 끝내기 위해서라도 사업적 수완을 재빨리 키워야 했었다. 비록 지방에서는 권위주의적 방식들이 자주 우세했었다 하더라도, 전반적으로 두드러진 영향력이 중앙으로 집중된 권력에 얼마간 제한을 두어 왔다.

러시아인들은 미국의 모델이 경제적으로 적용된 방식에 환멸을 느끼면서도 그 모델에 계속해서 관심을 기울였다. 러시아의 개혁 프로그램은 천연자원 및 인적자원이 풍부한 광활한 영토의 다민족국가로 연방 민주주의 및 열린 사회, 주로 사유화된 경제의 이익들을 가져오고자 애쓰고 있다. 실용주의적 개혁가들이 보기에 미국이란 나라는 이 모든 것을 어떻게 이루어 냈는가에 대한 가장 의미 있고 성공적인 전례인 것이다.

---

1 Vasily Vanchugov, *Russkaia mysl' v poiskakh "novogo sveta": "zolotoi vek" amerikanskoi filosofii v kontekste rossiiskogo samopoznaniia*, Moscow, 2000, pp.123~124[『'새로운 세계'를 모색 중인 러시아 사상: 러시아의 자기인식이라는 맥락에서의 '금세기' 미국 철학』]. 소비에트 초기에 큰 영향을 끼쳤던 윌리엄 제임스와 실용주의의 지금껏 거의 알려지지 않은 여러 다른 측면들에 관해서는 특히 pp.320~323 참고.

정치적 민주주의는 대통령 선거와 총선에서 두 명의 대통령과 국회의원들을 성공적으로 선출해 냄으로써 어느 정도의 대중적 정당성을 얻어 냈다. 2000년 초, 푸틴이 옐친의 뒤를 이어 대통령이 되었을 때, 러시아는 역사상 최초로 평화적이고도 합헌적으로 한 당선자에게서 다른 당선자에게로 최고 권력을 승계하였던 것이다. 푸틴 대통령은 처음에 미국과의 긴밀한 개인적 관계를 발전시켜 가며 고르바초프와 옐친 대통령의 방식을 이어 갔다. 이것은 여러 측면의 미국 모델을 도입하는 데 있어 상징적인 타당성을 제공해 주었다. 푸틴은 레닌그라드대학교 법대 출신이었고 그 후에는 러시아에서 가장 유명하며 학식 있는 법치 옹호자였던, 지금은 고인이 된 페테르부르크 시장 아나톨리 소프차크 Anatoly Sobchak의 정치적 아들이 되었다.

러시아의 대통령으로서 푸틴은 옐친 정부가 최초에 범한 주요 실패들, 즉 정치 및 법률 개혁에 앞서 경제적 변화에 돌진했던 것을 바로잡을 것을 제안하였다. 선임 대통령보다 훨씬 높은 대중 지지율을 얻고 그것을 유지했던 푸틴은 2002년에 진정한 사법부의 독립을 이루고 배심재판을 러시아연방의 모든 정치 지역으로 확산시키기 위해 러시아 의회를 통과해 입안을 밀어붙였다.

그러나 푸틴의 행정 경험은 소비에트 독재주의의 전형적인 기구인 국가보안위원회KGB 내에서 이루어진 것이었다. 푸틴 내각의 수석 인물들 중 절반이 보안부 출신으로 여겨졌고, 그가 무명에서 최고 권력으로 급상승할 수 있었던 것은 거의 전적으로 체첸전에서의 승리 덕분이었다. 그가 공표한 '법의 독재'를 실현시키고자 한 목표는 법에 의한 통치라는 새로운 이념과 단일 통치자에 의한 전제정치라는 옛 전통 사이의 생래적 충돌을 극적으로 표현했다.

푸틴은 민주적인 목표를 달성하기 위해 완화된 독재적 방법을 사용하면서 샤를 드골Charles de Gaulle이 되려는 듯 보였다. 그러나 일각에서는 그가 자신도 의식하지 못한 채 세르비아의 밀로세비치Slobodan Milošević를 닮은 독재적인 민족주의자가 되려고 하거나 준비할 것이라며 두려워하기도 했다. 소비에트의 '프롤레타리아 독재'는 프롤레타리아를 지배하는 독재가 되었다. 그로 인해 포스트소비에트의 '법의 독재'가 법 위에 군림하는 독재가 되어 버리지나 않을까 많은 사람들은 우려했던 것이다.

포스트소비에트 시대 러시아의 운명에 대한 우려로 인해 러시아의 정체성에 관한 논의는 발전 과정을 이해하거나 궁극적인 결과를 만들어 내기 위해 노력하게 되었다. 현재 진행되고 있는 논쟁은 많은 점에 있어 과거에 비해 더욱 다양한 지역 및 배경의 많은 사람들을 끌어당기고 있다. 게다가 토론자들 스스로도 소비에트 시대에 그들에게 열려 있었던 두 가지 형태의 만족, 즉 순응에 대한 물질적 보상과 반체제적 활동에 대한 도덕적 만족 중 어느 것도 더 이상 누릴 수가 없었다.

보편적인 기초 교육이라는 진정한 소비에트의 성취는 포스트소비에트의 자유와 개방성과 결합되어 러시아의 미래를 둘러싼 논의의 주제 범위를 확장시키고 있다. 정치가들과 지식인들은 러시아에 관해서뿐만 아니라 역사의 의미와 현대의 삶 전반에 관해서 새로운 의견을 내세우면서 주요 사안들에 대한 자신의 견해를 자주 바꾸고 있다.

러시아인들은 현재의 전환기를 자주 '동란'smuta 혹은 '동란기' smutnoe vremia로 간주하고 있다. 그들이 진정으로 나아가고 싶어 하는 곳에 관해 맹렬히 벌이는 난상토론은 거리의 집회, 지역의 언론상에서 벌어지고 있으며 온라인 곳곳에서도 점차 늘어나고 있다. 어떤 주제들은 다시 제기되어 확대된 정체성 탐색의 최종 성과에도 영향을 미치는 것처럼 보인다.

러시아인들은 오래된 무언가를 회복하려는 시도를 통해 새로운 무언가에 대한 탐색을 시작하는 경향이 있다. 그들의 논의는 표면적으로 아주 다른 세 가지 측면의 러시아 유산(신성화된 지도자, 영적 갱생, 균형 잡힌 문화)을 가져왔다. 세 가지 모두 공산주의 체제에서 억압당했으나 러시아를 위한 새로운 방향을 제시하기 위해 되살아났다.

신성화된 지도자

포스트소비에트 러시아에서 처음부터 진지하게 논의되었던 개념은 재확립된 러시아 정교회를 통해 도덕적 질서를 회복할 단일 지도자에 관한 것이었다. 일상적인 정치적 과정을 뛰어넘는 강한 인간에 대한 개념은, 프랑스에서보다 대통령에게 더 큰 권력을 주면서도 기초 위원회가 견제와 균형을 행사하는 미국의 제도와도 전혀 유사하지 않은 헌법을 채택하려는 옐친의 결정에 의해 일찍부터 가속도가 붙었다.

어떤 이들은 영국, 스칸디나비아, 네덜란드에서와 같은 입헌군주제를 요구하기도 했다. 다른 이들은 독재주의에서 민주주의로의 이행에 있어 안정을 가져다줄 수 있었던 포스트프랑코 스페인의 군주제 부활 경험을 모방할 가능성을 연구하였다. 그리고 여전히 또 다른 이들은 폭넓은 대중적 정당성을 지닐 수 있고 민족국가보다는 '통일된 문화 공간'을 통치할 수 있게 하는 '국민의 군주'에 대해 말하였다.[2]

---

2 Ivan Solonevich, *Narodnaia monarkhiia*, Mocsow, 1991[『민중 군주제』]. 이 책은 1951~1956년 부에노스아이레스에서 다섯 권짜리 세트로 처음 출간되었고, 1978년 샌프란시스코에서도 출간되었다.

다른 이들은 러시아화를 촉진시킨 후기 로마노프가의 차르보다는 폭넓은 문화적 자율성을 허락하는 비잔틴제국의 모델에 기반한 절대군주를 주장하였다.[3] 이처럼 아포칼립스적이고 반유대적인 이상이 1990년 초 페테르부르크의 대주교 이오안Ioann에 의해 제시되었다. 이 최고 위직 종교인의 저작들은 정교회 내에서는 많은 지지자를 찾지는 못했지만 블라디미르 지리노프스키Vladimir Zhirinovsky가 초기에 행한 연설에서, 그리고 이후에는 ── 아래에서 논의될 것처럼 ── 알렉산드르 두긴 Aleksandr Dugin 및 올레크 플라토노프Oleg Platonov의 한층 더 귀에 거슬리는 저작 속에서 정치적으로 다시 한 번 울려 퍼졌다.

이런 이상의 가장 독창적이고도 널리 인정받는 버전은 오랫동안 조명받지 못했던 러시아의 망명 사상가 이반 일린Ivan Il'in의 저작들 속에서 발견되었다.[4] 그는 독재정과 엄격한 법치가 국교인 러시아 정교회에 의해 지지를 받는 한, 이 둘은 비교될 수 있다고 주장하였다. 새롭게 발견되어 사후에 출간된 그의 저작들은 예언적인 것으로 보였다. 1954년 사망하기 전에 그는 소비에트 정권의 몰락을 분명하게 예언하였던 것이다. 더 나아가 독재정, 법, 정교는 포스트소비에트 러시아의 분열과 붕괴를 막기 위해 꼭 필요한 것이라고 그는 주장했다.

일린의 이상은 민족 간 충돌을 두려워하고 소비에트 이전의 제정러

---

3 선집 Boris Adrianov ed., *K. Leont'ev, nash sovremennik*, St. Petersburg, 1993[『K. 레온티예프, 우리의 동시대인』] 참고.

4 그의 관점과 삶에 대한 훌륭한 요약은 Philip Grier, "The Complex Legacy of Ivan Il'in", James Scanlan ed., *Russian Thought after Communism: The Recovery of a Philosophical Heritage*, Armonk/London, 1994, pp.165~186을 참고하라. 캐슬린 파르테는 『러시아를 쓰다: 이반 일린과 디아스포라의 러시아 정체성』(*Writing Russia: Ivan Il'in and Russian Identity in Diaspora*)을 출간 준비 중이다.

시아가 민족이 아니라 종교에 의해 통합되었다는 것을 의식했던 많은 이들의 흥미를 끌었다. 1918년 볼셰비키에 의해 시해당한 마지막 차르 니콜라이 2세 일가에 대해 동정적이었고 심지어 어떤 감상적인 노스텔지어까지 존재했던 것이다. 그들 유해의 대부분이 예카테린부르크 외곽에서 마침내 발견되어 페테르부르크의 페트로파블로프스키 사원에 재매장되었다. 그러나 포스트소비에트의 군주제 지지자들은 니콜라이 2세 및 로마노프가의 모든 차르들 너머에서 자신들의 모델을 찾으려는 경향이 있었다.

중세적 종교 규율은 일린의 네오비잔틴적 이상에서 중심적인 것이었다. 정교회의 고위 성직자단은 1997년에 기독교의 복음주의보다 사회적 규율을 지지하는 듯 보였는데, 그때는 정교와 함께 유대교, 이슬람교, 불교만을 러시아의 역사적 종교로 인정하는 새로운 연방종교법 제정을 성직자단이 돕고 있던 때였다. 아마 기독교 인구가 우세한 가운데 정교의 중심 역할 약화를 두려워했기에 프로테스탄트교와 가톨릭교가 뚜렷하게 제외된 것으로 보인다. 가장 비정교적인 기독교 종파들에 대한 이러한 적대감은 초기에는 다소 누그러졌으나 21세기 초에는 고요히 강화되고 확산되었다.[5] 서구로부터 건너와서 확산되고 있는 것처럼 보이는 자유방임과 타락에 맞설 평형추로서, 이슬람과의 밀접한 연관 속에 있는 정교에 대한 관심이 커가는 듯했다.

다수의 일반인들은 존경할 만한 독재자가 그 어떤 통제도 받지 않기를 희망했다. 1996년 러시아 전국 여론조사에서 응답자 중 거의 4분의 3이 "권력은 강하고 엄격해야 한다"라는 것에 "전적으로 동의"했고,

5 Lawrence Uzzell, "Eroding Religious Freedom", *Moscow Times*, January 24, 2003.

3분의 2가 "강력한 지도자의 단단한 손만이 국가의 질서를 유지하고 문제들을 바로 잡을 수 있다"라고 주장했다.[6] 이와 유사한 정서는 대부분의 러시아인들이 비러시아의 사법권 아래서 스스로 생계를 유지했던 '인접국' 지역에서 특히 강하게 나타났다. 1999년, 새로 선출된 크림주州(주민의 70%가 러시아 민족인 우크라이나의 주)의 러시아인 주지사[7]에게 누가 현대 러시아를 위한 이상적인 지도자가 될 것인가라고 내가 질문했을 때, 그는 이반 뇌제라고 대답했던 것이다.

영적 갱생

포스트소비에트 미래에 새로운 방향을 제시했던 소비에트 이전 과거의 두 번째 측면은, 가장 창조적인 예술적 혁신 및 종교적 부흥의 시기 중 하나인 20세기 초 러시아 '은세기'의 문화유산을 재발견해 낸 것이었다. 이 전례 없는 문화의 전성기는 러시아의 르네상스로 적절히 불리고 있다. '은세기'는 진정한 재탄생의 시간이었다. 러시아인들은 자신들의 근대 이전의 문화적 뿌리로 정확히 되돌아감으로써 모더니즘의 선구자들이 되었다.

오래된 이콘을 최초의 찬란한 상태로 복원한 것이 칸딘스키Vasily

---

6 5장 각주 9번을 참고하라. 여러 여론조사는 러시아의 일반인들이 때때로 자신들의 지배 엘리트들보다 자유민주주의를 더욱 잘 수용하였음을 보여 주고 있다. Stephen White, Richard Rose and Ian McAllister, *How Russia Votes*, 2nd ed., Chatham, N.J.: Chatham House, 1999 참고.

7 크림은 1954년부터 1991년까지 약 40여 년간 우크라이나공화국의 한 주로 있었기 때문에 1991년 우크라이나의 자치공화국 지위를 획득한 이후에도 '크림주'로 인식되는 경우가 많았다. 알려진 바와 같이, 크림자치주는 2014년 3월, 주민투표를 거친 이후 우크라이나에서 독립하여 러시아로 병합되었다. 크림공화국의 최고 책임자는 '대통령'(prezident)이 아니라 '수반'(grava)으로 불린다. —옮긴이

Kandinsky, 말레비치Kazimir Malevich, 샤갈Marc Chagall 같은 다양한 예술가들을 자극하여 반쯤 잊힌 러시아의 초기 기독교 예술 속에서 재발견되는 짙은 색채, 거침없는 선, 반+추상적인 기하학적 형상이라는 최초의 순수로 돌아가게 함으로써 회화에 새로운 방향을 도입하도록 해주었다. 음악 또한 훨씬 오래된 옛것으로 되돌아감으로써 모더니즘으로 변하게 되었다. 스트라빈스키Igor Stravinsky의 「봄의 제전」Vesna sviashchennaia과 프로코피예프의 「스키타이 모음곡」Skifskaia siuita 속에서 기독교 수용 이전의 러시아의 소리, 이교도적 유산이 진짜든 상상해 낸 것이든 소환되었다. 한편 성가, 이미지, 향이 어우러진 고대 정교 의식의 다감각적 연극성을 향한 노스텔지어는 알렉산드르 스크랴빈Aleksandr Scriabin에게 소리, 색채, 향기로 이루어진 교향곡을 창작하도록 영감을 주었다.

러시아인들은 19세기 후반기 러시아 문화를 지배했던 리얼리즘과 경향성으로부터 자신들을 해방시키며, 칸딘스키가 '예술에 있어서의 정신적인 것'[8]이라고 불렀던 것을 찬양하고 있었다. 예술 가운데 가장 비물질적인 예술인 음악이 주도적인 매체였다. 그 시기의 많은 위대한 시인 중 한 명인 알렉산드르 블로크Aleksandr Blok는 러시아의 혁명을 '음악 혼'에서 소생하는 것으로 보았다.[9] 그의 가장 유명하며 열정적인 음악 서사시 「열둘」Dvenadtsat'에서 블로크는 길을 인도하고 있는 그리스도와 함께 바람에 의해 상트페테르부르크로 휩쓸려 온 새로운 열두 사제들로 혁명가의 무리를 묘사했다.

상당히 많은 세속적인 인텔리겐치야 또한 이 시기에 정교회를 재발

---

8 바실리 칸딘스키, 『예술에 있어서 정신적인 것에 관하여: 칸딘스키의 예술론』, 권영필 옮김, 열화당, 1981. —— 옮긴이

9 Alexander Blok, *The Spirit of Music*, London, 1946.

견했다. 니콜라이 베르댜예프, 세르게이 불가코프Sergey Bulgakov, 세묜 프랑크Semion Frank 같은 많은 주요 사상가들이 맑시즘에서 정교회로 넘어갔다. 대부분 지성적인 측면이 결여되어 있었던 종교는 러시아 고유의 이상주의적 철학이 유례없을 정도로 주입되자 갑작스럽게 강력해지게 되었다.

19세기 말 블라디미르 솔로비요프가 지폈던 신앙심의 불꽃은 20세기 초에 넓게 퍼진 불길이 되었다. 1907년 신성종무원장 포베도노스체프Konstantin Pobedonostsev가 사망하자 교회에 억압적 통제를 행사할 만큼 강력한 최후의 정부 관리官吏가 사라지게 되었다. 1907년 검열이 폐지되자 철학적 사색과 종교 관련 저작들이 봇물 터지듯 쏟아져 나왔다. 1917년 혁명의 틈바구니 속에서 활기를 찾은 교회 협의회tserkovnyi sobor가 소집되었고 표트르 대제가 2세기 전에 빼앗아 버렸던 국가로부터의 교회 독립을 간단히 다시 되찾으며 총대주교의 지위를 재확립하였다.

이 시기의 가장 놀랄 만한 박식가 중 한 사람은 수학자이자 미학자이며 철학자이자 성직자인 파벨 플로렌스키Pavel Florensky였다. 소비에트 정권이 모든 형태의 종교적 표현을 탄압하자 그는 1920년대 모스크바주 세르기예프포사드에 위치한 성 세르기 삼위일체 대수도원으로 도피하였는데, 그곳에서 그는 강제노동수용소에 보내져 사망하기 전까지 일부의 저작물만을 아주 적은 부수로 출간할 수 있었다. 그의 마지막 꿈은 '심볼라리움'symbolarium, 즉 인류에게 신성한 상상력의 백과사전을 제공할 보편적인 상징 전서全書를 집필하는 것이었다.[10]

---

10 E. A. Nekrasova, "Neosushchestvlennyi zamysel 1920-kh godov sozdaniia 'slovaria simvolov' i ego pervyi vypusk", *Pamiatniki kul'tury: 1982*, Moscow, 1984, pp.92~115[「실현되지 못한 1920년대의 '상징 사전' 편찬 계획과 그것의 최초 출간」, 『문화의 기념비들: 1982』].

그런데 플로렌스키의 프로젝트는 인간 경험의 철학적 차원을 목록화하고 삶의 정신적인 면에 대한 열중이 러시아 정체성의 중심적인 측면이라는 것을 제시하기 위해 러시아 사상가들이 만들어 냈던 많은 프로젝트 중 하나였다. (문학belletristika과 논쟁publitsistika을 모두 포함하는 것으로 보이는) 러시아 사상사를 체계적으로 정리하려는 수많은 시도는 비록 완성되지는 못하였지만, 제정러시아 후기와 소비에트 초기에 시작되었다.

러시아 사상의 분명한 특성은 "삶을 변화시키기" 위해 노력하고 "삶의 전일성이라는 이상의 이름으로 창조된 …… 추상이 아니라 행동에 있는 진실"[11]을 찾는 것이라는 플로렌스키의 믿음은 그 시대에 전형적인 것이었다. 고유한 러시아 철학사 연구가 러시아 내에서의 서양철학 연구를 대체하기 시작했다. 저자들은 러시아 사고의 민족적 초점과 직관적 본성을 강조하고 러시아 사고의 비체계적이며 비공리적인 특징을 설명하는 경향이 있었다. 1918년, 니콜라이 루소프Nikolay Rusov는 스승인 작가 바실리 로자노프Vasily Rozanov를 기리고자 백과사전적인 『러시아 사상가 사전』Slovar' russkikh myslitelei을 편찬할 것을 제안했다.[12] 유대인들이 폭넓게 문화 활동에 참여했음에도 불구하고, 플로렌스키와 로자노프 같은 가장 창의적인 인물들 중 많은 이들이 이 시기의 반反유대주의에 앞장섰다.

구스타프 슈페트Gustav Shpet는 1920년 모스크바에 '러시아 최초의 민족 심리학 사무실'을 설립하고 러시아 정체성은 러시아 철학에 의해

---

11 Vasily Vanchugov, *Ocherk istorii filosofii "samobytno-russkoi"*, Moscow, 1994, p.229[『'독자적인 러시아' 철학사 개설』]에서 재인용.

12 *Ibid.*, p.263에서 재인용.

정의되었다고 1920년대 내내 가르쳤는데, 러시아 철학은 이번에는 거꾸로 "러시아 존재의 가장 혼란스럽고도 어두운 사실"에 초점이 맞춰져 있었다. 그는 "러시아 철학은 주로 철학하는 것filosoftsvovanie"이고, "과학 이전의 것, 원시적인 것"이며 "좀처럼 독창적이지 못하지만 …… [문제를 내놓고 대답하는 데 있어] 자신만의 어조와 특별한 심리적 뉘앙스를 지니고 있다"라고 주장했다.[13]

플로렌스키와 그 밖의 수많은 이들처럼 슈페트는 스탈린이 소련에서의 모든 독립적인 철학하기를 끝내고자 했던 1930년대에 체포되어 총살당했다. 그러나 망명 사상가들은 '은세기'에 시작된 철학적·종교적 탐구를 계속해 나갔다. 파리에 머무는 동안 게오르기 페도토프Georgy Fedotov는 그리스도처럼 자신을 비우는 사랑을 실천하는 것인 케노시스kenosis의 전통을 강조하면서 정교회적 경건함의 회복을 주장하였다. 그는 정교회 신앙심의 회복과 책임 있는 민주주의 건설 사이의 양립 가능성 ― 실제로는 상호 의존성 ― 을 보았다. 게오르기 플로로프스키Georgy Florovsky 신부는 현대 독자들에게 ① 초기 교회 신부들의 풍부한 교부 유산과 ② 러시아 정교 문화의 복잡하고도 흡수력 있는 본성을 되찾아 준 두 편의 권위 있는 저작을 (베오그라드와 파리에서) 집필하였다.[14]

페도토프와 플로로프스키, 그리고 그 밖의 망명 사상가들의 저작은

---

13 Ibid., pp.257~259에서 인용. Gustav Shpet, *Ocherki razvitiia russkoi filosofii*, Moscow, 1922, pp.52~53[『러시아 철학 발전에 관한 개요』] 또한 참고하라.
14 그의 전집 5권과 6권을 가리킨다. Georges Florovsky, *Ways of Russian Theology*, Belmont, Mass.: Nordland Publishing, 1979. 전집 7권의 제목은 '4세기 동방의 신부들'(Vostochnye Ottsy IV veka), 8권의 제목은 '5~8세기 비잔틴의 신부들'(Vizantiyskie Ottsy V~VIII vv.)이다. George Fedotov, "Russian Kenoticism", *The Russian Religious Mind*, vol.1, Cambridge, Mass.: Harvard University Press, 1946, pp.94~131.

공산주의가 붕괴된 이후에야 러시아에서 다시 나타났고 출판되었다. 세계 최초의 무신론 국가가 붕괴된 이후 호기심과 회심이 늘어나게 되자 엄청난 부수로 출판되는 경우도 잦았다. 러시아 종교 사상의 부활은 자주 자연과학자들의 상상력에 의해 풍성해지기도 했다. 루먄체프박물관(이후 레닌도서관을 거쳐 현재는 러시아국립도서관이 되었다)의 선견지명 있는 도서관장 니콜라이 표도로프Nikolay Fedorov는 선구적인 19세기 러시아의 로켓 과학자 콘스탄틴 치올코프스키Konstantin Tsiolkovsky의 스승이었다. 표도로프는 성서적 예언의 정당성을 사실상 입증할 현대 과학을 통해서, 곧 다른 행성들이 식민지화되고 죽은 선조들이 부활할 것이라고 믿었다.

지구화학과 생물지구화학이라는 새로운 과학의 창시자인 블라디미르 베르나츠키Vladimir Vernadsky는 인간이 생물권의 유기적인 한 부분일 뿐만 아니라, 인간의 정신과 물질계 사이의 상호작용에 의해 모든 것이 결정되는 '누스피어'noosphere[15] 내의 영적인 힘이라는 더욱 공상적인 견해를 펼쳤음에도 불구하고 소비에트 시대에도 성공을 이어 갔다.[16] 포스트소비에트 러시아에는 누스피어 내 삶의 도덕적이고 영적인 영향 관계를 논의하기 위한 수많은 회의가 개최되었고 심지어 특별 기관들까지 생겨났다. 이 논의는 이전에 서구에서 피에르 테야르 드 샤르뎅Pierre

---

15 '정신'을 의미하는 그리스어 'noös'에서 파생된 용어로, '정신권', '인지권', 더 나아가 '인간 생활권'으로도 번역된다. 이 용어는 통상 생물의 생활권을 가리키는 '생물권, 생명권'(biosphere)과 대응쌍을 이룬다. 위에서 열거한 대로 여러 의미를 함축하고 있는 이 단어의 의미를 축소시키지 않으려는 뜻에서 특별한 경우가 아닌 한 '누스피어'로 옮기기로 한다. ──옮긴이

16 Vladimir Vernadsky, *The Biosphere*, New York, 1998; "The Biosphere and the Noosphere", *American Scientist*, no.1, 1945, pp.1~12; I. A. Kozikov, "Uchenie V. I. Vernadskogo o noosfere i rossiiskaia tsivilizatsiia", Evgeny Troitsky ed., *Russkaia tsivilizatsiia: sobornost'*, Moscow, 1994, pp.139~145[「베르나츠키의 누스피어에 관한 가르침과 러시아 문명」, 『러시아 문명: 소보르노스치』].

Teilhard de Chardin의 유사한 견해가 나왔을 때보다 러시아에서 더 많은 사람들을 더 깊이 끌어들였다.

20세기 말에 나타난 두 편의 기념비적 소설, 다니일 안드레예프Daniil Andreev의 『세계의 장미』Roza Mira와 레오니트 레오노프Leonid Leonov의 『피라미드』Piramida에서 우주에 관한 사색은 과대망상적인 수준에 달했다. 이 작품은 사실상 두 문인의 필생의 역작이었다(안드레예프는 위대한 작가 레오니트 안드레예프Leonid Andreev의 아들로 스탈린 치하 수용소에서 장기간 투옥되어 있었던 작가이고, 레오노프는 오랜 침묵 뒤에 소비에트 시대의 최고 소설 중 하나인 자신의 최후작 『러시아의 숲』Russkii res을 발표한 작가이다).[17] 이 공상소설들은 포스트공산주의 러시아의 모호한 영성에 새로운

---

17 Leonid Leonov, Piramida, 2 vols., Moscow, 1994. 1991년 8월에 있었던 인터뷰에서 레오노프는 내게 제2차 세계대전 이후부터 이 저서 작업을 해왔다고 말했다. 95세의 나이로 사망한 이후 (그의 말로는 여전히 '불완전한' 채로) 출간된 레오노프의 소설은 단테(Dante Alighieri)의 『신곡』(Divina Commedia)을 의식적으로 모방하여 3부로 구성되어 있다. 이 소설은 세계 문학의 수많은 걸작에 아포칼립스적 예언과 신비스러운 상징을 결합시키려 시도한, 이례적으로 허세를 부린 작품이다. 레오노프는 그것을 ('교사'navazhdenie라는 고어를 써서) '악마의 교사(敎唆)'로 묘사하고 있으며, 20세기에는 악마의 힘이 세상을 완전하게 정복한다고 주장하며 끝을 맺는다. 비록 몇몇 고결한 러시아인들, 아마 적어도 '진흙으로 만들어진 사람들'의 일부는 '그들 모두를 만들어 냈던 태양으로의 위풍당당한 귀환'을 경험하기 위해 남아 있다고 하더라도 말이다.
　다니일 안드레예프의 『세계의 장미』도 이와 유사하게 환상적인 인물들로 가득 차 있는데, 영어판인 Daniel Andreev, The Rose of the World, Hudson, N.Y., 1997은 전체의 5분의 3을 번역한 것이다. 최초의 버전[1991년 출간 — 옮긴이]은 안드레예프가 1947~1957년 장기간 수감되어 있는 동안 정교회 성직자, 무슬림 율법학자(물라mullah), 인도 문화학자의 도움을 받아 구상되었다(pp.xvii~xviii). 최초 버전이 압수당했지만 레오노프의 작품보다는 더 종교적이고 낙관적인 관점으로 안드레예프는 다시 써냈다. 그는 '폭정의 정신'이 '독립국가들의 전 세계적인 연방'에 의해 대체되는 것으로 보며, 세계의 모든 종교가 '분리되어 있는 꽃잎 모음을 하나의 완전한 영적인 꽃, 즉 세계의 장미'로 변화되는 것으로 보고 있다(p.18). 이 '장미'는 "거꾸로 뒤집힌 꽃"으로, "이 꽃의 뿌리는 천상에 있고, 꽃잎들은 이곳, 지상에 사람들 사이에 있다. 그 줄기는 계시로, 이 줄기를 통해 꽃잎들, 즉 우리의 종교적인 향기로운 코러스를 키우고 강하게 하는 영적인 수액이 흐르는 것이다"(p.58).
　화가 니콜라이 레리흐(Nikolay Rerikh)에게도 상당한 수의 추종자들이 생겨났는데, 그는 1927년에 인도로 망명하여 러시아의 문화와 예술을 인도의 신비주의 사상과 연결시키려고 노력했다. L. V. Shaposhnikova, Derzhava Rerikha, Moscow, 1993[『레리흐의 권력』] 참고. 레리흐는 뉴

우주론cosmology을 제공하기 위해 초자연적이고 이교도적인 이미지들을 기독교의 종말론적 사상과 결합시켰다.

러시아 정교회 작가들은 예술을 종교에 연결시키려고 했던 '은세기'의 노력들을 되살렸다. 플로렌스키는 이콘이 신자들에게 형식의 완벽함과 의미의 심오함을 동시에 불러일으켰다고 주장했고, 예브게니 트루베츠코이Evgeny Trubetzkoy는 이콘을 '색채 명상'이라고 불렀다. 파리에서는 레오니트 우스펜스키Leonid Uspensky가 정교는 언어 형식보다는 시각 형식에서 가장 잘 표현되었다는 견해를 충분히 발전시켰다.[18]

1980년대에 소련에서는 저명한 물리학자 보리스 라우셴바흐Boris Raushenbakh가 이콘의 구성 속에 간직되어 있는 수학적 조화를 보기 시작했다. 프스코프에서는 젊은 수도사 지논Zinon이 이콘화 전통을 신앙 운동으로서 부활시켰다. 그는 브레즈네프가 사망 직전에 허가하여 60여 년 만에 다시 문을 열게 된 모스크바 최초의 수도원 다닐로프 수도원의

욕에 미술관을 건립하였고, 일종의 유네스코를 예상케 하는 것으로서 모든 문화 기념물들 위에 '평화의 깃발'을 내거는 것에 동의하는 1935년 4월 15일 백악관 협정에 서명하기 위해 범아메리카협회(Pan American Union)의 회원들을 모으는 데 성공하였다(http://www.roerich.org/NicholasRoerich.html. Search Date: March 7, 2002에 실린 그의 전기를 참고하라).

새로운 러시아의 또 다른 숭배 대상은 불교, 힌두교, 도교를 흡수하고 구약과 신약 성서에 '마지막 성서'를 첨가함으로써 기독교가 '어머니 대지의 보편 종교'가 되는 것으로 보는 것이다. 모스크바에서 배포된 팸플릿의 일자 미표기 영역본으로 미 의회도서관에 소장된 *A Little Grain of the Word of Vissarion Presenting the Last Testament of the Heavenly Father Who Sent Him*, pp.1~8을 보라.

다작 작가인 정교 사제 안드레이 쿠라예프는 레리흐가 주장한 모든 다문화적인 제설 혼합주의(ranscultural syncretism)를 '사탄주의'라고 매도하기도 했다. Andrey Kuraev, *Satanizm dliz intelligentsii. O rerikhakh i pravoslavii*, Moscow, 1997[『인텔리겐치아를 위한 사탄주의. 레리흐 부부와 정교에 관하여』]. 쿠라예프가 참여한 다른 저서의 한 저자는 '가상현실 세계'를 사탄주의에 의한 정교 문화 훼손의 일부로 포함시키고 있다. I. V. Beliusenko, *Sovremennye sekty i neoiazychestvo v Rossii*, Moscow, 1998, pp.104~110[『러시아의 현대 종파들과 신이교』].

18 Leonid Uspensky, *The Theology of Icons*, Crestwod, N.Y., 1976; L. Uspensky and V. Lossky, *The Meaning of Icons*, Boston, 1952.

복원 작업에 고대 방식으로 프레스코화를 그리기도 했다.[19]

혼돈스러운 후기 소비에트 시대에 가장 중요한 인물은 언어학자이자 박식가였던 뱌체슬라프 이바노프였다. 후기 소비에트 시기의 자유로워진 최고 소비에트에서 정력적인 개혁가로 활동했던 그는 1991년 8월의 위기 상황에서 크렘린의 쿠데타 지도자들을 민주적으로 설득하기 위한 협상단의 일원이었다. 위험한 상태에서도 그는 러시아 인텔리겐치야의 역사적 염원을 주제로 예정되어 있던 강의를 하기 위해 여전히 시간을 낼 수 있었다.

이바노프는 누스피어라는 개념 속에서 공동의 문제를 해결하고 인간 뇌의 두 반구 사이에 있는 현대 문화의 불균형을 회복시키려는 전 세계적 협력을 향한 열쇠를 보았다. "좌뇌가 지니는 현재의 높은 위상"은 인류의 초기 구술 및 그림을 통한 커뮤니케이션 방식을 대신한 문자로 쓰인 커뮤니케이션 방식에서 비롯된 것이다. 20세기 후반의 시청각적인 문화는 우뇌에 동등한 역할을 할 수 있는 권리를 회복시켜 줄 가능성을 열어 주었다. 개인 내의 조화는 누스피어 안의 조화를 촉진할 수 있었다.[20]

---

19 Boris Raushenbakh, *Prostranstvennye postroeniia v drevnerusskoi zhivopisi*, Moscow, 1975[『고대 러시아 회화의 공간 구성』]; Raushenbakh, *Geometriia kartiny i zritel'noe vospitanie*, Moscow, 1994[『그림의 기하학과 시각 교육』]. 지논에 관해서는 그의 Arhimandrit Zinon, *Besedy ikonopistsa*, Novgorod, 1993[『이콘 화가의 담화』]; James Billington, "Keeping the Faith in the USSR after a Thousand Years", *Smithsonian Magazine*, April 1989, pp.130~143을 참고. 이후 지논은 프스코프의 다른 수도원의 수도원장이 되었으나 비정교회 기독교인들과 접촉했다는 이유로 해직되었다. 그는 젊은 성직자들의 특성이라 할 수 있는 전통과 개방성을 결합시켜 낸 전형적 인물이었다.

20 "현대의 정치를 일종의 아방가르드 예술의 연속으로 보았던 베르댜예프의 견해"에 자극을 받은 이바노프는 단일 예술 작품 속에서 감정의 모든 형태들을 통합하려고 한 바그너(Richard Wagner)와 특히 스크랴빈의 시도에서 그러한 조화가 이미 나타났음을 보았다. 스크랴빈의 완성되지 못한 다매체적인 「신비극」(Misteriia)은 인도에서 공연될 예정이었고, 그 텍스트에는 '예비극(劇)'(Vstupitel'noe deistvo)이란 제목이 붙여져 있었다. 이바노프의 견해로는 '강렬한 인간 정신을 오

모스크바 외국문학도서관장으로 있으면서 이바노프는 1980년대에 종교적 견해들을 기꺼이 받아들이는 일련의 자유분방하고도 수준 높은 철학 토론을 조직했다. 그의 후임자인 예카테리나 게니예바는 알렉산드르 멘Aleksandr Men 신부에 대한 일종의 추도의 의미로 완전한 종교 문학 분과를 개설했다. 멘 신부는 모스크바대학에 거의 70여 년 만에 개설된 일련의 종교 관련 첫 강의를 준비 중이던 1990년 9월에 살해당한, 명석하고 영향력 있는 성직자였다. 이바노프와 게니예바는 강경한 쿠데타 지도자들이 1991년 8월 검열이 필요 없던 자유 출판을 금지시키자 도서관 내에 민주주의적 언론을 위한 작업 공간을 마련해 주었다.

이바노프는 1960년대 후반과 1970년대에 나데즈다 만델시탐Nadezhda Mandelshtam의 모스크바 부엌방에서 정기적으로 가졌던 사상가 서클 모임에서도 열정을 보였다. 강제노동수용소에서 사망한 위대한 시인 오시프 만델시탐Osip Mandelshtam의 미망인이자 또 다른 위대한 시인 안나 아흐마토바Anna Akhmatova의 가까운 친구였던 나데즈다 만델시탐은 '은세기'의 정신적 유산과 연결된 마지막 인물이었다. 또 다른 주도적 참가자인 바를람 샬라모프Varlam Shalamov는 강제노동수용소 가운데서도 가장 적막한 콜리마의 동토凍土에서 17년을 견뎌 냈다. 나데즈다 만델시탐은 두 권의 회상록 『희망을 저버린 희망』Hope against Hope (1970)과 『버려진 희망』Hope Abandoned (1974)을 썼다.[21] 1967년 그녀는 나에게 이바노프는 러

___

늘날의 문제들에 적용해야 할' 필요와 의무 때문에 실생활의 행위는 그러한 예비 행동들을 따라야만 하는 것이었다. Yury Lotman, Vnutri mysliashchikh mirov, Moscow, 1996[『사유하는 세계 안에서』]에 실린 '기호계'(Semiosfera, pp.163~297)와 이바노프의 서문 「기호계와 역사」(Semiosfera i istoriia, pp.vii~xiv)를 보라.

21 이 두 편의 회상록의 제목은 모두, 저자의 이름 나데즈다가 '희망'(hope)을 뜻한다는 점을 염두에 두고 의도적으로 지어낸 영역본의 제목이다. 러시아어본에는 평범하디평범한 '회상'

시아의 희망을 예증하였다고 말했다. 이바노프의 아버지는 소설가 프세볼로트 이바노프Vsevolod Ivanov였고 그의 새어머니는 위대한 소설가 이사악 바벨Isaak Babel의 미망인이었다. 21세기가 시작되었을 때, 이바노프 또한 성스러운 상징들의 보편적인 백과사전이라는 플로렌스키의 선견지명적인 아이디어인 '심볼라리움'을 실현시키려 계획하고 있었다.

소비에트 후기에 이바노프는 기호학semiotics(기호의 학문)이라 불리는 인문학의 혁신적인 운동을 개척하는 데 일조하였다. 언어학적 지식을 인간 사고와 표현의 다른 형식들에 적용하려고 노력하면서 이 비공식적인 학파는 에스토니아 타르투의 상대적으로 자유로운 분위기에서 모임을 가졌다. 타르투대학 세미나 참가자들은 정신의학에서 인공두뇌학에 이르고, 매체적으로 풍성한 러시아의 문화유산에 대한 보다 깊이 있는 평가를 장려했던 비평 일체를 발전시켰다. 기호학은 인간 지식을 통합하는 수단이자 '기호계'semiosphere로서의 지성적인 누스피어를 표현하는 수단으로 여겨졌다.[22] 이 운동의 심장부인 타르투 출신 문화역사학자 유리 로트만Yury Lotman은 러시아 문화를 —— 타협을 배제하는 양극을 향한 격정으로 탄생한 —— '폭발'의 하나로 보았다.

포스트소비에트 문화는 장기간 금지되었던 미하일 바흐친Mikhail

(Vospominaniia)과 '두 번째 책'(Vtoraia kniga)이라는 제목이 붙어 있다. 첫 번째 책은 나데쥬다 만델슈탐, 『회상』, 홍지인 옮김, 한길사, 2009로 번역 출간되어 있다. —— 옮긴이

22 V. V. Ivanov, "Toward Noosphere", Barbara Baudot ed., *Candles in the Dark: A New Spirit for a Troubled World*, Seattle, 2002, pp.187~204, 특히 pp.197~199. 베르댜예프와 '은세기'에 끼친 스크랴빈의 영향과 모든 예술을 소보르노스치(sobornost')라는 사회적 이상과 종합하려는 스크랴빈 시도의 연계성에 대해서는 E. Kutina and E. Laushkina, "A. N. Skriabin i filosofskaia mysl' kontsa XIX-nachala XX v. Sobornost'. Obshchee delo", *Gosudarstvennyi memorial'nyi muzei A. N. Skriabina. Uchenye zapiski* vol.3, 1998, pp.5~17[「A. N. 스크랴빈과 19세기 말~20세기 초의 철학 사상」, 『스크랴빈국립박물관 학자 노트』]를 보라[소보르노스치에 대해서는 이 책 '결론'의 255쪽 이하를 참고하라. —— 옮긴이].

Bakhtin의 문학비평으로부터 새로운 전망을 그려 냈다. 그는 중세의 카니발을 진정한 자유가 권위주의적인 일상을 대체했던 짤막한 제전으로 보았다. 그는 자유가 공산주의를 압도했던 때인 1991년 8월 러시아 벨리돔을 둘러싼 카니발적 분위기를 예견한 듯 보였다. 바흐친은 소비에트 문화의 억눌린 독백체와 대조적으로 굉장히 다양한 관점이 확실하게 상호작용하고 있는 도스토예프스키 소설 속의 '대화적' 특성을 높이 평가하였다. 도스토예프스키는 위대한 러시아 작가들 중에서 소비에트 시대에 가장 심하게 매도당한 작가였다. 그는 러시아의 정체성을 군사력보다는 종교 유산에 뿌리를 둔 종합적인 틀에 복수적인 대화를 끼워 맞춘 인물로 재발견되고 있었다.[23]

러시아 문학에 대한 새로운 평가는 창작 후기에 집필했던 고골과 톨스토이의 종교적이며 도덕적인 저작들을 부각시켰으며 지금껏 도외시되었던 종교적인 시와 음악을 부각시켰다. 니콜라이 레스코프Nikolay Leskov는 '정의로운 주인공들', 즉 타인을 위해 희생할 수 있는 비범한 의지를 지닌 평범한 인간을 창조해 낸, 진정으로 위대한 러시아 산문 작가 중 한 명으로 마침내 인정받게 되었다. 어떤 이들은 구교도, 성스러운 바보나 민중의 기독교를 역사적으로 드러내 보인 다른 인물들에 관해 동정적으로 글을 썼던 레스코프의 전통을 되살리기도 했다.

---

23 1975년 사망 때까지 대부분을 소비에트연방의 지방에서 무명으로 살았던 바흐친의 재발견은 러시아가 자유와 다원론을 폭넓게 발견해 낸 것에 대한 일종의 문학적 반영이라고 할 수 있다. 바흐친은 위계적인 사회적 가치들과 고전적인 구성적 제약을 가하는 대신 산문 속에서 '목소리들'을 '증가'시킴으로써 '새로운 자유를 창조할 …… 것 같은 …… 에너지 유형'을 보았기 때문에 존경받고 있다. 그는 미래를 열린 채 끝을 맺으며 '비종결적인' 것으로 보았던 낙관적인 '반(反)혁명주의자'로 높이 평가받고 있다. Caryl Emerson, *The First Hundred Years of Mikhail Bakhtin*, Princeton, N.J.: Princeton University Press, 1997, pp.17, 35~37, 71; Caryl Emerson ed., *Critical Essays on Mikhail Bakhtin*, New York, 1999를 보라.

균형 잡힌 문화

포스트소비에트 문화의 공식은 '은세기' 최고의 인기 저널리스트인 미하일 멘시코프Mikhail Menshikov가 제시한 최초의 충고, 즉 "우리 어머니 루시에서 나온 최상의 우유로만 우리 자신을 먹이는" 동안 "서구에서 온 최상의 공기만"을 호흡할 것[24]이라는 충고를 되풀이하는 것처럼 보였다. 새로운 것을 호흡하는 동시에 오래된 것을 마실 수 있게 한다는 이 제안은 드미트리 리하초프가 포스트소비에트 러시아를 위해 예로 든 것이었다.

리하초프는 포스트스탈린주의 러시아에서 권력을 향해 진실을 말하여 널리 존경받았던 최후의 (그리고 가장 덜 알려진) 문화 인사 중 한 명이다. 흐루쇼프의 짧았던 문화적 '해빙'이 브레즈네프 치하에서 재개된 탄압에 굴복한 이후에는 조지프 브로드스키Joseph Brodsky와 그 밖의 다른 시인들 및 인권 운동가들이 이 역할을 맡게 되었다. 이 기간 동안 두 명의 인사가 진실을 말하는 초창기의 성스러운 바보들에 맞먹는 현대의 성스러운 바보들이 되었다. 위대한 작가 알렉산드르 솔제니친은 스탈린주의 체제의 핵심이라 할 수 있는 정치범 수용소 제국의 용서하기 힘든 전방위적 공포를 폭로함으로써 성스러운 바보의 역할을 획득하였다. 저명한 과학자이자 인권 운동가인 안드레이 사하로프 역시 이 역할

---

24 Yury Sokhriakov, "Rabota sovesti", *Natsional'naia ideia v obshcenstvennoi publitsistike XIX-nachala XX vv.*, Moscow, 2002, pp.183~184[「양심의 일」, 『19세기~20세기 초 사회 평론 속 국가 이념』]. 소흐랴코프는 최근에 재발견된 멘시코프의 저작을 패러프레이즈하고 있는데, 멘시코프는 소흐랴코프가 "20세기 첫 10년의 ⋯⋯ 가장 유명한 평론가"(p.171)라고 여겼던 인물이다. 멘시코프는 1918년 공산주의자들에게 살해당했다. 출판되지 못한 그의 일부 저작들이 발견되어 『지인들에게 보낸 편지에서』로 발표되었다. Mikhail Menshikov, *Iz pisem' k blizhnym*, Moscow, 1991.

을 떠맡았다. 특히 1974년 솔제니친이 추방당한 이후 사하로프는 솔제니친의 종교적이고 슬라브주의적인 비전에 필적하는 자유적이고 세속적이며 서구주의자적인 이상을 가지고 무대를 장악했다.

1989년 사하로프가 사망하고 솔제니친이 포스트소비에트 러시아로 돌아오자마자 곧 공적 생활에서 물러난 이후, 자유로운 러시아는 진실을 말하는 자들을 더 이상 필요로 하지 않는 듯 보였다. 그러나 진실에 대한 목마름은 붕괴되어 가는 소비에트 체제가 남겨 놓은 부패하고 냉소적이며 허약해진 러시아 속에 강하게 남아 있었다. 진정한 진실 찾기는 소비에트 시기에도 계속되었다. 그러나 마트료시카 속의 얼굴처럼 진실 추구자의 얼굴은, 진실(프라브다)이라는 표식 아래 일상적인 프로파간다를 제공했던 권력의 바깥 얼굴 안쪽에 자주 숨겨져 있었다.

19세기 후반의 가장 영향력 있는 인민주의 저널리스트 니콜라이 미하일로프스키Nikolay Mikhailovsky는 '진실'을 뜻하는 러시아어는 과학적 진실pravda-istina과 도덕적 정의pravda-spravedlivost'라는 이중의 의미를 지니고 있다고 반복적으로 주장했다.[25] 그다음 세대의 인기 저널리스트인 멘시코프는 러시아인들은 객관적이고 과학적인 진실을 추구할 때조차도 규범적이고 도덕적인 진실을 예증할 수 있는 정의로운 사람(프라베드니크pravednik)을 여전히 독특하게 만들어 낼 수 있다고 주장했다.

리하초프는 사실상 고르바초프, 특히 그의 아내 라이사 고르바초바Raisa Gorbacheva의 러시아 문화사 선생이 되었던 1980년대 중반에 프라베

---

25 대체로 낭만적인 사람이 아니었던 니콜라이 미하일로프스키는 '프라브다'라는 단어의 이중 의미가 지닌 '경탄할 만한 내적 아름다움'에 '매료당했다'라고 고백했다. "이 단어의 넓은 의미에서의 진실이 내 탐색의 목표였다". N. K. Mikhailovsky, *Sochineniia*, vol.1, St. Petersburg, 1896[『저작』]; N. K. Mikhailovsky, *Literaturnie vospominaniia i sovremennaia smuta*, vol.1, St. Petersburg, 1900, pp.350~357, 447~448[『문학적 회상과 현대의 동란』].

드니크로 부상했다. 이러한 선생으로서의 지위와 새로 설립된 반#공식적인 러시아문화재단Fond russkoi kul'tury의 주도적인 인물로서 리하초프는 변화하기 시작한 소비에트 권력 구조에 자신이 가지고 있는 다방면에 걸친 지식과 도덕적인 힘을 쏟았다. 80대 중반에 리하초프는 러시아 전체의 문화유산을 종합적으로 회복시키고 소비에트연방을 외부 세계에 완전히 개방할 것을 강력하고도 고집스럽게 옹호하는 인물이 되었다.

리하초프는 1980년대 후반에 이미 구#모스크바 종교문화 분야의 세계적인 석학이 되었다. 리하초프는 현대 러시아에 필요한 특성들 ─ 근면과 정직, '노래, 회화, 건축, 문학'을 조화시키고 통합했던 문학과 문화에 전념하는 것 ─ 을 끊임없이 박해받았던 러시아의 구교도들 속에서 보았다.[26] 리하초프는 1990년 6월, 부시-고르바초프 정상회담 기간에 미 의회도서관에서 구교도의 저서 및 필사본 전시회를 개최할 수 있도록 격려하고 도왔다. 리하초프는 라이사 고르바초바가 전시회를 개장했을 때 그녀에게 개인적으로 러시아 문화의 가치를 설명해주기도 하였다.[27]

그와 동시에 리하초프는 서구 지향적인 상트페테르부르크를 평생 열정적으로 사랑하였다. 1990년대에 그는 혁명 이전 페테르부르크의 코즈모폴리턴적 문화를 체득하고 있는 최후의 생존 인물이 되었다. 북

---

26 자유주의 저널리스트인 알렉산드르 네즈니는 리하초프를 원칙적인 구교도 옹호자로 언급한다. Aleksandr Nezhny, "Na Rogozhskoi zastave, u staroobriadtsev", *Moskovskie novosti*, November 29, 1987, p.12[「로고쥬스카야 자스타바 광장 위, 구교도들 옆에서」, 『모스크바뉴스』]. 리하초프는 구교를 위한 최초의 순교자인 사제장 아바쿰의 선구적인 자서전이 러시아 문학에 인간적인 진정성을 가져왔다며 높이 평가했다. Dmitry Likhachev, *Izbrannye raboty*, Leningrad, 1987, vol.2, pp.308~321[『선집』];vol.3, pp.146~151을 보라.

27 애비 스미스와 블라디미르 부다라긴의 전시회를 위한 출판물인 Abby Smith and Vladimir Budaragin, *Living Traditions of Russian Faith*, Washington, D.C.: Library of Congress, 1990을 보라.

극의 솔로베츠키섬에 위치한 20세기 최초의 전체주의적 죽음의 수용소에서 살아서 나온 생존자로서 리하초프는 고난을 당했던 자의 전설적인 아우라를 지니고 있었다.[28] 소비에트학술원 간부회Presidium에서 리하초프는 사하로프 제명에 홀로 반대표를 던졌는데, 이 사건을 계기로 젊은 세대 러시아인들 사이에서 위상이 높아져 젊은이들이 러시아 전역에서 그에게 편지를 보내오기 시작하였다. 소년이었던 1917년, 볼셰비키가 겨울궁전을 점령하는 것을 목격했던 리하초프는, 이제 막 태어나 발버둥치고 있는 민주주의에 맞서 여전히 또 다른 쿠데타를 꾀하려는 강경파 공산주의자의 시도를 저지하기 위해 1991년 8월에 러시아 전역에서 열렸던 집회 가운데 가장 대규모였던 겨울궁전 앞에서의 집회에서 주요 연설자로 나서게 되었다.

소비에트연방 붕괴 후, 리하초프는 주목할 만한 서신들을 통해 권력에 진실을 말하려고 자신의 도덕적 권위를 이용하였다.[29] 쿠데타 시도에 저항하다가 사망한 세 청년의 부모들에게 "당신들의 아들을 지키지도 구하지도 못한" 점에 대해 용서를 구함으로써 옐친이 얻어 낸 도덕적 권위를 잃지 말 것을 촉구하면서 체첸 파병을 반대하기 위해 옐친에게 서신을 보낸 것이다.

그뿐 아니라 리하초프는 교회가 도덕적 권위를 되찾고 사회의 화해

---

28 이 시기에 관한 그의 장황한 회상은 이 금지된 지역에서조차 문화적인 삶을 보존하기 위해 행한 영웅적인 노력에 대해 말하고 있다. Dmitry Likhachev, *Vospominaniia*, St. Petersburg, 1995, pp.112~288, 388~394[『회상록』].

29 리하초프는 이 편지들에 대해 나에게 설명해 주었고 그중 많은 편지들을 보여 주기도 하였다. 그 편지들 중 일부가 출판되었는지 어떤지는 알지 못하지만, 그 편지들은 그의 원고들과 함께 상트페테르부르크 소재 푸시킨스키돔에 소장되어 있을 것으로 사료된다[푸시킨스키돔은 러시아학술원 산하 러시아문학연구소의 별칭이다. —옮긴이].

를 더욱 촉진시킬 수 있게끔 반쪽 진실들로부터 벗어나도록 소비에트의 탄압 기관과 러시아 정교 성직자단이 공모한 성격과 그 한도를 공개적으로 인정하라고 총대주교에게 촉구하기도 하였다. 사실상 그는 남아프리카공화국의 인종차별적인 체제 붕괴 이후 나타난 "진실과 화해과정"의 공식적 인정 및 참회와 유사한 무언가를 주장하고 있었다. 러시아 문화의 관점에서, 그는 과거를 위한 보복을 초월하고 미래를 위한 정의pravda-spravedlivost'를 세우기 위해 소비에트 역사에 관한 객관적 진실pravda-istina 획득을 주장하고 있었던 것이다.

다른 서한들에서 리하초프는 고르바초프에게 정치판에 뛰어들지 말 것을 조언하기도 하였고, 상트페테르부르크에서 있었던 마지막 차르와 가족의 최종 유골 재매장 의식에 참석하도록 옐친을 설득하기도 하였다. 페테르부르크 페트로파블로프스키 사원의 재매장 미사에서 러시아 최초의 대통령이 최고의 명연설을 하고 있었을 때, 리하초프는 — 말 그대로나 비유적으로나 — 옐친의 뒤에 서 있었다. 자신의 뒤에서 양초를 들고 있는 리하초프와 함께 옐친은 황실 가족이 시해된 것에 대해 애통해했을 뿐만 아니라 품격 있는 연설 말미에는 — 리하초프가 오랫동안 옹호해 왔던 것처럼 — 러시아 내 군주주의 부활에 대한 노스탤지어적인 꿈을 피력하기도 했다.[30]

리하초프는 러시아 문화를 특별하게 만들어 준 세 가지 긍정적인 힘 — 러시아의 전통적인 종교적 기반, 주기적으로 나타나는 서구로부터의 대량 차용, 땅과 자연에 대한 특별한 감정 — 을 자기 것으로 만들

---

30 옐친이 차르 가족 장례식에서 낭독한 연설문의 축약본은 1998년 6월 17일 로이터통신에 의해 공개되었다. 리하초프는 옐친으로 하여금 장례식에 참석하도록 설득하고 연설문의 초안을 작성하는 역할을 맡았다.

었으며 분명히 표현하였다. 이 세 힘의 상호작용은 러시아 문화를 앞으로 나아가게 했지만 종종 러시아 국민을 상호 간의 충돌로 몰아넣기도 했다. 말년에 리하초프는 러시아의 고대 기독교 문화뿐 아니라 서구를 향한 그 문화의 새로운 개방과 자연의 구원력에 대해 찬미하기도 하였다. 마지막 저작인 『정원의 시』Poeziia sadov에서 리하초프는 치유력이 있는 자연계와의 일상적 상호작용에 대해 평생 자신이 느낀 감정과 경험을 감탄하며 기록하고 있다.[31]

솔로베츠키섬의 아름다운 자연이 강제수용소에서의 오랜 시련을 버티게 해주었던 것처럼 리하초프에게 영감을 주었던 것은 그가 사랑한 페테르부르크의 궁전들이 아닌 공원들이었다. 트라우마적 경험에 대한 그의 기억은 다큐멘터리 영화 「솔로베츠키 권력」Vlast' solovetskaia에 영감을 주었다. 제목은 도처에 널려 있는 위협적인 문구 '소비에트 권력'vlast' sovetskaia을 가지고 장난친 것이었고, 소련의 본질이 그것의 포로수용소라는 것을 암시했다. 리하초프의 후기 저작들은 소비에트 권력이 인민에게뿐만 아니라 자연계 전체에 위협을 가했다고 주장한다.

공원과 정원은 정교회 미사처럼 다매체적인 경험을 제공해 주었다. 깔끔하게 정돈된 공원이나 덜 손질된 '보통' 공원, 혹은 열린 숲에 접해 있는 '야생' 구역을 따라 산책하는 것은 여러 소리들(새소리, 바람소리, 발아래서 바스락거리는 나뭇잎 소리), 꽃 향기와 마지막에는 버섯과 산딸기의 맛으로 가득 차 있는 다양한 색채의 시각적인 아름다움을 지나 행진하는 것이다.

---

31 Dmitry Likhachev, *Poeziia sadov. K semantike sadovo-parkovykh stilei: Sad kak tekst*, 3rd ed., St. Petersburg, 1998[『정원의 시. 정원-공원 스타일의 의미론: 텍스트로서의 정원』].

푸시킨처럼 리하초프도 페테르부르크 외곽 차르스코예셀로(현 푸시킨시)에 있는 황실의 여름궁전('예카테리나 궁전')에서부터 쭉 뻗어 나온 거대한 공원에 특히 이끌렸다. 늦게 피어난 현대 러시아 문학이 정원을 보살피고 찾아가는 한, 봄철의 잎처럼 어떻게 해서든 다시 살아날 수 있을 것이라고 리하초프는 암시하는 듯했다. 푸시킨에게 떠오른 최초의 영감 중 일부는 차르스코예셀로의 귀족 기숙학교 리체이lycee 학생으로 있으면서 탁 트인 공원의 자연 공간에 노출되었기에 얻은 것이었다.

그 어디로 운명이 우리를 내치든
그 어디로 행복이 우리를 이끌든,
우리는 여전하지. 우리에겐 온 세계가 타향,
우리에게 조국은 차르스코예셀로라네.[32]

톨스토이는 그의 생애 후반기 35년 동안 야스나야폴랴나에 있는 자신의 시골 영지 주변의 자연계로 돌아갔다. 소비에트 체제조차도 볼품없는 '문화와 휴식을 위한 공원들'을 산업이 발달한 새로운 도시에 자주 끼워 넣으며 시골을 떠나온 사람들에게 자연과의 유대를 제공하려 애썼다. 소비에트 시기를 걸쳐 평범한 사람들은 역사적인 시골 묘지에 고요히 꽃을 피워 냈고, 집단농장보다 훨씬 수확량이 많았던 자기 소유의 작은 정원을 경작하였다.

보리스 파스테르나크Boris Pasternak는 소설 『닥터 지바고』Doktor Zhivago

32 A. S. Pushkin, "19 oktiabria", *Stikhotvoreniia, 1817-1825*(Polnoe sobranie sochinenii, vol.2, pt.1), Moscow: Voskresen'e, 1994, p.375[「10월 19일」, 『시, 1817~1825』(전집 2권 1부)].

의 결말 부분에서 지바고의 시신을 두고 단상에 젖어 러시아 유산의 초자연적인 차원을 자연적인 차원과 다시 연결시키고 있다. 그는 전통적인 매장이 아닌 비인간적인 화장을 기다리며 홀로 누워 있다.

> 오직 꽃들만이 의식과 노래의 부재를 대신하고 있었다. 꽃들은 단순히 꽃을 피우고 달콤한 향을 내뿜는 것이 아니었다. 마치 성가대의 합창으로 흙으로 돌아가라고 재촉하듯, 또한 모든 것에 향기를 불어넣어 무언가를 이루어 내려는 듯 자신의 향기를 뿜어내고 있었다.
> 식물의 왕국이 죽음의 왕국과 가장 가깝다고 생각하는 것은 쉬운 일이다. 우리를 그토록 혼란스럽게 만드는 변형의 비밀과 생명의 수수께끼는 어쩌면 이곳, 대지의 푸른 식물 속에, 묘지의 나무들 사이에, 싹이 올라온 화단의 꽃 사이에 집중되어 있는지도 모른다. 막달라 마리아는 무덤에서 나오신 예수를 처음에 알아보지 못하고 "묘지를 걷고 있는 정원사라고 생각하였다".[33]

리하초프는 "생태학적 문화와 문화적 생태학" 모두가 있어야 한다고 주장했다.[34] 자연의 종 분열과 인간 문화의 분열은 유지되어야 하고 존중받아야 한다. 그는 러시아 자체를 원래 '스칸디나비아-슬라브 루시'였던 키예프 루시의 문화에 동화된 스텝 민족들의 다양성에서 시작

33 Boris Pasternak, *Doctor Zhivago*, New York, 1958, p.493.
34 리하초프의 '문화 생태학' 개념은 1984년의 긴 에세이 Dmitry Likhachev, "Zametki o russkom", *Izbrannye raboty*, vol.2, Leningrad, 1987, pp.418~494[「러시아적인 것에 관한 언급」, 『선집』]에서 가장 완전하게 전개되었다. 이것은 푸틴이 2001년 3월 6일, 예정보다 길어진 기자회견에서 자신이 현재 읽고 있다고 말한 두 권의 책 가운데 하나였다(다른 한 권은 예카테리나 여제의 통치사에 관한 책이었다). *Johnson's Russia List*, no.5135, March 7, 2001, p.14.

한 수많은 문화의 복합체로 보았다.[35] 개인적으로 나눈 대화에서, 그는 20세기 인간의 '공격성'은 자연의 다양성을 파괴하고 있을 뿐 아니라 곤충 세계에까지 약탈 본능이 퍼지고 있다고 주장하기도 했다.

자신의 길었던 삶을 마감할 즈음, 리하초프는 러시아 문화를 러시아의 전통과 보다 깊이 연결시켜야 하며 그와 동시에 외부 세계를 향해 보다 폭넓게 열어 두어야 한다고 촉구했다. 그는 러시아 정교 내의 단호한 구교도 전통과 훨씬 더 연대를 맺고 있었지만, 각국에 모든 학과를 위치시킬 수 있는 새로운 유형의 다민족 대학을 설립하고자 노력하기도 했다.

리하초프는 명성을 지니고 있었음에도 검소하게 살았던, 온화한 말투를 지닌 사람이었다. 그는 여러 지방의 젊은 팬들에게서 갈수록 엄청난 양의 편지를 받았다. 1999년, 생애 마지막 해에 그는 나와 함께 '오픈월드'라는 새로운 프로그램의 공동 의장을 맡기로 결정했다. 오픈월드는 러시아 전역의 신흥 젊은 지도자들에게 미국 전역의 지역사회의 생활을 짧지만 집중적으로 접할 수 있도록 미 의회가 만든 프로그램이었다. 리하초프는 시행 첫해의 프로그램 마지막 날인 1999년 9월 30일에 세상을 떠났다. 그는 그 프로그램에 참가한 많은 초기 참가자들이 리하

---

35 리하초프는 Heyward Isham, *Remaking Russia*, Armonk, 1994에 기고한 논문에서 러시아를 '스칸도슬라비카'(Scandoslavica)라고 정의하는 것이 "'유라시아'로 정의하는 것보다 훨씬 적절하다"라고 주장했다(p.51). 멘시코프 같은 '은세기'의 많은 러시아 작가들과 저널리스트들은 그 시기에 널리 퍼져 있었던 반유대주의를 공유하기도 했고 때때로 키우기도 했다. 하지만 리하초프는 '은세기'의 문화적 삶에 유대인들이 공헌한 것에 대해 따뜻하게 언급했으며, 특히 옥스포드대학에 명예박사 학위를 받으러 갔을 때 아이제이아 벌린 경과 나누었던 긴 대화를 높이 평가했다. 제2차 세계대전 말경 페테르부르크에서 이루어졌던 벌린 경과 안나 아흐마토바의 유명한 만남은 작가들을 침묵하게 하고 스탈린 시기 절정기에 반코즈모폴리턴적이며 반유대주의적인 숙청을 감행하는 데에 활용되었다. 리하초프는 서구 문학과 대부분 분실된 혁명 이전 러시아의 유대적 부분 간의 연관성을 재확인하고자 하려는 듯 보였다.

초프 자신이 동경한 서구와 자신이 사랑한 러시아를 연결시키고자 한 새로운 노력을 확인할 수 있게끔 도와주었다.

리하초프는 "우리의 조국 어머니 러시아에서 나온 최상의 우유를 마시는" 동안 "서구에서 온 최상의 공기를 들이마신다"라는 멘시코프의 이상을 예증해 주었다. 이것은 균형 잡힌 단일한 정체성의 두 부분이었던 것이다. 그가 새로운 러시아의 젊은 팬들에게 예로 들기도 하고 물어보기도 했던 두 개의 다른 특성, 즉 근면과 개인의 도덕적 책임감은 그에게 똑같이 중요했다.

1930년대 숙청기에, 필수 집행 할당량을 채우기 위해 레닌그라드 보안국이 작성한 리스트에 자신이 올라 있다는 주의를 미리 받았기 때문에 그는 가까스로 죽음을 모면할 수 있었다. 그 후 평생 그는 자기 자리를 대신해서 죽어 갔을 미지의 한 사람에게 도의적 책임감을 느껴야 했다. 이는 그의 엄청난 학술적 연구량이나 새로운 자유는 새로운 책임감을 요구한다는 그의 강력한 주장 속에서 나타나고 있다. 리하초프가 출범을 도왔던 오픈월드 프로그램을 통해 러시아연방의 전체 89개 행정구역에서 미국으로 왔던 수많은 젊은 러시아 지도자들은 문화의 새로운 균형 구축이 오래된 세력 균형을 부활시키는 것보다 한층 중요하다는 리하초프의 생각을 공유하는 듯 보였다.

권위주의적 대안: 유라시아주의

새 천 년이 시작되었을 때 러시아는 연방 공화국이자 대체로 시장경제를 따르는 것으로 마땅히 인정받긴 하였지만, 독재주의적인 과거로 인해 여전히 무거운 짐을 지고 있었다. 러시아의 새 지도자 블라디미르 푸틴은 민주적으로 당선되어 개혁에 전념하겠노라고 공언했지만 체첸 내 강경 대응책에 기대어 세력을 키웠고 지방자치와 언론 자율에 더욱 엄격한 제한을 가함으로써 자신의 통제를 강화하고 있었다. 그는 평등법을 통한 통치 강화와 부패 근절이라는 자신이 공포한 민주적 목표를 위해 권위주의적 방법을 사용하고 있었던 것이다.

처음에는 구舊소비에트 관료주의자들과 신新권위주의적 민족주의자들이 연합하여(이른바 적갈 연합) 구성된 효과적이며 조직적인 반反푸틴 운동이 없었다. 그러나 러시아의 정체성에 관한 새로운 민족주의적 관점들이 점점 인기를 얻어 가고 있었다. 이 관점들은 러시아의 허약한 민주주의적 기구들이 무너지거나 사회적 폭력이 발생할 경우에 대비하여 새로운 독재정을 위한 이데올로기적 기반을 제공한 것이었다.

대중적 차원에서 많은 러시아인들은 에스닉 민족주의를 사실상의 이데올로기로 만들기 위해 노력하였다. 새로운 러시아연방 인구의 5분의 4 이상은 현재 대大러시아인, 즉 순수 러시아인이다(소련에서 대러시아인들이 절반에 불과했던 것과 비교된다).[1] 따라서 공통의 정체성이라고 주장하는 것은 '러시아 내 모든 사람'(로시스키rossiiskii)이라는 다양한 혼합이라기보다는 혈통상 러시아인(루스키russkii)이었다고 하는 것이 이치에 맞는 것 같다. 예전에 비교적 동질적인 민족들을 유럽 여러 곳의 강력한 정치 운동에 참여하게 만들었던 감정적이며, 거의 부족적 민족주의tribal nationalism 비슷한 것을 채택하려는 유혹이 새로운 러시아 국민국가nation-state 안에서 커가고 있었다.

제1차 세계대전의 지속된 폭력이 끝난 뒤, 또한 오스만, 합스부르크, 로마노프의 다민족 제국이 붕괴된 뒤, 유럽에 있었던 이런 성격의 민족주의는 치명적이고도 반反민주적인 형태를 취하게 되었다. 다양한 유형의 파시즘 운동이 전통적으로 독재주의적인 동유럽과 중앙유럽, 서유럽의 문화 속 실패한 민주주의적 실험의 잿더미에서 세력을 키워갔다. 최초에 극단주의로 일축당했던 이러한 운동들은 제2차 세계대전 발발을 도왔던 독재주의를 돌연 만들어 냈다. 냉전이 끝날 무렵, 러시아와 세계는 예상치 못한 국수주의적 운동이 러시아가 나아가려던 민주주의적 방향을 전복시킬 만큼 급부상할 수도 있으리라는 위험에 직면하게 되었다. 일부 러시아인들은 1990년대 초에 새로운 러시아연방의

---

1 1989년 인구조사를 할 즈음, 소비에트연방 내 순수 러시아인의 비율은 50.8%로 떨어졌고 러시아연방 내의 러시아인의 비율은 86.41%였다. 2002년 1월 1일 자로 업데이트된 *The World Factbook 2002*, Washington, D.C.: Central Intelligence Agency, 2002는 러시아연방 내 순수 러시아인의 인구 비율이 81.5%로 전체적으로 축소된 것으로 추산하고 있다. 2002년 인구조사의 초기 통계는 공인된 통계로 쉽게 받아들여지기 어려웠을 만큼 큰 비판에 마주쳤다.

혈통 순수성 보존을 지원하기 위하여 '유전자보존부'Ministerstvo sokhraneniia genotipa를 설립할 것을 제안하기까지 했다.[2]

푸틴 재임기에, 러시아는 경제적 궁핍, 불행한 재향군인들, 허약한 정부와 만연한 부패에 대한 대중의 분노 등 히틀러가 권력을 잡았던 1930년대 독일과 거북하게도 많은 유사점을 지니고 있었다. 이 모든 유사점 가운데서 제일 눈에 띈 것은 아니지만 아마 잠재적으로 가장 폭발성을 지닌 것이 서구 민주주의를 향해 끓어오르고 있었던 분노였는데, 서구 민주주의는 발버둥치고 있는 새로운 민주주의를 그것이 여전히 오래된 독재주의적 적수인 듯 다루고 있는 것으로 자주 보였던 것이다.

그러나 러시아를 위한 어떤 권위주의적인 대안에 대한 초기의 합의 같은 것은 없었다. 게다가 새로운 러시아에 살고 있는 대부분의 공산주의자들 사이에서조차 소비에트 체제를 모델로 사용하고자 하는 바람은 거의 없었다. 또한 선동가들이 증오심을 통한 국수주의적 동원에 주안점을 두는 것으로서 전통적인 반유대주의와 타 민족 집단에 대한 적개심을 사용하여 자신들이 얻고자 희망했던 것보다 대중적인 호응을 얻지 못하고 있는 것으로 보였다. 그러나 체첸족을 악마화하고 지속적으로 진압하는 것은 주요 예외로 남아 있었다.

---

2 Paul Kolstoe, *Russians in the Former Soviet Republics*, London, 1995, p.58. A. I. Vdovin, V. Yu. Zorin and A. V. Nikonov, *Russkii narod v natsional'noi politike. XX vek*, Moscow, 1998, p.279[『국가 정치 속의 러시아 사람들. 20세기』]는 러시아가 사실상 과격한 에스닉 민족주의를 채택했다는 철저히 학술적인 주장을 시작했다. 그러한 접근의 위험은 Ernest Gellner, *Nationalism*, New York, 1997; Ernest Gellner, *Nations and Nationalism*, Ithaca, N.Y./London, 1983에서 시작되었는데, 여기서 겔너는 민족주의란 현대의 종교 대체물이라고 주장한 바 있다. 이것은 대중에게 부과된 동종의 '상위 문화'로, 결국 그것은 '민족주의가 주장하고 민족주의자들이 열렬히 믿고 있는 것과는 정반대의 것', 즉 인공의 신화적 문화로 지탱되고 있는 원자화된 개인들의 '익명의, 비개인적인 사회'를 만들어 낸다(pp.138~142).

열정적인 지정학

하지만 러시아의 냉전 이후 민주주의적 실험 위를 어둡게 드리우고 있었던 것은 '유라시아주의'라는 새로운 비전이었다. 유라시아주의는 제1차 세계대전 이후 러시아 망명가들 사이에서 나타났지만 지정학적 위기감과 함께 다시 등장해 재무장된 이데올로기이다. 유라시아주의는 망명자들 사이에서 생겨났다가 포스트공산주의 러시아로 되돌아온 가장 중요한 사색 경향일 수 있다. 종교적인 개념이지만 초교파적이고도 민족적인 것을 포괄하는 개념인 리하초프의 '러시아성'russkost'과 뚜렷하게 대조를 보이는 새로운 유라시아주의는 본질상 세속적이며 배타적이다. 유라시아주의자들은 깊이 있는 정교회의 신앙도, 폭넓은 서구의 영향도 러시아의 정체성을 정의하는 것으로 보지 않았다. 그들은 러시아가 유럽과 아시아로부터 스스로를 지키기 위해 강력한 통치력으로 내향적일 필요가 있었던 독특한 두 대륙의 문명이었다고 주장하였다. 러시아는 유럽과 아시아 사이에 위치하여 생겨난 이익을 궁극적으로 거두어 들일 수 있었다.

러시아가 '공동의 유럽 집'[3]으로 들어가는 입구를 뒤늦게 찾고 있는 더디게 배우는 서구 국가가 아니라는 기본적인 생각은 니콜라이 다닐레프스키의 1868년 작 『러시아와 유럽』에 뿌리를 두고 있다. 다닐레프스키는 유럽 자체는 '아시아의 서쪽 반도'에 불과했고 러시아의 광활한 아시아 영토는 유라시아의 '로마-게르만' 주변부에 대한 최종적인 우위

---

3 소비에트연방이 서방으로부터 배제되는 것을 경계하여 서방과의 관계를 개선하기 위해 고르바초프가 내건 슬로건 '유럽은 우리의 공동의 집이다'(Evropa — nash obshchii dom)에서 취한 표현이다. ── 옮긴이

를 확보했다고 주장하였다.

하나의 개념이자 운동으로서의 유라시아주의는 1920년대 초 불가리아에서 약 스무 명의 러시아인 망명 학자 그룹에 의해 만들어졌다. 공산주의에 반대하긴 했지만 그들은 새로운 소비에트 체제에 몇 가지 희망을 걸고 있었다. 왜냐하면 길었던 동족상잔의 내전 이후 러시아 제국이 기적적으로 재건되었기 때문이었다. 그들은 '이상주의적 유물론'이 '러시아-유라시아 대륙' 내에 '교향악적 개성'이라는 새로운 유형을 창조할 수 있다고 추론했다.

유라시아주의는 사실은 러시아 정체성에 대한 지정학적 개념이었다. 유라시아 개념의 창시자인 표트르 사비츠키Petr Savitsky는 1920년대의 유라시아주의자들을 '유라시아 대륙'이라는 물리적 실제에 뿌리를 둔, "사상과 삶에 있어서 새로운 기원의 대표자들"로 보았다.[4] 러시아는 두

---

4 P. N. Savitsky, *Kontinent Evraziia*, Moscow, 1997[『유라시아 대륙』]. 로버트 맥매스터는 『다닐 레프스키, 러시아 전제주의적 철학자』에서 이 선구자의 권위주의를 강조하고 있다. Robert MacMaster, *Danilevsky, a Russian Totalitarian Philosopher*, Cambridge, Mass.: Harvard University Press, 1967. 시베리아 첼랴빈스크 출신인 나탈랴 알레브라스는 예일대에서 강의했던 역사가 게오르기 베르나츠키(Georgy Vernadsky)의 혁명 이전의 저작들과 사비츠키의 저작들 속에서 유라시아주의의 기원을 추적하고 있다. Natal'ia Alevras, "Nachala evraziiskoi kontseptsii v rannem tvorchestve G. V. Vernadskogo i P. N. Savitskogo", *Vestnik Evrazii*, no.1(2), 1996, pp.5~17[「베르나츠키와 사비츠키의 초기 저작에 나타난 유라시아 개념의 기원」, 『유라시아통보』].

지정학적 유라시아주의와 곧 결별했던 초기의 참가자들 중에서 세 명의 훌륭한 역사가이자 문화철학자들, 게오르기 플로로프스키, 레프 카르사빈(Lev Karsavin), 표트르 비칠리(Petr Bitsilli)가 여기서 언급되고 있다. 플로로프스키는 이후 프랑스와 미국에서 풍부한 학자 경력과 성직자 경력을 쌓았다. 나머지 두 철학자는 제2차 세계대전 이후 소비에트연방에 의해 황폐해진 여러 나라에서 학자적 지위를 얻는 운은 없었다. 카르사빈은 리투아니아에서 추방당한 뒤 강제수용소에서 사망했다. 비칠리는 불가리아에서 오랫동안 유지해 왔던 교수직을 박탈당했고 글 쓰는 것을 금지당한 채 사실상의 가택 연금에 처해졌다.

카르사빈은 소비에트연방을 떠나기 전 '러시아 국민의 세계적인 임무와 그들의 보편성, 겸손, 타고난 기독교적 감각에 관하여' 쓴 바 있다. L. Karsavin, *Vostok, zapad i russkaia ideia*, Petrograd, 1922, p.4[『동과 서 그리고 러시아 이념』]. 망명 초기에 썼던 그의 저작은 나치즘 초기의 신비적인 시기와 조금 비슷한 문헌학적 신비주의와 함께 흙과 피로 구성된 유기적인 사회 이미지들을 포함하고 있다. Dmitry Mirsky, "The Eurasian Movement", *Slavonic and East European Review*,

대륙을 가로질러 뻗어나간 네 개의 리본 모양의 지역 —— 툰드라, 삼림, 스텝, 사막 —— 으로 구성된 자족적인 세계였다. 북쪽의 얼어붙은 툰드라와 남쪽의 타는 듯한 사막은 독특한 유라시아 문명이 만들어진 삼림과 스텝 지역에 차단된 상태를 만들어 주었다. 13세기 초반에서 14세기 후반까지 계속된 이 지역에 대한 몽골의 장기 통치는 이를 계승한 러시아 제국의 정치 문화에 권위적인 아시아적 특색을 부여하였다. 새로운 소비에트연방은 동일 지역에서 독재적인 통치를 지속해 나갔다.

포스트소비에트 러시아에서의 유라시아주의의 부활은 대부분 제국 상실에 대한 분노와 새로운 서구 지향적 시선을 지닌 자유주의적 엘리트들의 '러시아공포증'Russophobia에 대한 혐오감에 기인한 것이었다. 그것은 초기의 유라시아주의보다 정치적인 성향은 강했던 반면 철학적인 성격은 약했다. 그것은 종교보다는 민족성에, 언어나 문화보다는 지리에 뿌리를 둔, 기본적으로 권위주의적인 민족주의였다.

뛰어난 수리물리학자인 이고르 샤파레비치Igor Shafarevich는 모든 역사는 끊임없이 시기하고 남을 음해하는 '작은 인간들' 때문에 문명화 임무를 방해받았던 '위대한 사람들'에 의해 만들어진 것이라고 기술하고 있다. 그는 러시아를 소련의 소수민족이라는 소인국 사람들에게 제압당한 일종의 걸리버로 보았다. 유대인이 샤파레비치 논쟁의 특별 논의

December 1927, pp.316~317; Julia Mehlich, *Lew Karsawin und die russische "Einzegartigkeit"*, Cologne, 1996; Nicholas Riasanovsky, "The Emergence of Eurasianism", *California Slavic Studies* 4, 1967, pp.39~72를 보라.

비칠리는 『유라시아주의의 두 얼굴』에서 문화적 유라시아주의를 지정학적 유라시아주의에 대비시켰다. Petr Bitsilli, *Dva lika evrasiistva*, Sofia, 1927. 플로로프스키는 지금까지도 최고의 러시아 종교사상으로 평가받을 만한 저서를 집필했다. Georgy Florovsky, *Puti russkogo bogosloviia*, Paris, 1927[『러시아 신학의 길』]. 이 책의 재판은 1991년 빌뉴스에서 출간되었고, 영어판은 *Ways of Russian Theology*, 2 vols., Robert Nichols trans., Belmont, Mass., 1979로 출간되었다.

대상이었는데, 그에 따르면 유대인은 위대한 러시아 국민이 적절한 리더십 역할을 못하게 막고 있는 소인국 국민의 모델이었다. 그는 유라시아주의자는 아니었지만, 러시아의 역사적 위대함은 러시아 민족의 순수함과 제국의 확장에 있다고 분명히 믿고 있었다.[5]

민족주의자들은 새로 독립한 발트해 지역 공화국들 내의 러시아인들이 남아프리카공화국의 인종차별 정책하의 흑인 아프리카인들처럼 다루어지고 있다고 자주 주장하였다. 1990년대 초에 가장 유명했던 국수주의 정치인 블라디미르 지리노프스키는 러시아연방 내에 남아 있었던 민족에 기반한 반半자치 지역을 모두 무너뜨리고자 노력하였다. 그는 러시아와 이웃한 커다란 이슬람 국가들을 '최후의 남하'를 통해 러시아를 존경하도록 만들어야만 하는 외부의 적으로 보았다.[6]

다른 이들은 유럽에서 온 모든 정치 이념들 — 공산주의, 사회주의 및 자유주의 유사한 것 — 은 본래 러시아공포증적인 것이었다고 주장했다. 어떤 이들은 '타고난 러시아공포증'에서 자유로웠던, 레닌의 유일한 후계자로 여겨진 스탈린의 대大러시아 민족주의에서 결점을 보완할 만한 장점들을 찾아내기까지 했다.

민족주의적 성향의 유명인 바딤 코지노프Vadim Kozhinov는 『러시아의

---

5 I. R. Shafarevich, "Pochemu russkie terpiat?", *Russkii vostok*, 14~31 December 2000, pp.1~2[「왜 러시아인들은 참는가?」, 『러시아의 동(東)』]. 『러시아의 동』은 블라디보스토크의 민족주의적 신문이다. 샤파레비치의 주요 저서는 『러시아혐오증: 골치 아픈 문제』(*Rusofobiia: bol'noi vopros*, Leningrad, 1990)이고, 보다 최근의 저작들로는 『새 천 년 경계에 선 러시아 민중: 사투의 경주』(*Russkii narod na perelome tysiacheletii: beg naperegonki so smert'iu*, Moscow, 2000), 『3000년의 수수께끼: 현대 러시아의 전망에서 본 유대인의 역사』(*Trekhtysiacheletniaia zagadka: istoriia evreistva iz perspektivy sovremennoi Rossii*, St. Petersburg, 2002)가 있다.

6 Vladimir Zhirinovsky, *Poslednii brosok na iug*, Moscow, 1993[『최후의 남하』]. 영어판은 *Last Drive Southwards*, Moscow, 1998.

승리와 재앙』Povedy i bedy Rossii에서 제2차 세계대전에서의 승리도, 전후의 과학적 위업들도 레닌에게는 없는 스탈린의 민족주의적 기질에서 나온 것이라고 주장했다. 스탈린은 나치 침략자들에 맞서 국민들을 결집시키기 위해 1943년 총대주교를 방문하기 이전에 정교회를 제대로 복원하기 시작했다고 그는 주장하였다. 포스트소비에트 러시아는 '독특한 문명과 문화인 러시아'가 '전면적인 사회 재앙으로 가차없이 나라를 내몰게 될 서구 경제 모델의 강요된 이행'과 벌이는 대서사시적 투쟁의 장면이었다. 다른 부분에서 코지노프는 온갖 전쟁과 정복으로 뒤덮인 유럽이 그 자체로 '국가들의 묘지'였다고 대신 주장하면서 러시아 제국과 소련은 결코 '국가들의 감옥'이 아니었다고 주장한다.[7]

서로 싸우고 있던 중세 루시의 공국들을 통일시켰을 뿐 아니라 대러시아가 성장하여 지배할 수 있었던 제국의 영토를 세웠다는 점에서 사비츠키는 몽골의 점령을 긍정적으로 평가하였다. 그에게 러시아의 '제국주의'란 그 당시까지 싸우기 좋아하고 유목민적인 유라시아의 국민들을 안정화시키고 문명화시킨 힘이 현실화된 것이었다.

16~17세기의 모스크바공국은 육상로를 확장함으로써 고대 로마 제국이 했던 것과 똑같이 서로 다른 민족들에게 질서와 통합을 부여했다. 근대 유럽 제국들은 자신들만의 고대 문화를 지니고 있던 바다 건너

---

7 코지노프는 최근 공개된, 스탈린의 서명이 담긴 1939년 11월 11일 자 정치국 문서를 인용하는데, 그것은 "'성직자들과 종교에 맞선 투쟁'에 관한 1919년 5월 21일 자 울리야노프의 지령을 철회하라"라는 지시를 포함하고 있다[여기서 울리야노프는 레닌을 가리킨다 — 옮긴이]. Vadim Kozhinov, *Pobedy i bedy Rossii: Russkaia kul'tura kak porozhdenie istorii*, Moscow, 2000, p.49[『러시아의 승리와 재앙: 역사의 산물로서의 러시아 문화』]. 코지노프는 심지어 맑스도 러시아의 위대함을 러시아의 신앙으로 돌리고 있다고 주장한다(p.33). '러시아, 독특한 문명과 문화'가 1부의 제목이다(p.355). Vadim Kozhinov, *Istoriia Rusi i russkogo slova: konets IX-nachalo XVI veka*, Moscow, 1999, p.71[『루시와 러시아어의 역사: 9세기 말~16세기 초』] 또한 참조.

먼 지역들을 식민화하는, 다소 도덕적이지 못한 영국의 모델을 따랐다.[8] 러시아 제국이 유라시아에 평화를 가져왔던 것과는 달리, 서유럽 세력이 새롭게 건설한 해외 제국들은 전 세계에 분열과 전쟁을 가져왔다.

포스트소비에트 러시아의 유라시아주의자들은 자주 자신들을 두 대륙의 문화를 혼합한다기보다는 어느 한쪽으로부터 자신들을 분리시키고 있다고 보았다. 미래를 위한 희망은 간단히 러시아의 '섬 특성' ostrovitianstvo[9], 즉 타락한 외부 영향들로부터 자신들을 격리시키는 것에 있다. 서구에 의해 국경이 줄어들게 된 러시아는 이제 자신의 광활함을 되찾고 자신의 미래를 세우기 위해 자신의 동쪽인 시베리아에 주목해야 한다.

새로운 유라시아주의는 러시아의 황량한 지리, 서구로부터의 반복된 침입과 간섭 경험으로 인한 쓰라림을 표현하고 있다. 고르바초프가 말했던 '공동의 유럽 집'은 러시아에게는 그 어떤 방도 내주지 않는 듯했다. 유라시아주의는 '범대서양주의'Atlanticism에 필요한 대응으로 여겨졌는데, 범대서양주의는 NATO 회원국을 전前 소비에트 위성국들로, 심지어는 전통적인 러시아 제국을 구성한 지역으로까지 확장하고 있었다. 유라시아주의는 유라시아 심장부에 살고 있는 점잖고 공동체 중심적인 국민들을 서구의 저속한 소비만능주의와 부도덕, 이기적 개인주

---

8 Alevras, "Nachala", p.12ff[「기원」]. 에두아르트 쿨핀은 러시아의 유라시아적 정체성은 그가 '사회과학적 역사'의 '새로운 과학적 훈련'이라고 선언한 것에 의해서 굳어진 것으로 보고 있다. Eduard Kul'pin, "Rossiia v evraziiskom prostranstve", Vestnik Evrazii, no.1, 1996, pp.145~153[「유라시아 공간 속의 러시아」, 『유라시아통보』].

9 Vadim Tsymbursky, "Ostrov Rossiia (perspektivy rossiiskoi geopolitiki)", Polis, no.5, 1993[「러시아 섬(러시아 지정학의 전망들)」, 『정치연구』]. 이는 Daniel Rancour-Laferriere, Russian Nationalism from an Interdisciplinary Perspective: Imagining Russia, Lewiston, N.Y., 2001, pp.73~76에서 논의되고 있다.

의로 물들이고 있는 것으로 보이는 경제적 세계화에 대한 러시아의 응답이기도 했다.

바딤 침부르스키Vadim Tsybursky의 독창적인 관점에서 보면, 러시아는 핀란드에서 대한민국까지 뻗쳐 있는 아주 다양한 국가들의 '바다'로 둘러싸인 '문명 섬'이다. 이 주권국들의 띠는 '거대한 국경', 즉 러시아를 유럽 문명과 아시아 문명의 진정한 중심으로부터 떼어 놓는 일종의 완충 지역이다.[10] 러시아는 다른 편에 놓여 있는 문명 —— 로마-게르만, 서슬라브, 아랍-이란, 인도, 중국 문명 —— 과의 전쟁에 빠지지 않도록 하기 위해 국경 내의 평화와 안정에 가해진 위협을 중화시켜야 한다.

거대한 국경은 21세기 지정학을 위한 주요 활동 무대가 될 것이라고 침부르스키는 생각했다. 다른 '대륙'의 문명 간 중재를 위한 공간도, '바다에 기반한' 유럽-대서양 문명의 향후 힘의 확장을 위한 공간도 될 것이다. 그 지리적 위치 덕분에 러시아는 평화를 유지할 수도 있고 유라시아의 유럽-대서양의 우세를 막을 수도 있는, 리더의 역할을 해낼 유일한 국가이다. 그러기 위해, 강력한 중앙정부는 그 어떤 순수 지역적인 외교 정책이라도 제어해야만 한다. 왜냐하면 푸틴이 언급했듯이 러시아의 89개 행정구역 가운데 절반이 국경에 접하고 있기 때문이다.

러시아는 세력이 급격히 약화되고 영토가 축소되었음에도 불구하고 세계 주요 대륙의 중추 세력으로서, 지배적인 역할은 아니더라도 중

---

10 Vadim Tsymbursky, *Rossiia — zemlia za Velikim Limitrofom: tsivilizatsiia i ee geopolitika*, Moscow, 2000, p.4[『러시아—거대한 국경 지역 너머의 땅: 문명과 문명의 지정학』]. 침부르스키는 카프카스와 중앙아시아를 특별히 언급한 것(pp.57~88) 이외에도 발칸반도와 베트남 같은 또 다른 분쟁 지역에 적용할 수 있는 다양한 제안을 제시하며 제국의 문명 간 공간 침략사를 분석하고 있다. 그는 "아직 집필되지 않은 '대(大)문명들의 경계 지대에 관한 세계사'"의 필요성을 주장하고 있다(p.80).

심적인 역할을 여전히 해낼 수 있다. 지정학과 지경학地經學이 유럽-대서양 세계의 갈라진 틈을 열어 보이고 있는 것이다. 러시아는 국경 지역 너머에서 벌어지고 있는 어떠한 유라시아의 충돌에도 실제적으로 아무런 관련을 갖지 않기 때문에, 어느 순간이든 전술 선택에 있어서 훨씬 탄력적일 수 있다. 게다가 러시아의 권위적인 정치 문화는 유럽-대서양 세계에서 선출된 지도자들이 요구하는 단기 결과에 대한 압박으로부터 자신의 섬 문화를 분리시키는 데 도움을 줄 수 있다. 러시아는 지정학뿐 아니라 '시간정치학'chronopolitics도 연출할 수 있다. 뒤늦은 것이 러시아를 완고한 서구보다 더 잘해 낼 수 있도록 만들지도 모른다.

급진적인 이슬람과 중국에 의해 제기된 중·단기간 내에 닥쳐올 위험을 차단하면서 이러한 장기적인 기회를 실현시키기 위하여 러시아는 수도를 우랄산맥 동쪽으로 옮겨야 하고 모스크바와 상트페테르부르크의 자유주의자들에 맞설 새로운 '대항 엘리트'를 키워야 한다. 일부 유라시아주의자들의 관점에 따르면, 러시아는 아시아-태평양 지역의 지경학적 연장으로 자신을 재개념화해야 한다. 시베리아와 러시아의 극동 지역은 속히 개발되어야 한다. 러시아는 비록 군사적 동맹은 아니더라도 '전략적 동반자'[11]로서 중국 및 이란과 확장된 경제 동맹을 시작해야 한다.

덜 지적인 러시아인들에게 유라시아주의는 새 천 년이 밝았을 때 서구에게 거부당하고 무시당한 울분을 표출하기 위한 감정적인 전달 수단에 불과했다. 미국은 여전히 공산주의적인 중국에 대규모로 투자

---

11 Vadim Tsymbursky, "Geopolitika dlia 'evraziiskoi atlantidy'", Pro et contra 4, no.4, 1999, p.172[「'유라시아 아틀란티스'를 위한 지정학」]; Vadim Tsymbursky, "Zaural'skii Peterburg", Rossiia-zemlia, pp.107~115[「우랄 너머에 있는 페테르부르크」, 『러시아-땅』].

하고 있었으나 러시아에는 거의 투자를 하지 않고 있었다. 러시아는 2001년 9월 11일의 비극적인 사태 이후 아프가니스탄에서 미국이 일으킨 반反테러전을 일시적으로 지지했지만 이것이 러시아에 큰 이익을 가져다주지는 않은 듯 보였다. 그로 인해 러시아는 심지어 '유라시아' 체제에서 가장 끔찍한 이라크 전쟁 문제에서 '범대서양주의'의 미국·영국에 맞서 중국·독일·프랑스의 유라시아 연합국 편에 서게 되었다.

대다수의 러시아인들에게 유라시아주의는 아시아에 대한 이해는 말할 것도 없고 아시아에 대해 커져 가는 그 어떠한 호감도 의미하지 않았다. 그보다는 오히려 그들이 여전히 모호하게 '서구'라고 불렀던 것에 의해 느꼈던 모욕감에 맞선 항의의 형태를 나타내는 것이었다. 일종의 '대륙적 사고'로 강화된 독특한 유라시아의 정체성에 관한 담론은, 실제적인 효과에 대한 러시아인들의 과장된 기대를 만족시키지 못하고 있었던 자유민주주의에 대한 실제적인 대안이 있다고 주장했다. 유라시아주의는 러시아인들에게 닥친 모든 문제의 원인이 되는 '세계화' globalization(혹은 '전세계주의'mondialism)라는 간악한 힘을 막아 줄 것을 약속하는 듯 보였다.

새로운 유라시아주의는 동양학자 레프 구밀료프Lev Gumilev가 열정을 가지고 대중화시키고 강화시킨 것이다. 스탈린 감옥의 생존자이자 페테르부르크의 '은세기'에 활약한 위대한 두 시인의 아들이었던 그는 반소비에트적인 적출의 아우라로 휩싸여 있었다. 그의 아버지 니콜라이 구밀료프Nikolay Gumilev는 1921년 반혁명주의자라는 이유로 총살당했다. 그의 어머니 안나 아흐마토바는 스탈린 치하에서 비난을 받았으며 소비에트 통치하에서 살았던 반세기 동안 작품의 극히 일부만을 발표할 수 있었다.

아흐마토바는 구舊페테르부르크의 마지막 위대한 여인이었다. 페테르부르크의 위대한 건축물들은 18세기 두 명의 위대한 여성, 즉 엘리자베타 여제와 예카테리나 여제에 의해 건축되었다. 당당한 태도를 지녔던 여인 아흐마토바는, 20세기 최후의 우뚝 솟은 러시아 고전 시의 기념비적 작품이자 전제주의에 관한 충격적인 문학적 고발장인 서사시 「레퀴엠」Rekviem을 창조했다. 오랜 기간 작업했고 오랫동안 발표하지 못했던 이 작품에 부쳐진 산문 제사題詞에서 아흐마토바는 수용소에 수감된 사랑하는 이의 소식을 듣기 위해 끝없이 늘어선 줄에서 기다리고 있는 모습을 묘사하고 있다. 자신들이 겪고 있는 이 모든 것을 기록해 줄 수 있는 누군가가 있는지를 궁금해하는 무표정한 한 여인의 말을 들은 아흐마토바는 "제가 쓸 수 있어요"라고 대답한 뒤 "예전 언젠가 그녀의 얼굴이었던 것을 따라 미소 비슷한 그 어떤 것이 스쳐 갔다"라고 적고 있다.

시에서 그녀는 학살로 이끌린 자의 침묵을 깨뜨렸던 말로 그녀 자신의 역경을 묘사하고 있다. 그녀는 소비에트 체제가 가장 높이 평가한 바 있는 소설인 미하일 숄로호프Mikhail Sholokhov의 『고요한 돈강』Tikhy Don의 제목을 가지고 논다.

고요한 돈강은 고요히 흐르고,
노란 달이 집으로 들어오는구려.
털모자를 비뚜름하게 쓴 채 들어와서는
노란 달이 그림자를 바라본다오.
이 여인은 아프오,
이 여인은 혼자라오.

남편은 무덤에, 아들은 감옥에 있소.

날 위해 기도해 주오.[12]

　　이후 망명을 했던 페테르부르크의 위대한 시인 조지프 브로드스키는 많은 점에서 아흐마토바의 정신적 아들이었다. 브로드스키는 러시아가 궁극적으로 문화 속에서 자신의 정체성을 찾게 될 것이라고 믿고 있었다. 그러나 그녀의 생물학적 아들인 레프 구밀료프는, 자신의 아버지를 죽였고 자신의 어머니를 박해했던 독재주의의 또 다른 형태인 유라시아주의의 주요 음유 시인이 되기 위해 상대적으로 무명인 상태에서 등장했다.

　　1956년 감옥에서 풀려난 이후 구밀료프는 상대적으로 비정치적이었던 민족지학ethnography과 동양학 분야의 학술적 연구를 다년간 수행했다. 그 이후 그는 새로운 유라시아주의 이론과 함께 갑자기 유명해지게 되었다. 1980년 헝가리에서 최초 출간된『민족 발생과 지구의 생활권』 Etnogenez i biosfera Zemli은 공산주의에 대한 신념을 잃어 가고 있었던 소비에트연방에서 폭넓은 독자층을 찾아냈다.[13] '민족 발생'이라는 그의 핵심

12　Anna Akhmatova, "Rekviem", Veter lebedinyi, Moscow, 1998, p.316「레퀴엠」,『백조의 바람』].
　　텍스트 전체는 Anna Akhmatova, Sobranie sochinenii, vol.3, Moscow, 1998, pp.21~30[『작품집』].
　　이 시는 1938년에 최초로 쓰였다.
13　구밀료프의 전반적인 관점은 빅토르 오샤틴스키와 가진 인터뷰에 요약되어 있다. Wiktor
　　Osiatyński, Contrasts: Soviet and American Thinkers Discuss the Future, New York, 1984,
　　pp.143~151. 구밀료프는 필시 강제수용소에서 사비츠키를 만났을 것이다. 소비에트연방 붕괴
　　후 지금껏 거의 알려지지 않았던 구밀료프의 저작들의 연속 출판이 허용되었을 때 그는 갑작스
　　러운 인기를 얻기 시작했다. L. N. Gumilev, Geografiia etnosa v istoricheskii period, Leningrad,
　　1990[『역사 시기 민족의 지리학』]; Ot Rusi k Rossii: ocherki etnicheskoi istorii, Moscow, 1992[『루시
　　에서 러시아로: 민족사 개요』]; Etnosfera: istoriia liudei i istoriia prirody, Moscow, 1993[『민족생활
　　권: 인간의 역사와 자연의 역사』]; Ritmy Evrazii, Moscow, 1993[『유라시아의 리듬』].
　　　훌륭한 고대 러시아사 전공 역사학자인 고(故) 알렉산드르 판첸코와 공동으로 진행한 유명한

개념은 문명 흥망의 도표 작성이라는 오래된 문제에 새로운 접근법을 제시해 주었다. 그의 이론은 러시아 문명은 소련이 쇠퇴기에 있을 때조차도 상승세에 있을 수 있다고 제안하는 긍정적인 역할을 수행했다.

구밀료프의 주장에 따르면 역사의 결정적인 요인은 민족 집단 내 에너지 비축의 생성과 소실이었다. 인종도 계급도 역사의 위대한 변화들을 결정하지 못한다. 그보다는 오히려 "늘어난 에너지 충전량"이 예전에 분리된 소극적인 민족 집단을 '파시오나르노스치'passionarnost'(정신적 열정strast'과는 완전히 다른, 감정적이며 민족적인 열정)라는 아주 중요한 자질을 가지고 흥분시킨다. 러시아의 분리된 민족들은 유라시아의 지배 세력인 몽골족을 대신하며 지위가 상승했던 14세기와 15세기에 그런 열정을 얻게 되었다. 신비적인 헤시카즘 운동[14]은 동방정교 신자들에게 평범한 사람들이 훈련된, 반복적인 기도와 장기간의 침묵을 통해서 신의 본질이 아닌 신의 '에너지'를 흡수할 수 있게 된다는 믿음을 불어넣었다.[15] 구밀료프는 오늘날 민족 집단들이 어떤 특정한 신앙이나 수

TV 프로그램 덕분에 구밀료프의 영향력은 소비에트 후기와 포스트소비에트 초기에 훨씬 커졌다. Lev Gumilev and Aleksandr Panchenko, *Chtoby svecha ne pogasla: dialog*, Leningrad, 1990[『초를 꺼뜨리지 않도록: 대화』]. 후기의 구밀료프를 러시아 망명자들 사이에 있었던 초기의 반유럽적 시각들과 연결시키고 있는 폴란드 학자의 관점에 관해서는 Lucian Suchanek, "Rossiia i Evropa. Evraziistvo: Predshestvenniki i prodolzhateli", Evgeny Chelyshev ed., *Kul'turnoe nasledie rossiiskoi emigratsii 1917-1940*, vol.1, Moscow, 1994, pp.179~190[「러시아와 유럽. 유라시아: 선구자들과 후계자들」, 『러시아 망명의 문화유산 1917~1940』]을 참고 바람.

14 헤시카즘(hesychasm)은 '고요함', '침묵'을 의미하는 그리스어 '이시차즈모스'(isixazmos)에서 파생된 용어로, 동방정교회에서 전해지고 있는 신비적 정적주의를 의미한다. 11세기 이후 러시아에도 수도원 제도가 도입되었고, 동굴이나 황야, 숲속 등 인적이 드문 곳에 세워진 수도원 내의 묵상이나 침묵 고행 등을 통해 헤시카즘 운동이 이어졌다. ── 옮긴이

15 러시아에 끼친 헤시카스트 운동의 영향력 및 영적인 기도가 신자를 신성함의 '본질'(ousia)이 아니라 '에너지'(energeia)와 연결할 수 있다는 헤시카스트의 주장에 관해서는 James Billington, *The Icon and the Axe: An Interpretive History of Russian Culture*, New York, 1966, pp.51ff., pp.644~645, 각주 6번을 보라.

보다 최근의 저자들은 "신은 세계에 대해서 완전히 초월적이며 그와 동시에 자신의 에너지

양 없이도 엇비슷하게 에너지를 얻을 수 있다고 제안한다. 열정 하나만이 지금껏 잠자고 있는 '민족'ethnos이 이상주의적이고 심지어 환영적인 목적을 추구하도록 만들 것이다. 마치 무슬림 아랍인들이 7세기에 그러했고, 기독교 슬라브인들이 14세기에 그러했던 것처럼 말이다.

유라시아주의가 현재 러시아에 그런 열정의 신선한 충전제가 될 수 있을 것이라는 구밀료프의 생각이 많은 이들을 흥분시켰다. 새로운 민족 집단은 인종, 종교 혹은 심지어 어떤 좁은 의미에서의 민족ethnicity에도 기반을 두고 있지 않다. 유라시아주의는 세계 최대의 영토를 지닌 다양한 민족들을 통일시키고 그들에게 새로운 방향을 제시해 줄 수 있었던 새로운 '초민족'superethnos이었다. 그것은 프로그램 없는 정체성을 제시하기도 했다. 심지어 영토가 축소되고 이데올로기는 고갈된 러시아가 열정으로 에너지를 다시 얻고 난 뒤 서구와의 경쟁이라는 여전히 진행 중인 거대한 게임에서 초월적이고 지정학적인 비장의 카드를 발견할 수 있었다. 새로운 유라시아의 '민족'은 '농부'와 '기사', 정착하고 있지만 덕 있는 슬라브 농민과 유목생활을 하지만 용감한 '투란' 전사가 합쳐진 결과로 나온 것이었다. 투란인들은 민족 모자이크 같은 아시아적 러시아를 만들어 냈던 몽골족과 투르크족이었다. 슬라브인들은 험난한 지역에 살고 있었던 강인하고 과묵하며 영웅적인 경작인들이었다. 새로운 초민족으로 합쳐진 슬라브인들은 유일하게 남아 있는 초강

를 통해 세계에 내재한다"라고 쓰며 기본적인 직관 속에서 과학적이고 개혁적인 활동을 위한 길잡이를 보고 있다. S. A. Gribb, "Science and Theology in the Perspective of Russian Religious Thought", *Studies in Science and Theology* 6, 1998, p.42. 그립은 가장 독특하지만 덜 연구된 망명 신학자 세르게이 불가코프의 저작에 주로 의존하고 있다. 불가코프는 입헌군주제에 찬성하였으며 『경제 철학』에서는 정교의 관점에서 경제를 연구하기도 했다. Sergey Bulgakov, *Filosofiia khoziaistva*, Moscow, 1912. 불가코프의 견해는 Paul Vallière, *Modern Russian Theology*, Grand Rapids, 2000, pp.227~321, bibliography pp.409~424에서 자세히 설명되고 있다.

대국이 제시하는 '세계화의 유혹'을 견뎌 낼 수 있을지 모른다. 그들은 훼손되지 않은 유라시아에 새롭고도 더 나은 문명을 세울 수 있을지도 모른다.

구밀료프는 역사를 바꿀 수 있는 에너지 충전은 북반구에서만 일어나고 "거의 그 단어의 의미 그대로 자연에서 발생하는 열역학 과정에 상응한다"라고 주장하고 있다. 우주 방사선 내의 변이는 문명의 흥망을 불러일으키는 "민족의 순환 과정들"을 동반하고 심지어 만들어 낼 수도 있다. 이 새로운 '지구·생물·화학 에너지'는 조직력 없는 기존 민족들을 열정적인 민족으로 변형시키는데, 그 민족의 잉여 에너지는 보통 영토 확장에 쓰인다. 그러나 초기 비잔틴제국의 경우, 이 에너지는 중동·북아프리카·남유럽으로의 종교 확장으로 방향이 바뀌었는데, 모든 것이 서로마제국에 해를 끼쳤다. "열정을 가진 사람들은 모두 활동이 지나쳐서" 결국엔 극도의 피로와 엔트로피에 압도당하게 된다. 인류가 민족의 법칙들을 보다 완벽히 이해하는 법을 배우고, 문제를 계속 만들어 내는 열정을 가진 사람들을 "자신들의 잉여 에너지를 소모시키고 우리들이 평화롭게 살아갈 수 있도록 우주로"[16] 보내는 것에 동의할 때까지 그들은 서로 싸울 운명을 타고난 것처럼 보였다.

---

16 Osiatynski, *Constrasts*, p.150. 비밀 나치 조직인 '러시아민족통합'(Russkoe natsional'noe edinstvo)의 대표자인 알렉산드르 바르카쇼프(Aleksandr Barkashov)는 반대파들과 자신의 충돌을 '에너지 타격의 교환'으로 묘사한다. Sergey Borisov, "Front v 'parallel'nykh mirakh'. Pod maskoi pravoslavnoi dukhvnosti RNE skryvaet neoiazycheskot litso", *NG-Religiia*, February 3, 1999[「'평행 세계' 속의 전선. RNE는 정교의 영성이라는 마스크 아래 신이교적 얼굴을 감추고 있다」, 『NG−종교』]. 이는 Aleksandr Barkashov, "Rossiia — imperiia dukha: beseda Aleksandra Prokhanova s liderom russkogo natsional'nogo edinstva Aleksandrom Barkashovym", *Zavtra*, no.45, November 10, 1998[「러시아─영혼의 제국: 알렉산드르 프로하노프(Aleksandr Prokhanov)와 러시아민족통합의 대표자 알렉산드르 바르카쇼프의 대담」, 『내일』]에 바탕을 두고 있다.

바로 여기에 모든 것을 약속해 주었지만 아무것도 요구하지 않았으며 우주 시대 과학소설의 독자들을 위해 계획된 것처럼 보이는 민족주의 신화가 있다. 러시아의 위대함은 두 대륙에 걸친 지형과 목적 없는 생생한 열정으로 인해 유지될 수 있다. 열정 그 자체는 무작위로 우주에서 생겨나는데, 문제 있는 열정을 가진 자들은 민족의 역동성을 보다 잘 이해하는 사람들에 의해 그 우주 안으로 강력하게 추방될 것이다.

보다 덜 환상적인 형태의 유라시아주의는 특히 오지에 거주하고 있는 많은 러시아인들에게 새롭고 매력적인 지정학적 전망을 제시해 주었다. 사마라 지역의 불교 단체 지도자인 알렉세이 군스키Aleksey Gunsky는 자신의 저서 『러시아 정체성의 역사적 모델들』Istoricheskie modeli russkoi identichnosti에서 유라시아주의는 현대 러시아를 위한 가장 안정적인 모델이라고 주장하였다. 20세기의 '포스트고전적인' 공산주의 모델과 마찬가지로 19세기의 '고전적인' 슬라브주의와 서구주의 모델도 되돌릴 수 없을 정도로 시대에 뒤떨어진 것이다. 1990년대의 자유민주주의 모델이 실패한 이유는 그것이 러시아 현실에 적합하지 못했기 때문이기도 하거니와 서구 자유주의 자체가 온갖 열정을 잃어버려 소진되었기 때문이기도 했다.

군스키는 가장 교양 있는 유라시아주의자인 러시아학술원 철학연구소 소장 알렉산드르 파나린Aleksandr Panarin을 인용하며 서구의 여러 민주주의는 "민주주의 이전의 가치들과 제도들"에 의지하는 한에는 안정적인 방식으로 역동성을 유지할 수 있었다고 주장한다.[17] 파나린은 서

---

17 Aleksey Gunsky, "Istoricheskie modeli russkoi identichnosti", Povolzhskii zhurnal po filosofii i sotsial'nym naukam, no.7, 2000[「러시아 정체성의 역사적 모델들」, 『볼가강 지역 철학·사회과학 잡지』]. 군스키는 사마라 지역 불교 연구를 위한 대학 단체의 코디네이터였다. 이 잡지는 사마라

구의 '정보 제국주의'를 비난하며 냉전 후 러시아는 제2차 세계대전 이후 북대서양 세계에서 미국이 수행했던 것과 유사한 역할을 유라시아 내에서 수행해야 한다고 1995년에 공개적으로 주장하기 시작했다.[18] 미국은 서유럽에게 새로운 카이사르가 되었고 러시아는 유라시아에 훨씬 더 고귀한 새로운 알렉산더 대왕의 역할을 수행할 수 있을 것이다.

파나린은 1998년에 발표한 두 편의 긴 논문에서 포스트공산주의 러시아의 '형식에 치중한 독단적 서구화'를 일관되게 비판하기 시작했다.[19] 게다가 그는 다가오는 21세기의 '행성 개혁'planetary reformation에서 러시아가 주도적인 역할을 맡게 된다는 야심 찬 시나리오를 제시하기도 했다. 러시아는 '비밀 무기', 즉 유라시아에서 살아남았던 원시적이고 부족적인 시각과 지속적인 문화적 유대를 통해 '포스트소비에트 공간의 야만화'에 맞서게 되었다. 이것들은 탈공업화 사회에서도 새로운 의미를 지닌다. 러시아는 '평범한 민족국가'라기보다는 '문명의 특별한 유형'이기 때문에 '무책임한 소비향락주의'와 '범대서양주의자들'의 '매판 모더니즘'comprador modernism에 대항한 다양한 전통 사회들을 통합할 수 있는 특별한 능력을 지니고 있다.

대학의 웹사이트에 발표된다(군스키의 개인 웹사이트 http://remington.samara.ru//~buddhist/gunsky.html). 보다 동쪽 지역에서 연구되고 있는 유라시아주의에 대해서는 잡지 『동쪽의 극지방: 우랄과 시베리아의 유라시아주의자들의 출판물』(Vostochnyi polius: izdanie evraziitsev Urala i Sibiri, Ekaterinburg/Novosibirsk/Tomsk)을 보라.

18 A. S. Panarin, *Rossiia v tsivilizatsionnom protsesse(mezhdu atlantizmom i evraziistvom)*, Moscow, 1995, pp.51, 83~84[『문명화 과정의 러시아(대서양주의와 유라시아주의 사이에서)』]. 파나린이 참석했던 원탁회의도 참고하라. Panarin, "Evraziistvo: za i protiv. Vchera i segodnia", *Voprosy filosofii*, no.6, 1995, pp.3~48[『유라시아주의: 찬과 반. 어제와 오늘』, 『철학의 제 문제』].

19 A. S. Panarin, *Rossiiskaia intelligentsiia v mirovykh voinakh i revoliutsiiakh XX veka*, Moscow, 1998[『20세기 세계대전과 혁명 속의 러시아 인텔리겐치야』]; A. S. Panarin, *Revansh istorii: rossiiskaia strategicheskaia initsiativa v XXI veke*, Moscow, 1998[『역사의 복수전: 21세기 러시아의 전략적 주도권』].

러시아는 '러시아의 라틴아메리카화'로 향해 있는 '새로운 이교도적인' 서구의 '기술적 니힐리즘'에 대항한 '포스트모던한 인간을 위한 대안 모델'을 세워야 한다.[20] 현재 러시아를 조종하고 있는 '노멘클라투라-마피아 동맹'은 대도시를 서구화하고 실증적 실체인 소농 계급을 대부분 없애는 데 성공했다. 그러나 소농의 가치는 '문화적·윤리적·정신적 현상'으로서 계속 존재하고 있다. 오랜 고통을 겪은 러시아는 전 세계를 위해 더 나은 모델을 제공할 도덕적 권리를 얻었다. 러시아의 인텔리겐치아는 원인에 집중해야 하고 강자에 맞서 약자를 옹호하는 역사적 전통을 유지해야 한다. 러시아는 아직까지 되돌릴 수 없을 정도로 모던화된 것도 아니고 포스트모더니즘의 회의주의에 마비되지도 않은, 독특한 '포스트모던 이전 사회'이기 때문에 러시아는 세계에 모델을 제시할 수 있다.[21] 파나린은 서구가 열어 놓은 '사회 공간과 우주 사이의 틈'을 극복하게 할 불특정한 '근본주의적 이데올로기' 아래서 다양한 민족을 화합시킬 수 있는 신新비잔틴 구조를 옹호하고 있다.[22] 파나린의 유라시아 전략은 '독백적인' 정치 독재주의를 다양한 문화와 민족 사이의 관대하고 '대화적인' 관계와 결합시키는 것이었다.[23] 파나린은 이를 끝없는 의회 잡담의 수렁에 빠져 있는 대화적 정부를 물질주의적 개인주의의 독백적 문화에 결합시킨 서구 민주주의에 정확히 대립되는 것으로 보고 있다.

---

20 A. S. Panarin, *Rossiiskaia intelligentsiia v mirovykh voinakh i revoliutsiiakh XX veka*, pp.108~116, 133~137 [『20세기 세계대전과 혁명 속의 러시아 인텔리겐치아』].

21 *Ibid.*, pp.338~342, 150~152.

22 *Ibid.*, pp.339~340.

23 *Ibid.*, pp.110~112.

파나린에 따르면, '유라시아 연합국' 안에서의 기본적인 대화가 정교와 이슬람 사이에서 수행되어야 한다. 이 '두 위대한 글 전통'은 서구의 세속주의와 개인주의라는 공공의 적에 맞서 협력해야 한다. 러시아 정교는 서구 가톨릭보다는 이슬람과 더 잘 어울린다. 무슬림-정교의 대화로부터 소련의 옛 공화국들을 문화적으로 재통합하고 포스트모던 세계를 위한 더 나은 개발 모델을 제공할 수 있는 새로운 유형의 '대륙적 사고'가 나올 것이다.[24] 정교가 서구 가톨릭보다는 윤리적 요구가 많으나 덜 개인주의적이기 때문에 이슬람과 정교는 협력할 수 있는 것이다. 동방 정교는 '영적 개혁의 능력을 상실한' 신이교도적인 서구로부터 '니힐리즘의 악마들'을 쫓아낸다는 이슬람과의 공통 관심사를 발전시킬 수 있다.[25] 러시아 정교회의 대외관계 부서장인 키릴 대주교 또한 이따금 이슬람을 서구의 세속주의와 개인주의에 맞서 투쟁하는 전통주의적 동맹국으로 보고 있다.[26]

"소비에트연방을 계승할 수 있는 유라시아-정교-무슬림 연방" 설립을 의회에 상정했던 정교회 성직자 뱌체슬라프 폴로신Viacheslav Polosin은 이슬람교로 개종하였다. 그는 알리 뱌체슬라프Ali Viacheslav라는 새로운 이름으로 『무슬림신문』Musul'manskaia gazeta의 편집자가 되었다. 또 다른 러시아인 바딤 메드베데프Vadim Medvedev는 압둘-바헤드 니야조프Abdul-

24 Ibid., pp.248~252; Panarin, Revansh istorii, pp.345, 365[『역사의 복수전』].

25 Ibid., pp.29, 379. S. Dunaev, "Musul'manin v etom mire strannik", Nezavisimaia gazeta, November 5, 1991[「이 세계에서 회교도는 편력자이다」, 『자주신문』]에서 소비에트연방이 붕괴되고 있다는 발언이 나오자 서구 다원주의의 잠식에 맞서 이슬람과 공조하자는 러시아 정교회의 견해가 나오기도 했다.

26 Metropolitan Kirill of Smolensk and Kaliningrad, "Obstoiatel'sva novogo vremeni: liberalizm, traditsionalizm i moral'nye tsennosti ob'ediniaiushcheisia Evropy", Nezavisimaia gazeta, May 26, 1999[「새 시대의 상황: 자유주의와 전통주의, 통합 유럽의 도덕적 가치들」, 『자주신문』].

Wahed Niiazov로 개명한 뒤 야당인 러시아유라시아당Evraziiskaia partiia Rossii을 창당하였다.[27] 급진적이며 권위주의적인 알렉산드르 두긴은 '지정학의 객관적 법칙'이 러시아–이슬람 동맹을 향해 작동한다고 주장하며 유라시아당Evraziiskaia partiia을 창당하였다.[28] 양당 중 어느 당도 초기에는 많은 관심을 얻지 못했다. 게다가 양당은 사실상 푸틴 정부의 독재권을 위한 여론 타진용 시안試案으로 고소당하기도 했다.

파나린은 민주화와 경제의 세계화가 '역사의 종말'을 알리고 있다

---

27 폴로신은 러시아 상원 의원이었다. 전하는 바에 따르면, 폴로신의 개종에 관계했던 무슬림 지도자 게이다르 제말(Geydar Dzhemal')은 무슬림들과 정교 슬라브인들의 연합이 새로운 세계 조정의 시작이 될 수 있다고 주장했다고 한다.

역사적으로 소수의 무슬림 이외에도 러시아연방에는 현재 무슬림으로 개종한 순수 러시아인 조직이 작기는 하지만 점점 커지고 있다. 러시아 서쪽 지역인 카렐리야에는 인구 70만 명 중 약 2만 명이 무슬림이다. 게다가 다른 곳에서도 무슬림 개종자들이 폴로신의 『무슬림신문』에 기여하고 있다. Dmitri Glinski, "Islam in Russian Society and Politics: Survival and Expansion", *Policy Memo Series*, no.198, Washington, D.C.: Council on Foreign Relation, May 2001; *Johnson's Russia List*, no.6351, July 12, 2002를 보라. 2002년 10월, 니야조프의 당이 러시아애국연합유라시아당(Evraziiskaia partiia Russkogo patrioticheskogo soiuza)으로 공식 등록되었다. *Johnson's Russia List*, no. 7009, January 9, 2003을 보라. '정교와 이슬람'이라고 불린 1999년에 있었던 공동 전선을 구축하기 위한 명백한 시도 또한 보라. Nikolas Gvosdev, "The New Party Card? Orthodoxy and the Search for Post–Soviet Russian Identity", *Problems of Post-Communism*, November/December 2000, p.34.

러시아의 무슬림 중에서 보다 젊고 원리주의적인 소수의 와하브파 신도들이 보다 나이 들고 온건한 무슬림 지도자들에게 도전하고 있는데, 이는 러시아의 2000만 이상의 무슬림들이 보다 전투적인 반서구적 입장을 취하도록 하는 효과를 가져올 수 있었다.

'유라시아 포럼'이라는 문화·과학 협회가 1992년 모스크바에서 구성되었지만 2001년 6월에 개최된 제2회 모스크바 학회에서는 보다 행동주의적인 어젠다를 발전시키는 것으로 보였다. 제2회 학회는 학술원 회원 학자인 겐나디 오시포프(Gennady Osipov)와 지리노프스키의 개회사로 시작되었고, 다양한 유라시아 문화권에서 온 학자들과 정치인들이 참석했다. 그들은 "우리 공동의 집인 유라시아" 내에서의 "통합 진전 강화"를 요청했다. *Itogovoe reshenie Evrasiiskoi sotsiologicheskoi assotsiatsii*, Moscow, June 29, 2001 [『유라시아 사회학 연합의 최종 결정』]; *Programma "Evraziia: nash obshchii dom"*, Moscow, June 29, 2001 [『"유라시아: 우리 공동의 집" 프로그램』]. 이 학회의 참석자였던 티무르 티모페예프(Timur Timofeev)가 이 자료들의 복사본을 제공해 주었다.

28 Aleksandr Dugin, *Osnovy geopolitiki. Geopoliticheskoe budushchee Rossii. Myslit' prostranstvom*, 3rd ed. exp., Moscow, 1999, pp.488, 821 [『지정학의 기초. 러시아의 지정학적 미래. 공간으로 생각하기』].

는 서구의 생각에 맞서는 '역사 보복'의 대리인으로 러시아를 보고 있다. 그는 북미와 유럽, 일본으로 구성된 G7 동맹에 대항하여 인도, 이란, 중국과 러시아가 연맹한다는 생각을 가지고 있다. 그와 동시에 파나린은 미래에 있을 러시아 세력의 약화는 러시아가 중추적 역할을 하게 될 동맹을 약화시킬 것이라기보다는 유라시아의 '중국화'kitaizatsiia로 이끌 것이라고 염려하고 있다.[29]

2000년에 파나린은 '자국민의 등 뒤에서' 문화적 다양성을 파괴하고 있는 '유목민적인' 투자자, 변호사, 경제학자라는 비선출직 국제 엘리트에게 경고하였다. 그들은 (자기 안에 있는 가치를 튼튼하게 하기 위해 타자의 가치를 알고자 노력하는) '순례자'의 이상을 (그 어떤 도덕적 목적도 없이 끝없는 이기적 오락거리를 찾아 대는) '관광객'의 이상으로 대체하였다. 그것은 팔레스타인의 성지와 러시아 내의 여러 성지로 떠나는 러시아의 대중적인 순례 여행과 서유럽으로 가는 러시아 상위 계층의 딜레탕트식 여행 사이의 대조를 불러일으키는 선명한 이미지이다. 1998년에 파나린이 미래의 희망으로 보았던 지식인들이 이제는 상대주의로 뒤덮인 모습으로 그려지고 있다. 지식인들은 불쌍한 사람들에 대해 가지는 어떤 의무감에서 자신들을 해방시킴으로써 기독교 유산과의 마지막 연대를 포기하였다.

부자에 맞서 지식인들이 200년간 벌여 온 논쟁은 끝이 났다. 지식인들이 가난한 자들을 공격하는 시대로 우리는 들어섰다.[30]

---

29 Panarin, *Revansh istorii*, pp.11, 345~349, 366~369[『역사의 복수전』].
30 A. S. Panarin, *Iskushenie globalizmom*, Moscow, 2000[『글로벌리즘으로 유혹하기』].

파나린의 유라시아 비전은 비평가 미하일 바흐친이 도스토예프스키의 소설 속에서 찾아낸 대화라는 이상 위에 상상력을 더하여 세운 것이다.[31] 그러나 파나린은 어떻게 독재적인 정치 구조가 다원적인 대화를 활성화시킬 수 있는지에 대해서는 결코 분명히 밝혀내지 못했다. 그는 구밀료프의 '열정'과 '사회 에너지'라는 용어를 사용하지만 그런 열정과 에너지가 현대 러시아에서는 대체로 부족하다는 것을 애통하게 생각하고 있다. 그는 러시아 문명은 중국이나 일본 쪽으로 더 가까이 이동해야 한다는, 보다 극단적인 유라시아주의자들의 제안을 거부하고 있다. 그는 인도와의 새로운 정신적 동맹 결성으로 인해 풍성해질 수 있는 문화 결속의 역할을 강조하기도 한다.[32]

유라시아주의는 구밀료프나 파나린 같은 인물들이 제시한 이론 때문에 중요한 것이 아니라 많은 평범한 러시아인들이 서구와의 보답 없는 애정사에서 느낀 환멸감을 위로해 주었기 때문에 중요한 것이다. 유라시아주의는 아시아와의 새로운 애정사의 시작을 반영한다기보다는 혼란스러운 변화와 마주한 채 자신의 외피로 되돌아가고자 하는 갈망의 시작을 반영하고 있다. 게다가 유라시아주의는 현재 많은 젊은 러시아인들이 지금껏 무시해 온 아시아 소수민족들의 문화를 활용하고 있다는 보다 긍정적인 평가에서도 이익을 얻고 있다.

포스트소비에트 러시아의 보다 순하고 철학적인 유라시아주의의 변이형은 대부분의 최초 망명 유라시아인들이 결국 채택하였던 것과

---

31 Mikail Bakhtin, *Problems of Dostoevsky's Poetics*, Caryl Emerson ed. and trans., Minneapolis, 1984 ; Panarin, *Rossiiskaia intelligentsiia v mirovykh voinakh i revoliutsiiakh XX veka*, pp.110~112[『20세기 세계대전과 혁명 속의 러시아 인텔리겐치야』].

32 Panarin, *Revansh istorii*, pp.341~384[『역사의 복수전』].

똑같은 온건한 정치관으로 이끌 수 있을 것이다. 그들은 중앙집권화된 집산주의와 억제되지 않은 자본주의 사이의 '중도', 그리고 개인적인 인간성의 완전한 상태에 대한 도덕적 책무를 옹호하였다. 그들은 '다가올 세계의 빛과 소리의 교향곡'의 전조를 제공할 수 있는 다양한 문화에 대한 새로운 개방성을 옹호했다.[33]

그러나 오늘날 러시아 내에서 가장 대중적인 유라시아주의의 변이형은 정반대에 위치하고 있는 권위주의적 방향을 가리키고 있다. 옐친 시대에 보다 강력한 중앙정부를 지지했던 많은 이들은 '피노체트 막간극'을 통한 질서 회복의 필요성을 말했다. 그러나 칠레와는 달리 러시아에는 다시 효력을 발휘할 수 있는 민주적 기관들이라는 기존의 문화가 없었다. 러시아에 '막간극'이라는 것은 독재자 피노체트Augusto Pinochet 장군의 막간극보다 더 억압적인 동시에 더 오래 지속될 위험이 있었다.

반(反)민주적 예언

최악의 시나리오는 반유대주의적 협회 '파먀치'Pamiat'['기억'이라는 뜻— 옮긴이]의 초기 유명 회원이었다가 이후 1993년에서 1998년까지 에두아르트 리모노프Eduard Limonov의 극우적인 민족볼셰비키당NBP, Natsional-

---

33 Nicholas Lossky and Nathalie Duddington, "The Successors of Vladimir Solovyev", *Slavonic and East European Review*, June 1924, p.95에서 인용한 예브게니 트루베츠코이의 말. 또한 B. Ishboldin, "The Eurasian Movement", *Russian Review*, Spring 1946, pp.64~73를 참고하라. 1990년대 초 모스크바의 젊은 부시장 세르게이 스탄케비치(Sergey Stankevich), 그리고 보다 최근에는 드미트리 글린스키가 포스트소비에트 러시아에서는 보다 온건한 유라시아주의가 바람직하다고 주장한 바 있다. Dmitry Glinsky, "O soblaznakh i pogibeliakh, ili prevrashcheniia evraziiskoi idei", *Oppositsiia*, no.35, 2001, p.3[「유혹과 파멸에 관하여, 혹은 유라시아 이념의 변형」, 『반대』].

bol'shevistskaia partiia의 회원이었던 알렉산드르 두긴이 오랫동안 제안해 왔던 것일 것이다. 두긴의 유라시아주의 버전은 나치즘의 성격을 많이 지니고 있다. 두긴은 긴 분량의 대표작 『지정학의 기초』*Osnovy geopolitiki*에서 "문명의 스칸디나비아 원천으로의 복귀라는 신성한 이상"을 옹호하고 있다. 그는 "세계 제패를 위한 러시아인들의 전투는 끝나지 않았다"라고 주장하고 있다. 러시아가 스스로를 '지역 강자'나 '민족국가'로 여겨서는 안 되고 '새로운 유럽의 제국'으로 여겨야 한다는 것이 필수적인 선행 조건이다.[34]

이 '새로운 제국'은, '전세계주의'라는 이데올로기를 통해 세계 제패를 계획하고 있는 '범대서양주의'에 대항한 전 세계적 투쟁을 위해 유라시아 대륙을 결집시켜야 한다. 도래할 '대륙과 해양' 간의 경쟁 속에서 '유라시아 세력의 동맹'은 '부유한 북쪽'이라는 프로그램을 거부하는 제2세계의 그 지역과 제3세계의 근본적인 연대에 기반한 세계적이고 초민족적이며 초국가적인 지정학적 혁명을 이끌 것이다.[35]

러시아는 유럽과 북미의 '부유한 북쪽'이라는 기획을 거부하는 데 있어서나 베를린, 도쿄, 이란과 맺은 반反대서양적 선동을 위한 새로운 '중심축'을 만드는 데 있어서 리더가 될 것이다. 성공 열쇠는 '러시아–이슬람 협정'이 될 것으로 보인다. '지정학의 객관적인 논리'가 자유주의의 '전제주의적 이데올로기'에 맞선 모든 전통적인 사회들을 통합할 것이라는 것이 이를 확신하는 이유이다.[36]

---

34 Dugin, *Osnovy geopolitiki*, pp.211~213, 485ff[『지정학의 기초』]. (두긴이 스승으로 있었던) 러시아 민족통합의 조직 구성원들은 러시아 정교회 자체가 '유라시아 노르만의 신비들'의 총합이라고 믿었다. Borisov, "Front v 'parallel'nykh mirakh'"[「'평행 세계' 속의 전선」].
35 Dugin, *Osnovy geopolitiki*, p.488[『지정학의 기초』].
36 *Ibid.*, pp.339ff., 689, 821.

러시아인들은 '공간으로 생각하기'myslit' prostranstvom(이는 1999년에 발표한 두긴의 『지정학의 기초』의 장황한 증보판인 3판의 제목이기도 하다) 위해서 유라시아의 '거대한 공간' 속에서 자신들만의 독특한 교육법을 이용할 수 있다. 두긴은 시베리아의 노보시비르스크를 러시아의 새 수도로 제안했다. 또한 그는 러시아가 영토에 근거한 '아리아' 연합을 결집할 수 있게 하는 다양한 방식을 묘사한 놀랄 만큼 많은 지리학적 도표를 제공하기도 했다. 본질적으로는 새롭고 지정학적으로는 더 엄격한 원칙에 근거한 냉전을 부활시키기 위해서 말이다.

새로운 유라시아당 창당을 위해 2002년 3월에 작성한 프로그램에서 두긴은 미국과의 전 세계적 충돌에서 이길 것이라고는 더 이상 말하지 않았으나 동등한 지위 회복과 핵 억제책 유지에 대해서는 말하고 있다.[37] 그러나 제국적 비전은 변하지 않은 채 남아 있었다. 러시아는 범대서양주의자들을 압도하게 될 '대륙적 블록' 내의 핵심인 '유라시아 연합'이 될 것이다. 이 연합 내의 집약적인 과학 발전이 유라시아를 경제적 현대화를 향해 앞으로 이끌게 될 뿐 아니라 전통적인 촌락 가치를 향해 과거로도 이끌게 될 것이다. 게다가 인터넷은 퇴폐적인 도시를 건강한 농촌 지역으로 되돌릴 수 있는 경제활동을 가능하게 할 것이다.

온갖 종류의 종교는 다양한 형태의 정부와 경제 조직과 함께 새로운 연합 내에서 환영받는다.[38] 그러나 모든 '지정학적 엘리트들'은 대체

---

37 Programma i ustav politicheskoi partii "Evraziia", Moscow, 2002[『정당 '유라시아'의 프로그램과 규정』]; Stephen Shenfield, Johnson's Russia List, no.6535, November 6, 2002.

38 많은 종교를 그들의 것으로 만들 수 있다는 과격한 유라시아적 믿음의 근거는 보리스 두빈의 분석에서 찾을 수 있다. 두빈은 러시아인들이 1990년대에 자신들의 전통적인 이중 신앙(dvoeverie, 기독교의 신과 이교도적인 정령을 모두 믿는 이중성)을 넘어 다신앙(mnogoverie)으로 움직여 갔다고 주장하고 있다. 신앙의 대상들은 모호하고 변하기 쉽기 때문에 종교와 다른 믿음의 형태들

로 '카리스마 있는 신정주의자'가 될 러시아/유라시아 지도자들 아래서 공공의 적에 대항하기 위해 협력할 것이다. 러시아인들은 그들이 한때 독일 철학을 터득했던 것처럼 독일 지정학의 고전 텍스트들을 터득하여 리더십을 준비해야 한다.[39] 새로운 정당의 슬로건인 "무엇보다도 유라시아"Evraziia prevyshe vsego는 히틀러 치하 독일의 "무엇보다도 독일" Deutschland über alles을 연상시킨다.

아이러니하게도, 유라시아주의에 대한 의도치 않은 심리적 지지는 과거의 모든 신화적 인습과 독선에서 러시아 역사 쓰기를 해방시킬 수 있는 일부 젊은 자유주의자들의 열정으로부터 얻어 낼 수 있었다. 새로 설립된 모스크바 러시아국립인문대학교RGGU, Rossiiskii gosudarstvennyi gumanitarnyi universitet의 유리 아파나시예프Yury Afanasiev의 그룹은 역사에 근거한, 자유주의적 정치 연구를 추구하는 개혁 성향의 그룹으로, 몽골제국, 러시아 제국, 소비에트 제국 간의 왜곡된 지속성으로부터 러시아를 해방시키려는 시도를 해오고 있었다. 그들이 주장하길, 러시아의 정치문화는 독재적인 아시아적 뿌리와 지나치게 밀접한 관계를 유지하고 있다는 것이다.[40]

은 "귀중한 종교 단체에 속한다는 긍정적인 감정"보다는 "러시아적인 배타성과 외국인 혐오 사상과 더더욱 동일해지는" 경향이 있다. Boris Dubin, "Pravoslavie, magiia i ideologiia v soznanii rossiian(90-ie gody)", Kuda idet Rossiia?, no.6, 1999, 특히 pp.366~367과 그 이하[「1990년대 러시아인들의 의식 속 정교와 마력, 이데올로기」, 『러시아는 어디로 가고 있는가?』].

그러나 2003년 8월, 구교도들이 자신의 운동에 대중적 지지를 제공할 것이라고 주장했을 때 알렉산드르 두긴은 분명히 공상에 잠겨 있었다. Aleksandr Dugin, "Evraziistvo gorazdo shire kakikh by to ni bylo partii, 'Evraziia v bloke'", Novosti, September 9, 2003[「유라시아주의는 다른 그 어떤 정당보다 훨씬 폭넓다, '블록'을 형성하고 있는 유라시아」, 『뉴스』].

39 Dugin, Osnovy geopolitiki, pp.491~549[『지정학의 기초』]에 재수록. 증보된 3판에 추가된 텍스트(pp.825~897)와 용어 목록(pp.898~914)과 함께 실렸다.

40 Yury Pivovarov and Andrey Fursov, "Tserkov' i orda na puti k pravoslavnomu khanstvu", "Russkaia sistema", Politicheskaia nauka: teoriia i metodika, vol.2, Moscow, 1997[「정교회 칸국으

글레프 노소프스키Gleb Nosovsky와 아나톨리 포멘코Anatoly Fomenko가 이끌고 있는 모스크바국립대학교MGU, Moskovskii gosudarstvennyi universitet의 보다 오래된 과학자 및 수학자 그룹은 이 유산을 거부하기는커녕 기꺼이 받아들이는 듯 보였다. 기술과 확률론을 이용하여 그들은 러시아 제국과 몽골제국은 '몽골의 멍에'mongol'skoe igo 시기라고 잘못 불리고 있는 250년 동안 사실상 하나의 동일한 국가였다고 결론 내린다. 그렇기에 "러시아와 터키는 예전 단일 제국의 일부였다".[41] 이 믿기 힘든 결론은 노소프스키와 포멘코가 작성한 세계사의 '새로운 연표'의 일부로, 그 연표는 대부분 근대 이전 시기에 관한 정설에 의심을 던지기 위해 방정식과 그래프를 사용하고 있다. 그들은 트로이가 이탈리아에 위치했으며, 프톨레마이오스의 백과사전적 저서 『알마게스트』Almagest는 프톨레마이오스 사후 1000년 뒤에 다른 사람들에 의해 집필되었다고 주장한다. 또한 몽골/타타르족과 투쟁한 러시아인들에 관한 모든 전설은 로마노프 왕조가 회상해서 꾸며 낸 것이라고 주장한다. 그들은 14세기 이전 러시아 역사의 전통적인 관점 중에서 사실로 증명될 수 있는 것은 거의 없다고 주장한다.[42]

로 나아가는 노정 위의 교회와 칸국」, 『러시아 체제. 정치학: 이론과 방법론』]. 그리고 5장의 각주 96, 98, 99번 참조.

41 Gleb Nosovsky and Anatoly Fomenko, Rus' i Rim: Pravil'no li my ponimaem istorii Evropy i Azii?, vol.2, Moscow, 1999, pp.291~293[『루시와 로마: 우리는 유럽과 아시아의 역사를 올바르게 이해하고 있는가?』]. 이 책은 Gleb Nosovsky and Anatoly Fomenko, Novaia khronologiia Rusi, Moscow, 1997[『루시의 새로운 연표』]에 이어진 분석이다. Gleb Nosovsky and Anatoly Fomenko, Bibleiskaia Rus': russko-ordynskaia imperiia i Bibliia, 2 vols., Moscow, 1998[『성서적인 루시: 러시아-칸 제국과 성서』]에는 더 많은 상세 정보가 들어 있고, Rus'-orda na stranitsakh bibleiskikh knig, Moscow, 1998[『성서에 나타난 루시-칸국』]은 삽화가 들어 있는 보급판이다.

42 Nosovsky and Fomenko, Novaia khronologiia Rusi, pp.12~19[『루시의 새로운 연표』]. Gleb Nosovsky, Anatoly Fomenko and V. V. Kalashnikov, Geometrical and Statistical Methods of Analysis of Star Configurations: Dating Ptolemy's Almagest, Boca Raton, 1993.

노소프스키와 포멘코의 『루시의 새로운 연표』Novaia khronologiia Rusi에 나타난 과격한 개정은 니콜라이 모로조프Nikolay Morozov가 25년의 수감 기간 동안 과학과 역사를 종합한 시도에서 그 기원을 찾을 수 있다. 모로조프는 현대 테러리즘에 관한 최초의 체계적 이론가이자 1881년 알렉산드르 2세를 암살했던 혁명가 그룹의 리더였다. 오랜 투옥 기간 동안 그는 간단히 '그리스도'Khristos라고 제목 붙여진 일곱 권짜리 방대한 저작을 창작했다. 출판되지 않았던 8권(『러시아 역사에 관하여』O russkoi istorii)의 원고 발견은 서구의 영향이 러시아와 몽골 사이의 적대감이라는 그릇된 서술을 만들어 냈다는 결론에 인문학적이고도 과학적인 새로운 논증을 노소프스키와 포멘코에게 제공하게 된다.[43]

---

43 Nicholas Morozov, Khristos(istoriia chelovechestva v estestvenno-nauchnom osveshchenii), 7 vols., Leningrad, 1924~1928[『그리스도(자연과학적 설명으로 보는 인류의 역사)』]. 노소프스키와 포멘코가 러시아학술원 문서 보관소에서 러시아와 관련된 모로조프의 미발간된 제8권(『러시아 역사에 관하여』) 원고를 찾아낸 것이 두 제국의 융합에 대한 다수의 인문학적 논쟁을 더 만들어 내기도 했다. 모로조프는 몽골인(Mongolian)이라는 단어가 '위대하다'를 뜻하는 그리스어 단어 'megaleion'에서 나왔다고 비현실적으로 주장하고 있다(고대 그리스어에는 이미 몽골인들을 의미하는 분명한 단어 'mougoulioi'가 있었음에도 불구하고 말이다). 이 단어는 그 후 루시라는 '위대한 제국'을 묘사하기 위해 차용되었다는 주장이 제기되었는데, 그 명칭이 정치 구역을 의미하는 몽골어를 터키어로 잘못 발음한 것(ulus-urus)에서 가져온 것이라고 말하기도 했다. Nosovsky and Fomenko, Novaia khronologiia Rusi, pp.12, 95, 236~248[『루시의 새로운 연표』].
　　모로조프는 수감 중에 혁명적인 행동주의에서 자연과학에 대한 엄청난 연구로 옮겨 갔다. 투옥되기 전에 그는 획기적인 저서 『테러 투쟁』(Terroristicheskaia bor'ba, London/Geneva, 1880)을 집필하였다. 석방 후에는 종말론적이고 예언적인 저작을 집필하기 시작했다. Nicholas Morozov, Otkrovenie v groze i bure: vozniknovenie apokalipsisa, St. Petersburg, 1907[『뇌우와 폭풍 속의 계시: 아포칼립스의 발생』]; Proroki: istoriia vozniknoveniia bibleiskikh prorochestv, Moscow, 1914[『예언자들: 성서 예언 발생사』]. 전자의 요약 번역은 The Revelation in Thunder and Storm, North-field, Minn., 1941로 출판되었다. 모로조프에 관한 보다 많은 전기적 정보와 문헌 정보에 관해서는 N. A. Morozov, Novyi vzgliad na istoriiu russkogo gosudarstva, Moscow, 2000[『러시아 국가사를 보는 새로운 관점』]에 실린 세르게이 발랸스키(Sergey Valiansky)의 긴 서문(pp.v~liv)을 참고하라.
　　모로조프는 1946년 사망할 때까지 소비에트 시기에 천문학 및 과학 연구소에서 근무했다. 그는 성서의 예언들에 매료되었음에도 불구하고 무신론자로 남았던 것으로 보인다. Nosovsky and Fomenko, Novaia khronologiia Rusi, p.244. 『그리스도』 1권 서론에서 모로조프는 저서의 제

대량 부수로 발행되는 잡지 『작은 등불』Ogonek에서 유명 체스 영웅 가리 카스파로프Garri Kasparov가 새로운 연표의 정당한 근거를 확실하게 지지하지 않았더라면 이 모든 것은 학계의 풍동風洞 속에서 조용히 날아가 버렸을 것이다. 카스파로프는 "과거를 제어하는 자가 미래를 지배한다"라고 주장하면서 동방의 이웃국들과 러시아가 조화롭게 연결되었던 기록들을 파괴하고 자신들의 모든 적들에게는 모욕적인 이름을 지어내서 썼다는 이유로 친독일적인 로마노프 왕조를 비난했다. 예를 들어, 1대 로마노프 왕보다 앞서 살았던 불운한 차르 드미트리는 오트레피예프Otrep'ev('누더기'를 의미하는 'otrep'e'에서 유래)라고 불렸고, 예카테리나 여제에 맞서 일어선 반란군 지도자는 푸가쵸프Pugachev('큰 부엉이'를 의미하는 'pugach'에서 유래)라고 불렸다.[44]

생존하고 있는 러시아 최고의 고고학자 발렌틴 야닌Valentin Yanin은 '새로운 연표' 학파의 인기를 설명하며 그 학파에 대한 통렬한 비판을 끝맺는다.

목이 역사 속에서 성유를 바른 지도자라는 포괄적 현상을 언급하는 것이라고 주장한다. 그는 자신의 지식을 내보인 이후에야 권력을 받을 수 있도록 성유가 도유된 지도자의 기독교 이전의 모델을 특히나 칭찬하는 듯 보인다. Nicholas Morozov, *Khristos: Pervaia kniga*, vol.1, Leningrad, 1924, p.vi [『그리스도: 제1권』].

1204년 십자군의 콘스탄티노플 점령 이후 서구는 그때까지 관대했던 유라시아의 정체성에서 벗어나 위대한 몽골-러시아 제국으로 변했다고 전해진다. Nosovsky and Fomenko, *Novaia khronologiia Rusi*, pp.236~237. 몽골인들에 대항해 러시아가 싸운다는 회고적 신화는 서구화를 추구하던 로마노프가의 통치자들에 의해 만들어진 것으로 주장된다. 로마노프가의 통치자들은 자신들의 황후와 부인으로 데려왔던 독일인들에 의해 과도하게 영향을 받고 있었다. Nosovsky and Fomenko, *Novaia khronologiia Rusi*, pp.16ff.

44 Gary Kasparov, "Istoriia s geografiei", *Ogonek*, nos.21/22, 2001 [「지리학이 있는 역사」, 『작은 등불』]과 같은 잡지 23호에 실린 답변. 그러나 카스파로프는 유라시아 민족주의자와는 거리가 멀었다. 그는 자유와 인권 차원에서 푸틴을 거칠게 비판했다. Gary Kasparov, "KGB State", *The Wall Street Journal*, September 18, 2003.

우리는 완전한 비전문성의 시대에 살고 있는데, 그것은 권력 구조에서부터 교육 체제라는 최하위 레벨에 이르는 사회 전체에 걸쳐 펼쳐지고 있다. 평범한 학교들은 자신들의 보잘것없고 불완전한 지식이 전문가를 평가하기에 충분하다고 여기는 딜레탕트들을 양산해 내고 있다. 스캔들로 키워진 사회는 부정적인 것들과 자극적인 효과들을 갈망한다. 그런 사회는 데이비드 코퍼필드David Copperfield나 아나톨리 티모페예비치 포멘코 같은 자들의 손 속임수를 사랑한다.[45]

포스트소비에트 공산당의 대표인 겐나디 쥬가노프는 권위주의적인 정부로의 복귀에 새로운 정당성을 제공하기 위해 유라시아주의를 이용하였다. 여러 에세이에서 그는 "민족 정부의 자의식"을 회복하고 "미국과 거대한 대서양 지역의 헤게모니적 경향에 대항하는 유라시아 블록의 주요 지지자"가 되자고 러시아에 촉구하였다. 쥬가노프에 따르면, 러시아는 러시아 '민족'으로부터 퍼져 나오는 '전 지구적인 중요성'과 '세계관의 벡터'를 지니고 있는 '자율적 경제 유기체'이다. 러시아는 결국 '초민족으로서 유라시아'가 된, "대러시아, 소러시아, 벨라루스의 단일민족적 핵"을 지니고 있는 '민족 공통성'을 재천명해야 한다. "고르바초프는 유라시아의 요새를 파괴했는데", 그것은 소련과 동유럽 위성국들이었다. 그러나 쥬가노프는 심지어 더 광대한 유라시아 파워블록이 러시아, 중국, 인도 간의 동맹을 위해 노력함으로써 언젠가 형성될

---

45 V. L. Yanin, "'Ziiaiushchie vysoty' akademika Fomenko", *Vestnik Rossiiskoi akademii nauk*, vol.70, no.5, 2000, pp.387~392, http://www.hist.msu.ru/Science/DISKUS/FOMENKO/Janin. htm(Search Date: September 11, 2003) [「학술원 회원 포멘코의 '무시무시한 높이'」, 『러시아학술원통보』].

146   2부·가속화된 탐색

수 있을 것이라고 제안한다. 같은 책의 공저자인 알렉세이 포드베레즈 킨Aleksey Podberezkin은 터키, 우크라이나, 조지아, 아제르바이잔과의 또 다른 '축'을 형성할 것을 제안한다.[46]

지정학적으로 가치 있는 그와 같은 결과들을 기다리면서, 러시아는 '비非미국화'와 '러시아어를 사용하는 국민의 이익'에 대한 적극적 '방어'를 추구한다. 쥬가노프는 몇 편의 대통령 선거운동 자료를 세르기예

---

46 Gennady Zyuganov, "Rossiia i mir", Gennady Zyuganov ed., *Sovremennaia russkaia ideia i gosudarstvo*, Moscow, 1995, pp.25~26, 10, 21[「러시아와 세계」, 『현대 러시아 이념과 국가』]. Gennady Zyuganov, *Rossiia — rodina moia*, Moscow, 1996[『러시아—나의 조국』]과 과거 공산주의의 수사학을 거의 사용하지 않지만 제3세계 내 소비에트 성공의 노스탤지어를 표현하고 있는 지정학 서적 Gennady Zyuganov, *Geografiia pobedy: Osnovy rossiiskoi geopolitiki*, Moscow, 1997[『승리의 지리학: 러시아 지정학의 토대』] 또한 참고하라. 후자의 책에 실린 「그렇다, 우리는 아시아인인가?」("Da, aziaty my?", pp.169~171)를 보라. 쥬가노프와 민족 볼셰비즘과의 연관성은 Wayne Allensworth, *The Russian Question: Nationalism, Modernization and Post-Communisti Russia*, Lanham, Md., 1998, pp.161~179에서 제기되었다.
    침부르스키는 우크라이나, 몰도바, 카라바흐 사이에 한 '축'이 형성되고 있고 터키, 조지아, 아제르바이잔 사이에 또 다른 '축'이 형성되고 있다고 주장한다. Tsybursky, *Rossiia — zemlia za Velikim Limitrofom*, p.84[『러시아—거대한 국경 지역 너머의 땅』]. 그는 러시아 '국경'의 '다른' 지역으로 침입해 오게 되어 러시아에 닥칠 미래의 위협을 두려워하고 있다(p.87). 알렉세이 포드베레즈킨은 서구의 힘을 중앙아시아로 이동시키는 터키, 우크라이나, 조지아, 아제르바이잔 사이의 '축'을 상상하고 있다. Aleksey Podberezkin, *Iskusstvo zhit' v Rossii*, Moscow, 1997, pp.38ff[『러시아에서 살아가는 기술』].
    보다 온건한 유라시아주의는 비공산주의적인 아시아에서 배워야 한다는 경제 논쟁을 끌어낸다. Dmitry Glinsky ed., *Rossiia v tsentro-perifericheskom miroustroistve*, Moscow, 2003[『중심-변방적 세계 구조 속의 러시아』] 참고. 이 논문집에서 빅토르 크라실시코프는 러시아를 위한 모델을 한국, 타이완, 싱가포르의 아시아 자본주의에서 보고 있다. Victor Krasilshikov, "'Modernizatsionnaia lovushka' v post-industrial'nuiu epokhu: stravnitel'nyi analiz Rossii i aziatskikh 'tigrov'", pp.151~166[「후기 산업화 시기의 '현대화된 덫': 러시아와 아시아 '호랑이들' 비교 분석」]. 세르게이 루네프는 1998~1999년 당시 총리였던 예브게니 프리마코프(Evgeny Primakov)가 예상했던 미국 세력의 상대로서의 '러시아-인도-중국 삼각관계의 발전 전망'이 정치 분야에서보다는 경제 분야에서 더 밝다고 주장하고 있다. Sergey Lunev, "Global' nye tendentsii i perspektivy razvitiia otnoshenii v treugol'nike 'Rossiia-Indiia-Kitai'", pp.190~205[「세계적 추세와 '러시아-인도-중국' 삼각관계의 발전 전망」]. 글린스키는 서론에서 현대 서구의 내부 모순과 서구의 '팍스 아메리카나'(pax Americana), 부상하는 아시아의 세력이 '고대 후기에 있었던 팍스 로마나'의 '동양화'(orientalization)와 비교될 수 있는 지정학적 변동으로 이끌 수 있다고 주장한다(pp.11, 20 ff).

프포사드 수도원 마을에서 발행했다. 그는 민족 러시아를 위한 지정학적 미래뿐 아니라 기독교적 과거를 주장한다. 러시아가

> 슬라브의 '문화적·역사적 유형'의 주요 전수자, 최초의 기독교 사제 공동체들 - 키예프 루시 - 모스크바차르국 - 제정러시아 - 소련의 2000년간의 문명화의 법적 상속자[47]

로서의 리더십의 권리를 재확인해야 한다는 것이다. 러시아의 애국심을 부활시키고 강력한 정부를 확립하기 위해 정교가 무신론적인 공산주의와 힘을 합칠 수 있다는, 외견상 받아들이기 힘든 견해가 1990년 7월 러시아 공산당의 새 대표인 이반 폴로즈코프Ivan Polozkov에 의해 제기되었다. 그러한 견해는 2003년 2월에는 전前 상트페테르부르크대학교 러시아역사학과 학과장 이고르 프로야노프Igor Froianov에 의해 다시 제기되기도 하였다. "애국적인 러시아의 지도자들이 말한다"라는 프로젝트를 위한 인터뷰에서 프로야노프는

> 애국 운동의 토대를 제공할 수 있는 두 개의 조직된 힘. ······ 러시아 정교회와 러시아연방 공산당[48]

---

47 Zyuganov, "Rossiia i mir", p.26[『러시아와 세계』]. 친정부적 성격의 애국 연합인 전러시아정치사회운동 '영적유산'(Vserossiyskoye obshchestvenno-politicheskoye dvizheniye "Dukhovnoe nasledie")의 이름으로 발행된, 위 글이 실린 저서는 "러시아 정부는 러시아 정교회보다 한 세기 더 오래되었다"라고 특별히 언급하며 러시아 내 종교의 목적은 항상 국가권력을 유지하기 위한 것이었다고 주장하고 있다. Zyuganov ed., *Sovremennaia russkaia ideia i gosudarstvo*, p.51[『현대 러시아 이념과 국가』]. 2002년 12월, 쥬가노프는 국립학교들에서 러시아 정교를 가르치는 계획을 높이 평가했다고 한다. "Manifestation à Moscou pour les cours de 'culture orthodoxe' à l'école", *Agence France Presse*, December 15, 2002.

만이 있다고 말했다.

하나의 이데올로기로서 유라시아주의는 지나치게 비밀스럽고 학술적 검증을 받아야 할 의문스러운 역사와 내적 모순들로 가득 차 있는 것이 거의 확실하다. 폭넓은 대중적 지지를 얻는 것은 고사하고 말이다. 상대적으로 교육을 잘 받은 국민들은 우주 광선에 기반한 새로운 열정의 격발을 향한 구밀료프의 호소에도, 피비린내 나는 새로운 지정학적 사이비 학문을 활성화시키자는 두긴의 요청에도, 기독교와 소비에트의 전체주의를 동일한 정통성 계열에 위치시키려는 쥬가노프의 시도에도 반응하려 하지 않았다. 가장 온건한 유라시아주의자인 파나린까지도 구밀료프 및 두긴과 공유했었던 치명적인 약점이라고 한다면 그것은 서구에 대한 적개심에 거의 완벽히 의존하고 있다는 점과 러시아를 위한 긍정적인 프로그램이 전무하다는 점이다. 많은 경우 이러한 약점은 이상화된 러시아 과거의 모순적인 모든 요소들에 성스러운 자질들을 부여함으로써 감추어지고 있다.

극단적이지만 이례적이지는 않은 예가 『성스러운 루시』*Sviataia Rus'*인데, 이것은 반동적인 민족주의자들 가운데 가장 다작하는 인물인 올레

---

48 『프라브다』 2003년 2월 5일 자에 실린 뉴스 서비스 '러시아 라인'(Russkaia liniia)을 위해 세르게이 스테파노프(Sergey Stefanov)가 진행한 이고르 프로랴노프의 인터뷰. *Johnson's Russia List*, no.7050, February 6, 2003, p.2에서 재인용. 폴로즈코프는 공산주의 지도자를 위해 전례 없는 방식으로 러시아 정교회를 "도덕을 강화하고 민족 간 분쟁을 방지하기 위한 분투 속에 있는" 당의 "자연적인 동맹"으로 기술하였다. "Bol'she dela", *Sovetskaia Rossiia*, July 1, 1990「사건 그 이상」, 『소비에트 러시아』]. Yitzhak Brudny, *Reinventing Russia: Russian Nationalism and the Soviet State, 1953-1991*, Cambridge, Mass.: Harvard University Press, 1998, p.251에서 재인용. 그 직후 알렉산드르 프로하노프가 문답식 문체로 쓰고 발렌틴 라스푸틴과 그 밖의 민족주의자들뿐 아니라 쥬가노프와 그 밖의 공산주의자들이 서명했던 반(反)개혁주의 선언문은 다음과 같은 내용을 담고 있다. "우리는 정교회에 호소하고 있는데, 골고다를 지나쳐 온 정교회는 대학살 이후 현재 무덤에서 천천히 일어서고 있다. …… 그리고 강력한 권력의 지지를 [필요로 한다]"("Slovo k narodu", *Sovetskaia Rossiia*, July 23, 1991, p.1「민중에게 고하는 말」, 『소비에트 러시아』]).

크 플라토노프Oleg Platonov가 사반세기가 넘도록 집필한 대작이다. 그는 러시아의 문명은 기원전 2000년, 독특한 '정신적·도덕적' 이교도 관습과 함께 시작되었으며, 그 이교도 관습 위에 기독교와 강인한 시골 생활이 많은 추가적인 도덕적 가치들을 보탰으며 그 가치들 중 대부분이 '성스러운 루시'를 구성한다고 주장하면서 책을 시작한다.[49] 이 문명은 17세기에 서구의 '저주받을 비非루시'okaiannaia ne rus'에서 생겨난 다양한 '외국 악마들'chuzhebesiia에 의해 훼손당하기 시작했다.[50] 러시아를 혁명으로 이끌었던 '유대-프리메이슨 문명'의 전조들도 있었다. 이후 러시아는 "성스러운 루시로 회귀하는 길 위에"[51] 불안하게 서 있다.

이러한 위대한 회귀의 과정에서 스탈린이 놀랄 만한 영웅으로 등장하였다. 플라토노프는 1918~1955년 사이에 8700만 명을 죽인 소비에트 지도자 스탈린을 비난하기는 했지만, "유대 볼셰비즘으로부터 러시아를 구원하기 위한 첫 발자국"을 내디뎠다는 이유로 이 우두머리 살인자를 환호로 맞이했다.[52] 스탈린은 러시아에 유대 정부를 겹쳐 놓으려 생각하고 있었던 '적어도 80만 명의 유대인 볼셰비키'를 말살하였던 것이다.[53] 1930년대에 공산주의에서 민족주의로 돌아섬으로써 스탈린은

---

49 Oleg Platonov, *Sviataia Rus': Otkrytie russkoi tsivilizatsii*, Moscow, 2001, p.6[『성스러운 루시: 러시아 문명의 시작』]. 이교도에 관해서는 *Ibid.*, pp.13~19, 37~55; V. A. Shnirel'man, *Neoiazychestvo na prostorakh Evrazii*, Moscow, 2001[『유라시아 공간의 신이교도』]. 정교에 관해서는 Platonov, *Sviataia Rus'*, pp.56~90, 158~297을 참조.

50 Oleg Platonov, *Russkaia tsivilizatsiia*, Moscow, 1995, pp.130ff[『러시아 문명』]. '저주받을 비(非)루시'라는 용어는 1920년대 이반 일린에 의해 소비에트 체제에 맞춰진 형용어구로 만들어졌다. Kathleen Parthé, "Russia's Unreal Estate: Cognitive Mapping and National Identity", Kennan Institute Paper no.265, Washington, D.C.: Woodrow Wilson Center, 1997, p.16.

51 플라노토프의 『성스러운 루시』 마지막 절의 제목이다. Platonov, *Sviataia Rus'*, pp.480ff., 396.

52 *Ibid.*, pp.481, 499.

53 *Ibid.*, p.502.

"러시아 파괴를 위한 수단"을 성스러운 루시 자체의 발전을 위한 수단으로 전환시켰다. 스탈린은 "겉보기에는 무신론자였지만 실제로는 신자"였다.[54]

플라토노프는 고인이 된 페테르부르크의 대주교 이오안이 자신의 저서 『성스러운 루시』에 영감을 주었다고 언급하였다. 게다가

국가 문제는 본래 외형일 뿐이며 그 외형 아래에 자신들의 믿음을 지키기 위한 러시아인들의 노력이 감추어져 있다.[55]

라고 말하며, 권위 있는 성직자가 사망하기 열흘 전에 일종의 마지막 유언과도 같은 『동란기의 극복』*Preodolenie Smutnogo vremeni*을 자신에게 건네주었다고 주장하였다.

반종교적인 지도자라는 이미지 안에 안전하게 숨어든 신을 믿는 스탈린과 신앙을 파괴하는 무신론적 이데올로기 안에서 자신들의 신앙을 발전시키는 영적인 국민들이라는 받아들이기 힘든 한 세트의 마트료시카 이미지를 플라토노프는 제공하고 있다. 그는 성스러운 루시라는 이상화된 이미지를 덮고 있는, 공모하는 듯한 유대-프리메이슨의 '비루시

---

54 *Ibid.*, p.500. 플라토노프는 성직자 드미트리 두드코(Dmitry Dudko)를 인용하고 있다.

55 *Ibid.*, p.3. 이처럼 종말론적이고 공모하는 듯한 이오안의 관점을 이어가는 고위 성직자 계승자는 없었다. 그러나 보로네쥬의 메포디(Mefody) 대주교가 표명한 권위주의적이며 외국인 혐오적인 민족주의는 종무원의 상당수 연로 주교들을 대표하고 있다. 일부는 종무원을 '대주교국'(Mitropolitburo)이라고 부름으로써 소비에트 유형의 기관에 비유하기도 한다. 라도네쥬 지역의 라디오 방송국은 정교회의 권위주의적이고 외국인 혐오적인 입장을 대변하고 있다. 방송국 대표 예브게니 니키포로프(Evgeny Nikiforov)의 인터뷰 및 2000년 2월 21일 자 『*NG-종교*』(*NG-Religiia*)에 실린 그에 대한 비판을 보라. 종교적 다원성에 대항하여 지역 잡지를 통해 키릴 대주교가 개진한 논쟁에 대해서는 "Rossiia-pravoslavnaia, a ne 'mnogokonfessional'naia' strana", *Radonezh*, no.8, 2002[「'다신앙' 나라가 아닌 정교 러시아」, 『라도네쥬』]를 보라.

적인' 얼굴을 보고 있는 것이다. 그의 가장 두꺼운 책은 악명 높은 '유대교 장로들의 의정서'가 어떻게 유대인들의 '비밀 세계 제국' 건설을 위해 사용된 것으로 보이는지 기술하고 있다. 충분히 두꺼운 다른 저서들, 즉『프리메이슨 권력하의 러시아』*Rossiia pod vlast'iu masonov*와 『무법의 비밀: 기독교 문명에 대항하는 유대주의와 프리메이슨』*Tayna bezzakoniia: Iudaizm i masonstvo protiv khristianskoi tsivilizatsii*도 러시아 안팎의 숨겨진 적들을 밝혀내는 것에 똑같이 집착하고 있다.[56]

플라토노프는 샤파레비치가 만들어 낸 바 있는 영웅적인 '위대한 사람들'을 파괴하고 있는 기생충 같은 '작은 사람들'이라는 이미지를 윤색하고 있다. 유대인들은 스페인 정복자들이 잉카제국을 파괴했던 것과 같은 방식으로 러시아 제국을 파괴하고 있는 것으로 여겨졌다.『왜 미국은 몰락하게 될 것인가: 비밀 세계 정부』*Pochemu pogibnet Amerika: tainoe mirovoe pravitel'stvo*라는 저서에서 플라토노프는 예전에 소비에트연방과 연관되었던 바로 그 특성들이 미국에 속한다고 말하고 있다. 미국은 숨겨진 전 세계적 '노멘클라투라와 그 하인들'의 지원으로 세계 제패에 열중하고 있는 진정으로 '사악한 제국'이다. 미국은 혐오스러운 '소수민족들'의 집합체이고 "유대-프리메이슨 정신의 구체화"이며 "악마 같은 유대-프리메이슨 문명의 화신"이다.[57]

---

56 Oleg Platonov, *Zagadka sionskikh protokolov*, Moscow, 1999[『시온 의정서의 수수께끼』]; *Rossiia pod vlast'iu masonov*, Moscow, 2000[『프리메이슨 권력하의 러시아』]; *Taina bezzakoniia: Iudaizm i masonstvo protiv khristianskoi tsivilizatsii*, Moscow, 1998[『무법의 비밀: 기독교 문명에 대항하는 유대주의와 프리메이슨』].

57 마지막 두 문구는 Oleg Platonov, *Pochemu pogibnet Amerika: tainoe mirovoe pravitel'stvo*, Moscow, 1999[『왜 미국은 몰락하게 될 것인가?: 비밀 세계 정부』]의 첫 두 절 제목이다(pp.13, 24).

미국은 정부도 국가도 아니다. 이것은 그저 여러 나라에서 온 이민자들이 살고 있는 거대한 영토일 뿐이다. …… 반인륜적 범죄에 대한 공통의 책임 감 앞에서 느끼는 본능적인 공포감으로 인해 …… 뭉쳐진 서로서로에게 낯선 사람들의 인공적인 집합체이다.[58]

대주교 이오안의 다른 제자들과 마찬가지로 플라토노프는 서구의 가치들과의 갈등을 형이상학적 차원으로 끌어올린다. 사탄주의와 동성 애, 그 밖의 모든 뿌리 없는 세계시민주의의 죄들은 적그리스도의 통치 기가 가까웠으며 그리스도가 재림할 것을 보여 주는 징표들이다. 현재 의 고통들은 '러시아의 가시관'인 것이다. 페테르부르크의 성직자 알렉 세이 모로스Aleksey Moroz는 '영성'靈性에 대해 애매하게 이야기하는 것을 성령聖靈에 맞서는 죄로, '인류 전체에 관한 신조어'를 러시아에 있어 '영 적 체르노빌'로 보았다.[59]

플라토노프는 러시아인들이 이오안 대주교가 자신들에게 정해 준 '성스러운 러시아 세력의 복원'이라는 전 세계적인 임무를 받아들일 경 우에만 러시아인들이 최후의 심판에서 명예를 회복할 수 있을 것이라 고 주장한다. 러시아인들은 소비에트 시기에 사망했던 기독교의 '새 순 교자들'도, 그들을 죽였던 자들도 동시에 숭배해야 한다. 러시아에 있는 대다수의 다른 원조 극우파 세력들에게 그런 것처럼 플라토노프에게 스탈린은,

---

58 *Ibid.*, p.3.
59 Aleksey Moroz, *Rossiia pered vyborom. Dukhovnost' istinnaia i lozhnaia*, St. Petersburg, 1998, p.12[『선택 앞의 러시아. 참 영성과 거짓 영성』]. 플라토노프가 『시온 의정서의 수수께끼』, 『무 법의 비밀』, 『성스러운 루시』를 모두 썼을 때 이 연작물 전체에 붙인 제목이 '러시아의 가시관' (Ternovyi venets Rossii)이라는 것에 주목하라.

4장 · 권위주의적 대안: 유라시아주의 153

세계사의 가장 위대한 인물 중 한 명으로, 유대 볼셰비키의 집단 학살로부터 러시아를 구원하고 새로운 서구 질서의 압제로부터 인류를 구원하는 결정적인 역할을 해냈다.[60]

플라토노프의 관점을 쥬가노프의 관점에 나란히 놓는 방법보다 극우와 극좌가 일치한다는 점을 더 확실히 보여 줄 수 있는 방법은 없을 것이다. 선언문 「미래의 루시」Rus' griadushchaia에서 공산당의 대표 쥬가노프는 이오안과 플라토노프와 마찬가지로 러시아의 현 상황을 17세기 초의 동란기에 비유하고 있고 스탈린이 현대 러시아인들을 위한 출구를 제시해 주었다고 믿고 있다.

권력 숭상derzhavnost'과 집산주의는 '인민의 통치 의식'의 심장이다.[61] 러시아가 현재 필요로 하는 것은 동란기를 끝내고 새로운 차르를 선출했던 국민회의(젬스키 소보르zemsky sobor) 같은 전투적이고 민중적인 회의에 의해 선출된 '민중적 힘'narodovlastie의 권위주의적 버전이다. 이후 러시아는 본래의 동란기 말, 폴란드의 러시아 점령기 허약한 통치의 마지막 단계였던 '일곱 보야르 통치'semiboiarshchina의 부패한 새로운 버전을

---

60 Oleg Platonov, *Tainaia istoriia Rossii, XX vek: epokha Stalina*, Moscow, 1996, p.317[『러시아 비사(秘史), 20세기: 스탈린 시대』]. 스탈린 사망 50주기 직전 1500명을 대상으로 실시한 여론조사는 보다 많은 러시아인들이 스탈린이 국가를 위해 해가 되는 일보다는 이익이 되는 일을 더 많이 했다고 느끼고 있음을 보여 주었다. 36%가 이렇게 생각했고, 반대로 생각했던 사람은 29%였다. *Johnson's Russia List*, no.7082, February 28, 2003.

61 Gennady Zyuganov, "Rus' griadushchaia", *Nash sovremennik*, no.1, 1999, pp.158, 160~163[「미래의 루시」, 『우리의 동시대인』]. 포스트소비에트의 권위주의자들이 사용했던 대부분의 용어와 마찬가지로, '데르자브노스치'(derzhavnost', 문자 그대로는 '권력주의') 역시 신조어이다. 비록 형용사 형태는 세련되지 못한 선동적인 소비에트 시인 데먄 베드니(Demian Bedny)의 '강철 같은 노동 권력의 의지'(volia stal'naia, raboche-derzhavnaia)라는 찬사의 문구로 거슬러 올라갈 수 있지만 말이다. D. N. Ushakov, *Tolkovyi slovar' russkogo iazyka*, vol.5, Moscow, 1935, p.691[『러시아어 주석 사전』].

대체하게 될 것이다. 그때와 마찬가지로 현재도 러시아인들의 과제는 서구화된 '엘리트들'을 몰아내고 의기소침한 국민들에게 '자연적인 권력 기능의 체계'를 강력하게 요구하는 새로운 정부를 형성하기 위해 러시아 국민들을 결집시키는 것이다. 러시아가 필요로 하는 모든 것은 "스탈린의 간부회 정치와 일린의 이데올로기 탐색을 창조적으로 조합"하는 것이다.[62]

제노포비아적인 민족주의의 대중적인 호소는 아마도 아직까지 정점에 도달하지는 않은 것 같다. 권위주의적인 유라시아주의는 아직까지 최고의 교양 있는 대변인도, 최고의 매력적인 선동가도 찾아내지 못했다. 러시아와 같은 지정학적 위치와 지나치게 많은 대량살상무기를 지닌 나라가 독재정으로 복귀할 경우에는 잠재적인 재앙 시나리오가 수없이 존재하기 마련이다. 그러나 만약 러시아가 부정적인 민족주의에 굴복하거나 모진 독재정으로 복귀하게 된다면 아마도 오래가지 못할 것이다. 정보화 시대에 정치적 자유와 외부 세계에 그토록 극적으로 개방된 거대한 국가에서 억압을 유지하기란 어려운 일인 것이다. 극단적 민족주의가 지배하는 국가들이 대개 자국의 정당성을 주장하기 위해 펼치는 일종의 공격적인 외국인 정책을 유지할 만큼 충분한 인구도, 군사 자원도 러시아는 가지고 있지 못하다.

유라시아주의는 불안한 땅 위에 독재정의 씨앗을 뿌리고 있다. 그러나 그 씨앗은 아직까지 깊이 뿌리를 내리지 못했고, 수확을 약속하며 싱싱하게 자라고 있는 모습이라기보다는 가을에 말라 죽은 식물들이 드문드문 흩어져 있는 모습처럼 보인다. 그것은 러시아를 단순히 국가

---

62 Zyuganov, "Rus' griadushchaia", pp.161, 163[「미래의 루시」].

로 보기보다는 제국으로 보려고 하고, 러시아의 주민들을 기독교적 내용이 거의 비워진 정교와 다시 연결시키려는 희미한 갈망을 표현하고 있다.

독재적인 러시아 민족주의자들은 이슬람의 권위주의적 세력들과 반서구적인 동맹을 구축하려는 의견을 자주 내고 있다. 2001년 9월 11일에 시작된 테러리즘 물결은 2002년 말에 모스크바의 한 극장에서 있었던 체첸 테러리스트들의 유혈 포위 공격으로 계속되었고, 2003년 모스크바에서 있었던 자살 폭탄 테러로 더욱 악화되었다. 이 사건들로 인해 어떤 이들은 예전에 많은 이들이 유대인을 보았던 것처럼, 즉 러시아의 잠정적인 적들로 보았던 것처럼 무슬림을 보게 되었다.[63] 러시아 정부는 2003년 봄, 대(對)이라크전에 대해 미국에 반대하였지만, 이웃하고 있는 권위주의적 이슬람 세력들과의 연대를 강화시키고자 하는 유라시아주의자들의 갈망을 만족시키지는 못했다.

두긴은 이라크전을 러시아가 "전통적인 가치들, 즉 힌두·이슬람·슬라브·중국 문명에 따라 사는 사람들"로 구성된 '유라시아 초대국'이 되기 위한 일종의 모닝콜로 보았다. 쥬가노프가 '좌파' 쪽에서 지지했던 것, 즉 이른바 미국의 맹공에 저항할 수 있는 "강력한 유라시아 지정학 블록"을 두긴은 '우파' 쪽에서 요청했다. 그가 주장하길, 미국의 위험은 (물질적인 이익에 바탕을 두고 공화당이 지지하고 있는) 옛 '제국주의'뿐만 아니라 (미국식 삶의 방식을 보편화하는 데에 바탕을 두고 민주당에 의해 진행된) 새로운 종류의 문화 '제국'에서도 나온다.[64] 유라시아의 다양한 전

63 Susan Glasser, "Russia's Muslims Become Target", *Washington Post*, December 23, 2002, p.A12.
64 Aleksandr Dugin, "Imperializm ili 'imperiia'", http://www.izvestia.ru/politic/article_37691 (Search Date: September 11, 2003)[「제국주의 혹은 '제국'」]; Aleksandr Dugin, "Ot kakoi matritsy

통문화는 미국의 세력과 자유주의적 가치의 강제 도입에 맞서 결속해야 한다.

영국과 미국의 반反이라크 연합에 대한 프랑스와 독일의 저항은 유럽 대륙이 범대서양주의자에 맞선 유라시아주의자의 저항을 합칠 수 있을 것이라는 희미한 희망의 빛을 제공하기까지 했다. 그러나 두긴이 말하길, 이 '블록'이 성공하기 위해서는

러시아는 현재보다 큰 무언가, 즉 슈퍼러시아sverkh-Rossiia가 되어야만 한다. …… 러시아는 원자력을 유지하고 키워야 한다. 그 과정에서 러시아는 이라크, 인도, 아랍 세계, 유럽에 무기를 배포하고 기술을 수출할 필요가 있다.[65]

본질상 유라시아주의는 고전적인 부정적 민족주의이다. 오늘날 러시아에서 유라시아주의는 본질적으로 비유럽 세력들과 더 많이 연합하는 것을 나타낸다. 비록 비유럽 세력들이 더 많은 자유화와 '부유한 북쪽'과의 통합을 찾고 있을지라도 말이다. 중국 또는 과격한 이슬람과 진지한 반서구 동맹을 구축하고 있는 러시아의 실제적인 결과는 러시아 중심의 '새로운 유라시아 제국'의 건설이 되기보다는 러시아의 속국화

my otkazyvaemcia", *NG Ex-libris*, September 11, 2003[「어떤 모형을 우리는 거부하는가」]. 이는 마이클 하트와 안토니오 네그리의 『제국』과 논쟁하고 있다. Michael Hardt and Antonio Negri, *Empire*, Cambridge, Mass.: Harvard University Press, 2000[안토니오 네그리·마이클 하트, 『제국』, 윤수종 옮김, 이학사, 2001 —— 옮긴이]. 쥬가노프의 유라시아 블록에 대해서는 Zyuganov, "Rus' griadushchaia", p.165[「미래의 루시」]를 보라.

65 알렉산드르 두긴과의 인터뷰 "Polet nad propast'iu", *Rodnaia gazeta*, April 18, 2003, p.8[「벼랑 위에서의 비행」, 『조국신문』]의 맺음말.

나 불안정화가 되기 쉬울 것이다. 러시아 정교나 민족에 기반한 권위주의적인 민족주의를 지향하는 러시아연방의 그 어떠한 주요 조치도 연방 내 상당한 무슬림 소수집단 및 구舊소비에트연방에서 최근 독립한 중앙아시아 국가 내 급속히 성장하고 있는 무슬림 국민들과의 충돌을 심화시킬 수 있다.

많은 독재정의 선전가들처럼 두긴도 부정적인 민족주의를 유지하기 위해 수많은 사이비 학술 자료를 이용한다. 그의 가장 특이한 한 저작의 표지 뒷면에서는 그 책을,

반反전통적이며 불경한 '가치들'을 지니고 있는 현대사회를 향한 한없는 증오와 이상적이고 영적인 고국. …… 우리의 위대한 루시를 향한 한없는 사랑이라는 공통의 축으로 합쳐지는 정치학과 사회학에서 신학, 연금술, 점성술[66]

에 이르는 텍스트 선집이라고 광고하고 있다.

포스트소비에트 러시아에서 권위주의적 민족주의 정권을 세울 수 없게 되자 두긴과 같은 지지자들은 실제적인 활동으로 되돌아온 것이 아니라 오히려 종말론적 예언으로 갑자기 기울어지는 경향을 보였다. 두긴은 1997년에 출판한 『세계의 종말(종말론과 전통)』Konets sveta(eskhatologiia i traditsiia)에서 동양의 '종말론적인 영지靈智'를 서구의 미래학futurology과 나란히 놓았다.[67] 그는 세계무역센터 건물을 파괴한 비행

---

66 Aleksandr Dugin, *Tampliery proletariata: natsional-bolshevizm i initsiatsiia*, Moscow, 1997[『프롤레타리아의 템플기사단: 민족 볼셰비즘과 입회식』].

기가 '요한 계시록의 제비들'을 묘사한 것이라고 들었다고 한다.

플라토노프와 대주교 이오안의 다른 추종자들은 이오안의 계시 신앙을 계속해서 보충해 나갔다. 러시아의 제품에 전산화된 일련번호가 도입되자 일부 선도적인 성직자들은 「요한 계시록」(13장 17~18절)에서 확인된 야수의 숫자를 감추고 있는 것이라며 반대했다. 2001년 전 국민에게 세금확인번호INN, Idertifikatsionnyi Nomer Nalogoplatel'shchike가 도입되자 적그리스도의 지배가 시작되었으며 세계의 종말이 가까워 왔다는 신호로 여기기도 했다. 러시아의 한 저널리스트는 정부가 발급한 번호 수용을 거부하는 사람들의 이유를 다음과 같이 설명하고 있다.

적그리스도는 개인들을 전체적으로 전산화하여 통제하는 형태로 올 것이며 개인들은 그들의 손에 주입된 컴퓨터 칩을 가지게 될 것이다. 세례에서 받은 이름을 번호로 '대체하는' 세금 ID는 그런 사탄적 목적을 향해 내딛는 첫걸음이다.[68]

간단히 말해, 주요한 정치 운동이나 설득력 있는 이데올로기를 만들어 내지 못했음에도 권위주의적 민족주의는 계속해서 대중적인 인기를 누리고 있었다. 서구의 자유주의에 맞서 다시 나타난 유라시아적인 비전들도 존재했다. 하나의 이데올로기로서 유라시아주의는 1995년

---

67 Aleksandr Dugin, *Konets sveta. Eskhatologiia i traditsiia*, Moscow, 1997, pp.17, 8ff. 52[『세계의 종말. 종말론과 전통』]. Stephen Shenfield ed. *Johnson's Russia List, Research and Analytical Supplement*, no.10, 2002에서 재인용. 다음 주소에서 열람 가능하다. http://www.cdi.org/russia/johnson/6350-8.cfm(Search Date: December 3, 2002).

68 Andrei Zoltov, Jr., "Antichrist Fears Put Church in Crisis", *Moscow Times*, February 21, 2001. *Johnson's Russia List*, no.5108, February 28, 2001에 재수록.

에 있었던 그 이념에 대한 최초의 진지한 공개 토론에서 긴 분량의 분석 글 두 편에 의해 태어나면서 철학적으로 기가 꺾였다. 한 비평가는 유라시아주의가 신용을 잃은 서구 이념들의 혼란스럽고도 퇴행적인 재활용에 불과하다고 지적했다.[69] 다른 비평가는 러시아를 반미 블록 내의 '대등한 국가들 중 제일'로 만들어 줄 수 있었던 '만민구원주의적restorationist 이데올로기를 정당화하기' 위해 고안된 '치유 정치'의 사례로 유라시아주의를 보았다. 유라시아주의는 더 이상 초강대국이 아닌 것에 대한 '보상'으로, '위험한 이데올로기적 신화'로, '가짜 정치 프로그램으로 이끄는 가짜 러시아 역사 해석'으로 기술되었다.[70]

21세기 초 경제 분야에서 나타난 전반적인 호전은 카드로 만들어진 이데올로기의 집을 무너뜨릴 수 있을 것으로 예상되기도 했다. 그러나 개혁 체제는 경제 상황이 최악에 있을 때가 아니라 사태가 나아지기 시작하여 기대치가 그 기대치를 만족시킬 수 있는 능력을 앞지를 때, 격변에 가장 취약하기 쉬운 법이다. 대중은 세계 내에서 러시아의 생활수준과 지위가 축소된 것에 대해 계속해서 불만족을 품으며 우울해하고 있다. 포스트소비에트 시절 두마 내 공산당 세력에 협조한 세르게이 글라지예프Sergey Glaz'ev는 중앙정부가 경제 규제를 해야 한다는 자신의 주장을 새롭게 뒷받침해 주는 통계자료를 가지고서 종말론적 민족주의를 강화했다.[71] 러시아는 이미 "몽골과 과테말라 수준으로" 떨어져 버렸고

---

69 Kantor, "Evraziistvo: za i protiv", pp.38~48[「유라시아주의: 찬과 반」]의 마무리 요약.

70 A. Ignatov, "Evraziistvo i poisk novoi russkoi kul'turnoi identichnosti", *Voprosy filosofii*, no.6, 1995, pp.62~63[「유라시아주의와 새로운 러시아 문화 정체성 모색」, 『철학의 제 문제』].

71 Sergey Glaz'ev, *Kto v strane khoziain?*, Moscow, 2001[『나라의 주인은 누구인가?』]. 유리 야코베츠(Yury Yakovets)나 그 밖의 많은 포스트소비에트 경제학자들처럼 글라지예프는 콘드라티예프(Nikolay Kondratiev) 모델의 장기 주기와 러시아의 독특한 경험 및 지리상의 위치로 인해 "러시아

21세기 중반쯤에는 이미 줄어든 현재 인구의 절반만을 가지게 될 "죽어가고 있는 나라"라고 그는 주장했던 것이다.[72]

교육받은 전문직 계층의 많은 사람들이 정부는 러시아의 미래 권력과 번영을 보장하기 위해 대규모의 보조금을 지급하여 과학적인 조사를 다시 시작해야 한다는 글라지예프의 주장에 동조하고 있었다. 천연자원의 재국유화에 대한 글라지예프의 옹호는 러시아의 민주주의자들을 불안하게 만들었지만, 그의 좌익 민족주의 동맹은 2003년 두마 선거에서 성공을 거두었다.[73]

일반인들 사이의 반서구 감정을 정치적으로 동원하는 데 필요한 학문적 권위를 내세우기 위해, 허세를 부리는 듯한 이름의 수많은 이상한 기관들과 출판물들(예컨대 플라토노프의 『러시아 문명 백과사전』Entsiklopediia russkoi tsivilizatsii과 두긴의 '특별형이상학연구센터'Tsentr Spetsial'nykh Metafizicheskikh Issledovanii)이 우후죽순으로 새롭게 생겨나고 있다.[74] 민주주의와 자유시장이 러시아에서 정당성을 더 한층 확보하게 될

는 주도적인 세계 권력으로서 새로운 역사 시대로 들어갈 수 있다"(p.62)라고 믿고 있다. 20년 전망과 12년 장기 계획, 5년 중기 계획과 연단위 직접적인 계획들의 조합이 러시아를 '독점 판매자들의 전횡'에 의지하지 않도록 해주었다(pp.76~77).

72 Sergey Glaz'ev, "Kakaia Rossiia nam ne nuzhna", Rodnaia gazeta, April 18, 2003, p.6[「우리에게는 어떤 러시아가 필요 없는가」,『조국신문』].

73 글라지예프의 최근작은 다음의 책이다. Sergey Glaz'ev, Blagosostoianie i spravedlivost' i kak pobedit' bednost' bogatoi strane, Moscow, 2003[『복지와 정의 그리고 부강한 나라가 어떻게 빈곤을 이겨낼 것인가』]. 그의 조국(Rodina)당은 2003년 국회의원 선거 직전 공산당 득표수를 약화시키고자 하는 성공적인 노력으로 푸틴 대통령의 지원을 받아 신속하게 조직되었다. 일부 사람들은 이 새로운 좌우 블록에서 공산주의자들을 사회민주주의적 입장으로 이동시키려는 시도를 보았다. 다른 일부는 '적갈' 권위주의로 향하는 위험한 이동을 보기도 했다.

74 플라토노프의 『러시아 문명 백과사전』은 2002년 1월 26~27일에 모스크바에서 개최된 '세계사의 전 세계적 문제들'이라는 친나치적 국제회의를 공동 후원하였다. 이 국제회의는 대부분 이른바 다양한 유태인의 음모들을 고발하는 것에 바쳐졌다. Mina Sodman, "Revisionists Gather in Moscow", Searchlight, March 2002, http://www.serchlightmagazine.com/stories/RussiaRevisionistsGather.htm(Search Date: December 6, 2002).

때까지는 아주 조금씩 ──어쩌면 폭발적으로──권위주의적인 민족주의로 떨어질 위험이 계속 존재할 것이다. 모스크바의 독특한 단체인 '경험창조센터'Eksperimental'nyi tvorcheskii tsentr의 독립적인 설립자이자 센터장인 세르게이 쿠르기냔Sergey Kurginian이 표현한 바 있는 사상의 기차에 올라탈 수도 있다.

비교적 최근에 공산당에 입당한 쿠르기냔은 '새로운' 현상들에 쉴 새 없이 새로운 분석들을 제공하면서 제안한 미사여구들을 낡은 맑시즘의 용어와 결합시키고 있다. 소련을 전복시켰던 '범죄적-부르주아적 혁명'은 러시아를 '신新봉건적 분열'로 이끌고 있다. 그러나 "신봉건주의자들에 맞선 신군주와 신귀족의 새로운 동맹"에 의해 만들어질 "신절대주의의 공간으로" 지금 "우리는 들어가고 있다". 독재자와 인텔리겐치야 사이의 새로운 계약을 향한 이 분명치 않은 요청은 "노동자들에 의한 영웅적인 업적podvizhnichestvo에 의존할" 것이다. 그러나 (구인텔리겐치야와는 달리) '신귀족'은 새로운 탈산업 경제와 사회를 만들어 내는 활동가들이 될 것이기 때문에 새로운 동맹은 대중적인 지지를 받을 수 있을 것이다.

쿠르기냔의 관점에서 러시아는 "자기최면"samonarkotizatsiia, 즉 "근육 조직이 아니라 게으르고 겁이 많고 느슨하며" 제 국민들을 결집시킬 수 없는 정부 치하에서 "잠시나마 가상 현실 속에서 표류하고자 하는 욕망"으로 인해 고통을 받고 있다. 그 결과 러시아는 수치스럽게도 다극적인 세계의 많은 행위자 가운데 일개 행위자가 되는 것에 만족하고 있을 뿐이다. 그러나 사실,

세계는 다극적일 수 없다. ······ 당신이 초강대국의 존재와 그것의 세계 구

상으로 되돌아가거나 전혀 존재하지 않게 되거나이다. 게다가 정부는 이 사회적 임무를 실현시킬 수 있는 것을 필요로 한다.[75]

쿠르기냔은 허약한 러시아 정부뿐만 아니라 '종이 칼'로만 덤벼드는 소심한 정치적 반대파도 비난하고 있다. 민주주의 제도로 통치한다는 것은 "관리된 혼돈"을 말하는 것이다. 문제는 "민주주의가 사라지고 있다는 게 아니라 사라지지 않고 있다는 것이다". 민주주의 자체가 "가장 큰 위험"이다.[76]

쿠르기냔은 1972년부터 1986년까지 지질학 엔지니어로 일했고 그 이후 '판자 위의 극장'teatr na doskakh이라는 새로 설립된 스튜디오의 예술 감독으로 일해 오고 있다. 그가 무대에 올린 오페라 「보리스 고두노프」의 1986년 버전은 이 차르의 불운한 통치를 페레스트로이카의 실패를 예시하는 것으로 그리는 듯했다. 쿠르기냔은 1988년 공산당에 가입하여 현재까지 당원으로 남아 있고, 2001년에는 '무엇을 할 것인가?'라는 고전적인 물음에 아르키메데스의 말을 바꾼 레닌의 유명한 말을 인용하여 "내게 혁명 조직을 주시오. 그러면 우리는 러시아를 전복시킬 것이

---

75 이 분석은 2000년 2월 10일 개최된 원탁회의에 발표한 쿠르기냔의 논문에 있다. *Nezavisimaia gazeta*, March 23, 2000[『자주신문』].

76 Sergey Kurginian, "Kogda my govorim 'gosudarstvo': pod kakie obshchestvennye zadachi gosudarstvo?", *Nezavisimaia gazeta*, March 22, 2001[「언제 우리는 '국가'를 말하는가: 국가는 어떤 사회적 임무 아래 있는가?」, 『자주신문』]. 여기서는 국가 정보 서비스 특별 프로젝트 사이트인 http://www.strana.ru(Search Date: March 22, 2001)에서 재인용. 1991년 11월 모스크바의 한 클럽 '페레스트로이카'에서 행한 연설 '목적과 가치'(Tseli i tsennosti)에서 이미 분명히 드러났던 쿠르기냔의 권위주의적인 민족주의 관점은 그의 저서 『러시아: 권력과 반항』에서 강화되었는데, 이 책은 러시아 포스트소비에트의 지도부가 소비에트 체제뿐만 아니라 러시아를 거부했다며 비난하고 있다. Sergey Kurginian, *Rossiia: vlast' i oppozitsiia*, Moscow, 1994. 영어판은 *Lessons of Bloody October*, Moscow, 1994.

오"라고 대답한 바 있다.

민주주의에 대한 자신의 미학적 혐오감을 분출하고 민주주의의 관습을 표현하면서 쿠르기냔은 현재 그것을 대체할 '힘'이 부족한 것에 대한 실망감을 말하고 있다. 그는 '국가적 어젠다'를 준비하기 위해 '대국민 토론'을 요청하는 것으로 끝을 맺는다.[77] 이러한 절차는 그가 개탄했던 지적인 장광설을 피드백하는 것 이상이 되기는 어려워 보인다. 그러나 그는 많은 러시아인이 러시아의 통일 유지와 자존심 회복을 위한 권위주의적 대안을 집요하게 요구하고 있음을 대다수의 사람보다 더 직설적으로 말하고 있다.

쿠르기냔은 1991년 8월에 있었던 강경파 공산주의자들의 폭동을 지지했으며, 2000년 11월에는 자신이 '비상사태 통치의 신봉자'라고 다시 한 번 단언한 바 있다.[78] 2003년 1월에는 "국제사회로 러시아가 통합되는 것과 한 국가로서 러시아의 고결함을 보존하는 것은 상호 배타적인 목표이다"라고 첨언하기도 하였다.[79]

소련 붕괴 직전에 쿠르기냔은 비러시아 공화국 내의 독립운동을 저지하고 고르바초프의 개혁을 거부할 수 있는 권위주의적인 민족주의 조직으로 공산당을 개혁하려고 시도하기도 하였다. 1990년 말에 발표한 90쪽짜리 선언문「포스트페레스트로이카」Postperestroika와 1991년 7월에 작성한 새로운 공산당 강령 초안은 도처에 있는 '개인주의적' 서구에 반대하는 '집산주의적' 사회의 저항을 청하고 있다. 「포스트페레스트로

---

77 Kurginian, "Kogda my govorim 'gosudarstvo'" [「언제 우리는 '국가'를 말하는가」].
78 Ibid.
79 Sergey Kurginian, "Ia — ideolog chrezvychainogo polozheniia", http://www.russ.ru/antolog/1991/kurginian.htm(Search Date: 1999) [「나는 아주 특별한 입장의 이데올로그이다」].

이카」의 복사본 한 부가 한 달 뒤 KGB 국장이자 고르바초프 정부에 대항해 미수에 그친 공산주의 폭동의 핵심 조직자였던 블라디미르 크류치코프Vladimir Kryuchkov의 책상 위에서 발견되었다.[80] 쿠데타가 성공했었더라면 쿠르기냔의 아이디어는 소비에트연방의 보다 명백한 민족주의 이데올로기의 중심이 되었을 것이다.

현재 쿠르기냔은 러시아는 오직 "대항 엘리트(그러나 전혀 만민구원주의자restorationist[즉, 공산주의자]는 아닌)에 의해서"만 구원받을 수 있다고 주장하고 있다. 그는 "오직 사태가 나쁘기 때문에 공산당원"으로 남아 있다고 말한다. 게다가 그는 새로운 엘리트는 파시스트일 것이라고 암시하기도 한다. 파시즘은 "정확히 국제 무대에서" 발전해 가고 있으며 "모든 사람들이 두려워하는 진부한 민족주의와 혼동해서는 안 된다".[81] 많은 러시아인들처럼 쿠르기냔은 현재 정치가들의 '진부한 민족주의' 아래서는 절대 일어날 수 없는 일이지만, 이반 뇌제와 스탈린 치하에서처럼, 자신의 나라와 그 지도자들에 두려움을 느끼기를 원하는 것 같다. 그는 파시즘에 반대 의사를 표명했지만, 민주주의의 난국에서 러시아를 구해 낼 어떤 새로운 '대항 엘리트'에 대한 그의 요청은 구원을 어떻게 얻을 수 있을 것인가라는 물음을 제기한다. 러시아적 버전의 파시즘을 발전시킴으로써 얻을 수 있을 것인가, 다른 어딘가에 있는 파시즘에 대한 러시아인들의 저항을 집결시킴으로써 얻을 수 있을 것인

---

80 상트페테르부르크에서 개최된 '세계화와 민족자결'(Globalization and National Self-Determination) 회의에서의 연설. *RFE/RL Newsline*, January 23, 2003, p.3에서 재인용.

81 John Dunlop, *The Rise of Russia and the Fall of the Soviet Empire*, Princeton, N.J.: Princeton University Press, 1993, p.165. Brudny, *Reinventing Russia*, p.254에서 재인용. 이 시기 쿠르기냔에 관한 일반적 논의는 여기서 언급된 저작들보다는 다른 저작들을 인용하며 이루어지고 있다 (pp.251~256)

가, 아니면 이 둘을 다소 그로테스크하게 조합시킴으로써 얻을 수 있을
것인가.[82]

---

82 Kurginian, "Kogda my govorim 'gosudarstvo'"[「언제 우리는 '국가'를 말하는가」]; "Ia — ideolog
chrezvychainogo polozheniia"[「나는 아주 특별한 입장의 이데올로그이다」]. 다른 곳에서 그는 만
약 러시아가 "나는 누구인가?", "나는 어디에 있는가?", "나는 어디로 가고 있는가?"라는 '자기
정의'에 관한 세 가지 문제를 풀 수 있게 된다면, 러시아는 세계 정치의 '저울추'(gir'ka na vesakh)
가 될 수 있을 것이라고 주장한다. 쿠르기냔은 그런 문제들이 외부 세계에서나 러시아의 현 정
부에 의해서는 해결되지 않는다고 주장하지만, 그 자신도 이 문제들에 대한 해답을 제시하지
는 못하고 있다. Sergey Kurginian, "Kliuchevye problemy i neobkhodimye resheniia rubezha
tysiacheletii", http://www.millenium.ru/2000/frontier/kurgin.htm(Search Year: 2000)[「밀레니
엄 경계에서의 주요 문제들과 불가피한 해결책들」]을 참고하라. 크라스노야르스크에서 진행된 그
의 인터뷰 "Poslednii 'pevets' imperii", www.lebed.com/art276.htm(Search Year: 2001)[「제국의
마지막 '가수'」]도 참고하라.

민주주의적 정체성의 진통들

1990년대 말 러시아에서 있었던 세 차례의 원탁회의에서 내가 만난 다방면에서 활약하는 사상가들은 거의 대부분 이데올로기에 적대적이었고 러시아를 권위주의 통치에서 민주주의 통치로 옮겨 가기를 갈망하고 있었다. 그러나 만약 그들이 이 변화를 위해 필요한 대중적인 지지를 앞으로 얻고자 한다면, 러시아의 정체성이라는 질문에 대한 어떤 답을 찾아야 한다는 점을 그들 또한 잘 알고 있었다.

참여적이고 책임 있는 통치를 옹호하는 자들은 대부분의 러시아인들이 자신들의 개혁 약속을 아직까지 공유하지 못하고 있음을 때때로 뼈저리게 의식하고 있는 듯 보인다. 1990년대 초에 있었던 대중 연설에서는 '데모크라트'demokrat는 '데르모크라트'dermokrat(배변 횟수)로, '프리바티자치야'privatizatsiia(사유화)는 '프리흐바티자치야'prikhvatizatsiia(몰수)로 자주 바뀌어 사용되었다. 수많은 평범한 러시아인들은 외견상 다원적인 사회를 용인해 주는 것에 당황하였고 엄청난 빈부 격차에 분개하였다.

러시아인들은 소비에트 전체주의를 파괴하기 위한 초기의 결정에서 힘을 합쳤다. 그러나 민주주의적 개혁에 헌신적이었던 새로운 지도자들은 자신들이 제멋대로 뻗어 있으며 영속할 수 있는 국가 관료제의 영구적인 권력에 둘러싸여 있다는 것을 발견하였다. 공산주의는 어디에나 존재하는 이러한 정부 현상의 가장 광대하고도 거슬리는 변이형을 만들어 냈다. 소비에트 정부 관료 체제는, 특권을 보호하고 변화를 방해한 것 말고는 잘한 것이 하나도 없었던 보잘것없는 관료주의라는 오래된 러시아 전통을 총결산한 것이었다. 자유와 함께 자라난 범죄와 부패를 쫓아내기는커녕 관료들은 이런 더러운 관례들을 자신들의 삶의 방식에 통합시키려고 했다. '위대한 10월 혁명'이라는 공산주의 신화를 거부한 많은 이들은 스스로를 자본주의의 '위대한 범죄 혁명'의 희생양으로 느끼게 되었다.[1]

고르바초프 시대 딱딱한 외피로 둘러싸인 당 관료제의 권력을 깨뜨리려는 시도를 했던 핵심 선구자 알렉산드르 야코블레프Aleksandr Yakovlev는 치노브니체스트보chinovnichestvo(관료제)를 포스트소비에트 러시아의 진보를 막는 주요 장애물로 규정하고 있다. 그의 관점에서 '치노브니키'chinovniki(관리들)는 제멋대로의 자유(볼랴volia)의 변덕스러운 주장을 넘어 법으로 보장받는 시민적 자유(스보보다svoboda)의 제도화를 향해 러시아를 이동시키는 것을 과거에 막은 바 있으며 현재도 막고 있다.[2]

---

1 Stanislav Govorukhin, *Velikaia kriminal'naia revoliutsiia*, Moscow, 1993[『위대한 범죄 혁명』]은 포스트소비에트 초기에 가장 큰 인기를 끈 저작 중 하나로 3부작의 제3부이다.

2 2002년 5월 25일 모스크바에서 야코블레프와 가진 사적인 토론. 그 당시 고르바초프에 의해 도입된 서구 유형의 자유를 폄하하는, 자유를 의미하는 두 단어의 상반적 관점에 대해서는 권위주의적 민족주의자 스타니슬라프 졸로체프의 논문 Stanislav Zolotsev, "O vole ili o svobodakh", *Moskovskii literator*, December 8, 1989[「볼랴 혹은 스보보다에 관하여」, 『모스크바 문학가』]를 참

18세기에서 20세기 초에 이르는 러시아 관료주의에 관한 최근의 중요한 연구는 비록 상위 당국이 관료제가 어떻게 기능해야 하느냐를 결정한다 하더라도 "치노브니체스트보는 그 기능의 해석에 영향을 끼치고 결국에는 (횡령이나 뇌물 수수를 포함한) 사적 이익용 목적을 위해 사용할 가능성을 가지고 있었다"라고 결론짓고 있다.[3] 이러한 설명은 이보다 앞선 모스크바공국 시대에나 그 이후의 소비에트 및 포스트소비에트 시기에도 똑같이 설득력 있는 것으로 보인다. 횡령을 뜻하는 러시아어 카즈노크라드스트보kaznokradstvo는 문자 그대로는 '국고를 훔치는 것'을 의미하는데 그것은 근본적으로 공산주의 붕괴 이후 국영 재산

고하라. 야코블레프에 보다 가까운 또 다른 관점에 대해서는 D. I. Fel'dshtein and E. V. Saiko, *Svoboda ili volia: k probleme natsional'nogo opredeleniia i samoopredeleniia*, Kishinev, 1994[『스보보다 혹은 볼랴: 국가적 정의와 자기 정의의 문제』]를 보라.

3 L. E. Shepelev, *Chinovnyi mir Rossii XVIII-nachala XX v.*, St. Petersburg, 2001, p.449[『18~20세기 초 러시아의 관료제』]. 러시아 역사에서 이처럼 중요한 현상이 보다 자세하게 연구되지 않았다는 사실이 놀랍다. 레오니트 셰펠로프의 이 연구는 로마노프 왕가가 통치한 마지막 두 세기에 있었던 관청 조직과 그것을 지지하는 관료제에 대해 훌륭하게 설명하고 있다. Oksana Gaman–Golutvina, *Politicheskie elity Rossii: vekhi istoricheskoi evoliutsii*, Moscow, 1998, pp.172~393[『러시아의 정치 엘리트: 역사 진화의 이정표』]에서는 19세기 제국 관료제에 의해 귀족정치가 대체되었음을 묘사하고 있으며, 포스트소비에트 시기에 이르기까지 사회 동원과 엘리트 형성(elitoobrazovanie)에 있어 관료제의 지속적인 역할을 강조하고 있다.

관료제가 특정한 상황에서 어떻게 기능했는지 혹은 관료제가 민중의 심리나 정부 정책에 어떻게 영향을 미쳤는지에 대한 연구는 상대적으로 거의 이루어지지 않았다. 또한 표트르 대제 치세 이전에 나타났던 기본적인 관료제나 소비에트 시대의 거대한 관료제의 기능에 대한 기록에 근거한 연구도 아직까지 없다.

블라디미르 파스투호프는 러시아가 '관료제 정부'에서 '국민 정부'로 옮겨 갈 수 없다면 민주주의로의 이행을 경험하지 못할 것이라고 주장한다. V. B. Pastukhov, "Ot gosudarstvennosti k gosudarstvu: Evropa i Rossiia", *Polis*, no.2, 1994, pp.6~25[「국가 체제에서 국가로: 유럽과 러시아」, 『정치연구』]. 빅토르 아크슈치츠(Viktor Aksiuchits)는 러시아 미래 발전의 결정적인 발걸음을 '관료주의적 자본주의'(bureaucratic capitalism, 이는 그가 '범죄 자본주의'criminal capitalism보다 더 선호했던 용어다)에서 '대중적 자본주의'(popular capitalism)로의 불가피한 이동으로 보고 있다. 그는 이것을 '중산층과 소규모 사업가를 포함하여 국민 전체를 위한 자본주의'로 정의한다. James H. Billington and Kathleen Parthé eds., *Colloquium on Russian National Identity Final Report: The New Jerusalem Monastery, Istra, Russian Federation, June 11-12, 1998*, Washington, D.C.: Library of Congress, 1999, p.21.

을 신속하게 사유화하는 동안에 발생했던 것을 종종 의미하게 되었다.

'소보크'sovok라는 말은 새로운 시대에도 여전히 소비에트 방식으로 생각하고 행동하는 사람들을 묘사하기 위하여 1990년대 초에 만들어져 잠시 쓰였던 말이다. 게다가 소비에트연방의 전복을 도왔던 많은 사람들 사이에서조차 '소비에트적인 것'sovkovost'[4]을 고집하는 것이 계속 인정을 받고 있었다. 자유주의 작가 알렉세이 카라-무르자Aleksey Kara-Murza는 자유주의란 것이 역사적으로 그저 '국가 강화의 부산물'이었을 뿐이었던 러시아에서는 실제 개혁은 늘 실패하게 될 것이라고 주장하였다. 다른 개혁론자 이고르 클럄킨은 다음과 같이 주장하면서 이런 생각을 이어 나갔다.

> 자유화는 관료화의 부산물밖에 될 수 없다. 그러나 이것은 "부패한 러시아 관료제가 자유화의 대상이 될 수 있는가?"라는 주요 질문을 고려하지는 않는다.
> 우리 상황에서 관료화의 부산물은 자유화가 아니라 독재정이 될 것이다.

릴리야 셰프초바Lilia Shevtsova는 기성 관료와 신흥 부유층 간의 기본적인 싸움이 포스트공산주의 러시아 내의 다른 모든 사소한 갈등들과 변하기 쉬운 정치 동맹들보다 더 중요하다고 주장하였다.

아이러니컬하게도, 가장 파괴적인 전쟁들은 가장 상관적인 관계에 있

---

4 저자의 오류를 바로잡는다. 원문에는 'sovkost'로 표기되어 있으나 이는 '말참견하는 것', '주제 넘게 끼어드는 것'을 의미하는 것으로, 저자의 의도대로 '소비에트적인 것'을 의미하는 것이라면 'sovkovost'가 옳다. ── 옮긴이

는 두 엘리트들, 즉 경제 엘리트와 관료 엘리트 사이에서 벌어지고 있다. …… 발달된 제도들의 부재가 이 계층들을 부도덕하게 만들고 결과를 예측할 수 없는 것으로 만든다. …… 관료제는 그것이 먼 옛날부터 그래 왔던 것처럼 러시아의 정부 체계 안에서 계속 지배적인 힘이 되고 있다.[5]

무관심 속으로 떨어지다

독재주의의 가능성은 몇몇에 의해 유지되고 있었는데 어떤 면에서는 다수가 느낀 환멸감에 의해 높아지기도 했다. 새 천 년이 시작되었을 때, 러시아 내에서 눈앞에 닥친 민주주의의 위험은 독재자에 의한 위로부터의 전복이라기보다는 대중에 의한 아래로부터의 침식 혹은 명목상 민주적인 정부 내부에서부터의 침식으로 보였다.

엘친과 가까웠던 학자 게오르기 사타로프Georgy Satarov는 "역사를 비非신화화할 필요"와 소비에트 시대의 "더러운 속옷" 전체를 공개적으로 세탁하려고 내놓을 필요를 강조하였다.

20세기는 전체주의의 세기였고, 앞으로 더한 것이 있을 수 있다. …… 우리는 그것을 예방할 백신을 찾아야 한다. 우리는 백신 균이 어떻게 유기체에 침투하고 감염시키는지를 진지하게 연구해야 한다.[6]

---

5 자유주의임무재단(Fond "Liberal'naia missiia")이 조직한 원탁회의 회의록에서 재인용. 최초로는 *Nezsvisimaia gazeta*, no.1, 2001 [『자주신문』]에 발표되었고, "Putin: Preliminary Results. The Liberal View. Russian Authorities in Search of Political Strategy and Development", *Johnson's Russia List*, no.5058, January 30, 2001로 번역되었다. 번역본에는 알렉세이 카라-무르자(p.16), 이고르 클럄킨(p.19), 릴리야 셰프초바 같은 인물들이 언급되고 있다. "Whither Putin after the Yukos Affair?", *Moscow Times*, August 27, 2003.

6 Billington and Parthé eds., *Colloquium on Russian National Identity Final Report*, p.19.

알렉산드르 야코블레프는 1990년대에 예전 소비에트 통치기의 비밀문서들에 관한 88권짜리 출판 프로그램으로 애초 기획되어 있던 것을 출간함으로써 바로 이러한 작업에 착수했다.[7] 그는 루돌프 피호야 Rudolf Pikhoya의 노력으로 여기에 참여하게 되었던 것이다. 피호야는 예카테린부르크 출신 역사가로, 옐친 대통령이 그를 한시적으로 러시아국립문서보관소Rosarkhiv[8]의 포스트소비에트 시절 최초의 소장으로 임명한 바 있다.

1996년 대통령 재선을 위한 선거운동이 시작되기 직전에 옐친은 사타로프가 이끄는 그룹에 '전 러시아적 범국민 이데아'rossiiskaia obshchenatsional'naia ideia에 적당한 내용을 찾아내서 정의하라고 주문하였다.[9] 사타로프 그룹은 1521명의 응답자가 '전적으로 동의함'에서 '전혀

---

7 야코블레프는 소비에트 통치 말기부터 대통령 산하 복권위원회(Komissiia po reabilitatsii)의 위원장이었다. 리처드 비스턴은 이 과정이 지체되어 야코블레프가 실망했다고 논하고 있다. Richard Beeston, "Russia Shies Away from Confronting Stalinist Horrors", *The Times*, London, March 2, 2002.
　야코블레프의 시리즈 출판물인 '러시아, 20세기: 문서들'(Rossiia, XX vek: dokumenty)은 자신의 모스크바 국제민주주의재단(Mezhdunarodnyi demokraticheskii fond)에 의해 발행되었으며 30~40권으로 기획된 시리즈 중에서 14권으로 구성된 10개의 타이틀을 출판했다. 자국민에게 가한 스탈린의 잔혹 행위와 이와 유사한 레닌의 실행 선례의 규모와 범위는 Alexander Yakovlev, *A Century of Violence in Soviet Russia*, New Haven, Conn.: Yale University Press, 2002에서 새로운 문서 자료들과 함께 제시된다.
8 러시아국립문서보관소는 피호야가 소장으로 임명된 당시에는 '러시아연방문서보관부'(Federal'naia arkhivnaia sluzhba Rossiiskoi Federatsii)로 불렸으나 현재는 '연방문서보관국'(Federal'noye arkhivnoye agentstvo)이라는 이름으로 개칭되었다. 웹사이트는 http://archives.ru/.
　— 옮긴이
9 여기서 제시되고 있는 설명과 분석은, 통계와 아울러 사타로프가 나에게 전해 준 위원회의 두 주요 보고서의 코멘트 일부에 따른 것이다. Georgy Satarov and Vladimir Rimsky, *Tsennosti i idealy rossiiskikh grazhdan: sotsiologicheskii analiz ideologicheskogo diskursa*[『러시아 국민의 가치와 이상: 이데올로기적 담론의 사회학적 분석』]와 (저자가 명시되어 있지 않은) 후속 연구인 *Analiz vospriiatiia rossiiskim naseleniem ideologo-politicheskogo diskursa*[『러시아인의 이데올로기적·정치적 담론의 지각 분석』]. 두 연구 모두 출판 일자와 출판 장소가 표기되어 있지 않다.
　사타로프는 이후 설립한 민주주의정보재단(Fond INDEM, Fond «Informatika dlia demokratii»)

동의하지 않음'에 이르는 다섯 등급으로 구성된 서른 개 항목에 응답했던 설문지를 평가해야 했다. 그 항목들은 당시 러시아 내에서 유포되고 있었던 가치관과 슬로건 전반을 다루고 있었다. 이 가치관들 사이에는 날카로운 균열이 있었다. 대부분의 응답자들이 전적으로 동의했던(78.8~87.2%) 상위 네 개 항목은 민주주의와 개인의 의무(법치, 인권, 가정 및 가족 돌보기)를 강조하고 있었다. 그러나 대부분의 응답자들이 역시 전적으로 동의했던(65.6~72.5%) 다음 여섯 항목 중 네 항목이 독재주의적 통치('강한 지도자의 확실한 지배권', '강력하고 엄격한 권력', '국민을 따르게 하는 지도자')를 요구하고 있었다. 여론조사에서 나타난 여론을 분석하면서 사타로프는 국민의 태도를 아래에 제시된 여섯 개의 범주로 나누었다.

민주주의 옹호자	17.2%
강한 권력 지지자	12.6%
공산주의 회복주의자	17.0%
환멸감을 느껴 정치에 무관심한 자	17.1%
허무주의자	22.8%
낭만주의자	13.3%

의 활동을 러시아 내 부패를 다루는 대규모 연구에 초점을 맞추었다. 그는 매년 시민들이 공무원에게 28억 달러의 뇌물을 주게끔 하는 정계에 부패가 가장 만연해 있는 것으로 보았다. Georgy Satarov, *Reshenie est' vsegda!*, Moscow, 2002[『해답은 항상 존재한다!』]와 세계은행 보고서 제출건에 관한 그의 인터뷰 "Ot pervogo litsa: partiia — nash rulevoi", *Rossiiskaia gazeta*, August 7, 2002[「1인칭으로: 당은 우리의 방향키」, 『러시아신문』]를 보라. 사타로프는 이라크전이 발발했을 때 "부시와의 싸움에서 실용적인 이점"을 보았으며, 푸틴 내각 공무원들의 뇌물 수수와 부패를 전면적으로 비판하기도 했다. *Johnson's Russia List*, no.7084, March 20, 2003; no.7290, August 15, 2003.

이 여론조사 및 그 밖의 다른 여론조사들은 여론의 모순적 본성을 지시하고 있다. 다시 한 번 우리는 마트료시카 — 바깥에는 민주주의의 얼굴을 하고 있지만 그 바로 안쪽에 독재주의의 얼굴을 하고 있는 — 를 마주하게 된다. 훨씬 더 안쪽으로 들어가 보면, 적대감까지는 아니라 하더라도, 이념 일반과 특히 정치에 거의 완벽하게 무관심을 표하고 있는 인형인 듯 보인다. 사타로프가 작성한 목록의 마지막 세 개 범주는 정치적인 의견은 전혀 나타내지 않는다. 그러나 이 세 범주를 합하면 정치적 신념을 표현하고 있는 다른 세 개의 범주를 합친 것보다 더 많은 응답자 수를 얻게 된다.

러시아 젊은이들을 대상으로 실시된 2년 후의 여론조사는 이와 유사하게 의견이 양분되어 있음을 보여 주었다. 한편으로 그들은 러시아를 위대한 군사 강대국으로보다는 경제적으로 발전시키기를 더 선호했다(15%:80%). 그러나 다른 한편으로는 소비에트연방이 더 이상 존재하지 않는 것을 반기는 이보다 안타까워하는 이가 두 배 많았다(28%:57%).[10] 소비에트 '이념 정치'의 숨막히는 통제에서 벗어난 자유

---

10 Richard B. Dobson, "Young Russians' Lives and Views: Results of a May 1998 USIA Survey", Washington, D.C.: United States Information Agency, September 1998; Richard B. Dobson and Alex Bratersky, "Russia's 'Generation Nyet' Finds Nothing to Be For", *Christian Science Monitor*, November 25, 1998.
　　빅토르 아크슈치츠는 『러시아의 이념 정치』에서 공산주의를 유토피아적 서구 이론들에 있어 '이데오마니아'(ideomania)의 클라이맥스로 기술하면서 '이념 정치'라는 용어를 사용하고 있다. '이데오마니아'란 '공산주의적 민주주의'(communo-democracy)라는 현재에서조차 러시아의 전통적인 가치들을 계속해서 위협하고 있다. 시베리아 출신으로 오랫동안 반체제 인사로 활동했고 러시아에 잠시 존재했던 기독교 민주 운동의 창설자이기도 했던 아크슈치츠는 정치적인 민주주의와 러시아 정교의 결합을 러시아 '이념 정치'를 위한 유일한 치료법이라고 보고 있으며 '비극적인 낙관론'으로 그러한 결합이 결국에는 나타날 것이라고 믿고 있다. Viktor Aksiuchits, *Ideokratiia v Rossii*, Moscow, 1995. 『정치적 자유의 존재론』(*Ontologiia politicheskoi voli*, Tver, 1992)의 저자인 알렉산드르 보도라긴(Aleksandr Vodolagin)이 쓴 『러시아의 이념 정치』의 서문도 참고하라. 니콜라이 트루베츠코이(Nikolay Trubetzkoy)는 1935년에 이미 소비에트 정

로운 러시아는 샤타로프가 '이념공포증'ideaphobia이라고 부른 것을 발전시켰다. '허무주의자'는 샤타로프가 작성한 범주 가운데 가장 일반적이었다. 젊은이들을 대상으로 이후에 실시됐던 여론조사를 분석한 사람들은 그들은 사실상 '노NO 세대'였다고 결론 내렸다.

사타로프가 실시한 반쯤 공식적이었던 여론조사도, 국가의 지원을 받은 백일장도 러시아연방을 위한 통합적인 국민의 생각을 결정짓지는 못했다. 구리 수다코프Gury Sudakov가 백일장 수상자가 되었는데, 그는 러시아 북부 도시 볼로그다의 학자이자 정치가로, 러시아 전통과 민주적 개혁의 조합을 지지하는 인물이었다.[11] "우리의 힘겨운 기후 속에서는 함께 사는 것이 우리의 생존을 위한 핵심이었다"라고 수다코프는 쓰고 있다. 러시아인들은 물질적인 것보다는 '영혼의 조화'를 본능적으로 찾고 있으며, 그로 인해 "시장 지향적이지 않았다". "러시아인 속에 있는 격렬하고도 감정적인 본성"은 고통으로 강인해진 양심에 의해 오랫동안 억제되었다. "러시아인이 한숨을 쉬지 못한다면, 그는 감정 과잉으로 숨막혀 죽을 것이다."

수다코프에 따르면, 19세기에는 소규모 서클의 과격한 극단주의자들kruzhkovtsy이 푸시킨과 러시아 문화의 창조적이고 온건한 전통을 전반적으로 거부하면서 "사회주의로부터 윤리학을 던져 버렸고 도끼 쪽으로 가버렸다". 그러나 "진화만이 문명과 문화를 구할 수 있기" 때문에

부를 '이념 정치적'이라고 보았다. L. V. Ponomareva ed., *Evraziia. Istoricheskie vzgliady russkikh emigrantov*, Moscow, 1992, p.177[『유라시아, 러시아 망명자들의 역사적 관점』].

11 Gury Sudakov, "Shest' printsipov russkosti", *Rossiiskaia gazeta*, September 17, 1996, p. 4[「러시아성의 여섯 가지 원칙」, 『러시아신문』]. 이후 같은 정부 기관지는 1996년 12월 31일 자에서 수다코프가 1991년부터 1995년까지 '볼로그다의 러시아연방 대통령 영구 대리인'이었고 이후에는 볼로그다 지역 의회의 의원을 지낸 인문학자이자 역사가였다고 밝혔다(p.1).

더 이상의 혁명은 있을 수 없다.

러시아는 '판매에 따른 복음'으로 '국민의 영혼을 빨아대고 있는' 개인주의적인 서구의 '전 세계적 허무주의'에 저항해야 한다. 그럼에도 불구하고 러시아의 과업은 시장경제를 거부하는 것이 아니라 '시장경제에 균형감을 제공하는 것'이다. 그리고 이것은,

> 민주주의와 시민사회를 통해서만 이루어질 수 있다. 우리는 국민의 진취성을 불러일으키고 권력의 이기주의로부터 국민을 보호할 수 있는 시민자치를 필요로 한다.

위에서 언급된 수다코프 에세이의 부제는 '러시아에는 언제 덴마크 왕국의 휴일이 올 것인가?'이다. 수다코프는 생일을 맞은 아이가 티볼리 공원의 모든 놀이기구를 하루 종일 공짜로 이용할 수 있게 해주는 코펜하겐의 실례를 들고 있다. 어른들에게는 '존재의 기쁨'을, 아이들에게는 국민의 자격을 가르쳐 주기 위해 러시아에도 이와 유사한 것이 필요하다. "국가가 어린 국민을 존중해 준다면, 이후 그가 성장했을 때 그는 분명히 자신의 국가를 염려할 것이다."

1999년에 내가 사타로프에게 러시아는 어디를 향해 가야 하는지를 물어보았을 때도 사타로프는 어린이의 이미지를 상기시킨 바 있었다. 그는 유명한 TV 시리즈물 「새로운 러시아에 관한 이야기」Skaski Novoi Rossii 의 짤막한 애니메이션을 언급하였다. 한 소년이 블록으로 장난감 집을 지으려고 했지만 열린 창을 통해 비바람이 아이를 향해 쏟아져 들어오고 있다. 큰소리로 싸우고 있는 그의 부모가 아이의 장난감 집을 부숴 버린다. 아이는 부모를 쳐다보며 자기가 집 전체를 다시 한 번 지을 수

있도록 창문을 닫고 싸움을 멈춰 달라며 짧게 부탁한다.

러시아의 젊은이들은 관료적 치노브니체스트보의 타성을 극복해 낼 수 있는 '열정'을 얻을 수 있을까? 그들은 위에서 아래로의 수직적인 통제라는 자신들의 길었던 독재주의적 전통 극복에 필요한 수평 관계를 발전시킬 수 있을까? 자신의 자그마한 집을 세우기만을 원하는 소년이 자기 조국의 더 큰 관심사에는 무관심하게 되지 않을까? 놀이동산에서 공짜로 보내는 하루가 정말로 어떤 효과를 가져올 수 있을까?

옐친의 인기가 떨어졌을 때, 그의 측근은 통합적인 국민의 생각을 탐색하기 위한 눈에 보이는 모든 노력을 포기하였다. 많은 러시아인들은 그저 전반적으로 이념들에 대해서는 잊은 채 물질적인 것을 축적하고 즐기는 것에 집중하려는 듯 보였다. 성공한 사람들, 즉 부유한 '새로운 러시아인들'novye russkie은 경호원들로 무장하고 자식들과 돈을 해외로 보내면서 사회에서 멀어져 가는 경향이 있었다. 러시아에 머물렀던 많은 사람들은 참여 기회가 확장되고 있었던 바로 그때에 사회생활에서 물러났다. 그런 물러남은 때때로 종교적인 형태를 취하기도 했다. 그것은 1990년대 후반에 새로 생겨난 속어 두 개, 즉 '스툐프'stiob와 '포피기즘'pofigizm으로 표현된 것처럼, 온갖 이상들에 대해 의도적으로 무관심을 보이는 식으로 더욱 자주 나타나게 되었다.[12]

스툐프는 사람도 말도 진지하게 받아들이지 않는 삶에 대한 접근법을 말하는 것이다. 인기 있는 심야 TV 쇼 「짤막한 시간」vremechko은 무분별한 범죄라든지 바보 같은 전화 걸기, 비이성적 행동으로 이루어진 터

---

12 드미트리 글린스키는 내가 이 두 현상의 정체를 파악 및 분석하고, 많은 인용을 할 수 있도록 큰 도움을 주었으며 이어지는 각주 13~20번에서 제시되는 많은 논문들을 찾아내고 요약하는 데에도 큰 도움을 주었다.

무니없는 예들, 일상생활에 대한 비하적인 보고서를 보여 주는 식으로 끊임없이 풍자를 해대며 스툐프라는 삶의 태도를 유행시켰다. 이 쇼는 유명한 NTV 채널에서 처음 방송되었는데, NTV는 국민의 소수층에 가장 동정적이며 소수층을 포괄하는 채널이었다. NTV가 정부 지원을 받아 두 차례 연이어 경영진을 교체한 이후, 이 프로그램의 '주인공들'은 거의 순수 러시아인들만이 되어 버렸고, 이는 누군가에게는 일종의 새로운 종류의 무심한 국가 정체성을 보여 주는 것이었다.

어떤 비평가들은 스툐프를 '포스트모던 아이러니'의 한 예로 보았다. 다른 사람들은 「짤막한 시간」과 인기 있는 TV 풍자 인형쇼 「인형들」 Kukly을, 코미디로 부패를 세척하려고 했던 러시아의 오랜 전통을 잇고 있는 것으로 보았다. (그러나 「인형들」의 프로듀서는 내게 프랑스에서 보았던 인형극에서 영감을 얻었다고 했다.)

많은 러시아인들에게 스툐프는 그들이 또한 '포피기즘'이라고 규정했던, 삶에 대한 특이하고 새로운 러시아적 태도를 표현한 것이었다. 포피기즘이라는 말은 대략 '난 아무것도 신경 쓰지 않아'를 의미하는 'po figu'라는 속어에서 만들어졌다. 아주 유명한 포스트소비에트 작가이자 텔레비전에 출연해 거침없이 말하는 사람이었던 빅토르 예로페예프 Viktor Yerofeev는 포피기즘을 '러시아의 국가 철학'이라고 묘사하였다. 그는 이러한 완전한 무관심을 러시아의 일상생활의 물질적 걸림돌에 대한 자연스러운 반응이자 러시아의 국가적 굴욕을 감추기 위해 서구에서 들여온 민주주의나 인권 같은 추상적인 개념들에 대한 자연스러운 반응으로 보았다. 예로페예프는 포피기즘을 '정신없이 녹초가 된 누군가의 철학'으로, '유기적인 러시아의 정신 상태'로, 서구의 자기 회의와 슬라브의 게으름을 러시아식으로 독특하게 종합한 것으로 보았다.

포피기즘은 서구의 냉소주의와는 다르다. 왜냐하면 포피기즘은 개인적인 성공에도, 자신이나 다른 사람들의 온갖 이상들에도 무관심하기 때문이다. 어떤 관점에서 이런 태도는 '니보니초'nibonicho(신도 아니고 악마도 아니다)라고 알려진 소비에트 후기에 나타난 태도의 정신적인 후손이라 할 수 있다. 이런 완전한 무관심의 감각은 소비에트의 이데올로기를 약화시켰으나 현재는 일부 사람들에 의해서 포스트소비에트 자유를 예언한 것으로 여겨지고 있다. 옐친 집권 후기에 예로페예프는 "포피기즘이 개혁과 민주주의를 죽이고 있다"라고 주장했다. 이 두려움은 푸틴의 시대에도 계속되었다.

2002년에 블라디보스토크 두마의 유명한 무소속 의원은 러시아가 브레즈네프 시대의 '정체'로 되돌아가고 있는 것으로 평가했다.[13] 개혁가인 알렉세이 카라-무르자는 러시아를 유라시아의 적극적인 세력이 아니라 유럽의 퇴폐주의와 아시아의 권위주의를 '아지오파'Aziopa[14]로 결합시키고 있는 힘없는 수동성의 나라로 보았다.[15] 한 사회학자는 "러시

---

13 Viktor Cherepkov, "Vozvrashchenie zastoia", http://cherepkov-part.narod.ru/paty-index.htm[「정체기의 부활」].

14 '아시아'(Aziia)와 '유럽'(Europa)을 조합한 이 용어는 역사학자이자 시사평론가였던 파벨 밀류코프가 '유라시아'라는 용어를 대체하기 위해 1920년대 중반에 만들어 낸 것이다. ── 옮긴이

15 Aleksey Kara-Murza, "Mezhdu Evraziei i Aziopoi", S. B. Chernyshev ed., Inoe: Khrestomatiia novogo rossiiskogo samosoznaniia, vol.3, Moscow, 1995, pp.165~184[「유라시아와 아지오파 사이에서」, 『다른 것: 새로운 러시아 자의식 모음집』]. 이 모음집은 여러 분야의 러시아 학자들이 새로운 정체성 모색에 관해 보여 준 서로 다른 관점들을 취합한 훌륭한 네 권짜리 선집의 한 부분이다. Aleksey Kara-Murza, "Russkaia Aziopa", Kak vozmozhna Rossiia?, Moscow, 1999, pp.190~193[「러시아 아지오파」, 『러시아는 어떻게 가능한가?』].
　　알렉산드르 지노비예프 또한 포스트공산주의 러시아를 동과 서의 최악을 결합하고 있는 것으로, '뿔 달린 토끼' ── 인공적인 서구의 제도들을 부패한 크렘린 지도부에서 나온 '하나의 암석으로 된 통일체'라는 또 다른 형태에 접목시킨 이상한 괴물 ── 를 만들어 내고 있는 것으로 본다. Aleksandr Zinoviev, "Gibel' utopii: Rogatyi zaiats", Literaturnaia gazeta, November 28, 2001[「유토피아의 몰락: 뿔 달린 토끼」, 『문학신문』]. 지노비예프는 망명에서 돌아온 후 수없이 써낸 기고문에서 러시아가 "소비에트주의의 잔재들과 서구주의의 부분들, 혁명 이전 시기에 대한 기억들

아를 모든 사람이 위험에 처해 있는 사회"로, 지방은 '환경 재앙 지역'이라는 공식 자격을 얻기 위해 서로 겨뤄서만 국가보조금을 얻을 수 있는 사회로 보았다. 마약을 의약품보다 더 쉽게 이용할 수 있는 것과 더불어, '위험물 생산'이 상품 생산을 대체하는 경향이 있다. 이 모든 것에 직면한 전설적인 '러시아인들의 인내심'은

평화로운 개혁의 원천이 아니라 활력 고갈의 증후가 되었고, 그 결과 하나의 민족으로서의 자신들의 존재를 위협하는 것이 되었다.[16]

많이 발표되고 있는 포스트소비에트 사회 관련 자료를 정리한 한 주요 요약문은 "성공과 행복은 행운이나 부도덕과 연결되어 있다"라고 결론 내렸다.[17] 또 다른 조사는 러시아에 만연해 있는 부정적 감정이란 그저 '피로와 무관심'이었다고 보고하기도 하였다.[18] 또 다른 연구는 2000년 12월에 여론조사에 참여했던 사람들의 84%가 상위 당국에 의해 받아들여진 결정을 자신들은 그 어떤 식으로도 좌우할 수 없다고 믿

이 혼성"되어 있는 체제를 가진 채 "소비에트화된 서구주의에서 서구화된 소비에트주의로" 자신의 길을 비틀거리며 가고 있는 것으로 그리고 있다. 그의 인터뷰 "U Kremlia bol'shie trudnosti", Vek, January 26, 2001「크렘린에는 큰 어려움이 있다」, 『세기』]를 보라.

16 O. N. Yanitsky, "Rossiia kak obshchestvo vseobshchego riska", Kuda idet Rossiia?, no.6, 1999, pp.127~134「보편적 위험을 지닌 사회, 러시아」, 『러시아는 어디로 가고 있는가?』]. 유사한 많은 개념들처럼 '위험 사회'라는 개념도 서구에 대한 글을 쓰고 있는 서구의 한 사상가로부터 직접 가져온 것이다. Ulrich Beck, Risk Society: Towards a New Modernity, New York, 1992.

17 V. A. Yadov, "Rossiia kak transformiruiushcheesia obshchestvo: rezime mnogoletnei diskussii sotsiologa", Kuda idet Rossiia?, no.7, 2000, pp.383~390「변화하는 사회, 러시아: 한 사회학자의 다년간의 담론 요약」, 『러시아는 어디로 가고 있는가?』].

18 L. D. Gudkov, "Strakh kak ramka ponimaniia proiskhodiashchego", Kuda idet Rossiia?, no.7, 2000, pp.429~447「사건 이해의 틀로서의 공포」, 『러시아는 어디로 가고 있는가?』]. 이 글은 1989년 이후 10년간의 러시아인들의 공포를 분석한 것이다.

고 있었다. 대중은 여전히 낮아진 기대에 '수동적으로 적응'함으로써만 살아남을 수 있었다. 이 연구는 러시아가 '관객들의 나라'가 되어 가고 있는 것으로 보았다. 늘어나고 있는 텔레비전 시청자 수의 3분의 1이 하루 종일 텔레비전을 끄지 않았다. 1990년에서 1998년 사이 발행되는 신문의 수는 3분의 1이 감소했고, 잡지의 수는 87%가 감소했다.[19]

국가의 교육 보조금이 급격히 감소되자, 러시아는 영구 빈민층을 양산하고 있는 동시에 근본적으로는 새롭고 잠정적으로는 파괴적인 현상, 즉 고등교육을 받은 사람들 사이의 빈곤 문화를 양산하고 있는 것으로 보였다.[20] 이 모든 것에 직면한 러시아의 일부 지적인 젊은이들은 러

---

19 L. D. Gudkov, "Reformy i protsessy obshchestvennoi primitivizatsii", *Kto i kuda stremitsia vesti Rossiiu?*, no.8, 2001, pp.283~297[「사회 원시화의 개혁과 과정」, 『누가 그리고 어디로 러시아를 데려가고 있는가?』](이 간행물은 각각 17번과 18번에서 인용된 것과 동일한 연간 조사서를 제목을 변경하여 계속 발행해 오고 있는 것이다). 구드코프는 개혁의 과정이 사실상 사회의 '원시화'를 가능하게 하고 변화를 위한 어떤 의지나 능력을 마비시킬 수 있다고 보고 있다.
　캐슬린 파르테는 포스트소비에트 러시아에 발생한 모든 문제점의 근원은 '자신들이나 자신들의 성공을 위치시킬 틀'을 찾지 못한 러시아의 젊은이들의 적응력과 야망 속에 있다고 밝힌 초기의 분석에 내가 관심을 가질 수 있게 만들었다. Anthony Solomon, "Young Russia's defiant decadence", *New York Times Magazine*, July 18, 1993, p.41. 대중문화 전체에서 "러시아의 도덕적 재탄생에 관한 순진한 꿈들"을 만들어 냈던 "양심의 공백"에 대한 보다 최근 연구에 관해서는 Vladimir Stupishin, "Vakuum sovesti", *Literaturnaia gazeta*, Februrary 2~8, 2000. p.5[「양심의 공백」, 『문학신문』]를 보라.
　B. V. Dubin, "Strana zritelei: massovye kommunikatsii v segodniashnei Rossii", *Kto i kuda stremitsia vesti Rossiiu?*, no.8, 2001, pp.297~310[「관객들의 나라: 오늘날 러시아에서의 대중 커뮤니케이션」, 『누가 그리고 어디로 러시아를 데려가고 있는가?』]에는 TV 시청에 관한 통계가 들어 있다. 두빈은 ① 개인 서적 콜렉션을 갖지 않은 사람의 수가 1995년 24%에서 2000년 34%로 증가하였고, ② 서적의 평균 발행 부수가 1990년 3만 8000부에서 2000년 8000부로 떨어졌으며, ③ 가장 인기 있는 생존 잡지들은 단연 TV 프로그램 안내 잡지들이라고 밝히고 있다.
　두빈은 새로이 등장한 대중적인 TV 문화는 러시아인들이 세워야 할 민주 사회에서 필요한 것들, 즉 개인의 책임감과 독립적인 사고, 혁신적인 업적에는 상반되는 가치들을 심어 주고 있다고 결론짓고 있다.
20 즈드라보미슬로바와 슈르기나가 고등학교 고학년 학생들과 청년들을 상대로 실시한 조사들을 연구한 결과에서 취한 것이다. O. M. Zdravomyslova and I. I. Shurygina, "Vyzhit ili preuspet: predstavleniia starsheklassnikov o svoikh zhiznennykh shansakh", *Kto i kuda stremitsia vesti Rossiiu?*, no.8, 2001, pp.366~374[「살아남느냐 크게 성공하느냐: 자신의 삶의 기회에 대한 고학년들

시아 정체성에 관한 연속적인 논의를 죽어 가는 인텔리겐치야의 최후의 장황한 연설, 즉 닫힌 창 가까이에서 계속 부딪치고 있는 가을 파리들의 마지막 윙윙거림이라고 여겼다.

포스트소비에트 세대의 포스트모던한 상상 속에서 러시아는 이제 더 이상 정신적 탐색을 하며 작은 방울을 달고서 끝없는 스텝을 질주하기도 하고 날아오르기도 하는 고골의 트로이카가 될 수는 없는 듯 보였다.[21] 그보다는 오히려 빅토르 펠레빈Viktor Pelevin이 묘사한, 부서진 다리를 향해 아무것도 의식하지 못하는 승객들을 나르고 있는 폐쇄된 기차 이미지로 보였다.[22] 회계감사원Schetnaia palata의 설립자이자 1990년대 초 부패 방지 캠페인의 대중적인 영웅 유리 볼디레프Yury Boldyrev는 "실행력 없는 사회는 미래의 자신을 잃을 수 있다"라고 단언하며 젊은 나이에 지방의 전원에서 살기 위해 공직 생활에서 은퇴하였다.[23]

이콘 앞에서 타오르는 촛불도 희망에 불을 붙여 주진 못했다. 1990년대의 가장 중요한 소설 두 편의 제목을 인용하자면 포스트소비에트 러시아에는 '검은 양초'와 '터널 끝의 어둠'만이 있는 듯 보였다. 『검은 양초』Chernaia svecha는 소비에트 시대 말의 훌륭한 반체제 음유시인 블라디미르 비소츠키Vladimir Vysotsky와 이르쿠츠크 출신 작가 레오니트 몬친

의 생각」, 『누가 그리고 어디로 러시아를 데려가고 있는가?』]. 교육받은 젊은이들 사이의 추세는 '지속되는 가난에 순응하기'를 향해 체념한 채 움직이는 것이라고 그들은 결론짓고 있다.

21 고골의 소설 『죽은 혼』(Mertvye dushi)에서 그려진 러시아의 이미지. 니콜라이 고골, 『죽은 혼』, 이경완 옮김, 을유문화사, 2010. ── 옮긴이

22 펠레빈의 1993년작 소설 『노란 화살』(Zheltaia strela)에서 묘사된 이미지. 여기서 기차 이미지는 좁게는 러시아 사회, 넓게는 세계 전체를 묘사하기 위해 사용되었다. ── 옮긴이

23 Viktor Pelevin, *The Yellow Arrow*, New York, 1996, p.36; 드미트리 글린스키가 진행한 볼디레프와의 인터뷰 "Nedeesposobnoe obshchestvo mozhet lishit sebia budushchego", *Oppozitsiia*, no.36, 2002, pp.1~2「실행력 없는 사회는 미래의 자신을 잃을 수 있다」, 『반대자』].

스키Leonid Monchinsky가 공동 집필한 작품이다. 이 책은 1976년 두 저자가 동토인 북쪽 멀리 떨어져 있는 금광에서 출소 후에도 여전히 일하고 있는 예전의 죄수들과 함께 지내 보려고 다녀온 여행에서 탄생한 것이었다. 그들의 음울한 보고서는 수용소의 속어로 쓰였기 때문에 1992년까지 출판될 수 없었고 공산주의가 붕괴된 이후에야 출판될 수 있었다. 비소츠키가 사망한 뒤 작품의 대부분을 집필했던 몬친스키는 다음과 같이 설명한다.

> 우리는 공포로 가득 찬 책을 쓸 준비를 하지 않았다. 상상해 낼 필요가 전혀 없었던 세계에서 우리는 그저 살았을 뿐이다(그리고 살고 있다). 왜냐하면 현실이란 것이 우리의 상상을 초월하기 때문이다. 한번은 우리가 인육을 먹은 한 사람과 이야기를 하고 있었다. 그는 말했다. "맨 처음에만 역겨웠어요. 그다음엔 제가 좋아하게까지 됐지요."[24]

유리 나기빈Yury Nagibin이 쓴 『터널 끝 어둠』T'ma v kontse tunnelia은 '세계의 지방에 있는 숨막히는 천박함'을 애통해하며 다음과 같이 주장하고 있다.

> 러시아인들의 가장 큰 죄는 자신들 눈에 자신들이 영원히 죄가 없는 것으로 보인다는 것이다. …… 러시아 내에서 행해진 모든 것은 러시아인의 손으로, 그리고 러시아인의 동의로 이루어진 것이다.[25]

24 Vladimir Vysotsy and Leonid Monchinsky, *Chernaia svecha*, Moscow, 1992, pp.4-5[『검은 양초』].
25 Yury Nagibin, *T'ma v kontse tunnelia*, Moscow, 1996, pp.157~158[『터널 끝 어둠』].

나기빈은 자신의 아버지가 유대인이었고 평생 이 사실을 숨겼다고 생각했는데, 알고 보니 그의 아버지는 순수 러시아인이었고, 그로 인해 그는 '콤플렉스 없이는' 살 수 없다고 깨닫게 되었다.[26] "러시아에서 유대인이 되는 것은 어렵지만 러시아인이 되는 것은 훨씬 더 어렵다"라는 것이 그의 소설의 마지막 문장이다.[27]

러시아 문학은 2002년 베스트셀러 상을 수상한 알렉산드르 프로하노프의 『헥소겐 씨氏』Gospodin Geksogen 속에서 훨씬 더 아래로 소용돌이를 그리며 내려갔다. 소설의 제목은 모스크바의 아파트 건물을 날려 버렸던 폭탄의 이름이었고,[28] 책 표지에는 레닌의 해골이 그려져 있었다. 그 책의 발행인은 저자를 '시간증屍姦症이 있는 사람necrophiliac'이라고 불렀고, 소설의 플롯은 음모 안에 음모를 품고 있는 마트료시카 인형 같았다.[29] 술주정뱅이 '작은 신'Malen'kii bog은 색광증 환자인 자신의 딸(옐친 가족으로 여겨진다)에 의해 조종되고 있고, 그 딸은 전前 KGB 요원과 함께 일하고 있는 사악한 유대인 올리가르히oligarkhi[30]에 의해 조종받고 있다. 그들은 이제 새로운 세계 질서를 위해 일하고 있다. 그때 '선택받은 자'

26 Nagibin, *T'ma v kontse tunnelia*, p.532에 실린 알렉산드르 레켐추크(Aleksandr Rekemchuk)의 전기적 메모.

27 *Ibid.*, p.160.

28 이 소설은 1999년 9월 모스크바(및 부이낙스크시, 볼고돈스크시)에서 실제로 발생했던 연쇄 아파트 폭탄 테러 사건을 배경으로 한다. 307명의 사망자와 1700여 명의 부상자를 낸 이 테러 사건은 후에 이슬람 무장 단체에 의해 조직된 것으로 밝혀졌으나 소설가 프로하노프는 이를 유대인 올리가르히의 계략으로 묘사하며 자신의 반유대적 사상을 노골적으로 드러내고 있다. ── 옮긴이

29 소피야 키시코프스카야(Sophia Kishkovskaya)가 이 책에 대한 리뷰에서 제시한 묘사가 큰 도움이 되었음을 밝혀 둔다. *New York Times*, August 25, 2000, p.10.

30 올리가르히(영어로는 oligarch)는 '과두정치제'(oligarchy)라는 단어에서 파생되어 본래 '과두 정치 지배자'라는 뜻으로 쓰였으나, 러시아에서는 소련 붕괴 후 국유재산이 사유화되는 과정에서 정경유착을 통해 부정 축재를 한 신흥 과두 재벌 세력을 가리킨다. 보리스 베레조프스키(Boris Berezovsky), 로만 아브라모비치(Roman Abramovich) 등이 대표적인 올리가르히로 꼽힌다. ── 옮긴이

(푸틴)가 아파트 폭파 사건을 복수하기 위해 권력을 잡는다. 그런데 그 아파트 폭파는 아마도 같은 유대인 올리가르히의 지령으로 부패한 비밀 요원들에 의해 계획된 것으로 보인다. 유대인 올리가르히의 목표는 권력을 잡아 러시아인들은 북극해로 실어 보내고, 건강한 사람들의 장기는 이스라엘로 보내는 것이다. 1990년대의 러시아 정치에 대한 이토록 무자비하고 반유대적이며 초현실적인 해석은 '적갈' 극단주의자의 작품이었다. '적갈' 극단주의자는 자신의 나라가 "악마들로 가득 찬 폐허" 속에서 표류하고 있는 것으로 보고 있고, 푸틴의 정책은 "영안실의 시체에 해놓은 화장"에 불과하다고 생각하고 있다.

러시아의 다른 끝에 있는 신자들에게도 사태가 더 밝아 보이지는 않았다. 러시아 극동 지역 출신의 정교 신자인 한 작가는 인생의 실패를 체념하고 받아들이는 것이 러시아인들의 의식 속에 깊숙이 박혀 있다고 말한다. '운명은 악녀다'Sud'ba - zlodeika라는 격언은 신의 사랑과 인간의 악행 사이의 간격이 결코 극복될 수 없는 것이며 러시아인들에게는 "현재보다 더 나쁠 미래에 대한 준비"[31]가 꼭 필요하다는 것을 암시해 주고 있다.

---

31 올레크 코피토프가 극동 지역의 한 전자 저널에 게재한 논문은 실패에 대한 러시아의 체념이라 할 수 있는 것을 보여 주기 위해 번역 불가능한 러시아어 핵심 단어들(두샤dusha, 토스카toska, 수디바sud'ba)을 환기시키고 있다[한국어로는 대략 차례대로 '혼', '우수', '운명' 정도로 번역할 수 있다──옮긴이]. Oleg Kopytov, "Kliuchevye slova russkoi kul'tury", *Dal'nii Vostok Rossii*[「러시아 문화 키워드」, 『러시아 극동』]. 이 글은 예전에는 http://dvr.dvtrk.ru에서 접속 가능했지만 현재는 인터넷상에 더 이상 존재하지 않는다. 그러나 램블러(Rambler) 검색 시스템을 통해서는 찾을 수 있다.

도덕적 비전의 회복

주기적으로 나타나는 절망이라는 악몽(그리고 단속적으로 나타나는 영광이라는 유라시아적 꿈)에도 불구하고, 포스트소비에트 시대의 러시아인들은 신중하게 낙관적인 중도 입장을 발전시켜 나갔다. 그들은 신앙보다는 희망을 향한 러시아의 독특한 감정의 기복을 통해 무관심과 냉소주의로부터 빠져나왔다.

새 천 년 초기에 전全러시아여론조사센터VTSIOM, Vserossiiskaia tsentr izucheniia obshchestvennogo mneniia에서 나온 자료는 완전히 침울했던 13년이 지난 이후 미래에 대한 낙관주의가 급격히 상승했음을 보여 주고 있다. 미래에 대해 비관적으로 생각하는 사람들의 숫자는 1999년에서 2001년까지 절반으로 떨어졌다. 2001년 말, 여론조사 참가자 중 단 5%만이 2002년이 2001년보다 더 나쁠 것이라고 믿었다. 2003년 봄에 실시한 여론조사는 "러시아인들 중 절반이 어떤 이유에선지 행복하다"[32]라는 것을 보여 주었다.

희망이 이렇게 놀랄 정도로 회복된 원인을 그저 푸틴 대통령의 계속된 인기와 1998년 8월에 있었던 위기 이후 경제가 살짝 상승세로 돌

---

32 여론조사 요원인 유리 레바다(Yury Levada)와 가진 인터뷰 제목. *Johnson's Russia List*, no.7140, April 20, 2003. 이보다 전에 실시한 여론조사에 대해서는 Vitaly Golovache, "The Year which Russia Did Not Live for Nothing", *Johnson's Russia List*, no.6003, January 3, 2002를 참조하라. 이것은 전러시아여론조사센터가 실시한 여론조사 결과에 대한 『노동』(Trud)의 분석 기사를 번역한 것이다.
　　2003년 선거 직전에 널리 존경받던 유리 레바다가 정부 소유의 여론조사 기관에서 쫓겨나자 그때까지 독립적이었던 이 기관의 독립성이 끝장났으며 국가의 미디어 규제라는 기존의 패턴을 따르게 되었다. Julius Strauss, "Kremlin Loyalist to Run Polling Agency", *Dadily Telegraph*, September 13, 2003, p.21을 보라.

아선 것만으로 돌릴 수는 없다. 이는 부분적으로는 흔히 신화적인 성격을 띠는 레프 구밀료프의 저작 속에 담긴 진정한 통찰력으로 설명될 수 있을 것이다. 그는 주기적으로 나타나는 러시아의 위대한 성취들 ─ 14세기와 15세기에 있었던 러시아 통일 같은 것들 ─ 을 열정과 에너지의 갑작스러운 분출 덕으로 돌린 바 있다.

그러나 그 당시의 추동력은 구밀료프가 제시했던 군사적인 성공으로 이끄는 우주 광선이 아니었다. 오히려 그것은 금욕주의와 기도가 자신들을 신의 '에너지'와 연결시켜 준다고 믿었던 수도승들의 영적인 힘이었다. 그들은 서유라시아를 통합했던 기독교의 회화 문화를 창조했고 북과 동을 북미로 이끌었던 식민화의 선봉에 서 있었다.[33] 이와 유사하게 19세기의 위대한 작가들은 에너지의 새로운 분출을 도덕적 열정으로 채워진 자국어 문학으로 돌렸는데, 그 도덕적 열정은 새롭게 읽고 쓸 수 있게 된 러시아의 국민에게 공통의 정체성이라는 감각을 전해 주었다.

공직에 있었던 러시아인들은 무신론적인 공산주의 통치하에서도 자신들의 '정신문화'에 관해 지속적으로 언급하였다. 혼돈과 불황이 지배하던 새 천 년의 첫 10년을 거친 뒤 이런 러시아 전통의 진정한 측면들이 회복되고 있는 듯 보였다. 냉소주의는 만연한 채였지만 러시아 특유의 냉소주의자는 모든 것을 비웃는 포스트모던한 인간이라기보다는

---

33 14세기에 있었던 정교의 영성 부활을 위한 신의 '에너지'라는 개념의 주요 의의에 관해서는 아토스산의 수도승 바실리 주교가 쓴 훌륭한 연구물을 참고하라. Basil Krivoshein, "The Ascetic and Theological Teaching of Gregory Palamas: Substance and Energy", *Eastern Churches Quartely* 2, 1938~1939, pp.138~156. 식민지에서 수도원의 역할에 대해서는 Sergii Shirikov, *Valaamskii monastyr' i amerikanskaia pravoslavnaia missiia*, Moscow, 1996[『발라암스키 수도원과 미국의 정교회 미션』]을 참고하라.

올바른 사람을 찾으며 어두운 세계에서 자그마한 램프를 비추고 있는 포스트모던한 디오게네스였던 것이다. 도덕적 책임감에 대한 과거와 미래의 변함없는 공동체의식은 공산주의 권력을 휩쓸었던 도덕적 자각에 뿌리를 두고 있었다. 그것은 힘든 시기에 진정한 선택을 제공하는 각종 선거를 움트게 했고 범죄와 부패의 끔찍한 폐해를 견뎌 냈으며 반드시 돌아올 가혹한 겨울조차 견뎌 낼 기회를 가진 기관들이 되기 시작했다.

러시아가 권위주의적인 아시아 인접국들과 보다 긴밀한 동맹 관계를 맺음으로써 서구의 부패로부터 자국민을 보호해야 한다는 유라시아적 관점과는 대조적으로, 이고르 추바이스Igor Chubais는 러시아가 유럽을 거부하기보다는 유럽 혁신을 도움으로써 아시아에 이바지하게 될 것이라고 암시하고 있다.

유럽의 기후적 변방으로 내몰린 러시아는 유럽의 도덕적 핵으로 인식될 수 있다.[34]

이고르 추바이스는 경제 사유화 책임 기획자로 자주 비난받는 아나톨리 추바이스Anatoly Chubais의 형으로서, 오랫동안 지연된 러시아의 시장 및 민주주의의 발전이 서구의 이웃들처럼 자신에게 그렇게 관대하지 않았던 민족의 종교와 시골 민속에 여전히 깊이 박힌 정신문화에 점차 접목되고 있다고 보고 있다.

34 Igor Chubais, *Ot russkoi idei k idei novoi Rossii*, Moscow, 1996, p.34[『러시아 이념에서 새로운 러시아 이념으로』].

새로운 러시아를 위한 공식은 다음과 같다고 볼 수 있다. 평범한 일상생활에서는 집산주의와 상호 협조를 지지하지만 생산 및 전문 분야에서는 단계적인 개인주의를 지지할 것.[35]

포스트소비에트 러시아의 민주주의 정체성 보존을 위해 필요한 것은 "집회나 바리케이드 위에 있는 것이 아니라 국민의 영혼과 양심 속에 있는 …… 정신 정화ochishchenie"이다. 이것은 아직까지 러시아에서 일어나지 않았는데, 러시아는 "국민 갱생을 계속하고 있다. …… [그러나] 누군가에게 결코 죄를 떠안길 수 없다. …… 또는 체제 전체의 불법행위에 대한 법적 승인을 제시할 수 없다". 일단 도덕의 판이 정화된다면, 러시아는 국가의 내부 개발을 가속화할 책임 있고 참여적인 법치 정부를 자유롭게 발전시킬 수 있을 것이다. 그때엔 "우리의 사상·문화·기술의 신장이 세력 확장(에 대한 새로워진 모든 집착)을 영원히 차단해야 한다".[36]

신세대 학자들은 왜 그런 정화 과정이 아직까지 이루어지지 않고 있는가에 대한 설명에 도움이 될 만한 러시아의 역사적인 '권력의 전형들'과 종교적 숭배 실례를 연구하고 있다. 근현대 러시아에서는 주요 개혁이 도입될 때마다(1861, 1917, 1991년) 그 개혁들이 과거에 대한 모든 책임을 철저히 거부하면서 과거와의 완벽한 단절로 나타났다. 권력vlast'은 역사와 사회를 조종할 수 있는 초인적인 힘으로 여겨졌다. 표트르 대제는 러시아에 '제2의 세례식'을 주며 진흙에서 새로운 국가를 창조한

35 Ibid., p.83.
36 Ibid., pp.84, 50, 96.

조각가로 묘사되었다.[37]

　이른바 진보적인 변화라고 여겨지는 이 모든 경우에 대중은 민주주의가 필요로 하는 책임감 있는 시민으로는 말할 것도 없고, 의지가 전혀 없는 둔하고 '원시적인' 대상으로 이용되었다. 이런 원형은 고분고분한 텔레비전에 의해서도 계속 유지되었는데, 이 텔레비전은 단 하나의 진정한 영웅, 즉 '경쟁 없고 권위 있는' 정부의 '노출증적 권력'을 가지게 된다.[38]

　2002~2003년 사이에 실시된 여론조사들은 미래에 대한 희망적인 전망을 조심스럽게 내비친다. 한 여론조사는 강력한 중앙집권에 대한 믿음이 그것과 거의 동일할 정도로 민주주의에 대한 강한 신뢰를 동반하고 있음을 보여 주었다.[39] 개혁 첫 10년에 대한 태도를 평가하기 위한 다른 여론조사에서 응답자들은 개인 자유보다는 집단 평등을 확실히 더 선호하고 있음을 보여 주었다. 이미 응답자의 83.6%가 자신들의 기본적인 감정을 표현할 수 있도록 제시된 42개의 속담 가운데 '일어난 모든 것은 더 나은 것을 위한 것이다'라는 속담을 선택했다. 이 여론조사 자료를 살펴본 한 분석가는 다음과 같이 논평하였다.

---

37 A. V. Gordon, "Arkhetipy rossiiskoi vlasti", *Kuda idet Rossiia?*, no.2, 1995[「러시아 권력의 원형들」, 『러시아는 어디로 가고 있는가?』]. 또한 Yury Lotman and Boris Uspensky, "Otzvuki kontseptsii 'Moskva-Tretii Rim' v ideologii Petra Pervogo", Boris Uspensky, *Izbrannye trudy*, vol.1, Moscow, 1994, pp.60~74[「표트르 1세의 이데올로기 속에 나타난 '모스크바-제3로마' 개념의 메아리들」, 『선집』]도 참고하라.

38 Dubin, "Strana zritelei"[「관객들의 나라」].

39 '발틱해에서 태평양으로 향하는 러시아: 러시아 정체성에 나타난 국가적 특성과 지역적 특성'이라는 연구 프로젝트와 관련된 베라 헤이페츠의 러시아연방정보분석기관 로스발트(Rosbalt, Rossiiskoe federal'noe informatsionno-analiticheskoe agentsvo) 보고서. Vera Heifets, "Russia from the Baltic to the Pacific Ocean: National Characteristics and Regional Peculiarities in the Russian Identity", *Johnson's Russia List*, no.7013, January 11, 2003.

이 말은 마치 '저절로'인 듯 흘러가는 삶의 수동성 및 불간섭과 공존하고 있는 러시아의 전형적인 낙관적 운명주의의 정수이다. …… 이런 입장은, 사람은 스스로가 자신과 자신의 삶을 만들어야 한다는 프로테스탄트의 윤리에 있어 전형적인 개인의 자율성에 기초한 입장과는 정반대되는 것이다.[40]

러시아 내에서 개인의 책임감이 제대로 자라지 못한 것은 정교회와 공산당에 있었던 공적인 속죄라는 집단의식을 고수한 결과 뒤따라온 것이다. 페테르부르크의 한 젊은 학자는 개별적이고 사적인 고해는 러시아에서 서구 기독교에서와 같은 역할을 해내지 못했다고 주장한다. 그 대신 공적인 속죄라는 의식이 발달한 것이다. 사적인 고해는 표트르 대제에 의해 훼손되었는데, 표트르 대제는 성직자에 대한 감시를 강화한 인물이었다. 1917년 이후 공산주의자들은 공개 자아비판proiavlenie lichnosti과 의무적인 타자 고발oblichenie을 요구함으로써 이 전통을 강화시켰고 세속화하였다.[41]

포스트소비에트 초기의 개혁주의적 정치가인 세르게이 바부린 Sergey Baburin은 그럼에도 불구하고 러시아 정교는 러시아 정체성의 중심이어야 한다고 주장하였다. 과거에 정교회는 다민족 사회의 통합을 도왔고, 현재는 새로운 시장경제로 인한 과도한 개인주의와 인간 혼돈의 균형을 잡아 줄 수 있는 공동체적 가르침을 사용할 수 있다. 전前 두마

---

40 페테르부르크의 사회학자 지나이다 시케비치가 쓴 러시아연방정보분석기관 로스발트 보고서의 축약본. Zinaida Sikevich, "Ten Years of Russia's Reforms as Seen by her Citizens", *Johnson's Russia List*, no.6157, March 26, 2002, pp.1~2.

41 Oleg Kharkhordin, *The Collective and the Individual in Russia: A Study of Practices*, Berkeley: University of California Press, 1999.

부의장 바부린은 '나로도블라스티에'narodovlastie(민중 통치)라는 러시아의 이상을 서구의 '허무주의적 자유주의'에 병치시켰고, 자신이 만들어 낸 '계몽적 전통주의'를 정교라는 전적으로 민족주의적인 개념에 병치시켰다.[42]

본질적으로 도덕적인 러시아 정체성에 관한 새로운 비전은 드미트리 리하초프가 제시한 애국주의와 민족주의 간의 대조 위에서 구축되었다. 그는 애국주의를 자신의 고국에 대한 가족 같은 연대를 연장시켜 주는 자연스럽고도 긍정적인 감정으로 보았다. 그에 반해서 민족주의는 영원한 적에 대한 공포로 추동되고 내부 희생양을 위한 마녀사냥으로 유지되는 인공적이고 부정적인 이데올로기이다. 바부린은 리하초프가 사용했던 것과 같은 이분법을 만들어 내기 위해 유순한 '민족주의'에 '비뚤어진 쇼비니즘'을 대비시킨다.[43] 바부린은 러시아의 독특한 정체성을 고양된 정신문화가 대지 친화성과 독특하게 결합되어 있다는 것 속에서 찾았다. 소련의 붕괴는 역사적 비극이었는데, 러시아가 멀리 떨어져 있는 자신의 공화국들을 잃어서였기 때문이라기보다는 소련의 붕괴로 인해 스탈린이 독창적으로 재구성해 놓은 다민족 제국이 일련의 민족별 복합체들로 영원히 굳어 버렸기 때문이다.

---

42 S. N. Baburin, *Rossiiskii put': utraty i obreteniia*, Moscow, 1997, pp.75~89, 201[『러시아의 길: 잃은 것과 얻은 것』].

43 예를 들어 V. B. Pastukhov, "'Novye russkie': poiavlenie ideologii", *Polis*, no.3, 1993, pp.15~26[「'새로운 러시아인들': 이데올로기의 출현」, 『정치연구』]를 보라. "우리 사회에 있어 가장 어려운 것은 민주주의와 권위주의 사이의 정치적 선택이 아니라 민족주의와 쇼비니즘 사이의 이데올로기적 선택이 될 것이다." 또한 V. B. Pastukhov, "Ot nomenklatury k burzhuazii: 'novye russkie'", *Polis*, no.2, 1993, pp.49~56[「노멘클라투라에서 부르주아로: '새로운 러시아인들」]의 1부도 참고하라. 바부린은 '민족적 이상의 부재'가 러시아의 '가장 심각한 문제'라고 믿고 있다. Baburin, *Rossiiskii put'*, p.132[『러시아의 길』].

1993년 10월 옐친이 의회에 포격을 가하자 바부린은 옐친에 반대하는 민주주의 그룹에 들어가게 되었다. 그 뒤 그는 사회 폭력이나 과도한 법적 논쟁 없이도 합의를 만들어 내는 '일본 방식'에 관심을 갖게 되었다. 2003년에 그는 민족 중심적이며 권위주의적인 민족주의로 옮겨 갔다. 그는 자신이 창당한 소규모 신당을 '민족의 의지'Narodnaia volia라고 이름 붙였는데, 이는 개혁주의자인 차르 알렉산드르 3세를 암살했던 19세기 인민 혁명 그룹을 따라 지은 것이었다. 이후 그는 세르게이 글라지예프의 좌익 민주주의 블록에 가입하였다.

　　러시아의 많은 민주주의자들은 궁극적이고 평화적인 일부 변용에 동의를 표하고 있다. 대부분의 러시아인들은 벨라루스와의 통합에 찬성하고 있다. 많은 이들은 재통합이 언젠가 우크라이나와도 잘 풀리게 해줄 것이라는 알렉산드르 솔제니친의 희망을 공유하고 있기도 하다. 솔제니친과 마찬가지로, 자유주의 학자 이고르 제벨레프Igor Zevelev는 우크라이나의 여러 지역처럼 순수 러시아인들이 대거 거주하고 있는 북카자흐스탄도 목록에 추가하고 있다. 그러나 제벨레프는 자주 인용되고 있는 케말 아타튀르크Kemal Atatürk의 오스만제국 붕괴 모델에 대해서는 경고를 하고 있다.

> 케말주의[44] 터키는 이란인, 그리스인, 쿠르드인 소수집단을 집단으로 학살하고 추방함으로써 민족국가 실험을 시작했다. ……
> 명확한 국경이 없는 러시아가 '러시아 물음'에 대한 유일한 평화적 해답이 될 수 있다. …… 유라시아의 흐릿한 정치 지도는 러시아와 다른 유라시아

---

44 터키의 초대 대통령인 무스타파 케말 아타튀르크가 도입한 세속적 민족주의. ——옮긴이

국민들이 서구 유럽이 했던 모든 단계와 실수를 반복하지 않게 [만들 수도 있다]. 예를 들어, '독일 문제'는 독일인들이 그것을 두고 한 세기 동안 싸웠던 국경들이 더 이상 쓸모가 없게 되자마자 유럽 통합이라는 틀 안에서 확실히 해결되었다.[45]

이고르 추바이스는 그런 희망을 위한 토대를 러시아 국민에게는 외국인에 대한 깊은 증오심이 부재하다는 사실과 러시아인들에게는 외딴 지역에 있는 인접국들과 '부드러운 공존' 성향이 있다는 사실 속에서 보았다.

러시아의 권위주의적 미래보다는 민주주의적 미래를 옹호하는 몇몇 지지자들은 '누스피어'에 관한 새로운 이론들로 자신들의 주장을 지지하고 있다. 글을 많이 쓰는 경제학자 유리 야코베츠는 문명 간의 불가피한 충돌과 흥망에 관한 과거의 모든 이론은 현재에는 더 이상 쓸모가 없게 되었다고 주장한다. 인간사(사회권sociosphere)와 자연계(생물권biosphere) 내의 폭넓은 주기들은 인간 정신과 우주 간의 상호작용(인지권noosphere)에 의해 대체되고 있다. 지금 전 인류는 "폭풍을 거쳐 별을 향해" 움직이고 있다.[46]

생태계의 위기는 전 세계적인 문제가 되었으며 이는 거드름 피우는

---

45 Igor Zevelev, "The Unfinished Quest for Russian Identity", *The Russian Journal*, June 14~20, 1999.

46 Yury Yakovets, "Per Aspera Ad Astra", *At the Sources of a New Civilization*, Moscow, 1993, p.222. 본문에 이어지는 인용은 Yury Yakovets, *Ekonomika Rossii: peremeny i perspektivy*, Moscow, 1996, pp.104~105[『러시아의 경제: 변환과 전망』]에서 가져온 것이다. 니콜라이 콘드라티예프와 블라디미르 베르나츠키의 글에 기반하여 '순환성' 이론을 발전시키고 있는 Yury Yakovets, *Predvidenie budushchego: paradigma tsiklinosti*, Moscow, 1992[『미래의 예측: 순환성 패러다임』]도 참고하라.

중앙의 입안자들에 의해서도 '시장의 통제되지 않는 힘'에 의해서도 해결될 수 없다. 과학과 기술을 해결책의 일부라기보다는 문제의 일부로 보고 있는 사람들의 순진한 '생태 중심주의'에 의존할 수도 없다. 현재 문제들은 누스피어, 즉 "인간의 사고와 행동이 생물권 과정에 미치는 영향을 결정하는 영역" 속의 국가들과 학술적 가르침 사이에서 공동으로 해결되어야만 한다.

"21세기를 위한 누스피어의 긍정적인 변이형"은 노르웨이, 스웨덴, 핀란드, 스위스, 일본처럼 아담하고 단일민족으로 구성된 국가에서 이미 성취된 '안정적인 성장'으로 점쳐지고 있다. 러시아는 이 모델을 대규모로 복제할 수 있고 다민족국가들에 —— 그리고 어쩌면 심지어 전 세계에 —— 이것을 증명해 보일 수 있는 자원과 재능을 지니고 있다.

야코베츠는 러시아와는 달리 자신의 '정신적인 핵'을 유지할 수 없었고 지구적으로뿐만 아니라 우주적으로 사고할 수 있는 능력을 유지할 수 없었던 중국과 긴밀하게 공조해야 한다고 주장하는 유라시아적 견해를 거부한다. 그는 러시아를 위해 두 편의 가능성 있는 미래 시나리오를 서술하고 있다.

① **비관적 시나리오**: 최악의 경우는 캄보디아의 폴 포트, 최상의 경우는 칠레의 피노체트가 되는 새로운 독재주의. 어떤 경우든 러시아는 '알바니아화'되어 고립되고 독재적인 국가가 될 것이다.

② **낙관적 시나리오**: 좀 더 큰 규모의 새로운 대한민국과 싱가포르. 신세대들은 소비에트 초기 신경제정책의 경제적 역동성과 중국 공산주의 경제 개혁의 첫 단계를 서구화하고 있는 정치 개혁과 결합시킨 멋진 새 국가를 놀라운 속도로 창조해 낼 수 있을 것이다.

이어서 야코베츠는 제3의, 우선적인 시나리오를 제시하는데, 그것을 그는 '현실적인 것'이라고 불렀지만 다른 시나리오들만큼 세밀하게 기술하지는 못한다. 그의 글 곳곳에서 보이는 것처럼, 그것은 연방 민주주의를 위해 미국과 스위스 모델을, 세계 시장경제와 관련해서 독일과 스칸디나비아 모델을 도입하는 것, 1917년 이전의 러시아 문화를 회복하는 것, 미국과 일본의 '예술, 첨단 기술, 시장의 통합'을 첨가하는 것을 포함하고 있는 듯 보인다.[47]

이 시나리오 아래서 러시아는 또 다른 전통적인 국가뿐 아니라 개개인의 발전이 세계 구성원들 및 누스피어의 필요와 연결되는 새로운 유형의 공동체가 됨으로써 다른 개발도상국에 하나의 모델을 제공할 것이다. 미래를 위한 시나리오가 무엇이든 러시아인들은 그것을 만드는 데 있어 중심적인 역할을 수행할 수 있을 것이다. "러시아는 문명의 부활이든 붕괴든 선봉에 서게 될 것이다."[48]

---

47 Yakovets, *At the Sources of a New Civilization*, pp.145, 152, 155. 그의 시나리오들에 관해서는 pp.203~213을 보라. 보다 이후의 버전에 관해서는 Yury Yakovets, *Tsikly, krizisy, prognozy*, Moscow, 1999, pp.430~435[『사이클, 위기, 예측』]를 보라.

48 *Ibid.*, p.395. 야코베츠는 역사 내 러시아의 독특한 위치를 세계의 역사 사이클(tsiklizm)과 자연계의 발전(kosmizm)에 연결시키는 정교한 이론을 발전시키고 있다.

문명의 번영과 몰락에 대해 이런 방식으로 폭넓게 분석하는 것이 포스트소비에트 러시아에서 널리 퍼져 있다. 일반적인 경향은 다닐레프스키에서 시작하여 오스발트 슈펭글러(Oswald Spengler)와 아널드 토인비(Arnold Toynbee)를 거쳐 페르낭 브로델(Fernand Braudel)에 이르는 계보를 추적하는 것이며, 이후 새뮤얼 헌팅턴(Samuel Huntington)의 '문명의 충돌'(The Clash of Civilizations) 이론과 프랜시스 후쿠야마(Francis Fukuyama)의 '역사의 종말'(The End of History)이라는 견해에 이의를 제기하는 것이다. 러시아가 어떻게든 갈등을 넘어선다든가 역사의 새 단계를 시작하는 데 있어 중요한 역할을 할 수 있다는 것이 명시적이거나 암시적인 결론이다.

그런 분석들은 종종 자본주의와 공산주의 사이의 '제3의 길'을 그저 지지하기 위해서 만들어진 것으로 보이지만, (오랫동안 금지되어 왔던 서구의 사회과학적 이념들에 자주 의지함으로써) 종종 새로운 종류의 학문을 세우려는 듯 보이기도 한다. 예를 들어, '문명학'(civilography)에 관한 체르냐크의 다음 책을 보라. E. B. Cherniak, *Tsivilografiia. Nauka o tsivilizatsii*, Moscow, 1996[『문명학: 문명에 관한 학문』].

야코베츠는 '사회 유전학'이라는 새로운 학문이 자연·정치·경제 사이클 사이의 상호작용

지방의 부상

러시아 민주주의자들의 지평은 지방의 정치적 부상으로 확장되었다. 여론조사 자료는 놀랄 정도로 많은 수의 러시아 국민들이 한 도시나 지역을 자신들이 마음 바쳐 충성해야 할 주요 장소로 여기고 있음을 보여 주고 있다.[49] 소비에트연방 붕괴 이후 러시아의 지방에서는 자신들만의 상징, 직인, 깃발을 채택하거나 만들어 내려는 '문장紋章 러시'가 뒤따랐다.[50] 2003년 봄 무렵, "러시아인들은 수도에서 발행된 신문이 아니라 그 지역에서 발행된 신문을 읽는 것을 더 선호"한다는 것이 분명했다.[51]

에 관한 철저한 연구에서 비롯될 수 있다고 믿는 듯 보인다. Yakovets, *At the Sources of a New Civilization*, pp.223~233. 그는 (주로 『사이클, 위기, 예측』에서) 풍부한 독창적 도표를 제공하고 있다. 그러나 어떻게 이 학문이 인류를 그가 예견한 행복한 미래로 이끌 것인가에 대해서 설명해야 할 때, 그는 82개의 단어로 이루어진 복잡한 한 문장으로 시작하고 있지만(p.230) 결코 명료하게 설명하지는 못한다.

49 2003년 초에 있었던 '발틱해에서 태평양으로 향하는 러시아' 프로젝트를 위한 여론조사는 각 지역과 연령 집단 내에서 여론조사에 응한 43~57%가 스스로가 해당 지역에 속하고, 25~45%가 러시아인들이라고 인정했음을 보여 준다. Heifits, "Russia from the Baltic to the Pacific Ocean". 2003년 3월 26일 자 『프라브다』 온라인판에 올려진 한 기사는 러시아인들이 —— 소비에트 시기와 뚜렷한 대조를 보이며 —— "수도에서 발행된 언론이 아니라 지역 언론을 읽는 것을 선호한다. …… 지역·공화국·주 신문이 차지하는 비율이 80% 이상이다"라고 보고하고 있다. *Johnson's Russia List*, no.7118, March 27, 2003에서 재인용.

50 Yury Perfiliev, "Regional'naia simvolika i ideologiia", *Regiony Rossii v 1999 g.*, annual supplement to N. Petrov ed., *Politicheskii almanakh Rossii*, Moscow: Carnegie Center, 2001 [「지방의 상징물과 이데올로기」, 『1999년 러시아의 지방들』, 『러시아의 정치 연감』의 부록]. 페르필리예프에 따르면, 러시아의 89개 정치구 가운데 약 40개 정치구가 아무런 상징물도 없는 상태에서 시작했고, 이 중 3분의 1이 공모를 통해 지역의 상징물을 선정했으나 1999년경 14개 지역은 여전히 상징물을 가지지 못하고 있다.

포스트소비에트 시대 야로슬라블 같은 지방 도시의 공공 건축 기념물을 두고 벌어진 논쟁은 "형용사 '러시아의'는 무엇을 의미하는가? 현 정권이 이데올로기적 중심점이 부족할 때 …… 러시아연방은 국민과의 감정적 유대를 어떻게 확보할 수 있을 것인가?"라는 문제들을 결정하는 데 있어 중요하게 작용했다. Blair Ruble, "Architecture, Urban Space, and Post-Soviet Russian Identity", James Cracraft and Daniel Rowland eds., *Architectures of Russian Identity*, Ithaca, N.Y.: Cornell University Press, 2003, p.212.

현재 비러시아 소수집단 지역에 거주하는 순수 러시아인들은 민족보다는 지역을 자신과 동일시하는 경우가 빈번하다. 민족적으로 러시아인들이 다수인 극북의 아르한겔스크주에 살고 있는 1000명을 대상으로 한 여론조사는 응답자의 46.9%가 자신들이 살고 있는 지역을 자신들의 조국(로디나rodina)과 동일시하고 있고, 43.3%만이 자신을 러시아인으로 규정하고 있음을 보여 주었다.[52] 1997~1998년 타타르스탄에 살고 있는 58%의 순수 러시아인들이 자신들은 타타르스탄인이라고 대답하였다.[53]

타타르스탄의 대통령 민티메르 샤이미예프Mintimer Shaimiev는 정교회 사원을 복원하는 동시에 카잔의 크렘린 내부에 이슬람 사원을 건립함으로써 러시아와 타타르스탄 사이의 잠정적 민족 긴장을 상쇄하기 위한 제스처를 취했다. 그는 과격한 이슬람을 해외에서 배우려는 유혹을 줄이기 위해 새 이슬람 대학을 설립하기도 하였다.

순수 러시아인들은 혁명 이전 제정러시아 말기에 힘을 모으고 있었던 지방자치회oblastnichestvo의 전통을 복원하고자 하는 시도에서 자주 선

---

51 소비에트 시기와는 아주 대조적으로 신문 독자층의 80%가 주, 지역 혹은 공화국의 신문을 읽었다. 『프라브다』 2003년 3월 26일 자 온라인판에 올려진 기사로 Johnson's Russia List, no.7118, March 27, 2003에서 재인용.

52 T. F. Shubina, "Identichnost' kak kharakteristika territorial'noi obshchnosti", Rossiia na poroge XXI veka: strategicheskie interesy i aktual'nye problemy Rossii na evropeiskom severe, Arkhangel'sk, 2000, p.409[「영토적 공통성이라는 특질로서의 정체성」, 『21세기 문턱에 선 러시아: 유럽 북부에 위치한 러시아의 전략적 이해관계와 당면 문제들』].

53 통계 출처는 Rostislav Turovsky, "Regional'naia identichnost' v sovremennoi Rossii", Michael McFaul and Andrey Riabov eds., Rossiiskoe obshchestvo: stanovlenie demokraticheskikh tsennostei?, Moscow, 1999, pp.87~136[「현대 러시아의 지역 정체성」, 『러시아 사회: 민주주의 가치의 형성』]. 순수 러시아인이 압도적인 지역에서조차, 크라스노야르스크 변경주의 42%, 스베르들로프스크주 37%를 포함하여 많은 수가 자신이 살고 있는 지역을 자신의 '조국'으로 생각하고 있다.

두에 서고 있다. 낙관적 개혁론자인 에밀 파인Emil Pain은 지역에 대한 시민의 무관심이 "사회적 격변만큼이나 위험"할 수 있다고 경고했다. 그는 러시아 극동 지역에 있는 명목상 유대인 자치의 비로비잔에서는 "유대인이 거의 남아 있지 않은 유대 자치주의 보존을 찬성하고 있는 사람들은 다름 아닌 러시아인들이다"라고 언급했다.[54] 순수 러시아인들이 현재 러시아연방 내 인구의 압도적인 다수를 차지하기 때문에, 지방의 정치 지도자들은 중앙정부에 대해 자신들의 세력을 강화하기 위해 일반적으로 민족 정체성보다는 지역 정체성을 선전하고 있는 것이다. 시베리아와 극동 지역의 순수 러시아인들은 러시아연방으로부터 분리 제안을 암시하기까지 했다.

심지어 순수 러시아인들 사이에서도 나타나는 지역적 시야의 전개는 자원은 풍부하지만 경제적으로 빈곤한 북쪽과 동쪽 지역에서 특히 분명히 나타난다. 이 '불편한 지역들'[55]에서 살고 있는 강건한 영혼들은 자신들이 러시아연방과 유럽 전체의 '날것의 물질적 부속물'에 지나지 않게 될 위험에 처해 있다는 것을 두려워한다.[56] 영웅이 없던 시대

54 Emil Pain, "Razocharovanie opasno ne menee, chem sotsial'nye volneniia", *Rossiskaia gazeta*, April 1997[「환멸은 사회적 격변만큼 위험하다」, 『러시아신문』]; Pain, "Separatizm i federalizm v sovremennoi Rossii", *Kuda idet Rossiia?*, no.1, 1994, p.170[「현대 러시아의 분리주의와 연방주의」, 『러시아는 어디로 가고 있는가?』]. 애덤 엘릭(Adam Ellick)의 보고에 따르면, 비로비잔의 인구 8만 8000명 가운데 5%만이 유대인이다. *Jewish Telegraphic Agency*, September 1, 2003.

55 당시 상트페테르부르크의 시장이었던 블라디미르 야코블레프(Vladimir Yakovlev)의 발언으로, Andrey Petrenko, "Arktika—zona osobogo riska", *NG-Regiony*, May 9, 1999, p.34[「북극지방—특별 위험 지대」]에서 재인용. 모스크바 신문 『자주신문』(*Nezavisimaia gazeta*)의 부록인 『NG-지역』(*NG-Regiony*)은 러시아연방 전역에서 지방의 이슈들을 진지한 방식으로 체계적으로 다루고 있는, 러시아 유일의 정기 간행물로 보인다.

56 사할린 주지사 이고르 파르후트디노프(Igor Farkhutdinov)의 발언으로, Aleksey Baiandin, "Tsel' ekonomicheskoi politiki: chtoby nishchikh regionov bylo men'she", *NG-Regiony*, 30, no.5, March 10, 1999[「경제정책의 목적: 빈곤 지역들이 적어지기 위해서」]에서 재인용.

에 북방 사람들과 시베리아 사람들은 러시아 부활에 필요한 시골적 가치들 — 즉, 자연 친화성과 농노제 및 관료제의 굴종적 유산으로부터의 역사적인 해방 — 의 용감한 전승자로 자주 여겨져 왔다.

러시아의 수도를 우랄산맥 동쪽으로 이전할 것을 지지하는 유라시아주의자들은 '새로운 민주주의'는 '새로운 중앙'이 필요하며 러시아의 세력과 영향력은 예전 동유럽에서 가능했던 것보다 중앙아시아에서 훨씬 견고하게 확립될 수 있다는 것을 다양한 방식으로 논의하고 있다.[57] 더욱 많은 사람들은 모스크바가 구舊관료제를 보존하고 있는 동시에 절망적으로 서구화되었기 때문에 모스크바는 내버려 두어야 한다고 주장한다. 모스크바는 러시아가 유럽-대서양 세계에 예속된 지방 수준으로 축소되면서 많은 관심을 얻게 되었다.

모스크바가 서구화되어 가고 있었던 것에 반하여, 예전에 '유럽을 향한 창'이었던 페테르부르크는 러시아 전통주의의 수호자가 되었다.

---

57 Vadim Tsymbursky, *Rossiia — zemlia za Velikim Limitrofom: tsivilizatsiia i ee geopolitika*, Moscow, 2000, pp.76~77, 115, 139[『러시아 — 거대한 국경 지역 너머의 땅: 문명과 문명의 지정학』]. 침부르스키는 블라디미르 미로노프(Vladimir Mironov)가 『자주신문』 1994년 9월 27일 자에서 최초로 제시한 반(反)모스크바 노선을 발전시켜 가며 그가 주장하는 것보다는 그가 거부하는 것을 더욱 분명히 밝히고 있다. 그는 "활발하지 못한 개혁 찬성 유럽 러시아인들"인 모스크바 엘리트와 싸우려는 새로운 "대항 엘리트"를 변론하고 있으며(p.139), 유라시아 문명들 사이의 국경 지방(limitrophe) 내 러시아인의 권한을 회복시키려는 새로운 지정학적 전략을 변론하고 있다. 그는 러시아를 위한 '공통의 유럽의 집'이라는 개혁주의자들의 견해에 반대하고 있다. 그러나 그는 새로운 엘리트와 새로운 정치 체계의 본성이 무엇인가에 대해서는 분명히 밝히지 못한다. 노보시비르스크를 중심으로 하여 대부분 『러시아, 모스크바 그리고 대안적인 수도』라는 선집에 의해 시작된 '대안적인 수도'에 대한 논의 요약은 Vadim Tsymbursky ed., *Rossiia, Moskva, i al'ternativnaia stolitsa*, Moscow, 1995, pp.107~141[『러시아, 모스크바 그리고 대안적인 수도』]을 참고하라.

우랄 지역에서 있었던 문화 관련 원탁회의에서는 모스크바인들이 물리적으로나 심리적으로 서구로 이동한 이후, 현재 전통적인 수도는 지방의 '싸움 없는 장악'을 위해 열려 있다는 주장이 제기되었다. Vitaly Kalpidi, "Provintsiia kak femomen kul'turnogo separatizma(liricheskaia replika)", *Ural'skaia nov'(Cheliabinsk)*, 6, no.1, 2000[「문화적 분리주의 현상으로서의 지방(서정적 답변)」, 『우랄의 미개척지(첼랴빈스크)』].

옛 러시아에 대한 이러한 옹호는 페테르부르크의 이오안 총대주교와 함께였다면 권위적이며 중앙집권화될 수 있을 것이다. 혹은 주지사 블라디미르 야코블레프가 관여했다면 연방 형태를 취할 수 있을 것이다. 그는 북쪽의 모든 영토를 페테르부르크를 수도로 하는 단일 정치 단위로 통합하자고 제안한 바 있다. 야코블레프의 후임으로 푸틴이 성공적으로 지명한 발렌티나 마트비옌코Valentina Matvienko는 선거운동에 페테르부르크를 새로운 러시아를 위한 모델 도시로 만들자는 원대한 계획을 포함시켰다.[58] 자유주의자들은 페테르부르크가 북부 지방에서의 특별한 권위와 중세의 노브고로드가 향유했던 그 자유를 되찾을 수 있기를 희망하였다. 그런데 그와 꼭 같이 독재주의적인 민족주의자들은 이러한 자유를 파괴했던 이반 뇌제를 우상화하였다.

북부 지역은 무르만스크와 아르한겔스크에서 태평양에 이르는 법적으로 정의된 독립체이다. 이것은 강제노동수용소의 현장이었고 소비에트 시기에는 강제 이주의 현장이기도 했지만 노동자들이 다른 그 어느 곳보다 많은 임금을 받았던 지역이기도 했다. 이후에는 방치되어 인구 감소를 겪고 있다. 전 세계의 에너지 자원이 곧 고갈될 것이라는 사실을 파악하고 있는 일부 사람들은 이 광활하고 자원이 풍부한 영토가 '21세기 주요 전쟁들'의 근원이 될 것으로 우려하고 있다.[59]

---

58 안드레이 페트렌코의 「북극지방 — 특별 위험 지대」에서, 야코블레프의 계획은 미하일 니콜라예프(Mikhail Nikolaev)가 제안한 의견을 지지하는 것으로 그려지고 있다. 페테르부르크를 묘사하기 위해서 '북방 수도'라는 말을 사용하는 것과 사령탑 내에 있는 푸틴의 페테르부르크 동료 그룹을 묘사하기 위해서 '북방 동맹'이라는 말을 사용하는 것에 대해서는 Christian Caryl, "St. Petersburg's Revenge", *Newsweek International*, March 11, 2002를 보라. 야심 찬 '상트페테르부르크 프로젝트'에 관해서는 2003년 8월 28일 자 『국회신문』(*Parlamentskaia gazeta*)에 실린 빅토르 테렌티예프(Viktor Terentiev)의 설명을 참고하라.

59 Pavel Zaidfudim, "Na kraiu zemli", *NG-Regiony*, 24, no.21, December 9~11, 1998[「땅끝에서」].

북부는 종종 러시아의 과거 고통의 진원지일 뿐 아니라 미래 구원의 진원지로도 여겨진다. 농촌 작가들과 점점 늘어나고 있는 저널리스트들은 이 지역에 온갖 종류의 속죄의 속성을 부여하고 있다. 경제학자들은 이 지역을 천연자원의 무한한 보고로 묘사하고 있고, 생태학자들은 북부는 세계의 폐, 지구 위에서 그리고 지구를 위해 여전히 숨쉬고 있는 마지막 원시림이라고 주장하고 있다. 시베리아 태생 작가 세르게이 잘리긴Sergey Zalygin은 『신세계』Novy mir를 소비에트 후기의 가장 영향력 있는 '두꺼운 잡지'로 만들어 놓았는데, 이는 주로 그의 강력한 환경 보호와 오랫동안 출판이 금지되어 온 러시아 문학의 두 명작, 보리스 파스테르나크의 『닥터 지바고』와 알렉산드르 솔제니친의 『수용소 군도』Gulag Archipelago의 출판에 힘입은 바 크다.

포스트소비에트 러시아에서 동토인 북부와 동부는 인구가 줄어들었을 때조차 창의적인 매력 속에서 커나갔다. 북부 지방 사람들은 '풍경 건축'landscape architecture이라는 독특한 스타일을 발전시킴으로써 인정을 받고 있다. 목조건물은 장식 없는 자연환경과 유기적으로 연결되었다. 북부 성당의 프레스코화와 이콘은 북부 지역 초목의 색채를 모방하였다. 게다가 구성은 그들이 사랑하는 말[馬]을 특징으로 삼았다.[60] 이와 동시에 북부 지방 사람들은 기독교 수용 이전의 가치들을 보존하고 있었

---

60 이것이 블라디미르 마흐나치가 「러시아 북부: 피와 영혼」에서 개진한 열정적이고도 대체로 기발한 주장의 핵심 요소이다. 그에 따르면, 러시아 북부에는 '이교적인 원시 러시아(prarossianstvo)' 시기부터 자연 풍광이 멋진 곳에 교회가 앞다투어 세워진 시기를 거쳐 19세기 후반 낙농 문화가 융성할 때까지 독특한 문화가 존재했다고 한다. Vladimir Makhnach, *Russkii sever: krov' i dukh*, Moskva, 1999, pp.157~166.
　　1996년 '러시아성' 정의를 위한 전국 경연 우승자인 북부 도시 볼로그다 출신인 구리 수다코프는 러시아인들이 광물로 만든 제조품보다는 자연의 유기농 제품들을 본성적으로 더 좋아한다고 강조했다.

는데, 그것은 (이 용어에 붙여진 맹비난에도 불구하고) 때로는 '아리아적인 것'으로 기술되고,[61] 때로는 백마로 표현되는 이교도의 태양신으로의 복귀로 묘사되었다. 노보시비르스크 아카뎀고로도크 연구단지의 한 핵물리학자는 '태양 박물관'을 건립하였고, 러시아가 존재하는 모든 교리들을 통합할 수 있는 태양 종교로 되돌아가도록 세계를 주도하고 있는 것으로 보았다.[62] 영구동토층에 건설된 시베리아의 도시 야쿠츠크 출신의 한 경제학자는 세계의 온난화가 그가 살고 있는 지역을 점점 농업에 적합하게 만들 것으로 낙관하고 있다.[63]

일부 문학계 인물들과 지방 공무원들은 비교적 덜 훼손되고 인구밀도도 낮은 시베리아가 러시아 부활에 특별한 역할을 하고 있음을 보고 있다. 일부 개혁론자들은 시베리아의 광활한 공간에서 갈수록 자유가 보장받게 될 것이라고 주장한다. 이 지역 주민들은 사람들이 생각하는 것보다 더 국제적이고 지적이다. 스탈린은 국제적 연결 고리를 가지고 있는 민족 집단들과 독자적인 의견을 지닌 사상가들 및 사업가들을 감

---

61 Ibid.

62 이런 주장보다 훨씬 더 놀라운 점은 저널리스트들, 특히 그 지역의 저널리스트들이 이런 주장을 진지하게 받아들였다는 점이다. Aleksey Ulianov, "Solnechnyi chelovek: Rossiia spaset mir. V etom pomozhet Solntse", *Viatskii nabliudatel'*, no.41, October 6, 2000[「태양 인간: 러시아가 세계를 구하리라. 태양이 이를 도우리」, 『뱌트카의 관찰자』]와 Gennady Kustov, "Solnyshki Valeriia Lipenkova", *Akademgorodok(Novosibirsk)*, no.1, 1997, p.43[「발레리 리펜코프의 태양들」, 『아카뎀고로도크(노보시비르스크)』]에 실린 "이 박물관이 세계를 도취시킬 시간이 다가오고 있다"라고 한 우즈베키스탄의 타슈켄트에 거주하고 있는 러시아인 예브게니 베레지코프(Evgeny Berezikov)의 발언을 보라. 발레리 리펜코프(Valery Lipenkov)는 몽골 국경 근처에서 고대 동양 신화에 대한 고고학적 연구를 수행하고 스위스, 이탈리아, 이집트, 중국으로부터 자료를 수집하고 있는 것으로 묘사된다.

63 Fedor Tumusov, "Novyi rossiiskii federalizm dlia 21 veka", *NG-Regiony*, February 9~10, 1999[「21세기를 위한 새로운 러시아 연방주의」]. 특히 시베리아의 여러 지역 내 경쟁에 관한 논의 및 그 지역 내 민주적 경향에 관한 논의에 대해서는 스티븐 셴필드(Stephen Schenfield)가 편집한, 지역 정책에 관한 부록을 참고하라. *Johnson's Russia List*, no.6353, November 6, 2002.

옥으로 보내거나 추방시키는 경향이 있었다.

미 의회도서관은 미국의 서진과 러시아의 동진이라는 유사한 스토리를 밝혀 줄 다큐멘터리 이미지를 소장할 온라인 디지털 도서관 개관에 필요한 특별한 재능의 협력자들을 시베리아에서 찾아냈다. 2002년 10월 12일, 푸틴 대통령의 부인 류드밀라 푸티나Lyudmila Putina는 미 의회도서관을 방문하여 '경계의 만남'이라는 프로젝트를 위해 인터넷 웹상에다 시베리아의 문서 보관소 일곱 곳에서 보내온 희귀 자료들을 업로드하는 것을 지켜보고 있었다. 교육 목적을 위해 이 프로젝트를 어떻게 활용할 수 있을 것인가를 주제로 하여 알래스카와 모스크바에서 열린 회의에서 양국 팀은 협업하였다. 일부 시베리아 출신 참가자들은 미국의 자영농지법Homestead Act을 러시아에 도입하면 여전히 대부분 비어 있는 시베리아 공간으로 사람들을 이주시키는 데 도움을 줄 것이라며 제안하기도 했다.

보통 강제수용소의 아들이자 딸이었던 시베리아 주민들은 1991년 8월 공산주의 쿠데타 시도에 대한 민주주의적 저항 과정에서 중요한 역할을 했다. 쿠데타 바로 당일에 개최된 '동포 대회' 때문에 귀국한 러시아 망명자들을 환영하기 위해 옐친 정부는 많은 이들을 우랄산맥 동쪽에서 모스크바로 초대했다. 1991년 8월 19일 아침, 크렘린의 성모승천사원[우스펜스키 사원──옮긴이]에서 열린 개막식에서 바리케이드 옆에 서기 위해 러시아의 벨리돔으로 곧장 이동했던 사람들의 선두에는 시베리아 주민들이 있었다.

오랫동안 출판이 금지되어 왔던 니콜라이 야드린체프Nikolay Yadrintsev와 그리고리 포타닌Grigory Potanin 같은 19세기 시베리아 사람들의 저작이 포스트소비에트 시기에 재발견되었다. 알래스카가 미국에 팔리던 무렵에 그들은 시베리아의 더 많은 자치권과 러시아에 미국식 연방제의 도입을 주창했다는 이유로 투옥되었다. 1908년 포타닌은 어떻게 러시아인들 스스로가 자유와 혁신에의 충동을 발견했는지를 다음과 같이 묘사하고 있다.

> [시베리아는] 창조적인 러시아의 정신이 어머니 조국에서 그들을 묶었던 전통에 의해 포박된 그 날개를 자유롭게 펼칠 수 있는 환경이다.[64]

톰스크 출신의 베테랑 민족학자인 엘레오노라 리보바Eleonora L'vova는 러시아의 '위대한 이념'과 그 광활함에 대한 역사적인 주목이 "우리들로 하여금 우리들의 좀 더 작은 조국에 관해 잊게 만들었고, …… 일상생활에 대한 생각ideia povsednevnogo을 완전히 가렸으며 모호하게 만들었다"라고 안타까워한다. 그녀는 새로운 종류의 역사 교과서 쓰기라는 결코 실현되지 못했던 포타닌의 이상 속에서 새로운 관련성을 보았는데, 그 역사 교과서는

> 우리 조국의 가장 멀리 떨어져 있는 국경 지대로 나아가면서, 집에서 시작하여 그 집을 둘러싸고 있는 땅, 마을과 주州로 퍼져 나가게 된다.[65]

---

64 Stephen Watrous, "The Regionalist Conception of Siberia, 1860 to 1920", Galia Diment and Yury Slezkine eds., *Between Heaven and Hell: The Myth of Siberia Culture*, New York, 1993, p.121 에서 재인용. '오블라스트니크'(oblastnik)라는 용어는 1890년대에 지역주의 지지자들을 지칭하기 위해 최초로 사용되기 시작했다(p.117). 스티븐 와트러스는 "북아시아의 운명을 북아메리카에 비유하는 것이 지역주의 발전에 있어서 적지 않은 역할을 했다"라고 주장하기 위해 세르게이 스바티코프의 권위 있는 저서를 인용하고 있다. S. G. Svatikov, *Rossiia i Sibiri. K istorii sibirskogo oblastnichestva v XIX v.*, Prague, 1930, p.5[「러시아와 시베리아. 19세기 시베리아 지방독자주의의 역사」]. 포타닌의 최고작은 『시베리아의 지방독자주의적 경향』이었다. Grigory Potanin, *Oblastnicheskaia tendentsiia v Sibere*, Tomsk, 1907.

현재 현실적이고 경제적인 이유는 시베리아의 특별한 중요성을 부각시키고 있다. 그것은 천연자원의 거대한 보고로서뿐만 아니라 새로 생겨난 유럽과 아시아 사이의 운송 가교로서도 여겨지고 있다. 학자와 정부 관리들은 시베리아가 ① 시베리아횡단열차 개량과 동서 간 운송용 고속도로 건설을 통한 유럽과 동아시아 간의 신속한 연결, ② 극지 횡단 비행용 신노선 및 공항 개장을 통한 남아시아와 북미 간 보다 짧은 항공로를 제공할 수 있는 잠재력을 지니고 있다고 말한다.

지역 의식의 성장은 정치학이나 경제학보다는 러시아연방의 문화 및 심리학에 보다 즉각적인 영향력을 행사했다. 1992년 3월에 있었던 연방 조약과 새로운 법령 및 1993년 12월의 새로운 헌법은 연방의 전체 89개 행정구역 사이의 법률적 평등과 각 구획에 대한 다양한 자치권의 정도를 확립해 주었다. 그러나 그 지역들의 아주 상이한 이해관계와 자원, 새로 구성된 입법부와 지방 행정부 사이의 지역 갈등이 크렘린의 세력에 맞서 효과적인 공통의 태도를 발전시키는 것을 방해하기도 했다.

특히 1993년 10월 옐친과 두마 간의 갈등, 뒤이은 12월 두마 선거에서 개혁당들의 패배 이후 옐친은 기본적으로 대통령령으로 통치하게 되었다. 1994년 체첸전이 시작되어 1999년에 재개된 이후에는 계속해서 더 많은 자치권을 요구하고 있는 모든 지역 위로 냉기가 드리워졌다. 푸틴은 그것을 일곱 개 그룹 —— 각 그룹에는 그들을 지켜보기 위해 푸틴이 임명한 강력한 대표자가 있었다 —— 으로 나눔으로써 연방의 구획들 속에서 더 단단하게 고삐를 당기려 노력했다. 그는 연방의회의 구성

---

65 James H. Billington and Kathleen Parthé eds., *Second Colloquium on Russian National Identity Final Report: American Center, Tomsk, Russian Federation, November 5-6, 1998*, Washington, D.C.: Library of Congress, 1999, p.48.

원이 될 수 있는 최초의 권리를 지역 주지사들에게서 박탈함으로써 러시아 의회의 상원, 즉 연방의회의 힘을 약화시키기도 했다.

지방은 정치적으로는 좌절을 겪었지만, 대체로 자신들만의 독립적인 주도권을 통해 놀랄 만한 문화적·정치적 발전을 이룩해 냈다. 보통 지역에서 제작된 다큐멘터리 작품들을 특색으로 하는 영화제가 2003년에 로스토프나도누, 사라토프, 페름, 블라디보스토크에서 개최되었다. 영화 「사라토프의 고통」Saratovskie stradaniia은 지방 도시에서의 평범한 일상을 기록하였고 사회 속 개인의 운명에 대한 관심에 초점을 맞추고 있다. 페름의 '플라허티아나'Flahertiana 영화제는 미국의 선구적인 무성영화 감독인 로버트 플라허티Robert Flaherty에 온전히 바쳐졌는데, 그의 서사적인 에스키모 다큐멘터리 「북극의 나누크」Nanook of the North는 시베리아 주민들의 흥미를 분명히 끌어당겼다. 이 지역의 젊은이들은 리하초프가 시베리아와 러시아의 깊숙한 오지를 연결시켰던 유명한 문구("자유는 의지 더하기 공간이다") 속에서 새로운 희망을 보려는 듯하다.

어머니 조국과 여성의 역할

모든 러시아인들의 미들네임은 여전히 자신의 아버지 이름을 딴 부칭otchestvo이다. 일반적으로 차르는 모든 이들의 사랑하는 '아버지'batiushka로 인정받았다. '아버지 조국'(오테체스트보otechestvo)이라는 단어는 역사적으로 러시아의 중앙 당국에 대해 자식 같은 유형의 복종을 조장하기 위해 사용되었다. 이 말은 10년간의 무시무시한 숙청 이후 스탈린의 러시아를 정당화하는 데 도움을 주었다. 러시아인들은 '대조국전쟁'이라는 신성화된 명칭이 붙은 제2차 세계대전에서 싸우기 위해 다 함께 복귀하였던 것이다.

그러나 이후 오테체스트보라는 말은 제국주의적 뉘앙스를 지니게 되었고 소비에트연방 붕괴 이후에는 광채를 많이 잃게 되었다. 새로운 러시아연방은 오테체스트보로는 거의 불리지 않는다. 소련 후기에, 보리스 타라소프Boris Tarasov 장군 휘하의 권위주의적 민족주의자 그룹은 조국을 의미하는 '오트치즈나'Otchizna를 그룹명으로 사용하여 무력으로 민주화를 막으려 노력했다. 야망이 있었던 모스크바 시장 유리 루시코프Yury Luzhkov는 이후 조국을 의미하는 가장 익숙한 단어인 오테체스트보를 자신의 새 정치 운동의 명칭으로 만듦으로써 지방의 리더십에서 국가적인 리더십으로 도약하기 위해 노력했다. 2000년 선거에서 완패하자 「조국이여, 앞으로」Vpered, Otechestvo라는 노래는 별 이의 없이 선거 유세 기간에 방송을 금지당하게 되었다.

오테체스트보 이상理想의 부식으로 인해 만들어진 공백은 '어머니 조국'rodina이라는 보다 친밀한 개념에 대한 늘어난 관심으로 어느 정도 채워지고 있었다. 스탈린은 '어머니 조국을 위해, 스탈린을 위해'Za rodinu, za Stalina를 제2차 세계대전의 슬로건으로 만듦으로써, 여러 대도시에 전쟁 기념물로 '어머니 조국'이라는 제목의 그로테스크할 정도로 거대한 여성 상들을 세워 이 이상을 자신의 것으로 만들려고 하였다. 그러나 그 이후 이 이상은 권력 조합과 권위 강화보다는 민요, 언어, 정신적인 삶과 점점 더 연결되고 있었다. '어머니 조국'은 러시아인의 삶에서 보다 양육적이고 공동체적인 면 — 소비에트 시기에 억눌렸지만 일부에서는 살아남았던 정체성 — 을 시사한다. 러시아의 새로운 민주주의적 정부는 일반적으로 더 이상 어머니 조국을 대변하는 것만큼 아버지 조국을 대변하지는 않게 되었다.

새 천 년을 시작하면서 푸틴 대통령은 기독교 성직자에게 국가 훈장을 수여하는 전례 없던 기념식 연설에서 '어머니 조국'이라는 말을 언급했다. 그는 산재해 있는 러시아의 디아스포라를 위해 역사적인 역할을 해냈던 정교회를 특히 높이 평가하였다. "디아스포라들이 어머니 조국에서 멀리 떨어져 살고 있기에, 교회는 민족의 문화 및 언어 보존을 돕는 러시아의 유일한 섬입니다." 어떻게 대통령과 정부를 위해 더 나은 세계적 이미지를 발전시킬 것인가에 관해 이후 쓰인 주요 논문에는 '어떻게 어머니 조국을 진척시킬 것인가'라는 제목이 붙었다. 게다가 세르게이 글라지예프는 2003년 두마 선거를 아주 잘 치른 그의 좌익 민족주의 블록에 '어머니 조국'이라는 명칭을 부여하기도 했다.[66]

중앙 당국에 인간의 얼굴을 씌우려 시도한 이들은 '어머니 조국'이라는 이상과 연결된 따뜻함, 자발성, 헌신이라는 단어와 상징으로 자신들을 자주 포장하곤 했다. 그렇게 함으로써 모스크바의 작가들은 1870년대 페테르부르크에서 인민주의 지식인들이 했던 것처럼 1990년대 러시아 지방의 단순한 가치들을 '재발견'하고 이상화하였던 것이다.[67]

러시아 역사는 장기간에 걸친 권력 앞에서의 수동성과 혁명적인 폭력의 격발 사이를 자주 오락가락하는 듯 보였다. 일부는 러시아 국민의 전설적인 강인한 인내dolgoterpenie 속에서는 여성적 원칙의 표현을, 주

---

66 2001년 1월 16일 자 인테르팍스(Interfax) 기사에서 인용된 푸틴의 발언. *Johnson's Russia List*, no.5023, January 17, 2001에서 재인용; Vitaly Tsepliaev and Aleksandr Kolesnichenko, "How to Promote the Motherland", *Argumenty i fakty*, September 11, 2002[『논쟁과 사실』]. *Johnson's Russia List*, no.6439, September 16, 2002; Simon Saradzhian, "Glazyev's Homeland Goes after Oligarchs", *Moscow Times*, September 16, 2003. 러시아어 'rodina'의 영역으로는 'homeland'보다 'motherland'가 훨씬 낫다.

67 1870년대 초에 있었던 '민중 속으로(v narod) 운동'의 기원에 대해서는 James H. Billington, *Mikhailovsky and Russian Populism*, Oxford, 1953, pp.53~98을 참고하라.

기적으로 일어나는 대격변 속에서는 남성적 원칙의 표현을 보았다. 망명 중에 게오르기 페도토프는 이러한 긴장은 아버지 조국과 어머니 조국이라는 경쟁적 이상 속에 구체화되었다고 주장하였다. 어머니 조국은 어디에나 있는 모든 것을 보호해 주는 성모 이콘들과 '마치 시라 제믈랴'Mat' syra zemlya(문자 그대로는 '축축한 어머니 대지'라는 뜻이다)에 대한 지속적인 민중의 믿음과 동일시되었다. 모성애는 많은 평범한 러시아인들에게 있는 소위 이중 신앙dvoeverie 속에서 기독교적 천상도 이교도적 지상도 모두 지배하였다.

19세기 작가들과 지식인들은 그들이 차르의 가부장적인 통치를 질책했을 때조차도 '어머니 러시아'Matushka Rus'를 이상화했다. 최초의 서구주의자 표트르 차아다예프는 어머니 러시아를 저돌적인 남성성을 지닌 두 개의 위협적인 세력 사이에 있는 일종의 평화적이고 여성적인 완충물로 보았다.

독일과 중국 사이에 어머니 루시가 놓여 있다. 만약 두 세력 사이에 존재하는 이 연결 고리가 사라진다면, 사람들은 엄청난 재앙을 맞이하게 될 것이다.[68]

얼마 후에, 인민주의 시인 니콜라이 네크라소프Nikolay Nekrasov가 쓴 주문은 러시아에 패러독스적인 자질의 신비적인 혼합, 즉 신학자들이 보통 신을 묘사할 때 사용했던 일종의 '상반적인 것들이 합치된 현상'을

---

68 Yury Afanasiev, *Opasnaia Rossiia: tragediia samovlastiia segodnia*, Moscow, 2001, p.342[『위험한 러시아: 오늘날 독재의 비극』].

부여했다.

> 그대는 가난하기도 하고,
> 그대는 부유하기도 하며,
> 그대는 학대받기도 했고,
> 그대는 전능하기도 하구나,
> 어머니 루시여![69]

　20세기 초, 작가들은 이 견해를 과할 정도로 취했다. 바실리 로자노프는 "러시아가 허약하고, 작고, 모욕당하고, 어리석었으며, 마침내 부패한 바로 그때에도" 어머니 조국을 사랑할 것을 주장하였고, "우리 '어머니'가 술에 취하고 거짓말을 하고 죄악에 얽혀 있는 바로 그때에도 우리는 '어머니'에게서 멀어져서는 안 된다"라고 주장하였다.[70] 볼셰비키 혁명 이후 보리스 필냐크Boris Pilniak는 "가난에 시달리고, 헐벗고, 맨발인 데다가, 굶주리고, 이가 득실거리고, 야만적이구나. 그렇다, 이것이 어머니 조국, 나의 어머니이다"라고 적고 있다.[71]
　('어머니 볼가'로 널리 알려진 넓은 강 가장자리에 위치한) 사마라에 거주 중인 한 현대 작가는 소비에트가 어머니 조국보다 아버지 조국을 강조한 것이 러시아에서 국가state와 국민nation의 개념을 한 점으로 합치

---

69 Nicholai Nekrasov, "Rus'", *Sobranie sochinenii*, vol.2, Moscow/Leningrad, 1930, p.579[「루시」, 『작품집』].

70 Daniel Rancour-Laferriere, *Russian Nationalism from an Interdisciplinary Perspective: Imagining Russia*, Lewiston, N.Y., 2001, p.41에서 재인용.

71 Boris Pilniak, "Rossiia, rodina, mat'"[「러시아, 조국, 어머니」]. Mikhail Agursky, *The Third Rome: National Bolshevism in the USSR*, Boulder, Colo., 1987, p.271에서 재인용.

는 것을 막아 주었다고 주장하였다.[72] 군국주의적인 아버지 조국의 붕괴와 함께 러시아 국가는 어머니 조국으로서의 정체성의 발전으로 인해 한 국가로 제대로 인식될 수 있는 기회를 이제 가질 수 있게 되었던 것이다. 사마라 출신의 또 다른 작가는 연민과 동정, 보복심 부재의 '여성적' 자질을 러시아 국가 정체성의 주요 특성으로 강조하고 있다.[73] 그리고 서구의 한 학자는 "러시아에서 애국자patriot란 사실 곧 진정한 어머니 조국을 사랑하는 사람matriot이다"라고 주장하기도 했다.[74]

옐친 집권 후기에 러시아 미디어는 점차 인기를 잃어 가고 있는 중

---

72 Aleksandr Shestakov, "Kontroverzy identichnostei: rodina i otechestvo v post-kommunisticheskoi kul'ture", *Povolzhskii zhurnal po filosofii i sotsial'nym naukam*(Samara), no.1, 1998[「정체성 논쟁: 포스트공산주의 문화 속에서의 어머니 조국과 아버지 조국」,『볼가강 지역 철학·사회과학 잡지』]. Joanna Hubbs, *Mother Russia: The Feminine Myth in Russian Culture*, Bloomington, 1988, 특히 '축축한 어머니 대지' 숭배에 관해 다루고 있는 pp.52~86 또한 보라.

73 I. A. Reibandt, "Mentalitet russkoi kul'tury", *Povolzhskii zhurnal po filosofii i sotsial'nym naukam*(Samara), no.8, 2000[「러시아 문화의 멘털리티」,『볼가강 지역 철학·사회과학 잡지』].

74 Rancour-Laferriere, *Russian Nationalism*, p.47. 랭커-라페리에르는 Rancour-Laferriere, *The Slave Soul of Russia: Moral Masochism and the Cult of Suffering*, New York, 1995에서 러시아의 가부장적 외면이 '어머니 중심적인 것'을 감추고 있다고 주장하고 있으며(pp.137~138), 고통받는 여성의 이미지는 러시아의 마조히즘적 '노예 정신'의 예시라고 주장하고 있다(pp.134~180, 특히 pp.144~159, 163~168).
  러시아의 독특함을 설명하기 위해 심리학적 개념을 차용하는 것은 주기적으로 나타나는 경향이다. 바실리 로자노프는 1903년에 이미 군대 퍼레이드를 바라보며 느꼈던 '척추 없는 복종의 완전히 여성적인 감정'에 관하여 썼다. 그 후 니콜라이 베르댜예프는 러시아가 지니고 있는 권력 앞에서의 '영원히 여성적인' 굴종에 관해 말하기도 했다.
  제프리 고러는 러시아 내 자유 부재의 원인을 찾아 아기들의 움직임을 제한하는 꽉 끼는 기저귀까지 추적하기도 했다. Geoffrey Gorer and John Richman, *The People of Great Russia: A Psychological Study*, New York, 1949(이는 Rancour-Laferriere, *The Slave Soul*, pp.116~121에서 논의되었다). 로버트 터커(Robert Tucker)는 자신의 많은 글에서 스탈린을 설명하기 위해 심리학적 범주들을 효과적으로 사용했다. 1950년대 중반 내가 CIA 국가정보평가국(The Office of National Estimates)에서 젊은 연구원으로 일하고 있었을 때, 나는 흐루쇼프를 '심인성 인격'이라고 진단하면서 그의 행동들을 설명하고자 했던, 특별히 의뢰받아 쓰인 흐루쇼프 관련 심리학 연구를 읽은 것이 기억난다. 보다 최근에 한 예술비평가는 소비에트와 유럽의 사유 속에 폭력이 뿌리내린 것을 설명하면서 테러학(terrorology)이라 불리는 접근법을 발전시키기 위해 프랑스의 심리학 연구서들을 활용하기도 했다. Mikhail Ryklin, *Terrorologiki*, Tartu/Moscow, 1992[『테러연구자들』]를 보라.

앙 권력의 가치보다는 지방적이고 가족적이며 가정적인 가치를 활성화 시키는 경향이 있었다. 국가적인 주제나 중앙정부는 체첸에서의 '남성 적' 공격성을 통해 세력을 키웠던, 격투기를 하는 푸틴의 집권하에서 재 강조되었다. 그러나 그의 인기를 유지시키기 위해 겸손과 간소함이라 는 그의 '여성적인' 자질들과 가족적이고 종교적인 가치들 또한 강조되 었다.[75]

러시아 전간기에 망명했던 몇몇 뛰어난 종교 사상가들은 러시아 는 언젠가 정교의 도덕적 토대 위에 민주주의를 세울 것이라고 주장했 다. 게오르기 페도토프는 '정교의 민주주의적 정부'는 아직까지 없었다 고 인정했지만, "현대 유럽의 민주주의를 인간 옹호와 연결시키려는 노 력" 속에서 "기독교적 이상을 지니고 있는 사회의 세속적 반영"을 보기 도 하였다.[76]

인권 운동이 일어나기 오래전에, 페도토프는 이와 유사한 과정이 기독교적 이상이 여전히 깊이 뿌리박고 있었던 러시아를 변화시킬 것 이라고 주장하는 듯 보였다. 니콜라이 로스키Nikolay Lossky는 러시아는 항 상 권위주의적인 중앙정부를 가졌던 반면 지방의 일상적인 삶은 대체 로 "서구 유럽에서보다는 좀 더 자유로운 …… 실제적인 민주주의"에

---

75 Maxim Shevchenko, "Vo chto verit prezident?", *Nezavisimaia gazeta*, September 12, 2000, pp.1, 3[「대통령은 무엇을 믿는가?」, 『자주신문』]; 캐런 하우스(Karen House)가 *The Wall Street Journal*, February 12, 2002에 작성한 개요.
　　서구에서는 일반적으로 푸틴이 자신의 종교적 신념에 대해 공개적으로 말하기를 꺼린다고 받 아들여지고 있는데, 그는 이를 '종교를 정치와 뒤섞지 않으려는 바람'으로 설명하였다. 그러나 많은 러시아인들은 푸틴이, 교회에서 "촛대(podsvechniki)를 들고 서 있는" 위선자들이었던 예전 의 공산주의자들의 전통 속에 있는 것으로 보았다.

76 V. V. Serbinenko, "O 'russkoi idee' v perspektivakh demokratii v Rossii", *Vestnik Moskovskogo Universiteta Seriia 12: Sotsial'no-politicheskie issledovaniia*, no.6, 1993, p.38[「러시아의 민주주의 전 망 속에 나타난 '러시아 이념'에 관하여」, 『모스크바대학통보 시리즈 12: 사회 · 정치연구』].

의해 조절되었다고 주장하였다.[77]

그런 일상적인bytovaia 민주주의는 포스트소비에트 러시아의 민중 차원에서 발전되고 있는 듯 보였는데, 부분적으로는 부패한 관료주의와 제 기능을 못하고 있는 중앙정부의 얼굴로 행해진 단순한 일들을 얻기 위한 순수한 필요성에서 나온 것이기도 했다. 러시아 역사상 최초로 기관들이 위에서 아래로 그리고 중앙에서 바깥으로라기보다는, 아래에서 위로 그리고 주변부에서 나타나기 시작했다.

또한 역사상 최초로, 수많은 여성들이 러시아 정치에서 중대한 역할을 해내기 시작했다. 1999~2003년 사이 미 의회도서관 주최의 오픈 월드 프로그램으로 미국을 방문했던 새로운 젊은 지도자들 중 44%가 여성이었다. 그들은 양성 평등을 위한 할당량을 충족시키기 위해서가 아니라 장점과 공약을 바탕으로 경쟁을 통해 선출되었다. 참가자의 평균 연령은 38세였으며, 남성과 마찬가지로 여성도 러시아의 각 지방에서 왔다. 그들은 인내와 연민이라는 전통적인 '여성적' 특성뿐 아니라 예전에 러시아의 영웅적이고 '남성적' 측면과 동일시되었던 '열정'과 '에너지'를 가지고 있었다. 이 젊은 여성들은 다원주의의 선구적인 열정가와 자유주의적 민족주의 정책의 포스트공산주의 건축가의 정치적 모델, 즉 갈리나 스타로보이토바Galina Starovoytova를 따르거나 일련의 정교 청년 운동을 조직했던 카잔의 수녀 마리야 보리소바Maria Borisova의 사회봉사 모델을 따르거나 하면서 변화에 아주 충실한 것으로 보였다.[78]

77 Nicholai Lossky, *Doetoevskii i ego khristianskoe miroponimanie*, New York, 1953[『도스토예프스키와 그의 기독교적 세계관』]. Serbinenko, "O 'russkoi idee' v perspektivakh demokratii v Rossii", p.39[「러시아의 민주주의 전망 속에 나타난 '러시아 이념'에 관하여」]에서 재인용. 로스키는 러시아 하위 계층의 본능적인 민주적 삶을 귀족 계층 지식인들의 인위적인 입헌주의에 병치시키고 있다.

러시아 내 세대 교체의 본질은 전통적으로 남성적 긴장의 관점에서 그려져 왔다. 즉, 그것은 1860년대 투르게네프의 유명한 소설[『아버지와 아들』──옮긴이] 속에 나오는 자유주의적 아버지들과 급진주의적인 아들들 사이의 긴장이며, 흐루쇼프의 '해빙기' 동안의 스탈린주의 세대에 맞서는 젊은 움직임들인 것이다. 1980년대 젊은 신세대는 아버지들의 '정체기'를 거부했지만, 그 과정에서 조부모들과 증조부모들의 잊혀진 유산을 재발견해 내기도 했다.

젊은이들과 늙은이들 간의 특별히 중요한 연계가 1991년 8월 20일, 쿠데타 미수 기간 동안 할머니들babushkas을 끌어들였다. 그 당시 모든 이들은 러시아 벨리돔에 군사 공격을 기대하고 있었다. 젊은 탱크 부대원들은 이제 막 생겨난 민주주의 정부를 방어하고 있는 안쪽의 젊은이 대열을 돌파하기 위해 쿠데타 지도자들에게서 지시가 떨어지기를 기다리고 있었다. 그러나 공격을 했던 사람들은 연로한 여인들이었다. "스포츠머리를 한 군인들이 머리를 땋아 내리고 바리케이드 위를 지키고 있는 그들의 형제들을 공격할 수도 있다는 생각에, 이 여인들은 군인들을 꾸짖기 위해 나섰던 것이다.

상부에서 내려오는 문서 지령이 없었던 젊은 군인들은 자신들을 키

---

78 미 의회도서관 존템플턴재단(John Templeton Foundation)의 후원으로 1999년 2월에 열린 학회에서, 마리야 보리소바 수녀는 「소중한 정원 가꾸기: 청년 공동체의 성장」에서 자신의 놀랄 만한 경험에 대해 기술하였다. Maria Borisova, "Nuturing a Cherished Garden: the Growth of a Youth Community", William vanden Heuval ed., *The Future of Freedom in Russia*, Philadelphia, 2000, pp.107~129.
  1998년에 암살당한 스타로보이토바는 러시아 역사에서는 좀처럼 보기 힘든 열정적인 진화론자였다. "우리는 우리의 가치들이 아주 자연적이고 느릿하게 성장해 가는 과정 속에 있다. …… 해법은 공식적인 아이디어를 세우는 것이 아니라 [자신의 아이디어들을] 만들어 낼 시민사회 건설을 지속하는 데 있다." James Pupert, "In Search of the Russian Meaning of Life", *The Washington Post*, August 4, 1996에서 재인용.

웠고 어머니 조국으로서의 러시아에 대한 기억을 간직하게 해주었던 자신들의 어머니, 할머니, 아주머니와 사심 없는 노파 들의 명령을 따르고 있었다. 무시무시한 적군赤軍은 나쁜 짓을 말리는 아흔 살 노파들의 무리 속으로 녹아 들어간 듯 보였다. 러시아의 나이 든 여인들은 러시아 인텔리겐치야들이 결코 기대하지 못했고 서구의 역사학자들이 아직까지도 파악하지 못한 방식으로 잠시 동안 '세계의 영웅적 인물들'이 되었던 것이다.[79]

낙관론을 향한 분투

젊은 세대인 올가 볼코고노바Olga Volkogonova와 그녀의 모스크바국립대 동료 뱌체슬라프 세르비넨코Viacheslav Serbinenko가 쓴 러시아 정체성에 관한 글에서는 러시아 내 민주주의의 미래에 관한 조심스러운 낙관론이 표명되고 있다.[80] 그들은 포스트소비에트 시대 러시아의 과제를 1905년 혁명과 러시아의 제1차 세계대전 참전 전까지 모든 분야에서 나타났었던 창조력을 회복하는 것으로 보고 있다. 유럽 문명 전체의 붕괴는 그 전쟁 기간 동안 러시아에 공산주의를 가져다주었다. 개화하고 있었던 러시아 문화는 심지어 가장 미개했던 차르 통치기에서조차 전례를 찾아볼 수 없는 탄압의 형태로 거부당해 버렸다.

---

79 James H. Billington, *Russia Transformed: Breakthrough to Hope, August 1991*, New York, 1992에서 나는 이에 대해 기술한 바 있다. 게다가 1994년 9월, 러시아 정교의 북아메리카 전래 200주년 기념식에서 한 연설에서 나는 종교적 요소에 대해 보다 상세하게 다루기도 하였다.

80 Olga Volkogonova, "Est' li budushchee u russkoi idei?", *Mir Rossii*, 9, no.2, 2000, pp.28~52[「러시아 이념에 미래가 있는 것일까?」, 『러시아 세계』]; Olga Volkogonova, "Russkaia ideia. Mechty i real'nosti'", March 26, 2000, http://www.philosophy.ru/library/volk/idea.html(Search Date: early 2001)[「러시아 이념. 꿈과 실제」]

세르비넨코는 전간기에 민주주의를 신봉했던 러시아의 망명가들(신학자 페도토프와 법학자 파벨 노브고로드체프Pavel Novgorodtsev)이 서구 민주주의의 많은 실천 사례들에 비판적이었으며 민주주의는 만병통치약이 아니라 "단지 과정일 뿐"이었음을 깨닫고 있었다고 지적한다. 안타깝게도, 포스트공산주의 시기 러시아의 민주주의 건설자들은 종종 러시아 인텔리겐치야의 치명적인 환영, 즉 이상적인 사회는 자기 나라의 현실보다는 역사의 불가피성에 집착하는 엘리트에 의해 창조될 수 있다는 환영에 다시 한 번 굴복하는 듯 보였다.

이 유토피아주의는 공산주의적 전제주의의 길을 마련해 주었다. 포스트소비에트 러시아에서는 "유토피아야말로 일종의 보편적인 민주주의적 방안의 도움으로 '자유로운 사회'를 건설할 수 있는 노력으로 보였다". 세르비넨코는 제1차 세계대전 이후 유럽에서 갑자기 나타났던 민주주의와 선거의 실제적인 작용에 관해 망명가 노브고로드체프가 잘잘못을 가리며 관찰한 것을 인용하고 있다. 그 결과는 "선동적인 전제정치의 가장 강하고 가장 엄격한 형태가 되는 정치 발전의 다음 단계를 갖는 과두제나 무정부 상태"가 되기 쉽다는 것이다.[81] 세르비넨코는 젊은이들이 진정한 변화란 혁명이 아닌 진화에서 나오는 것임을 점차 깨달아 가는 것을 보면서 러시아 미래의 민주주의 발전의 희망을 보고 있다. 개선이란 것은 어떤 것의 필연성을 위한 누군가의 주장보다는 개인의 책임감을 받아들이는 데 달려 있다.

현대 초기에서부터 현재에 이르기까지 러시아 내에서 민주주의가

---

81 Serbinenko, "O 'russkoi idee' v perspektivakh demokratii v Rossii", p.41[「러시아의 민주주의 전망 속에 나타난 '러시아 이념'에 관하여」].

나타나려고 할 때마다 주요 장애물이 되었던 것은 비도덕적 특권을 지닌 엘리트의 존재였다. 귀족에서부터 노멘클라투라, 오늘날 엄청날 정도로 부유한 '새로운 러시아인들'에 이르기까지, 지배 세력은 평범한 국민들을 끊임없이 깔보듯 대하는 기생충이었다. 러시아의 미래는 일상생활 속의 민주주의 실천bytovaia demokratiia을 병행하는 것과 교육의 확산에 놓여 있는데, 이 교육의 확산은 러시아의 민주주의 발전을 바람직하게 만들었을 뿐 아니라 실현 가능하게도 만든 것이었다.

러시아인들은 자주 자신들의 포스트공산주의 시대의 불행을 민주주의가 주장하는 바와 현실 사이의 간극으로 설명하고 있다. 물론 그러면서도 그들은 거의 절대적으로 민주주의를 러시아를 위한 규준으로 받아들이고 있다. 민주주의를 비판하는 사람들까지도 대체로 민주주의를 자신들의 나라를 한탄스러운 현재의 상태에서 끌어올릴 수 있는 잠재적인 수단으로 보고 있다. 러시아 정체성에 관해 쓰고 있는 대부분의 작가들은 러시아의 역사, 심리학 혹은 사회 구조라는 주로 간과되었던 분야 속에서 민주주의적 자질들을 찾아내며 희망적인 것으로 끝을 맺는다.

현대 러시아에 대해 특히 절망적으로 평가하는 『왜 러시아는 미국이 아닌가』Pochemu Rossiia ne Amerika에서 안드레이 파르셰프Andrey Parshev는 러시아가 혹독한 기후와 원자재 수출에 지속적으로 의존하고 있기 때문에 새로운 세계시장에서 결코 성공적인 역할을 해낼 수 없을 것이라고 주장하고 있다. 서구로부터 자랑스러운 '법치'를 도입함으로써, 러시아인들은 이미 초관료화된 생산성 낮은 국가에 파킨슨 법칙과 머피의 법칙을 그저 추가하고 있을 뿐이다. 러시아는 이미 서구의 식민지이고, '로켓을 가지고 있는 오트볼타[82]'에 지나지 않는 것으로 끝날 것이다.

파르셰프는 아이러니와 블랙유머, 지나치게 확장된 메타포를 뒤섞으면서, 정확히 오트볼타의 최근 역사 속에 러시아를 위한 교훈이 있을 것이라고 암시한다. 오트볼타 국민들은 러시아인들처럼 가난하고 열악한 자연환경 속에서 살고 있을지언정 해외에서 거주하는 왕에 대항하여 일어설 수 있는 분별력과 '정직한 사람들의 땅'이라는 의미를 지니는 '부르키나파소'Burkina Faso라고 프랑스인들이 붙여 준 명칭으로 국명을 바꿀 수 있는 분별력을 지니고 있었던 것이다.[83]

　　파르셰프는 부르키나파소의 수도 와가두구에서 연이어 벌어졌던 혼돈스러운 정치사를 열거한다. 그러나 이 모든 역경에도 불구하고, (러시아인들과는 다르게) 그들은 유럽으로부터의 독립을 포기하지 않았다. 러시아는 최소한 제 나라를 '로켓을 가지고 있는 정직한 사람들의 땅'으로 인식함으로써 부활을 시작할 수 있다. 러시아 국민이 가지고 있는 고유한 명예는 자신들의 역사적 전통으로부터 민주주의의 독창적인 형태를 만들어 낼 수 있을 것이다. 러시아인들은 내수 시장을 발전시키기 위해 외부 약탈자들과 아직까지 자신의 재산과 가족들을 해외로 보내지 못한 러시아의 외국 지향적 엘리트 잔존자들을 몰아내야 한다.

82　오트볼타(Upper Volta)는 아프리카 사하라사막 남쪽에 위치한 부르키나파소공화국의 구칭(舊稱)으로 1984년까지 이 국호로 불렸다. ── 옮긴이

83　Andrey Parshev, "Nash pobratim v Afrike", *Pochemu Rossiia ne Amerika: kniga dlia tekh, kto ostaetsia zdes'*, Moscow, 2000, pp.270~273[『우리의 아프리카 의형제』, 『왜 러시아는 미국이 아닌가: 이곳에 남아 있는 자들을 위한 책』]. 본문에서 이어지는 두 단락에서 나오는 모든 인용구 역시 이 글에서 따온 것이다. 러시아에는 엄청나게 나쁜 일들이 있을 만도 하다는 생각에 빠지는 경향이 그 반대의 경향, 즉 멋진 삶이 예전에 있었거나 앞으로 이루어질 것이라며 이상화하는 경향만큼이나 빈번하게 반복되고 있다. 러시아 국가 정체성을 주제로 한 콜로키움 회의록에 기록된 사타로프 그룹의 멤버 알렉산드르 루프초프(Aleksandr Rubtsov)의 다음과 같은 한탄을 보라. "우리가 현재 가지고 있는 것은 모두 극도로 혐오스럽다. …… 사실 우리는 더 나빠도 됐다"(Billington and Parthé eds., *Colloquium on Russian National Identity Final Report*, p.23).

파르셰프는 자신의 책을 '러시아에 남아 있고자 결심한 사람들을 위한' 안내서라고 규정하고 있다. 그는 "더 나빠질 수 없을 정도로 나쁜 상황은 없다"[84]라는 '확장된 머피의 법칙'을 결론 부분의 제사題詞로 쓰고 있다. 하지만 그와 동시에 그는 만약 러시아인들이 지역 수준에서 대부분 잊힌 자신들의 민주적인 행위 전통을 높이 평가하고 세운다면 사태는 훨씬 더 좋아질 수 있을 것이라고 분명히 암시하기도 한다.

러시아 농민들은 서유럽 농민들에 비해 생산성이 낮다는 바로 그 이유 때문에 공동으로 일하는 법을 배웠으며 성문법이나 형식을 갖춘 정치제도 없이도 자유롭게 스스로를 규제하는 법을 배웠다. '일상생활 속 민주주의'의 영원한 중요성을 강조하는 파르셰프의 주장은 과거의 슬라브주의자의 의견을 단순히 반복하는 것도 아니고 농민 공동체가 지니는 구제 가능성에 대한 인민주의자의 믿음을 반복하는 것도 아니다. 파르셰프는 대신 모스크바국립대 중세러시아사학과 학과장 레오니트 밀로프Leonid Milov의 연구서 『대大러시아의 농부와 러시아 역사 과정의 특이성』Velikorusskiy pakhar' i osobennosti rossiyskogo istoricheskogo protsessa(1998)에 기대고 있다.[85] 서구에서 황소로 밭을 간 것에 비해 대러시아의 농부는 알려진 바에 따르면 말로 밭을 갈았다고 한다. 그 결과 러시아 농부는 서구의 농부와는 달리 말을 탄 영지의 거물들에 의해 협박을 받지도 않았고 그 거물들에 의지하지도 않았으며 영국에서조차 일반적이었던 무장 노상강도들의 공포 속에서 살지도 않았다.

---

84 Parshev, "Nash pobratim v Afrike", p.405[「우리의 아프리카 의형제」].
85 L. V. Milov, Velikorusskii pakhar' i osobennosti rossiiskogo istoricheskogo protsessa, Moscow, 1998[『대(大)러시아의 농부와 러시아 역사 과정의 특이성』]; Parshev, "Nash pobratim v Afrike", pp.391ff.에 나오는 논의.

농노제는 서유럽이나 중앙유럽에 비해 뒤늦게 대러시아에 나타났다. 18세기와 19세기가 지속되는 동안 대부분의 민정과 군정은 원로 농민의 손에 있었다. 러시아군은 서구의 군대가 최고 사령관과 일반 병사 사이에 끼워 넣었던, 하사관과 사관으로 구성된 중간층을 가지지 못했다. 그 결과 러시아군은 표면적으로는 좀 더 민주적이었던 영국과 프랑스의 더욱 계급적인 명령 사슬보다, 겉보기에는 좁혀질 것 같지 않은 사회계층 간에 좀 더 민주적인 커뮤니케이션 형태를 유지하고 있었다.

파르셰프는 러시아군이 부대 지휘관 없이도 대개 잘 싸웠거나 보다 더 잘 싸웠다는 자신의 주장을 뒷받침하기 위하여 18~19세기 전쟁의 수많은 목격담들을 끌어들이고 있다. 불후의 농민 자문·협력 조직이 과거 군사 전투에서 그러했던 것만큼이나 현재 민정에 유효할 수 있다고 그는 암시한다. 그는 "'공격성'aggressivnost'이란 것은 러시아인들의 본성이 아니다"라는 리하초프의 주장을 반복하고 있다. 예전 언젠가 모스크바와 트베리가 중세 러시아에서 우위를 점하려는 싸움을 위해 군대를 내보냈을 때, 두 군대 모두 숲에서 길을 잃어서 전장에서 만나지 못했으며 결국 흥분을 가라앉히고 땅을 개간하고 경작하게 되었다는 사실을 지적하며 그는 아주 즐거워한다.

파르셰프는 러시아가 ① 20세기에 '끊임없는 공동묘지'로 변해 버린 유럽으로부터 자국을 떼어 놓아야 하고, ② 법조인들의 비도덕성보다는 농민들의 도덕성 위에 세워질 새로운 종류의 반┼무정부주의적 문명을 창조해야 한다고 주장하고 있다. 그는 사형은 (미국과는 달리) 러시아 문명의 특징이 되지도 않았고 될 필요도 없다고 주장한다. 하지만 그는 잔인성이 러시아처럼 가난하고 고립된 나라에 있는 모든 농민 삶의 일부분이 될 수 있다는 점도 인정하고 있다.

우리의 당밀 과자prianik는 항상 덜 달달할 것이기 때문에 우리의 채찍은 보다 두꺼워져야 할 것이다. 게다가 우리는 성공적인 차르에 대한 희망이 거의 없기 때문에 우리의 채찍은 위에서 아래로가 아니라 아래에서 위로 휘둘러져야 한다.[86]

그것은 특성상 모호하지만 다소 불안한 처방이다. 러시아는 자국을 보다 잘 방어해야 하고 권력은 게릴라나 테러리스트 작전을 다루기 위해 연방 당국에서 지방 당국으로 이양되어야 한다고 파르셰프는 단순히 제안하고 있는 것일 수 있다. 그러나 그는 '국민의 심판'narodnaia rasprava이라는 러시아의 오랜 전통에 새로운 정당성을 제공하고 있는 듯도 하다. 17세기와 18세기에 발생했던 농민 반란bunty, 19세기에 있었던 러시아의 혁명 이론과 20세기에 있었던 스탈린주의의 실상 속에서 표현되었던 것처럼 지방 민중에 의해 행해진 이런 종류의 공개 '심판'은 대규모 린치에 해당하는 것이었다.

만년에 리하초프는 옐친 정부가 러시아를 위한 새로운 국가 정체성을 규정하는 데 성공하지 못했다는 것에 안도감을 표했다. 리하초프가 미래의 희망과 연결시켰던 떠오르는 젊은 세대들도 대체로 같은 감정을 공유하고 있었다. 전문직 종사자들이나 지방의 기업가들은 '러시아 이념'이라는 근원적인 것에 대한 담론보다는 자국을 위한 현실적인 '미래의 시나리오들'에 관한 담론에 한층 끌리고 있었다.

이런 시나리오를 자세히 설명하려는 가장 야심 찬 노력은 2000년 초 푸틴이 대통령으로 당선되기 직전에 나타났다. '국가 의사 결정권자

---

86 Parshev, "Nash pobratim v Afrike", p.400「우리의 아프리카 의형제」].

100명'이 380개 이상의 '주요 지수들'을 신중히 평가하였고 다른 많은 전문가들에게 자문했다. '클럽 2015'의 후원 회원들은 명확한 합의와 예측에는 이르지 못했다. 그러나 그들의 광범위하고 다채로운 요약 보고서들은 러시아가 2015년까지 다다르게 될 기본적인 세 가지 길을 제시하고 있다.[87]

- '잃어버린 시간에 관한' 나쁜 시나리오로, 그 시나리오에서는 기본적인 결정들이 늦춰지고 러시아는 세계경제에서 더욱 뒤처지게 된다. 그러나 러시아는 ('모든 도요새는 자신의 습지를 칭찬한다'라는 속담 때문에) '도요새'로 불리는 '식품부 장관'과 '생태 보존' 행정 덕분에 다소 살 만한 곳으로 남게 된다.

- 훨씬 나쁜 시나리오로('위험한 비탈', '메가세르비아'로 다양하게 묘사된다), 그 시나리오에서 러시아는 권위주의적으로 바뀌고, 민족주의적 허세로 해외 모험에 달려들며 아시아의 독재주의적 정권들과 연합하게 되고, 붕괴에 임박하여 살기가 불가능해진다.

- 좋은 시나리오로, 그 시나리오에서는 사기업과 재조직되어 책임 있는 정부 체계 사이에서 새로운 '사회계약'이 전개된다. 그것은 '르네상스 하마', '포장도로 틈으로 숨쉬는 풀', '유로러시아', '백학'으로 다양하게 묘사된다(이 마지막 시나리오는 '통일된 국가인 러시아를 발전해 나가고 있는 사회라는 길 위에 놓을 일련의 기술적인 마법들'을 제안한다).

---

87 나는 블라디미르 프레오브라젠스키(Vladimir Preobrazhensky)가 이끈 '러시아 2015 시나리오' 프로젝트에 관한 보고서의 영문판 논문들에서 이 시나리오를 가져왔다. 그 보고서에는 출판 장소와 출판 일자가 표기되어 있지 않지만, 1999년 11월 7일에 있었던 모스크바 학회에서 배포 및 논의되었다.

이 시나리오들은 1998년 8월에 있었던 거의 경제 붕괴라고 할 만한 것이 일어난 뒤 그려진 것이었다. 그 시나리오들 속에서는 통찰력과 상상력이 비꼬기나 무시와 결합되고 있는데, 이 결합은 위기 이후에도 쏟아져 나왔던 교훈적이면서 거드름 피우는 반민주주의적 재앙 예언에 스타일 면에서 정확히 상반되는 것이다.

저서 『대량 학살: 1993년 10월~1998년 8월』*Genotsid. Oktiabr' 1993-avgust 1998*에서 세르게이 글라지예프는 그 대부분이 순수 러시아인이 아닌 '새로운 러시아인들'을 위해 '자국민에 반하는 대량 학살 정책'을 폈다며 옐친 정부를 비난한다. "러시아 문화 유전자형이 전멸되는 것"을 피할 수 있는 유일한 방법은 "현대판 러시아 민족 이념을 발전시키는 것"이고, 주요 기관들을 재국유화하는 것이며 대중 소비를 억누르고 마침내는 "국가를 '닫고' 힘으로 질서를 유지하게" 될 '동원 경제 정책'을 만들어 내는 것이다.[88]

글라지예프 저서의 영어판에는 린던 H. 라로슈*Lyndon H. LaRouche, Jr.*가 쓴 서문이 붙어 있기도 하다. 글라지예프의 경력은 러시아의 개혁을 가로막을 위험, 즉 민주주의에 환멸을 느껴 독재주의적 민족주의로 돌아설 위험을 암시하고 있다. 글라지예프는 옐친 제1내각의 대외경제관계부 장관이었으나 두마 해산 이후 1993년 10월에 사임하였다. 이후 그는 두마에 선출되어 공산주의 분파에서 활동하였고 새로운 민족주의적 집산주의 철학을 발전시켰다. 이후 그는 구공산주의자들과 신민족주의자들을 통합시키기 위해 힘을 쏟고 있다. 비록 그가 스스로를 푸틴 정부에

88 Sergei Glazyev, *Genocide: Russia and the New World Order*, Rachel B. Douglas trans., Washington, D.C., 1999, pp.248~249. 이는 1998년 출간된 러시아어 원본을 번역한 것이다.

맞선 사회민주주의적 대항 세력으로 만드려는 듯 보이지만 사실상 그는 자유민주주의에 맞선 독재주의적 '적갈' 대항 세력을 위한 길을 준비하고 있는 것이다.

두 차례의 세계대전이 벌어지는 사이에 다양한 형태를 취했던 파시즘은 대체로 전통적으로 권위주의적인 문화 속에서 실패해 버린 민주주의 실험의 잔재로부터 나왔다. 다양한 방식으로 권력을 지향했던 민족주의적 독재자들은, 자신들이 예전에 이상화했던 것을 부인하며 괴로워하던 지적인 사람들로부터 종종 상당한 지지를 얻어 내기도 했다. 특히 파시즘 최초의 이탈리아 버전의 초기 단계에서 '우익' 파시즘은 아래로부터 생겨난 다소 새로운 종류의 '국민 민주주의' 현실화와 관련된 '좌익'의 수사법을 이용했다.

전제주의란 것은 항상 이른바 민주주의적이며 사회주의적인 이상들과 영웅적인 자주적 국가 정체성에 관한 환상을 결합한 것이었다. 히틀러 치하의 가장 치명적인 인종적 형태였던 '나치'Nazi는 '국가사회주의자'National Socialist의 약자였다. 게다가 계급투쟁이라는 명분으로 자행한 스탈린의 최악의 집단 학살기에서조차 스탈린의 공식적인 표어는 '일국사회주의'였었다. 1930년대 대숙청기가 끝날 즈음 스탈린이 명백히 신뢰했던 유일한 사람이 히틀러였다는 사실은 그로테스크하게도 당연해 보였다. 이는 1941년 히틀러의 러시아 침공이 임박했음을 충분히 경고했음에도 스탈린이 불행하게도 이에 주의를 기울이지 않았다는 것을 통해 판단할 수 있다.

역사에서는 '극과 극은 서로 통한다'를 증명하는 예기치 않은 수많은 예를 찾아볼 수 있다.[89] '좌익'과 '우익'이라는 용어는, 생겨나고 있는 사고 형태나 러시아 내에서 급속히 만들어질 수 있는 연맹을 묘사하기에는 한층 부적절해 보인다. 현재 민주주의 제도들을 전복시킬 목적을 가진, 눈에 띄는 일관성 있는 대중적 이데올로기라든지 대규모 운동은 없다.[90] 그러나 권위주의가 잠재적으로 급성장할 수 있도록 땅은 갈렸고 씨앗은 뿌려졌다.

유리 아파나시예프는 소비에트 시절 후기, 고르바초프에게 광범위한 민주주의적 개혁을 시행할 것을 촉구하기 위해 여러 지방에서 모인 지도자들을 결집시켰던 개척적인 지역의원 그룹Mezhregionaly의 핵심 대표였다. 이후 그는 보다 활발하게 개혁을 촉구하려던 포스트소비에트 정치 지도자들의 실패에 깊은 실망감을 나타냈다.[91] 그는 자신의 지칠 줄 모르는 에너지를 완전히 새로운 러시아국립인문대학교RGGU를 설립하고 발전시키는 데 쏟았는데, 이는 포스트공산주의 러시아에서 가장 생기 넘치고 규모가 큰 신설 고등교육기관일 것이다. 1991년 8월에 강경 공산주의 쿠데타를 민주주의적으로 방어한 이후 곧바로 나는 아파나시예프에게 제2의 쿠데타 시도가 두렵지 않은지 물어보았다. 그러나

---

89 이는 내가 쓴 『인간들 가슴속의 불꽃: 혁명적 믿음의 기원』(Fire in the Minds of Men: Origins of the Revolutionary Faith, New York, 1980)에서 다루어진 주제를 반복한 것이다. 특히 「극단의 공생」("The Symbiosis of Extremes", pp.469~481)을 보라. 올가 볼코고노바는 「러시아 이념. 꿈과 실제」에서 러시아의 정체성은 현대 서구 모델들을 거부하고 예전 소비에트연방 중에서 적어도 슬라브 공화국들(우크라이나와 벨라루스)과 러시아를 재연합하는 것에 달려 있다고 똑같이 주장하는 공산주의 대표자 겐나디 쥬가노프와 보수주의 작가 알렉산드르 솔제니친 속에서도 양극이 합쳐지고 있음을 보고 있다(Volkogonova, "Russkaia ideia. Mechty i real'nosti'", pp.17~20). Aleksandr Solzhenitsyn, Rossiia v obvale, Moscow, 1998[『붕괴 속의 러시아』]; Gennady Zyuganov ed., Sovremennaia russkaia ideia i gosudarstvo, Moscow, 1995[『현대의 러시아 이념과 국가』] 참고.

90 포스트소비에트 러시아에 있었던 최초의 파시스트적 경향들에 대한 균형 잡힌 평가를 위해서는 Stephen Shenfield, Russian Fascism: Traditions, Tendencies, Movements, Armonk, 2001을 참고하라. 부가적인 자료들, 특히 이 그룹들과 러시아 치안 부대들과의 연관성에 대한 자료는 Viacheslav Likhachev, Natsizm v Rossii, Moscow, 2002[『러시아의 나치즘』]을 참고하라.

91 Yury Afanasiev, Opasnaia Rossiia, Moscow, 2000[『위험한 러시아』]; Afanasiev, Rossiia na rubezhe tysiacheletii: imperiia mertva, da zdravstvuet imperiia?, Moscow, 2000[『천 년 경계에 서 있는 러시아: 제국은 죽었다, 제국 만세?』].

그가 보았던 위험이란 "제2의 쿠데타가 아니라 첫 번째 폭동"이었다.

몇몇 갑작스러운 폭력 사태가 혼돈스러운 폭동을 격발시키고 독재주의적 반향으로 이끌 수 있다는 위험은 남아 있다. 역사상 러시아에서 '동란기'는 기존에 존재했던 것보다 훨씬 독재주의적인 정부를 만들어 내는 것으로 끝이 났던 것이다. 폭력에 취약한 국경을 가로질러 러시아로 유입되든, 마음속에 쌓여 온 내적 불만들에서부터 격발되든, 서구는 유라시아 심장부의 독재정 회귀로 인해 발생할 위협적인 결과들로 인해 영향을 받게 될 것이다.

러시아 민주주의를 위한 가능성 있는 많은 종말론적 시나리오들도 있다. 겉보기에는 평화롭지만 굴욕당하여 격분하기 쉬운 대중 속으로 떨어진 작은 불씨는 꺼져 버리기보다는 확 번지는 불을 만들어 낼 수 있다. 폭발 가능성에 대해서도, 뒤따를 대화재의 규모와 방향에 대해서도 그 누구도 확신을 가지고 예측할 수는 없다. 그러나 한때는 자부심이 대단했지만 이제 아무도 그들을 존경하지 않는다고 느낀다거나, 심지어 그들이 부르키나파소처럼 '명예로운 국민의 나라'가 될 수 있다고 믿지도 않는 국민들의 심리적/문화적 상황 속에는 지속적인 위험이 자리잡게 되는 것이다. 많은 이들이 단지 그들의 로켓만이 한 국가의 국민으로서 자신들의 자존심을 지켜 내기에 필요한 존경심을 다른 나라로부터 얻어 낼 수 있는 것인가를 묻고 있다.

러시아의 정체성과 운명에 관한 가장 독창적인 견해 중 하나는 아파나시예프가 새로 설립한 대학교와 관계를 맺고 있는 한 그룹의 젊은 개혁론자들과 역사가들로부터 나온다. 그들은 러시아의 항구적인 사회정치적 정체성은 권력과 소유물을 단일 통치자의 손아귀에 과잉 집중시켰던 '러시아-몽골 통합'으로 인해 생겨났다는 아파나시예프의 기본적인 논점에 기대고 있다.[92] 아파나시예프의 관점에서 보자면, 러시아인들은 '몽골의 멍에로부터 자신들을 해방'시키려고 한 것이 아니었기에, 몽골의 극단적인 권력 집중을 자신들의 유산으로 받아들였다. 그 결과,

러시아에서 관계란 것은 계약적인 성격이 아니라 강압적인 성격을 지녔고, 지배도 종속도 수직적으로 정해진 권력 피라미드를 만들어 냈다.[93]

이런 기본적 조건이 명목상으로는 민주주의적인 옐친과 푸틴의 러시아에서까지도 지속되었다. 2015년 프로젝트에 관한 미래 시나리오들을 살펴보면서 아파나시예프는 나쁜 것(진정한 개혁은 너무 늦게 온다는 '잃어버린 시간' 시나리오)과 가장 나쁜 것(러시아는 붕괴 이전에 마지막 '제국의 돌진'을 할 것이라는 '메가세르비아' 시나리오)이 결합될 것이라고 예측한다.[94]

"우리의 사회 유형은 세계 역사상 유례가 없다"[95]라는 아파나시예프의 관점에서 벗어나 두 명의 역사가들은 어떻게 자신들의 독특한 사회가 생겨났는지를 설명하고 어떻게 그것이 마침내 독재적 유산을 털어 내기 시작할 수 있었는지를 암시하기 위해 그들이 '러시아학' rossievedenie이라고 부른 새로운 학문을 발전시켰다. 유리 피보바로프Yury Pivovarov와 안드레이 푸르소프Andrey Fursov에 따르면, 완전히 독특한 '러시

---

92 Afanasiev, *Rossiia na rubezhe tysiacheletii*, p.10[『천 년 경계에 서 있는 러시아』]..

93 *Ibid.*, p.12.

94 *Ibid.*, p.39. 논의 전체는 pp.36~39.

95 *Ibid.*, p.9. 같은 논의의 대안적인 버전을 보고자 한다면 Afanasiev, *Opasnaia Rossiia*[『위험한 러시아』] 참고. 여기에 보다 많은 자료와 논증이 실려 있고, 프랑스어판인 *De la Russie*, Paris, 2002에 실린 확장된 서문(pp.7~49)에는 훨씬 더 많은 자료와 논증이 포함되어 있다.

아 체제라는 것은 몽골 점령기에 확립되었고 비잔틴 황제 복장을 한 '정교회 칸'에 무한한 권력을 집중시켰던 '거대한 독재주의적 혁명'에 의해 굳건해졌다. 대러시아는 북부 지방에 계약보다는 강압에 의해 통치되는 군사독재적인 왕국을 만들어 냈다.[96]

권력은 법이나 심지어 영토보다도 더 중요했다. '첫째가 권력, 둘째가 사람'이란 것이 13세기 전사이자 성인이었던 알렉산드르 네프스키의 슬로건이었다. 몽골의 적보다는 서구의 적들과 싸웠기 때문에 그는 알렉산드르 오르딘스키Aleksandr Ordynsky(칸국Orda의 알렉산드르)[97]라고 불려야 했었다. 유럽 쪽에 위치한 리투아니아가 키예프 루시의 계약적인 봉건 전통의 계승자가 되었다. 모스크바대공국이 동진할 수 있었던 주요 원인은, 러시아 지도자들이 독재 군주에 절대적으로 충성스러운 몇몇 호전적인 새 치안 부대를 창설함으로써 몽골/타타르 칸국의 절대권 유지를 위해 행했던 일련의 시도들에 있었다. 각각의 새로운 방위대들이 혼란기에 나타났고 공포로 이끈 동란을 낳게 되었다. 예를 들어, 이반 뇌제의 두건 쓴 친위대oprichnina, 표트르 대제의 근위 연대, 블라디미르 레닌의 체카Cheka('러시아 반혁명·사보타지 분쇄 비상 위원회'

---

96 Yury Pivovarov and Andrey Fursov, "Tserkov' i orda na puti k pravoslavnomu khanstvu", "Russkaia sistema", *Politicheskaia nauka: teoriia i metodika*, vol.2, Moscow, 1997, pp.151~157, 165[「정교회 칸국으로 나아가는 노정 위의 교회와 칸국」, 『러시아 체제. 정치학: 이론과 방법론』]. 저자들은 러시아인들이 1265년부터 타타르의 수도 사라이에 있는 타타르 차르를 위해 기도하기 시작했고 "차르는 러시아인도 정교 신자도 아니었음에도 첫 번째 러시아 차르가 되었으며 200여 년 동안 차르로 남았다"라고 적시하고 있다(p.144). 타타르의 수도 사라이가 이후에 모스크바공국 차르들이나 스탈린을 위해서 '차리친'과 '스탈린그라드'로 도시명이 바뀌었다는 것에서도 그 타당성을 찾아내고 있다(p.143). 그들은 이 도시의 현재 지명인 '볼고그라드' 속에 어머니 조국의 이상에 대한 잠재적인 암시가 있을 수 있다고는 가정하지 않는다.

97 13세기 튜턴기사단을 물리쳤던 알렉산드르 야로슬라비치에게 붙여진 '네바강의 알렉산드르'라는 뜻의 별칭 '알렉산드르 네프스키'를 비튼 표현이다. ——옮긴이

Vserossiyskaya chrezvychaynaya komissiya po bor'be s kontrrevolyutsiyey i sabotazhem의 약자로, 소비에트연방의 거대 보안 기구들의 전신이다)가 그러하다.

대중의 분노는 독재 군주 및 그의 방위대에서 중앙 권력에 가장 의존적이었던 사회의 특권 그룹, 즉 모스크바공국 시대의 귀족들boyars, 18세기 상트페테르부르크의 귀족들, 19세기의 관료 계급, 20세기의 공산당 노멘클라투라로 옮겨 갔다. 18세기 권력의 일부 기능이 귀족계급으로 확장되었을 때 대다수의 거대 농민 계급은 한층 더 허약해졌다. 19세기에 관료 계급이 급증했을 때, 귀족들까지도 이론상으로는 지지했던 개혁을 실행하기가 한층 어려워지게 되었다.

이러한 '러시아 체제'의 역동성은 독재 군주가 이전에 자신을 지킬 목적으로 만들어 냈던 바로 그 그룹을 해체하기 위해 주기적으로 내놓은 결정에서 나온 것이었다. 한때 특혜를 받았던 그룹이 권력 그 자체가 되지 않도록 예방하기 위해 미리 추방하는 것이 필요했다. 그 결과, 여러 개혁은 중앙 권력을 강화한 것이 아니었다고 한다면 불가피하게 중앙 권력을 보호하는 것으로 끝이 났다.[98] 고르바초프 통치 이전까지 존재했던 소비에트 체제는 소규모의 중앙 권력을 훨씬 거대하고 영향력을 발휘했던 지지 그룹(공산당 엘리트)과 공유함으로써 특히나 유해한 유산으로 남게 되었으며, 그로 인해 이미 거의 마비되었던 집단에 훨씬 큰 절망감을 안겨 주게 되었다.

피보바로프와 푸르소프는 공산주의를 자본주의의 부산물로 묘사

---

98 Yury Pivovarov and Andrey Fursov, "Russkaia sistema i reformy", Pro et Contra 4, no.4, 1999, pp.176~197「러시아 체제와 개혁」. 저자들은 중앙집중된 '권력'과 세분화된 '국민'을 '러시아 체제' 내의 지속적인 기본 행위자로 취급하고 있으며 '잉여인간'을 양자 어디에도 속하지 않는 제3세력으로 취급하고 있다.

했으며, 공산주의의 붕괴를 자본주의의 승리가 아니라 자본주의 자체의 더 큰 위기에 대한 징후로 본다. 그들은 러시아를 위한 '서구화 자유시장'도, '종교 및 토지 현대화' 방안도 거부한다. 이 두 가지 모두 '러시아 체제'에 대한 실질적인 분석에 근거한 것이 아닌 '유토피아적' 해결책이라는 것이다. 러시아 내 진정한 변화를 위한 유일한 희망은 재산과 중앙 권력에서 독립적인 권한을 축적할 수 있고 그로 인해 러시아에서는 예전에 절대 존재한 적 없었던 '정치 영역'을 만들 수 있는 조직과 인물의 출현에 있는 것이다. 이 영역 안에서는 여러 이익들이 상충할 수 있으며 정부는 모든 것에 영향력을 행사하는 개인이라기보다는 판정단이 될 수 있다.

사실상 저자들은 학문적인 해결책에 호소하며 글을 마무리한다. 과잉 집중된 권력을 유지하는 영속적인 관료제 구조를 해체하기 위해서는 말할 것도 없고 정치를 이해하고자 한다면 러시아에 현대 정치학이 필요하다는 것이다.[99] 그런 학문의 시초는 새로 설립된 사회분석연구소Institut sotsiologicheskogo analiza 소속의 두 학자가 실시했던 러시아에 대한 대중의 감정에 관한 1996년 여론조사를 독자적으로 분석해 낸 것에서 찾을 수 있다. 피보바로프와 푸르소프는 정부 권력과 국민 복지 사이의 관계에 대한 태도를 면밀히 조사함으로써 러시아 민주주의의 전망에 대해 사타로프가 실시한 최초의 분석에 비해 더욱 낙관적인 결론과 다양한 범주를 제시하고 있다.

무엇보다 '강하고 권위주의적인' 정부를 추구하는 사람들조차도

---

99 Yury Pivovarov and Andrey Fursov, "O demokratii", *Politicheskaia nauka*, Moscow, 1995, pp.6~23[「민주주의에 관하여」, 『정치학』].

정부가 '국민 복지'를 희생하는 것이 아니라 그 위에 기초를 두기를 바라고 있다. 포스트소비에트의 사람들은 집산주의자라기보다는 개인주의자들이었다.[100] 참여적이고 책임 있는 정부만이 '브레즈네프 시기에 이미 시작된 정부로부터의 소외'를 극복할 수 있다.

민족주의자도 중앙 권력 지지자derzhavnik도 공산주의로의 복귀에 찬성하지 않는다. 서구 지향적인 민주주의자들과 정교회 전통주의자들은 두 그룹 간 사회적 배경과 교육 수준의 차이에도 불구하고 동일한 태도를 놀랄 정도로 많이 공유하고 있다.[101] 정교회와 가족은 러시아인들에게 있어 영속적인 의미를 지니고 있으며 러시아 민주주의를 효율적으로 기능할 수 있게 하는 데 있어 필수적인 것들이다.

러시아는 "일반 법칙들을 선언하는 것에서 그 내용을 해독하고 명확하게 하는 것으로 이동해야 한다". 다양한 아이디어들이 있지만 "엄격히 말해, 오늘날 러시아에서는 아이디어들의 경쟁이 없기" 때문에 실제 개혁을 향한 현실적인 운동은 없다. 사상가들은 겁을 먹고 추상적 개념들 뒤로 숨어 버렸고 "오늘날 서구화는 러시아의 국익에 반하는 것이 아니라 그것에 상응하며 우리 나라의 질서와 안정과 화합할 수 있다"[102] 라고 공개적으로 말하기를 꺼리고 있다. 사람들이 반서구적 선동의 보호막 없이는 서구 아이디어를 "이해할 수 없을 것"이라고 개혁론자들은 빈번히 느끼고 있다. 그러나 사실상 평범한 사람들은 자신들을 지나치게 내려다보고 있는 지식인들을 넘어서고 있다. 역사상 최초로 러시아

---

100 Igor Kliamkin and T. I. Kutkovets, "Russkie idei", *Polis*, no.2, 1997, pp.118~140[「러시아 이념들」, 『정치연구』], 특히 p.120의 도표를 참고하라.

101 Ibid., pp.129, 140.

102 Ibid., p.139.

는 '민중 출신 서구주의자들'zapadniki iz naroda을 현재 양산하고 있다.[103]

피보바로프와 푸르소프는 사람들 사이에 만연한 톨레랑스tolerance라는 새로운 기운이 "그 본성에 반하여 소비에트 막바지에 소비에트 체제 내부에서 생겨났던 경향들" 속에 뿌리를 박고 있다고 주장하기도 한다. 민주주의적인 미래를 성취하기 위해 러시아는 "과거를 아주 조금만 파괴해야 한다. 하지만 과거보다 나은 새롭게 질서 잡힌 일상생활의 형태로 …… 그것을 극복해야만 한다".[104]

새 천 년 전환기에 집필된 두 편의 연구는 자유가 러시아에 가져온 사고의 급변이 지닌 회고적이고도 예언적인 힘을 설명하고 있다. 첫 번째 연구를 살펴보자. 아파나시예프가 이끄는 역사가 그룹은 20세기 러시아의 경험에 대한 생생한 보고서 작성을 위한 통합적 프로그램을 만들어 냈다. 그들은 '열린 체계' 내 모든 매체의 일차 자료 사용에 우선권을 주는 전체사total history라는 새로운 유형을 요청하는데, 이러한 '열린 체계'는 특정 인간사에 대한 '상황 분석'과 전 세계적 맥락에 대한 폭넓은 고려를 모두 요구한다. 이 프로젝트는 모스크바에 새로 설립된 아파나시예프의 대학을 위한 실제적인 아웃라인이다. 이 프로젝트는 소비에트 시기에 있었던 의무적인 '단기 과정'뿐 아니라 교과서의 사용 또한 철저히 거부한다. 이 프로그램은 온라인 자료를 폭넓게 이용하면서 다원주의와 협동 프로젝트, 외진 지역 내의 평생교육을 장려하고 있다.[105]

103 Ibid., p.138.
104 Ibid., p.140.
105 Yury Afanasiev et al., *Rossia v XX veke: uchebnyi kompleks po istorii, kontury, kontseptsii,* Moscow, 2000[『20세기 러시아: 종합적 역사 교수법, 윤곽, 개념들』]. 보다 상세한 내용과 전체적인 역사적 접근에 관해서는 Yury Afanasiev et al., *K kontseptsii universal'noi komponenty obrazovaniia,* Moscow, 1999[『교육의 보편적 요소라는 개념에 부쳐』] 참고.

예언적인 두 번째 연구를 살펴보자. 아파나시예프의 젊은 동료인 푸르소프는, 1999년에 21세기를 내다보며 '세계적인 전쟁에서 전 세계적인 전쟁으로' 옮겨 가는 '점묘법적 세계의 문턱에' 있는 인류를 목격했는데, 그 전 세계적인 전쟁은 "두 대리인 혹은 두 블록 사이에서가 아니라 …… 수많은 대리인들 사이에서 많은 지점에서, 세계 어느 곳에서든 발발할 수 있다". 그는 2001년 9·11 테러가 발생하기 오래전에, 중앙 권위에 맞선 테러리스트 공격과 소그룹 전쟁이 급속하게 확산될 것이라고 예언한 바 있다. 이러한 폭력 사태는 세계화된 경제, 포스트모더니즘 문화, 천연자원 고갈이라는 해로운 '3요소'에 맞선 인류의 반격을 보여 주는 것이리라.[106]

아파나시예프 자신도 러시아가 '권력의 데미우르고스demiurge[107]'를 분명하게 몰아내고 권력과 재산의 역사적 결합을 깨뜨리기 전까지는 러시아가 러시아 민족과 다른 민족들에게 지속적으로 위험한 존재라고 보고 있다. 러시아는 자국의 불행한 역사를 '극복'해야만 하는데, 그 불행한 역사 속에서 중앙 권력은 다양한 사회적 힘들 간의 상호작용의 결과로 나타난 것이 아니었고 그 어떤 독립적인 기관들에 의해서도 제한받지 않았다. 러시아에서 권력이란 것은 항상 단일체monosubekta였고, 국가기관을 위해서가 아니라 독재적 지도자를 위해 맡은 바를 수행했던

---

106 A. I. Fursov, "Na zakate sovremennosti: terrorizm ili vsemirnaia viona?", *Russkii istoricheskii zhurnal* 2, no.3, 1999, pp.225~231[「저무는 현대성: 테러리즘인가 세계 전쟁인가?」, 『러시아 역사 저널』].

107 '땅', '인민'을 의미하는 고대 그리스어 '데미오스'(dímios)와 '일, 노동'을 의미하는 '에르곤'(érgon)이 합쳐져 만들어진 단어로, '창조자, 창작자, 제작자' 등의 의미로 사용된다. 고대 그리스 철학에서는 '온 우주의 창조자', 기독교에서는 '만물의 창조주', 영지주의에서는 '재능 있고 공정한 창조자'라는 의미로 사용되었다. 여기서는 '창조자', '결정적 영향력을 지닌 자' 정도의 의미로 이해할 수 있다. ──옮긴이

사람들에 의해 지지받았다.[108]

'우리 유전자 속 칸국의 유산'nasha ordynskaia genetika을 극복할 수 있는 유일한 방법은 중앙 권력에서 독립적인 정치제도와 경제적 이익을 개발하는 것이다. 그러나 순수한 시장경제가 전제주의적 독재정치를 극복하기 위한 진정한 해결책은 아니다. 자유주의는 공산주의처럼 인간 사회를 오직 '수많은 자아의 기계적인 총합'으로 보고 있다. 아파나시예프는 망명 철학자 세묜 프란크를 좇아 이것을 '단원론'singularism으로 규정한다.[109] 그는 포스트소비에트 러시아가 '고대 보편론의 연장'에서 '돈까지도 러시아에서 달아나고 있는' '원자적' 개인주의로 갑작스레 기울어지는 위험에 처한 것으로 보고 있다. 그는 1991년에서 2001년까지 10년간 러시아에서 370억 달러가 빠져나간 것으로 추정한다.[110]

아파나시예프는 정부와는 독립적인 시민사회를 창조할 것이고 러시아를 아래에서부터 위로 재건축할 것이며 엄격하게 중앙 권력을 제한할 것이라는 공동체적 접근을 옹호하는 듯 보인다. 그는 러시아가 혁신적이고 생산성 높은 수많은 독자적 중심들을 창조하고 있는 것으로 보고 있다. 그는 1945~1975년의 '30년간의 황금기'에 서유럽에서 나타났던 그런 종류의 사회를 달성하길 원하고 있다.[111]

아파나시예프는 러시아의 주도적인 아날학파 신봉자이다. 아날학파는 장기 지속된longue durée 구조 발전을 강조함으로써 맑시즘의 속박으

---

108 Afanasiev, *Opasnaia Rossiia*, pp.163~165[『위험한 러시아』]. 그의 주장에 따르면, 소비에트 체제는 권력과 주민을 겨루게 했을 뿐만 아니라 아파트 안의 공공시설 사용을 두고 벌어지는 끝없는 '코뮤날 전쟁'(kommunal'naia voina)까지, 주민들 간 내부 충돌을 교묘하게 만들어 내기도 했다.

109 *Ibid.*, pp.75, 193.

110 *Ibid.*, pp.174, 375.

111 *Ibid.*, pp.172, 382.

로부터 파리의 전후 역사 쓰기를 해방시켜 준 바 있다. 아파나시예프는 자신의 에너지를 젊은이들이 자유를 책임감 있게 쓰도록 교육하는 데에 쏟음으로써 미래를 위해 투자하고 있다. 포스트소비에트 시기에 그가 설립한 완전히 새로운 대학교인 러시아국립인문대학교는 공식적으로 '인문대학교'라고 명명된 최초의 대학일 것이다. 이 대학교는 지적으로나 물리적으로나 꾸준히 성장하고 있다. 이 대학교는 예전의 고등공산당학교Vysshaia partiinaia shkola 부지를 차지했다. 이곳은 다원론이 열정과 공존하고 있고 상대적으로 포퓌기즘을 찾아보기 힘든 곳이다.

아파나시예프는 러시아 앞에 놓여 있는 것으로 보았던 모든 위험 속에서도 새 천 년 직전에 실시한 여론조사에서 희망의 근거들을 찾아내고 있다. 러시아인들이 20세기가 남긴 것 중에서 자신들의 삶에서 가장 중요한 변화로 인정한 것은 중요도 순으로 문해력, 교육 혜택, 정보 혜택, 의료다.[112]

21세기 러시아의 정체성은 공산주의하에서 성장했던 사람들의 현재의 의미요법logotherapy에서 나오는 것이 아니다. 그보다는 아파나시예프의 대학교나 러시아의 거대한 공간에서 여전히 발견되거나 만들어질 그 밖의 다른 많은 새로운 교육기관들에 있는 포스트소비에트 세대들의 참신한 전망들에서 나오는 것이라 하겠다.

---

112 Afanasiev, *Opasnaia Rossiia*, p.374[『위험한 러시아』].

결론

이처럼 끊임없이 쏟아지고 있는 러시아의 본성과 운명에 관한 여러 견해들을 통해 얻어 낼 수 있는 하나의 결론은 무엇인가? 그것은 한때는 응집되어 있었던 문화의 분열 혹은 보다 열린 다원적인 사회를 향한 창조적인 전진을 반영하는 것인가?

러시아인들 사이에 퍼져 있는 대단히 폭넓은 접근법들과 염원들은 오늘날 그들이 새로운 자유를 긍정적으로 행사하고 있다는 것을 의미한다. 그러나 이와 동시에 2002년 5월에 실시했던 전국 여론조사는 러시아인 57%가 러시아의 미디어 검열 도입에 찬성하고 있음을 보여 주고 있다.[1] 이것은 독재정치로의 복귀에 대한 일부 기본적이고 진실한 욕망을 반영하는 것일까, 아니면 민주주의가 성숙해 가고 있는 과정에서

---

1 2002년 5월, 1300명 이상의 도시 거주민을 대상으로 실시한 전국적인 여론조사에 따른 것이다. *Johnson's Russia List*, no.6281, May 31, 2002에서 재인용. 응답자의 35%만이 러시아의 미디어 규제 필요성에 동의하지 않았다. 국가두마 문화위원회도 대통령 산하 언어위원회도 2002년에 미디어에 나타나는 러시아어의 '지나친 미국화'를 규제하기 위한(그리고 그에 대한 불이익을 만들어 내기 위한) 조치를 취했다. Fred Weir, "Russian Lawmakers Try to Stamp Out Foreign Slang", *Christian Science Monitor*, June 4, 2002를 보라. 2003년 2월 5일, 두마는 공식 문서에서 러시아어 대응 표현이 있는 외국어 표현 사용을 금지하는 법률을 통과시켰다. *RFE/RL Newsline*, February 5, 2003, p.2.

미디어를 이용 및 남용하는 정상적인 경향을 단순히 반영하는 것일까?

만약 하나의 답이 있다면, 이 답의 시작은 오늘날 러시아에서 사고의 긴장과 모순이 집단 사이에 있는 것이라기보다는 개인들과 늘 이동하는 하부 집단 내에 있는 것처럼 보인다는 사실에 있는 듯 보인다. 그런 이유로 여론조사 자료는 동일 집단 내에서 그토록 많은 모순적 의견들을 끊임없이 내보이는 것이다. 그런 이유로 그토록 많은 지지 단체와 프로그램적 선언들이 나타났다 금방 사라져 버리고, 그토록 많은 표어들이 사람들을 호도하고 있는 것이다. 소비에트연방 붕괴 이후 공산당과 자신을 연결시킨 가장 지적인 러시아 정치인 가운데 한 명인 세르게이 글라지예프는 "오늘날 진정한 자유주의자들이 러시아연방공산당 KPRF, Kommunisticheskaia partiia Rossiyskoy Federatsii 안에 있기"[2] 때문에 자신이 그렇게 행동했노라고 고백한 바 있다. 1990년대의 가장 반동적이고도 권위주의적인 주요 정치 조직은 스스로를 러시아자유민주당LDPR, Liberal'no-Demokraticheskaia partiia Rossii이라고 불렀다. 그러나 지리노프스키가 만든 이 당은 거의 모든 다른 러시아 정당과 마찬가지로 지도부 내에 상충되는 요소들을 포함하고 있는 작은 조직이었다.

통상 당이라는 것은 연단을 찾으려는 야망, 군중을 모으려는 플래카드에 지나지 않는다. 1년 뒤 2003년 12월 두마 선거에 등록할 때, 다섯 개의 주도적인 정당 가운데 단 하나의 정당도 2만 명의 지지자를 기록하지 못했다. 그 이후 웹사이트 목록들에 따르면 푸틴의 통합러시아

---

2 2003년 5월 15일 자 『모스크바뉴스』에 실린, 류드밀라 텔렌(Liudmila Telen)이 글라지예프와 가진 인터뷰에서 인용. 이 인터뷰는 *Johnson's Russia List*, no.7182, May 15, 2003에 다시 실렸다. 이후 글라지예프는 많은 비공산주의적인 정치가들이 "정당보다는 애국 세력들의 연합"을 대표하기 때문에 그들은 비밀스럽게 공산주의에 투표한다고 주장하기도 한다(pp.8~9).

당Edinaia Rossiia과 공산당의 당원이 50만 명을 갓 넘겼다는 것을 알 수 있다.[3] 그러나 그 외 어떤 정당도 이 숫자의 근사치에도 이르지 못했다. 어떤 경우든 이 당들은 보통 자기 당의 선거인 목록에 나타났던 유명 인사들과 정치인들의 투표 블록으로 녹아드는 경향이 있었다.

2003년 12월 7일의 의회 선거는 새로운 러시아의 자유민주주의적 자극에 대해 권위주의적 민족주의가 명백하게 승리하였음을 보여 주었다. 공산주의 득표수는 절반으로 줄어들었다. 지리노프스키의 러시아 자유민주당이 얻은 득표수는 두 배로 늘어났다. 재산의 재국유화를 주장하는 반서구적 신당은 거의 지리노프스키의 당만큼의 득표수를 획득했다. 세르게이 글라지예프와 인종 민족주의자 드미트리 로고진Dmitry Rogozin이 이끄는 이 당은 좌파 공산주의를 분열시키기 위해 푸틴에 의해 창당되었고 '조국'Rodina이라는 호소적 성격의 당명을 얻었다.

두마 내에서 푸틴의 정치적 지배력은 입후보한 주도적인 세 개의 당들(위에서 언급된 공산당, 자유민주당, 조국당)을 모두 합친 것보다 자신의 통합러시아당이 더 많은 의석을 차지함으로써 확고해졌다. 더욱이 이 세 당은 모두 푸틴보다 훨씬 공격적으로 권위주의적이었다. 진정으로 민주주의적인 당 두 개가 사실상 두마에서 제거당했다. (야블로코 Yabloko당도 우파연합SPS, Soiuz pravykh sil도 비례대표 확보에 필요한 5%를 얻지 못했다. 제대로 만들어진 두 정당의 통합 득표수는 인위적으로 새로이 창당된 조국당의 득표수보다 조금 적었다. 두마 내 이 두 자유주의 정당의 의석수

---

3 레온티 비조프는 이미 1999년에 이렇게 진행될 것이라고 예견한 바 있다. Leonty Byzov, "Stanovlenie novoi politicheskoi identichnosti v post-sovetskoi Rossii", Michael McFaul and Andrey Riabov eds., *Rossiiskoe obshchestvo: stanovlenie demokraticheskikh tsennostei?*, Moscow, 1999, pp.43~86[「포스트소비에트 러시아에서의 새로운 정치적 정체성의 형성」, 『러시아 사회: 민주주의 가치의 형성?』].

는 48석에서 7석으로 떨어졌다.)

푸틴은 선거 자체가 자신이 끊임없이 민주화에 헌신해 왔음을 보여 주는 증거이며 선거 전에 러시아 최고의 갑부 미하일 호도르코프스키Mikhail Khodorkovsky를 투옥시킨 것에 대해서는 자신이 공정한 법 집행에 힘쓰고 있음을 보여 주는 것이라고 고집스럽게 설명해 왔다. 그러나 대중매체의 비판을 억압하고 정치적 목적에 따라 선택적으로 법을 집행하는 것은 아래에서부터 위로 발전해 온 민주주의적인 경향에 맞서, 러시아인들이 '수직적 권력'이라고 불렀던 위에서 아래로 내려가는 중앙 권력을 거듭 주장함으로써만 러시아가 자신의 진정한 정체성을 발견할 수 있다고 제시하는 것처럼 보였다.

충격을 받은 자유민주주의 정치인들이 가장 낙관할 수 있었던 것으로 보인 점은 공산주의자들 역시 줄어들었고 유권자들이 결국 '민족 개혁주의자'national reformist로 밝혀지게 될, 오랫동안 기다려 온 "민족 중도파적 …… 합의 여론"에 마침내 투표했다는 것이었다.[4] 그러나 지리노프스키 당이 부활하고, 안도감을 주는 '조국'이라는 간판 아래서 몰수적 사회주의와 에스닉 민족주의의 슬로건들이 뒤섞이자 민주주의 제도를 앞에 두고 나치 유형의 운동이 발전할 가능성이 다시금 높아지고 있다. 이는 슬라브주의의 미사여구로 치장하고 있으나 사실상 친근한 얼굴로 파시즘을 대표하는 독재자에 의해 통치되는 조합주의 국가라는 독창적

<hr>

4 http://www.kprf.ru/history/party.shtml, http://www.ediros.ru. 상세한 등록자 목록은 *Johnson's Russia List*, no.7009, January 9, 2003에서 볼 수 있다. 그다음으로 큰 다섯 개의 소수 정당 가운데 두 개는 약 4만 명의 명목상의 당원들이 등록되어 있지만, 이 정당들은 다섯 개 주요 정당 중 지난 선거에서 가장 결과가 좋지 않았고 외견상으로는 미래의 전망도 가장 떨어졌다. 등록되어 있는 여덟 개의 추가적인 소수 정당과 1999년 두마 선거 이후 형성된 스물여덟 개 신당 가운데 거의 모든 정당이 약 1만 명의 당원을 등록하였다.

인 러시아식 변이형으로의 의도치 않은 진화라 할 수 있겠다.

이 책은 끊임없이 변화하는 엘리트 정계의 모래사장 아래를 탐색하고자 했으며 보다 폭넓은 사회의 정조를 반영하는 것으로 보이는 사상가들과 사유의 흐름에 초점을 맞추고자 했다. 이야기나 노래, 대중문화의 상징들 속에서 표현되고 있는 것을 보충적으로 연구할 필요가 있다. 소비에트 국가國歌와 러시아군을 위한 적기赤旗를 부활시키려는 결정과 함께 시작된 민족주의적 방안으로의 움직임이 있는 듯도 보였다. 공공장소에 어떤 동상들을 계속 세워 두어야 하는지,[5] 소비에트 시기에 관해 가르칠 때 무엇을 강조해야 하는지에 관한 논쟁이 계속되고 있다.

러시아의 지적 활동이 지니는 현재의 파토스뿐 아니라 미래의 가능성에 대해서도 더 깊이 이해해야 한다. 새로운 러시아는 격리된 인텔리겐치야에게 더 이상 특별한 도덕적 권위를 부여하지 않는다. 국가의 과학 업적을 위해 충분한 공적 자금을 제공하지도 않는다. 러시아의 훌륭한 지식인과 예술가에게 개인적인 지원을 제공할 만큼 부유하거나 인정 많은 사업가들도 여전히 충분치 않다. 그럼에도 불구하고 수많은 고

---

5 2002년 말에 있었던 주요한 토론에서 모스크바 시장 유리 루시코프는 공산당 비밀경찰 조직자인 펠릭스 제르진스키(Felix Dzerzhinsky)의 거대한 15톤짜리 소비에트 시대의 동상을 악명 높은 루반카 감옥과 KGB 본부 앞에 오랫동안 자리잡고 있었던 눈에 띄는 위치에 복원하자는 주장을 지지했다. 1991년 8월 22일에 있었던 이 동상 철거는 공산주의 쿠데타 시도가 좌절된 이후에 발생했던 기념할 만한 주요 사건이었다. James H. Billington, *Russia Transformed: Breakthrough to Hope, August 1991*, New York, 1992, pp.57~70에 해당 내용이 서술되어 있다.

  NTV 텔레비전 방송국이 실시한 모스크바인들의 여론조사는 41%가 루시코프의 제안에 동의했고 50%는 반대했음을 보여 주었다. 동상 복원은 이루어지지 않았으나 이 질문은 자유주의 정치가들과 저널리스트들에게 열린 채로, 그리고 공개적인 걱정거리로 남은 듯 보였다. 그러나 크렘린 내에 개혁주의자 차르 알렉산드르 2세의 동상을 세우자는 결정에서 그들은 위안을 찾았다. *RFE/RL Newsline*, September 16, 2002의 기사들. *Johnson's Russia List*, no.6500, October 19, 2002 참조. 알렉산드르 야코블레프는 차르 니콜라이 2세 기념비를 제르진스키 동상이 서 있던 빈자리에 세우자고 제안했다. *Agence France Presse*, December 24, 2002.

학력자들과 전문직 종사자들은 빈곤층의 수입을 벌어들일 때조차도 자신들을 현재 '중산층'이라고 부르고 있다.[6]

만약 러시아가 국내적으로 번창하고 국제적으로 경쟁력을 지니고자 한다면, 여전히 비범함을 지니고 있는 국가의 지식 자원을 지원하거나 보다 잘 활용해야 할 것이다. 연료 수출과 무기 제작에 계속 의존하는 것은 독점적인 관료 체제를 영속시키고 있다. 박식한 러시아 학자 뱌

---

6 "Russian Middle Class Not as Large as It Seems", *RFE/RL Newsline*, July 1, 2003, p.5. 이 기사는 2003년 4월 16일 자 『콤소몰스카야 프라브다』(*Komsomol'skaia pravda*)에 실린 독립사회정책연구소 (Nezavisimyi institut sotsial'noi politiki) 소장 타티야나 말레바(Tatiana Maleva)의 인터뷰에 기반을 두고 있다.

1990년대 중반까지 러시아인들 중 45%는 지금의 인텔리겐치야가 대다수 러시아인들의 관심을 전혀 표출해 내지 못했다고 믿었으며 이와 동일한 감정을 보이고 있는 고학력자들의 비율은 훨씬 높았다. L. D. Gudko, "Konets intelligentsii i massovoe chtenie", V. D. Stel'makh ed., *Biblioteka i chtenie v situatsii kul'turnykh izmenenii*, Vologda, 1998, p.90[「인텔리겐치야의 종말과 대중 독서」, 『문화 변화 상황 속의 도서관과 독서』]. 이것은 어떻게 소비에트 시대 지식인의 붕괴가 지적 활동 그 자체에 대한 존경심을 약화시켰는지, 어떻게 포스트공산주의 대중문화가 반체제 문화의 매력을 약화시켰는지에 대해 밝히는 가치 있는 분석이다.

모스크바국립대학의 사회학자 니키타 포크로프스키(Nikita Pokrovsky)는 역사적으로 중요한 러시아 인텔리겐치야의 종말을 인텔리겐치야의 '사회집단적 자기중심주의'(social-group egocentrism)와 연결시키고 있는데, '사회집단적 자기중심주의' 속에서는 "체계 전체에 대한 태도를 정당하게 비판하는 것이 사회적 관계 체계 내의 자신들의 위치에 대해 철저히 무비판적이며 유토피아적으로 대하는 태도와 어쩐 일인지 결합되어 있었다." A. I. Studenikin ed., *Intelligentsiia v usloviiakh obshchestvennoi nestabil'nosti*, Moscow, 1996, p.31[『사회적 불안 상황에서의 인텔리겐치야』].

포크로프스키는 인텔리겐치야가 자신을 파괴했던 전제주의 체제에 대처하려 했던 여섯 가지 '패러다임', 즉 망명, 지하로 숨어들기(catacombs), 위엄 있는 상대에 대한 도전, 온건한 협력, 맹목적 복종, 반체제적 행위를 기술하고 있다(pp.15~30). 결론에서 그는 "미래의 도스토예프스키들과 톨스토이들을 위한 정신적 근간을 파괴하지 않으면서 어떻게 러시아를 '세계 공동체의 한 부분'으로 만들 수 있을 것인가"라고 묻고 있다. 그가 주장하길, 최고의 가능성은 러시아가 "정상적인" 사회를 창조할 수 있는 기회를 가질 뿐 아니라 자신만의 "비정상적인" 인텔리겐치야의 정신적 분투를 유지하기 위한 기회를 갖기 위하여 외국 작가, 특히 미국 작가들을 러시아 문화 자체에 포함시키는 데 있다(pp.39~40).

반체제 망명 작가인 안드레이 시냐프스키(Andrey Siniavsky)는 (부인과 함께 러시아의 반동적인 민족주의적 잡지와 가진 한 인터뷰에서) 심지어 강제노동수용소에서 있었던 자신의 세대가 만들어 낸 창작에까지 향수를 내보이면서 "인텔리겐치야의 위치는 항상 반대편에 있을 것이다"라며 지친 채 주장했다. "Mesto intelligentsii vsegda v oppozitsii", *Zavtra*, nos.43/48, 1993, p.6[「인텔리겐치야의 위치는 항상 반대편에 있을 것이다」, 『내일』].

체슬라프 이바노프는 정보화 시대에 러시아 젊은이들이 처한 현재의 물질적 빈곤이 그들을 더욱 창의적인 인물이 되도록 이끌 수 있으며 장기적인 안목으로 보자면, 이것이 "새로운 산업 도약을 가능하게 만든다"라고 주장한다.

> 오랜 세월 동안 질 좋은 컴퓨터가 부족했었는데, 이는 러시아의 젊은이들을 멈추게 한 것이 아니라 실제로는 불완전한 기술을 써먹을 수 있는 효과적인 방법을 개발하도록 부추겼다.[7]

예술 분야에서도 이와 유사한 발전이 있었다. 한때 많은 보조금을 지원받았던 볼쇼이 극장의 쇠퇴가 모스크바에 혁신적인 퍼포먼스를 보이는 젊은 예술가들이 참여하는 저예산 오페라단의 전성기를 가져온 것이다.

이바노프는 "인텔리겐치야의 임무는 '누스피어'를 통한 국가의 안내자가 되는 것"이며 "우리 시대의 언어로 …… 기본적인 정신적 가치들"을 분명하게 표현하는 것이라고 믿는다. 리하초프와 마찬가지로, 이바노프는 러시아의 희망이 대체로 지방에 있는 것으로 보고 있다. 노브고로드의 개혁적 주지사인 미하일 프루사크Mikhail Prusak가 새롭게 조직한 민족문화적 협회들 간의 조화로부터 "과거의 민족주의적-사회주의적 광기와는 아주 다른 미래의 경향들이 조용히 태어나고 있다". 이는 민주주의적 러시아에서 '문화 및 언어의 다양성'을 보존할 수 있는 모델

---

7 V. V. Ivanov, "Epilogue: Will Russia's Terrible Years Be Repeated?", Heyward Isham ed., *Russia's Fate through Russian Eyes*, Boulder, Colo., 2001, p.401.

을 제공할 수 있다.[8]

러시아의 본성과 운명에 관한 다양하고도 활기 넘치는 공개 토론은 희망적이기는 하지만 확신할 수는 없는 몇몇 결론을 제시한다. 그런 논의가 존재한다는 사실이 바로 민주주의적 정부가 이미 러시아에서 대체로 정통성을 확보했다는 것을 암시한다. 민주주의라는 꼬리표를 거부하는 많은 사람들이 민주주의의 가치를 지지하고 있다. 몇몇 초극단주의자들을 제외한 대부분의 사람들은 민주주의적 이상 때문이 아니라 그 이상들에 맞춰 사는 것에 실패했다는 이유로 자신들의 반대자들을 비판한다.[9] 비서구 노선을 주장하는 사람들이 소위 러시아의 풀뿌리 민주주의 전통이라는 이름으로 자주 이렇게 행동한다. 러시아에서 '문명화된' '정상적인' 사회에 대한 일반적인 요구는 서구의 민주주의가 바라던 모범이라고 생각하게 한다.

거의 모든 토론자들은 러시아에서 미래의 변화는 혁명적이라기보다는 진화적일 것이라고도 생각한다. 포스트공산주의 러시아는 소비에트 시기의 유토피아적 환상이나 내부적인 사회 폭력으로부터 놀랄 만

---

8 Ibid., pp.412, 417. 프루사크 자신의 견해에 대해서는 Mikhail Prusak, "Reform in Russia's Region: The View from Novgorod", Isham ed., *Russia's Fate through Russian Eyes*, pp.43~64 참고. 「누스피어를 향하여」에서 이바노프는 "세계에 존재하고 있는 6000개의 언어 가운데서 불과 600개만이 다음 세대에 살아남을 것"이라는 "가까운 미래에 닥칠 가능성 있는 재앙"을 예언하고 있다. V. Ivanov, "Towards Noosphere", Barbara Baudot ed., *Candles in the Dark: A New Spirit for a Troubled World*, Seattle, Wa., 2002, pp.187~204, 여기서는 p.192.

9 알렉산드르 솔제니친은 다원주의와 전통적인 권력 파괴에 대해 보수주의적인 공포심을 가졌음에도 불구하고 러시아로 돌아온 이후 러시아 정부를 비판하는 이런 견해를 지지하였다. 솔제니친의 「이것은 어떤 종류의 '민주주의'인가?」와 러시아는 "아래에서 위로 권력 체계를 세우는 …… 진정한 국민 자치"를 통해서만 자신의 문제들을 극복할 수 있다고 한 텔레비전에서의 그의 발언을 참고 바람. Aleksandr Solzhenitsyn, "What Kind of 'Democracy' Is This?", *New York Times*, January 4, 1997; *Johnson's Russia List*, no.3649, November 29, 1999. 예브게니 키셀료프(Evgeny Kiselev)가 진행한 1997년 3월 28일 자 솔제니친의 훌륭한 인터뷰 또한 참고하라. 키셀료프는 NTV가 독립성을 많이 상실하게 된 이후 해고당했다.

큼 자유롭다.

물론 계속되고 있는 체첸전은 비극적인 예외로, 그 전쟁은 체첸인들에게 엄청난 고통을 안겨 주고 있다. 러시아인들을 상대로 한 그로테스크한 테러 공격 역시 존재한다. 체첸에서 있었던 무시무시한 인명 손실은 쉽게 치유되지 않을 상처를 남겼다. 불안정한 카프카스에 접하고 있는 러시아의 국경이나 중앙아시아에서 펼쳐지고 있는 확장된 폭력의 가능성도 지속적으로 남아 있다. 만약 새로운 충돌이나 지역적 혼란이라도 발생한다면, 새로운 흐름의 권위주의적 민족주의가 막 생겨난 러시아 민주주의의 대부분을 완전히 쓸어 버릴 수도 있을 것이다.

오늘날 러시아의 젊은이들은 대체로 자신 앞에 놓인 여정을 열린 스텝 지대를 가로질러 하늘로 날아오르는 니콜라이 고골의 트로이카로도 보지 않고, 파괴된 다리를 향해 가고 있는 현역 소설가 빅토르 펠레빈의 닫힌 열차로도 보지 않는다. 그들은 불확실함을 받아들이고 정치를 넘나들며 떠돌고 있고 자신들의 종착지보다는 다음 도시에 닿을 수 있는 확실한 방향을 찾는 데 더욱 관심을 기울인다.

최근 러시아의 정체성 탐색은, 세계에서 가장 장황할지도 모르는, 역사 전체의 의미에 관한 보다 폭넓은 논의를 시작하였다. 사방에서 성경의 권위에 호소하고 있다. 그것은 현대 환경 과학과 함께 짜여 곧 닥칠 재앙의 시나리오와 시간표를 제시하고 있다. 그러나 성경은 헌법에 의한 통치를 합법화하기 위해서 역시 언급되기도 한다.[10]

---

10 러시아연방대법원장 뱌체슬라프 레베데프(Viacheslav Lebedev)의 서문이 붙은 Peter Barenboim, *Pervaia konstitutsiia mira: bibleiskie korni nezavisimosti suda*, Moscow, 1997[『세계 최초의 헌법: 판결 독립의 성서적 뿌리』] 참고. 저자는 최초의 제목이 '사법권의 신성한 본질: 구약성서에서 우리 시대에 이르기까지의 권력 분립 독트린의 3000년'이었다고 말한다(p.99). 그는 구약의 여러 구절을 거쳐(pp.91~96) 『사무엘』 상권 1장 25절에서 나온 이 계보를 추적한다(p.120).

경제학자 니콜라이 콘드라티예프와 망명 사회학자 피티림 소로킨 Pitirim Sorokin의 역사 연구법을 적용하기 위한 완전한 연구소들이 만들어졌다. 정체성 문제를 다루는 거의 모든 러시아의 저자들은 같은 시기 서구에서는 그다지 논의되지 않았던 서구의 역사철학자들에 관한 장황한 논의를 (니콜라이 다닐레프스키와 콘스탄틴 레온티예프처럼 오랫동안 잊혔던 러시아 철학자들과 함께) 포함시킨다. 새뮤얼 헌팅턴의 『문명의 충돌』과 프랜시스 후쿠야마의 『역사의 종말』 같은 보다 최근의 서구 저서들[11]은 이 책에서 인용된 많은 러시아 저자들에 의해 철저한(주로 부정적인) 비판을 받게 된다.

이러한 심취에 내포되어 있는 것은 러시아가 여전히 인류 역사에서 중요한 역할을 수행하고 있다는 전제이다. 러시아가 군사적으로 그런 역할을 해낼 수 있다고 믿는 이들은 극소수에 불과하다. 그럼에도 불구하고 일부 학자들은 유라시아에 위치한 독특한 지형을 통해 수송의 가교, 정치의 중심, 유럽과 아시아 간의 중재 세력으로서 새로운 지휘력을 발휘할 수 있을 것이라고 주장한다. 그러나 더 많은 학자들은 러시아의 독특한 역사적 역할은 경제력과 정치력 같은 전통적인 범주에 있다기보다는 정신·문화·과학 분야에 있다고 생각하는 듯하다. 유라시아주의의 민주주의적 버전은 러시아가 유럽연합처럼 —— 요컨대 구소련의 아시아 지역 공화국들이 독립을 유지하고 민주주의적 제도들을 뿌리내리게 하면서[12] —— 유라시아연합을 창설하는 데, 그리고 어쩌면

---

11 새뮤얼 헌팅턴, 『문명의 충돌』, 이희재 옮김, 김영사, 2006; 프랜시스 후쿠야마, 『역사의 종말: 역사의 종점에 선 최후의 인간』, 이상훈 옮김, 한마음사, 1992. —— 옮긴이

12 이러한 견해는 신생 독립 무슬림 공화국 중 가장 큰 공화국인 카자흐스탄의 대통령 누르술탄 나자르바예프가 모스크바에서 열린 회의에서, 그리고 옐친과 가진 두 차례 대담에서 주장한 것이다. Nursultan Nazarbaev, *Evraziikii soiuz: ideia, praktika, perspektivy 1994-1997*, Moscow,

지치고 타락한 유럽의 정신 생활을 되살리는 데 도움을 줄 것으로 내다보고 있다.

서구는 정치 및 경제 분야에서 러시아인들이 이루어 낸 물질적 성취를 추적한 것만큼 면밀하게 '정신문화'(소비에트 시기에서조차 공식적으로 사용된 용어)에서 러시아인들이 이루어 낸 업적들과 염원들을 결코 추적하지 않았다. 최근 몇 년간 미디어 보도는 물질적 실패, 위험, 문제점에 초점을 맞추는 경향이 있다. 게다가 러시아인들 스스로 자신들의 두려움뿐 아니라 희망에 대해서도 항상 명확하게 말하지는 않는다. 그렇기에 내가 이 책을 쓰기 위해 살펴보았던 자료들에 내포되어 있던 것에서, 그리고 내가 의장으로 있었던 오픈월드 프로그램에 참가한 많은 신진 젊은 지도자들과의 대화에서 드러났던 것에서 발견해 낸 기대에 가까운 희망의 일치를 작성하려는 시도는, 다소 주제넘기는 하지만 유용할 것이다.

러시아인들은 외부 세계에서 신망을 얻기를 바라는 동시에 국내에서 자존심을 회복하기를 바라고 있다.[13] 러시아들은 미국과 마찬가지로

1997[『유라시아 연합: 이념, 실제, 전망 1994~1997』]. 나자르바예프는 화합을 위해 기존의 '군주제적이고' '전체주의적인' 모델을 대체할 수 있는 새로운 유형의 "문화 및 경제 연합"을 제안했다. 우선 "벨라루스, 카자흐스탄, 러시아의 경제적·인본주의적 통합"을 포함해야 하지만 이는 유라시아의 모든 국가에도 열려 있는 것이다(p.273).

전(前) 반체제 인사이자 정체를 숨긴 파시스트 정당인 민족볼셰비키당(NBP)의 리더였던 에두아르트 리모노프는 보다 적극적인 계획을 분명히 주창했다. 추측건대 그는 러시아 권력의 확장과 권위주의적인 리더십으로의 전환을 촉발시키기 위해 카자흐스탄 북부의 러시아인들 사이에서 '제2의 러시아'를 만들려고 계획된 일련의 테러리스트 공격들을 계획한 듯했다. *Johnson's Russia List*, no.7074, February 23, 2003에 실린 톰 파피트(Tom Parfitt)의 보고서를 참고 바람.

13 자유주의적인 야블로코당의 리더인 그리고리 야블린스키(Grigory Yavlinsky)는 모스크바에서 연설을 마친 이후 러시아를 위한 민족 이념이 있을 수 있느냐는 질문을 받자 다음과 같이 대답했다. "학술원 회원인 리하초프가 예전에 제게 말하길, 우리 나라의 국민들은 너무 다양하기 때문에 러시아에는 단일한 민족 이념이 있을 수 없다고 하더군요. 그렇지만 전 있을 수 있다고 생각합니다. 제가 생각하기에 어떤 종류의 민족 이념이 러시아에 있을 수 있는지를 여러분께 말씀드

자신들이 유럽 문명의 일부라고 대체로 믿고 있다. 그들이 유럽 문명의 실제 정세에 더 익숙해질수록, 일부에서는 이 연계에서 얻는 것이 있을 뿐 아니라 주는 것도 있을 것이라는 것을 깨닫기 시작했다.

많은 이들이 러시아는 그 독특한 유라시아 지형으로 인해 아시아의 최악의 것을 유럽으로 가져가기보다는 유럽의 최상의 것을 아시아로 가져갈 수 있을 것으로 보고 있다. 그런데 많은 러시아 젊은이들은 아시아의 최상의 것에 개방적이고 유럽의 최악의 것에 적대적인 경향을 보이고 있다. 러시아 최고의 인기 소설가(빅토르 펠레빈)와 록가수(보리스 그레벤시코프Boris Grebenshchikov)는 불교 신자가 되었다. 게다가 역사상 유명한 반유대주의는 비주류파만을 가진 채 러시아에서는 대부분의 반향을 잃은 듯 보인다.

러시아 내 사고방식은 이제 더 이상 인텔리겐치야의 유토피아적 견해에 지배당하지 않는다. 그리고 아직까지 중산층 사업가들의 실용주의적 이익에 지배당하지는 않고 있다. 그럼에도 불구하고 러시아 역사, 특히 소비에트 역사에 특징적이었던 엄청난 고통을 이해하고자 하는 공통된 갈망이 있다. 그리고 많은 사람들은 여전히 그 고통을 참아 내고 있다. 러시아인들은 주로 슬픈 역사의 해피 엔딩보다는 그 역사 내에서의 구원 혹은 소생에 대한 어떤 약속을 찾고자 한다. 이런 갈망은 민족적·종교적 다양성에 더욱 관대해지고 있는 동시에 새롭고 보다 책임감 있게 행동하려는 시도를 더 선호하고 있는 국민들에게 스며드는 듯 보였다.

리고 싶습니다. 그것은 한마디로 '존중'이라고 말할 수 있습니다." 1999년 11월 12일, 모스카벨메트사(Moskabelmet Company)에서의 연설, http://www.yabloko.ru/Publ/Speach/Moskabel/zavod-991112.html(Search Date: late 2001).

과거의 공산주의나 차리즘의 사회적 모델 혹은 정치적 모델로 복귀하려는 갈망은 거의 없었다. 그러나 그와 동시에 과거 두 시기에서 나온 주요 특성들, 즉 차리즘 후기의 정신문화와 소비에트 후기의 물질적 질서에 대한 강렬한 노스텔지어도 있었다.

그러나 러시아인들이 뒤를 돌아보며 앞으로 나아가지 않는다고 생각하는 것은 오산일 수 있다. 알렉산드르 2세 치하의 혁신적인 시민적·사회적 개혁은 러시아 과거에 대한 역사적 탐구 및 노스텔지어가 강렬했던 시기에 뒤이어 나타난 것이었다. 러시아 '은세기'에 고대 이콘을 복원하고 부활시킨 것은 러시아의 선구적인 돌파구가 되어 회화 분야의 추상 모더니즘을 이끌어 냈다. 게다가 러시아에서 벌어진 기독교 수용 이전의 고대에 대한 탐색은 스트라빈스키와 프로코피예프를 자극하여 모더니즘 음악으로 나아가게 했다. 계속 쏟아지고 있는 러시아의 독재주의 역사 전체에 대한 재검토는 러시아 정치체제 내에서 향후 벌어질 극적인 개혁의 전제 조건 혹은 전조라 할 수 있다.

외부의 관찰자들은 통상 러시아인들이 외국 모델에 바탕을 둔 혁신에 대한 갈망이 ── 어쩌면 그 어떤 수용력이 ── 없다고 여기는 경향이 있다. 그러나 외국의 예술 매체와 주기적으로 불시에 맞닥뜨리게 되었을 때 러시아인들이 발휘했던 예상치 못한 새로운 창조력과 유사한 점을 보여 주는 국가는 거의 없다. 만약 헌법에 의한 법치를 세우는 것이 과학이라기보다는 예술이라고 한다면, 러시아의 격정적인 과거 예술사는, 러시아의 과거 정치사에 바탕을 둔 단선적 투시로 예상할 수 있는 것보다 더욱 폭넓은 미래 가능성을 제시할 수 있다.

새롭고 익숙하지 않은 예술 매체를 마주할 때마다 러시아인들은 외국의 모델을 처음에는 맹목적으로 반복해서 모방하고 그 이후에는 예술 형식을 완벽히 새로운 수준까지 혁신적으로 끌어올린다. 러시아인들이 새로운 유형의 표현을 기존에 경험해 보지 못했다는 바로 그 사실이 뒤늦게 발견한 것을 온화하게 조정하기보다는 굉장히 충격적인 것으로 만들어 버렸던 것이다.

러시아에서 있었던 최초이자 가장 중요한 문화적 폭발은 러시아가 수준 높은 비잔틴의 회화 예술을 갑작스럽게 전면적으로 수용한 것이었다. 동굴 그림이라든지 기독교 수용 이전의 고전적이거나 이교도적인 그림에 대한 중요한 증거가 러시아에는 존재하지 않는다. 11세기 루시 전역에 새롭고도 철저히 종교적인 예술이 급속히 확산됨으로써 러시아인들은 자신들의 최초이자 가장 영속적인 문화 정체성의 엠블럼을 가지게 되었다. 이콘은 내세로 들어가는 창窓이다. 러시아 정교의 회화 신학은 예술 작품 속에서 만족감 대신에 잠재적으로 구원을 추구하도록 하는 성향을 러시아 문화 속에다 만들어 냈다.

이후 18세기에 러시아인들은 새 수도 상트페테르부르크의 세속적인 권력을 신성한 것으로 만들기 위하여 이탈리아로부터 바로크 건축을 도입하여 변형하면서, 모방에서 혁신으로 넘어갔다. 그들은 19세기와 20세기 초에 문학과 음악 분야에서도 그처럼 갑작스럽게 나아갔다. 러시아는 이 두 분야에서는 이전에 이렇다 할 고유한 업적을 남기지 못했음에도 불구하고 서유럽의 소설과 오페라 모델에 탁월한 독창성을 불어넣었다. 그리고 소비에트 시기 초기에 러시아인들은 서구의 새로운 오락적 예술 형식인 영화를 혁명 메시지를 정당화하기 위한 매체로 바꾸어 놓았다.

그러나 많은 경우 외국 모델을 모방하고 이후 변형하는 이런 과정은 문화의 몰락과 예술 매체 자체의 붕괴로 귀결되었다. 러시아 종교화는 모스크바공국에서 러시아만의 독창성을 발전시킨 후에 1660년대에 완전히 무너져 버렸다. 19세기 초, 러시아 황실 건축은 걷잡을 수 없을 만큼 혼잡해졌고 절충적인 것이 되어 버렸다. 차르 체제 후기에 러시아의 음악과 문학 분야에서 갑작스럽게 독창성이 폭발하자 권력을 넘어서는 의미 찾기에 휩싸이게 되었다. 그러나 바로 그러한 격렬함이 완화된 독재정을 비합법화시켰고 전제주의를 합법화했던 유토피아적 판타지에 사람들이 쉬이 영향받도록 내버려 두었던 것이다. 영화라는 새로운 매체는 소비에트 권력을 지지하는 데 있어 처음부터 중요한 역할을 해냈지만 궁극적으로는 소비에트 권력을 와해시키는 데도 일조하였다.[14]

민주주의라는 기술을 익히고자 하는 러시아의 현재 노력이 약진할 것인가 아니면 실패할 것인가? 과거에 러시아가 외국에서 수입한 수많은 독창적인 형태들을 성공적으로 정착시켰던 것처럼, 서구 문명의 동

---

14 사회주의 리얼리즘의 공식적인 소비에트 스타일은 세르게이 파라자노프(Sergey Paradzhanov)의 초현실주의적이고 종종 추상적인 영화들에 의해 근저에서 도전을 받았다. 또한 공식적으로 선전된 스탈린 사후 소비에트 체제의 자기 조절 능력에 대한 믿음은 텐기즈 아불라제(Tengiz Abuladze)의 3부작 중 마지막 작품인 「참회」(Pokaianie)로 인해 구멍이 숭숭 뚫리게 되었는데, 이 작품은 어쩌면 1980년대 소비에트 공산주의의 권위를 실추시킨 가장 중요한 단독 기록영화가 되었던 듯하다.

소비에트학술원 회원들에 의해 수년간에 걸쳐 비공식적으로 제작되었던 영화 「재앙 속의 대지」(Zemlia v bede) 또한 중요하다. 이 영화는 다큐멘터리 영상을 사용하여 볼가강이 얼마나 오염되었는지, 무분별한 중앙화 계획으로 인해 강 유역 마을들이 얼마나 침수되었는지를 보여 주면서 볼가강의 수원에서 카스피해로 흘러들어가는 강어귀까지 관객을 데려간다. 내가 알기로 이 영화는 단 한 번도 공개적으로 상영된 적이 없었다. 나는 이 영화를 1980년대 중반에 모스크바에서 보았는데, 후에 들은 바로는 이 영화가 페레스트로이카 직전 고르바초프의 정치국 위원들에게 굉장한 영향을 끼쳤다고 했다.

후기 소비에트 영화 비평 분야의 상승적 조류의 역사에 대해서는 Anna Lawton, *Kionglasnost': Soviet Cinema in Our Time*, Cambridge, 1992를 참고하라. Christine Engel, *Geschichte des cowjetischen und russischen films*, Stuttgart, 1999에는 1999년까지의 역사가 담겨 있다. 러시아 영화 산업은 소비에트 정부 붕괴 이후 재정적으로 심각하게 고갈되어 버렸다. 「위선의 태양」(Utomlennye solntsem, 1994)과 「동-서」(Vostok-Zapad, 1999)를 포함하여 소비에트 시대를 비판하는 가장 중요한 회고적인 영화들은 프랑스와의 공동 제작에 의존해야만 했지만 새로운 세기가 시작되면서 영화는 부활하기 시작하였다.

방 경계에 위치하고 있는 러시아가 러시아만의 고유한 민주주의 형태를 만들어 내어 유지할 수 있을 것인가?

오늘날의 러시아인들이 러시아의 어제를 바라보는 방식에서 보이는 수많은 갈등과 모순이, 정체성 문제를 해결하는 것을 러시아의 내일을 만드는 데 있어 중심적인 것으로 만들고 있다. 러시아인들은 물려받은 소비에트 구조의 느릿한 **붕괴**와 보다 참여적이고 책임 있는 구조의 불완전한 **구축**을 동시에 마주하고 있다. 이런 조건이 문화에서는 어떤 노이로제를 만들어 내지만 사회에서는 새로운 에너지를 발산한다. 이런 조건은 평상시에 가능한 것보다 훨씬 갑작스럽고 엄청난 변화의 가능성들을 열어 보인다.

러시아의 현 상황은 프랭크 스탁턴Frank Stockton의 유명한 단편소설「숙녀일까 호랑이일까」The Lady or the Tiger?의 결말과 상당히 유사하다. 감옥에 갇힌 주인공은 자신을 자유롭게 만들어 줄 두 개의 문 중 하나를 열 준비를 하고 있다. 한 문은 이후에 행복하게 살 수 있는 아름다운 숙녀에게 이끌고, 다른 문은 자신을 잡아먹을 굶주린 호랑이에게 이끈다는 것을 그는 알고 있다. 우리는 그 답을 모른다.

러시아는 새 천 년을 향해 문을 열고 있다. 러시아는 결국 독재정이라는 시베리아 호랑이를 다시 한 번 타려고 할 것인가? 아니면 유라시아의 심장부에서 자유라는 숙녀에게 드디어 난로와 가정을 안겨 줄 수 있을 것인가?

마트료시카 이미지에서 보면, 어떤 주어진 순간에 바깥 인형의 얼굴에서 우리가 보는 것이 어떤 표정인가 하는 것(오늘의 여론조사 결과)은 중요하지 않다. 각 인형은 다른 안쪽을 숨기고 있는 얇은 외피일 뿐이다. 마트료시카에 대해 사람들이 믿고 있는 것에 따르면, 결국 중요한 것은 제일 안쪽 인형의 단단한 나무 위에 마지막으로 나타나는 그 얼굴의 정체인 것이다.

단단한 나무 위에 새겨졌던 정체성은 아직까지 분명하지가 않다. '러시아에서는 무언가가 일어나고 있다'라는 제목으로 2000년에 발간된 민주주의 옹호적인 논문집의 표지는 과거 수십 년간의 러시아 지도자들의 얼굴을 보여 주는 마트료시카에 둘러싸인 한 어린 소년을 묘사하고 있다. 소년은 마지막 단단한 인형을 집고는 미소를 짓는다. 그 인형에는 2000년이라고는 쓰여 있지만 얼굴이 없다.[15]

많은 러시아인들은 이제 더 이상은 어떤 정치인의 얼굴에서 자신들의 정체성을 찾지 않는다. 많은 사람들이 자신들의 지도자들의 정책과 정치('politika'와 'politburo'라는 단어 속에는 이 두 의미가 모두 담겨 있다)에 완전한 충성을 표하도록 오랫동안 강요를 받아 왔기 때문에 이제는 대체로 정치체제 바깥에서 의미를 찾고 있는 것이다. 온갖 유형의 정치가들이, 모호한 만큼 끈질기고 끊임없는 '정신적 가치들'을 존중하겠노라고 주장한다. 그러나 정치가들이 활동하고 있는 실제 정치판이 러시아인들이 과거에 알고 있었고 현재 경험하고 있는 것 너머로 이들을 데려갈 수 있는 일종의 초월적인 것에 대한 추구를 그 언젠가 만족시킬 수

---

15 Leonid Zhukovsky and Nadezhda Azhgikaina, *V Rossii chto-to proiskhodit...*, Moscow, 2000[『러시아에서는 무언가가 일어나고 있다……』]. 자유주의적인 리더인 그리고리 야블린스키는 러시아의 미래에 대해 논하면서 다음과 같이 말했다. "전 한 동화를 떠올립니다. 그 동화에선 한 기사가 세 개의 다른 방향이 쓰여 있는 돌에 다다르게 되었죠. 왼쪽으로 가면 당신은 머리를 잃습니다. 곧바로 가거나 오른쪽으로 가더라도 다른 일들이 일어날 것입니다. 왜냐하면 각 방향마다 그에 따르는 위험이 있으니까요. 그렇지만 러시아가 세 방향 중 하나를 선택하기 전에 우리는 기본 원칙들에 초점을 맞추고 작은 걸음으로 …… 걷는 법을 배워야만 합니다." James H. Billington and Katheen Parthé, *The Search for a New Russian National Identity: Russian Perspectives*, Washington, D.C.: Library of Congress, March 2003, http://www.loc.gov/about/welcome/speeches/russianperspectives/index.html. compilers, p.28.

있을는지는 의문이다.

많은 러시아인들은 외부 세계에서 자신들이 존경할 수 있는 아버지 조국도 그들을 존경하는 외국인들도 아직까지 찾지 못했기에, 자신들 내부에서 느끼고 있는 어머니 조국rodina의 관점에서 자신들의 미래를 보려는 듯하다. 로디나는 국가 정체성보다는 가계 혈통을 암시한다. 일반적으로 '국민'을 의미하는 단어로 '나치야'natsiia보다는 여전히 '나로드'narod가 더 선호되고 있다.

대부분의 러시아인들에게 '나로드'는 국민이라기보다는 민중을 뜻하는 단어로 이해된다. 러시아인들은 제 위치에서 성실함을 유지하고 헌신적으로 협력한 민중의 능력이야말로 제 국민들이 저지른 잘못된 숙청과 강제수용소, 부패를 견뎌 낼 수 있게 해주었다고 여기는 경향이 있다. 중앙 주요 부처의 대표들(실로비키siloviki)과 엄청나게 부유한 올리가르히, 어디에나 있는 정부 관료들은 민중에게서 더욱 멀리 있는 것처럼 보였기 때문에 가족과 가까운 친구들, 소규모 서클들, 지역사회 사업이 더 많은 사람들에게 더욱 중요해졌다.

소규모 사업 및 교역 공동체들이 국제적 친목 조직(로타리클럽, 주니어어치브먼트Junior Achievement)의 각 지역 지부와 함께 성장하고 있다. 러시아의 많은 지역에서 비非정교 기독교(특히 침례파와 오순절파Pentecostal)가 급속하게 성장하고 있는 것은 대개 공동체들의 친밀감 때문에 생겨난 결과였다. 게다가 정교회 자체가 지니는 역동성의 많은 부분은 새로운 교구의 유례없는 발전과 교구를 기반으로 한 활동에서 나온 것이다. 러시아 정교회는 대부분의 유럽 국가들과는 달리 로마제국의 영역 밖에서 성장했기 때문에 기존의 교구 주교와 교구 행정 체계를 세울 수 없었다. 교회가 부활하고 이전에 금지되었던 교육 및 목회 활동이 실시되자 포스트공산주의 러시아에서의 교구 활동에 더 넓은 지평이 열리게 되었다.

지역 차원에서의 협업 역량은 두 차례 세계대전에서 러시아의 군사적 노력에 크게 기여하였다. 제1차 세계대전의 젬고르zemgor(지방-도시 연합) 위원회가 특히 대표적이다. 소비에트 붕괴 이후 러시아인들은 토크빌Alexis de Tocqueville이 미국 민주주의의 성공에 있어 아주 중요한 것으로 파악했던 지역 차원에서의 비정부적이고 비영리적인 단체를 만들기 시작하고 있다. '오픈월드: 러시아 리더십 프로그램'을 통해 최초로 미국을 방문했던 대부분의 러시아 젊은 지도자들은 미국의 시민사회 활동을 자신들이 찾아낸 가장 중요한 발견이라고 불렀다.

많은 러시아인들은 지역의 협력 활동으로 생겨난 연대감을 자신들이 소보르노스치sobornost'라고 부르는 고유한 전통의 표출로 보았다. 소보르노스치는 '대사원', '회의', '이전에 흩어져 있었던 사람이나 사물의 단순한 집합'이라는 다양한 의미를 지니는 단어 '소보르'sobor에서 파생된, 슬라브주의에서 비롯된 말이다. 그것은 분열과 분립으로 오랫동안 찢겨 온 국민과 문화를 위한 공동 목적의 수단을 찾고자 하는 갈망을 나타낸다. 그것은 포스트소비에트 세대에게 동양의 집산주의나 서양의 개인주의와는 다른 사회적 이상을 제공한다. 게다가 그것은 비정치적인 소규모의 인간적 공동체에 정신적 차원이 있음을 암시하기도 한다.

소보르노스치 이상이 인간적으로 구체화된 것 가운데 가장 기본적인 것이 가정이다. 가정의 행복은 많은 19세기 러시아 문학의 이상이었다. 가정의 지속적인 온전함은 20세기 내내 소비에트 체계가 지닌 일부 거슬리는 무자비함으로부터 러시아인들을 지켜 주었다. 그렇지만 소보르노스치는 혹독한 기후에서 개척적인 건설 작업을 하면서 생겨나는 동지애에서부터 도시의 소규모 서클에서 금지된 이상들에 대해 열정적으로 논의하는 것까지, 아주 다양한 공동 사업 속에서 그 예를 찾을 수 있는 것으로 여겨진다.

제정러시아 후기의 가장 중요하지만 주목받지 못한 사상가 중 하나인 세묜 프란크는 망명 시기에 '러시아인 생활 속의 합창 원칙'인 소보르노스치를 과거의 이상일 뿐 아니라 미래를 위한 힘이기도 하다고 주장했다. 고립된 개인들이 물질만능주의적인 이익단체들로 통합되는 '사회성'obshchestvennost'과는 구별되는, 일종의 유기적인 정신적 조화를 지닌 나와 너 사이의 잠재적인 적대감을 소보르노스치는 극복한다.[16]

일부 포스트소비에트 저자들은 소보르노스치를 러시아 문명에 특수성을 부여하는 결정적인 요소로 보고 있다. 키예프의 대주교 일라리온Ilarion이 11세기에 쓴 「율법과 은총에 대한 설교」Propoved' o Zakone i Blagodati에서 이미 묘사되길, 신은 개별 인간뿐 아니라 민족 전체에 은총을 주고 있으며 율법은 자유가 없는 사막 민족을 규제하지만 은총은 그 메마른 장소에 생명을 주고 '소보르노스치의 근원'이 되는 물이다.[17] "이

---

16 S. L. Frank, *The Spiritual Foundations of Society*, Athens, Ohio, 1987, pp.54~67; S. L. Frank, *Russkoe mirovozzrenie*, St. Petersburg, 1996, pp.180~181[『러시아의 세계관』], 그리고 이 책에 실린 "Sushchnost' i vedushchie motivy russkogo mirovozzreniia", pp.103~210[『러시아 세계관의 본질과 주도적인 동인들』]; Philip Boobbyer, *S. L. Frank: The Life and Work of a Russian Philosopher, 1877-1950*, Athens, Ohio, 1995.

17 I. A. Esaulov, *Kategoriia sobornosti v russkoi literature*, Petrozavodsk, 1995, pp.16~17, 28~29[『러시아 문학 속 소보르노스치의 범주』]. 소보르노스치 개념이 러시아의 문학적 상상력 속으로 침투한 것에 대해 다루고 있는 이 논문집에서 예사울로프의 서문과 결론은 풍부한 참고문헌과 함께 해당 개념의 역사와 최근의 부활에 대한 전반적인 훌륭한 평가를 제공한다. V. N. Zakharov ed., *Evangel'skii tekst v russkoi literature XVII-XX vekov*, vol.1, Petrozavodsk, 1994, pp.32~60[『17~20세기 러시아 문학 속 복음서 텍스트』] 선집에 실린 소보르노스치에 대한 예사울로프의 초기 논의 또한 참고하라. 동일한 제목하에 시리즈로 출간된 이 선집(1994)과 이어진 두 선집(1998, 2000)의 많은 논문 저자들은 현대 러시아 문학의 많은 작품들에 여러 면에서 정교의 종교적 이념들이 스며 있다고 주장하는데, 이는 예전에는 극히 소수의 학자들에 의해서만 주장

말만이 그 자체에 믿음의 완벽한 고백을 담고 있다.”[18] 그것은 정교의 미사 의식liturgy(그리스어로는 '공동 작업'을 의미한다)에서 나타나는데, 그 의식은 합창으로 이루어지는 것이다. 성서 구절은 집에서 조용히 읽는 것이 아니라 정교회에서 다 함께 듣는 것이다.[19]

자신들의 정교 유산을 재발견하고 있는 이들에게 소보르노스치는 타자와의 교감 같은 것을 말하는 것으로, 그 교감이란 것은 성 아우구스티누스가 내 안에 있는 나 자신보다 더 깊이 있는 것이라고 표현했던 그 것[하느님 ──옮긴이]을 발견하고자 하는 개인에게 열려 있다. 사회주의와 자본주의 사이의 '제3의 길'을 추구하는 다른 이들에게 소보르노스치는 인간적이고 사회민주주의적인 미래를 위한 근간이 되는 토착적인 공동체적 이상을 의미한다.

그러나 오늘날 러시아 내에 진정한 공동체성이나 연대감, 통합력이란 것이 존재하는 것일까? 어떤 사람들은 현재 러시아의 얼굴은 초사실주의적이고, 얼굴 표정은 냉소적이라고 말한다. 그러나 냉소주의는 집

되었던 것이다. Pavel Tulaev, "O sobore i sobornosti", *Narod i intelligentsia*, Moscow, 1990[「사원과 소보르노스치에 관하여」, 『민중과 인텔리겐치야』] 또한 참고 바람.

발레리 사가토프스키는 세계를 개인들이 그 옆에서 '커가는 욕구'의 끊임없는 '만족'을 찾고 있는 컨베이어로 묘사하거나(서구에서는 그렇게 묘사한다) '독자들이 연주하는 무대'로 묘사하지 않고, '사원'으로 묘사하면서 소보르노스치를 살펴보고 있다. Valery Sagatovsky, "Sobornost' i svoboda", Evgeny Troitsky ed., *Russkaia tsivilizatiia i sobornost'*, Moscow, 1994, p.169[「소보르노스치와 자유」, 『러시아 문명과 소보르노스치』].

18 이 개념을 처음으로 만들어 낸 사람의 발언은 Aleksey Khomiakov, *Polnoe sobranie sochinenii*, vol.2, Prague, 1867, p.282[『전집』]. Esaulov, *Kategoriia*, p.16에서 재인용.

19 Esaulov, *Kategoriia sobornosti v russkoi literature*, pp.268~269[『러시아 문학 속 소보르노스치의 범주』]. 표트르 스미르노프라는 필자는 시장 개혁에 공감하는 인물이었음에도 불구하고 대대로 전해 오는 타인들에 대한 의무에 집중된 러시아의 '가정적인 문명 유형'을 잃어버리지 않는 것이 아주 중요하다고 주장하고 있다. Petr Smirnov, "'Domashnii' tip tsivilizatsii Rossii i russkii natsional'nyi kharakter", *Vestnik Moskovskogo universiteta. Seriia 12: Sotsial'no-politicheskie issledovaniia*, no.5, 1993[「러시아 문명의 '가정적인' 유형과 러시아의 민족성」, 『모스크바대학통보 시리즈 12: 사회·정치연구』].

을 찾고자 하는 도덕성이다.[20] 가장 유명한 냉소주의자인 디오게네스는 정직한 사람을 찾고 있었다. 그런데 현재 러시아에는 그런 사람들의 수가 급속도로 증가하고 있다. 러시아 역사상 최초로 한결같은 법치가 건강한 미래를 위해 필요한 조건으로 폭넓게 인식되고 있다. 1990년대 옐친이 주로 행정 법령으로 통치를 했다면 푸틴은 주로 제정된 법률로 통치를 하고 있었다. 비록 푸틴이 많은 경우에 그 법률을 선택적으로 적용했을지라도 말이다.

그러나 역사적으로 합법적인 통치보다는 도덕적 간청에 보다 민감했던 러시아인들에게는 꼭 필요한 것이 충분치 못할지도 모른다. 러시아인들은 기독교와 깊고도 독특한 역사적 관계를 가지고 있다. 그들은 기독교로 개종해야 하는 유럽의 마지막 민족에 속했다. 그들은 가장 오래되었지만 가장 적게 변했던 기독교의 한 분파인 정교를 선택했고, 유럽의 다른 다수 기독교 국가의 창의적인 국민들이 유지했던 것보다 더 오래 현대에 이르기까지 자신들 문화에서 가장 중심적인 것으로 정교를 유지해 왔다.

소비에트 시대의 러시아는 인류 역사상 최초로 종교 자체를 없애려고 몰두한 정부를 만들기 위해 기독교 및 그 밖의 모든 종교들을 즉석에서 거부해 버렸다. 정교 성직자단이 공산주의의 박해자들과 협력했다는 다양한 기록에도 불구하고, 러시아의 정교 신자들은 기독교 역사에서 최대 규모의 순교를 겪어야 했다. 그다음, 공산주의가 붕괴된 이

---

20 V. N. Trostnikov, "Ot gorbachevshchiny do el'tsinizma", *Put' Rossii v dvadtsatom stoletii*, Moscow, 2001, pp.36~40[「고르바초프주의에서 옐친주의까지」, 『20세기의 러시아의 길』] 참고 바람. 이 저작은 이르쿠츠크 출신의 독실한 정교도 수학자가 쓴 20세기의 독특한 종교적 반추이다. 러시아어로 '옐친주의'라는 단어 속에는 '냉소주의'라는 의미가 포함되어 있다.

후 러시아는 어쩌면 20세기 최대 규모일 수 있는 새로운 정교 신자들을 — 젊은 층과 교육받은 사람들 사이에서 과잉적으로 — 단기간 내에 한 국가 안에서 만들어 냈다.[21]

오늘날 대다수의 러시아인들은 자신들을 기독교인이라고 생각한다. 그러나 절반을 약간 웃도는 기독교인들만이 자신을 정교도라고 생각하고 있다. 하지만 소수의 정교도만이 정기적으로 미사에 참석하고 있다.[22] 푸틴 대통령은 점점 증가하고 있는 종교적 다원성을 공개적으로 지지하고 있지만 그는 십자가를 걸고 다니며 "기독교 없이 러시아는 존재하기 힘들다"라고 (러시아 최초의 집단수용소가 있었던 솔로베츠키섬에서) 말하기도 했다.[23]

저서 『러시아의 얼굴』에서 나는 러시아 문화를 형성하는 세 가지 핵심적인 요소는 정교, 자연에 대한 특별한 감정, 주기적으로 찾아오는 외국의 새 제도에 대한 열광이라고 주장했다. 이 책 『러시아 정체성: 포스트소비에트의 이념과 정서』에서는 러시아 국민의 현재의 정체성 탐색이 많은 면에 있어서 그동안 중단되었던 제정러시아의 마지막 차르

---

21 시카고대학교 국립여론조사센터(NORC, National Opinion Research Center)가 실시한 여론조사에 따르면, 1998~1993년에 25세 미만 러시아인의 30%가 무교에서 신앙을 가지게 되었다. James Billington, "The Case for Orthodoxy" *The New Republic*, May 1994, pp.24~27을 참고 바람.

22 2000여 명이 응답한 한 여론조사에 따르면, 자신을 정교회 신자라고 생각하는 사람들 중 절반만이 신을 믿고 있고 10% 미만이 정기적으로 교회를 다니고 있다. *Agence France Presse*, October 6, 2001. 다른 여론조사들을 살펴보아도 현재 대부분의 러시아인들이 심지어 정교도라 할지라도 자신들을 그저 기독교 신자라고만 생각하고 있을 뿐이다. 그리스도교 복수주의의 성장 일반에 관해서는 케스턴연구소(Keston Institute)가 출간한 다음 논문집을 참고 바람. S. B. Filatov ed., *Religiia i obshchestvo: ocherki religioznoi zhizni sovremennoi Rossii*, Moscow, 2002[『종교와 사회: 현대 러시아의 종교적 삶 스케치』].

23 *RFE/RL Newsline*, August 21, 2001, p.2. 푸틴은 솔로베츠키 수용소를 방문한 최초의 러시아 대통령이 되었다. 솔로베츠키 수용소에 관해서는 상세하면서도 삽화가 들어 있는 Yury Brodsky, *Solovki: dvadtsat' let osobogo naznacheniia*, Moscow, 2002[『솔로베츠키: 특수 사명을 띤 20년』]를 참고 바람.

[니콜라이 2세 — 옮긴이] 치하 러시아 '은세기'의 창작적 효모를 재생하는 것이라고 주장하고 있다.

제1차 세계대전 발발 직전에 있었던 러시아 문화의 엄청난 가을날의 폭발에서 핵심적이었던 것은 오랫동안 분리되어 있었던 나라 안에서 철학의 화합과 예술의 통합을 모색한 것이었다. 이런 탐색의 중심지는 모스크바 외곽 아브람체보의 시골 마을에 있었던 예술가촌이었는데, 이 공동체는 선도적인 상인 자선가였던 사바 마몬토프Savva Mamontov가 후원하고 있었다. 마몬토프의 사설 극장에서 그 유명한 성악가 표도르 샬랴핀Fedor Shaliapin은 오페라 「보리스 고두노프」의 초연 주인공을 맡았다. 림스키-코르사코프Nikolay Rimsky-Korsakov의 오페라 작품 몇 편이 세계 초연되었는데, 화가 빅토르 바스네초프Viktor Vasnetsov가 디자인한 무대 장치를 배경으로 소프라노 나데즈다 자벨라Nadezhda Zabela가 노래를 불렀다. 자벨라의 남편 미하일 브루벨Mikhail Vrubel은 당대 최고의 화가였다. 그곳에서 브루벨은 림스키-코르사코프 음악의 주제에 상응한다고 자신이 생각했던 색채를 이용해 도예와 마욜리카 도자기에도 관심을 기울이기 시작했다.[24]

내가 러시아 심리 내면에 있는 믿음의 다양한 층을 암시하기 위해 사용한 바 있는 마트료시카는 이 시기 이 장소에서 공예품으로 만들어졌다. 사바 마몬토프의 형 아나톨리 마몬토프Anatoly Mamontov는 '아동교육'Detskoe vospitanie을 담당했는데, 이는 러시아 시골에 있는 최상의 어린이 장난감들을 수집·개량·복제하기 위해 만들어진 아브람체보의 공방이자 박물관이며 상점이었다.

---

24 V. P. Rossikhina, *Opernyi teatr S. Mamontova*, Moscow, 1985, p.37[『S. 마몬토프의 오페라 극장』].

그러나 그 당시 외국의 영향력이 다시 한 번 러시아로 밀려왔다. 두 명의 러시아 예술가 장인이 일본의 혼슈섬에서 최근 수입된 하나로 포갤 수 있는 인형에 매료되었던 것이다. 그들은 일본 원본에 그려져 있던 대머리 노인을 러시아 농꾼 아낙네의 모습으로 대체하여 최초의 마트료시카를 만들어 냈다. 그것은 제각각 다른 그림이 그려진 여덟 개의 목각 인형으로 구성되어 있었다. 전체의 앙상블은 러시아 소보르노스치의 기본 단위인 화목하고 행복한 가정의 가족 수를 나타냈다. 제일 바깥쪽의 인형은 어머니이고 가장 안쪽의 인형은 기저귀를 차고 있는 아기였다.[25]

러시아 정체성의 비밀이 19세기 말에 만들어진 그 최초의 마트료시카의 목재 위에 그려진 어머니와 아이라는 간단한 표현 속에 놓여 있을 수 있을까? 중세에 만들어진 성스러운 이차원의 블라디미르 성모 이콘에서부터 최초의 삼차원적인 모던한 마트료시카에 이르기까지 어머니와 아이의 이미지는 소보르노스치의 핵심, 즉 다른 모든 관계들이 의존하게 되는 최초이며 가장 근본적인 인간의 관계를 그리고 있다.

『러시아의 얼굴』에서 나는 안드레이 루블료프의 잊히지 않는 그리

---

25 알렉산드르 프로닌과 바르바라 프로닌은 『러시아 민속 예술』에서 일본 기원설을 강력하게 주장하였고, 엘레나 헬베르그가 이 견해를 받아들이고 있다. Alexander Pronin and Barbara Pronin, *Russian Folk Arts*, South Brunswick, 1975, p.119; Elena Khell'berg, "Zagadki matryoshki", *Scando-Slavica* 37, 1991, pp.84~100[『마트료시카의 수수께끼』]. 가장 분량이 긴 연구인 라리사 솔로비요바의 『마트료시카』는 러시아 내에서 이런 종류의 최초의 인형은 성 세르기 삼위일체 대수도원이 위치해 있고 이런 종류의 인형들이 최초로 대량 생산되었던 세르기예프포사드에서 인형 제조공인 블라디미르 즈베즈도츠킨(Vladimir Zvezdochkin)에 의해 1890년대에 만들어졌다고 결론 내리고 있다(pp.9~12). 일본 원형의 삽화와 러시아 차용의 삽화가 7~9쪽에 실려 있다. Larisa Solov'eva, *Matryoshka*, Moscow, 1997. 베라 폴랴코바와 겐나디 크류코프의 유명한 연구는 불교의 성인이 원형 모델이었으며, 일본에서 직접 전해졌다기보다는 파리를 통해 전해졌을 것이라고 주장한다. Vera Polyakova and Gennady Kryukov, *Russkaia matryoshka*, Moscow, 1995, pp.3~4[『러시아 마트료시카』].

스도 이콘에 대해 깊이 있게 논의한 바 있는데, 이 이콘은 소비에트 초기 한 성직자가 장작더미에서 구해 낸 것이었다. 얼굴은 마치 나무의 결을 따르기 위한 것인 듯 길게 늘어져 있었는데, 초기의 이교도들이 가정집을 수호하는 조각상(도모보이domovoi)을 만들 때 그런 방식을 취했었다. (구세주를 의미하는 '스파스'spas로 간단히 알려진) 하나로 이루어진 단순한 이 이콘이 러시아 최고의 화가에 의해 살아남았다는 것은 러시아인들이 물질적인 궁핍 속에서도 자신들의 '정신문화'를 회복했음을 (최근에 있었던 거대한 구세주 사원의 복원보다 더 적절하게) 상징한다고 볼수 있다.

루블료프는 레프 구밀료프가 러시아 역사상 최고의 '격정기'이자 '에너지' 방출기로 제시했던 바로 그 시기에 창작 활동을 했다. 그리고 안드레이 타르코프스키Andrey Tarkovsky의 영화 「안드레이 루블료프」Andrey Rublev 속에서 그려진 화가의 수도원 생활에 대한 창의적인 재창조는 공산주의의 몰락 이전에 있었던 '정체기'에 대한 예술가의 질책을 나타낸 것이었다. 루블료프의 최후이자 최고의 작품은 기독교의 신 안에도 존재하고 있는 소보르노스치, 즉 성 삼위일체의 세 형상을 묘사한 것이다. 성 삼위일체 이콘은 감상자를 상위 영역으로도 자아의 깊숙한 내면으로도 이끌도록 디자인된, '색채로 표현된' 근원적인 '명상'이다. 루블료프가 동방정교에 제공했던 세 개의 교차하는 원의 축복받는 바로 그 장면을 단테는 서구의 기독교도들을 위해『신곡』의 마지막 편에서 언어로 묘사해 낸 바 있다.

대부분의 러시아인들은 미사에 적극적으로 참석한다고 할 수는 없지만 그래도 많은 이들이 여전히 자신들이 과거에 알았던 것과 현재 경험하고 있는 것 너머로 자신들을 데려갈 초월적인 것을 찾고 있다. 사이

비 종교와 마약이 일부 사람들에게 환영적 도피처를 제공하고 있으며 자살률이 심상치 않을 정도로 증가하고 있다.[26] 그러나 많은 이들이 현재 국민 전체에 퍼져 있는 현대 러시아의 기본적인 두 개의 충동, 즉 양심과 호기심을 자극하고 방향을 제시할 수 있는 신을 꾸준히 찾고 있다.

에세이 「우리는 누구인가?」Who Are We?에서 저자 파질 이스칸데르Fazil Iskander는 다음과 같이 말한다.

신과의 만남을 더 쉽게 만들게 하기 위해 양심은 삶을 힘겹게 만든다. ...... 양심의 작용은 그 만남을 위한 끝없는 리허설이다.

만약 정의가 법의 기능뿐 아니라 양심의 작용에도 의존한다면, 진리는 학문의 가르침에 의해서뿐만 아니라 호기심이라는 추동력에 의해서도 나아간다. 이스칸데르에 따르면, 호기심은 스탸프의 무관심을 극복하고 일상생활에 '창작에의 열정'을 회복시킬 수 있는 "우리의 태만한 보편성을 솔직한 특성으로 변화시킬" 솔직함과 집중을 요구한다.

우리들은 창작욕 —— 정확히 완성된 그림을 향한 욕구, 쟁기로 깔끔하게 퍼 올려진 땅을 향한 욕구, ... 열정적으로 집필된 페이지를 향한 욕구 —— 을 상실한 인간이다.[27]

---

26 "Suicidal Russia", http://english.pravda.ru/main/18/87/347/10835-suicide.html(Search Date: September 3, 2003).

27 Fazil Iskander, "Who Are We?", Isham ed., *Remaking Russia*, pp.44, 47~48. [이 글의 러시아어 원제는 '인간을 이해하려는 시도'(Popytka poniat' cheloveka)이다. —— 옮긴이]

카프카스의 무슬림 지역 압하지야 출신인 이스칸데르는 지적 창작력과 사회정의를 얻는 열쇠를 "그리스도의 가르침 가운데 핵심이었던" 고집스러운 인내력을 지닌 사랑 속에서 보았다. "영감은 진리를 밝히는 사랑 속에 있다."[28] 오늘날 러시아에서 이스칸데르나 다른 이들에게 있어 밝혀져야 하는 진리란 규범적이기도 하고 과학적이기도 하다. 이 두 가지 필수적인 것은 러시아어 '프라브다'의 전형적인 이중 의미 속에 내포되어 있다.

초기와는 달리 현재 진리는 보다 실제적이고 국지적이며 소규모 방식으로 추구되고 해석된다. 일부는 유토피아적 환영에 바탕을 둔 러시아의 '파괴적인' 과거 정체성을, 단순히 '가정家庭 세우기'에 바탕을 둔 새롭고도 보다 현실적인 정체성에 대비시키고 있다.[29] 하나의 극에서 다른 극으로 가는 경향이 러시아의 발전을 저해하고 있다. 소비에트연방이 붕괴되고 있을 때 썼던 마지막 저서 『문화와 폭발』*Kul'tura i vzryv*에서 러시아의 위대한 인문학자 유리 로트만은 러시아가 자신의 문화에 알맞은 새롭고도 독특한 제도들을 점진적으로 세울 수 있는 능력을 지닌 '한 걸음씩 밟아 가는 국민'*postepenovtsy*을 마침내 높이 평가하고 있다고 보았다.

실제 세계에서 폭발은 사라질 수 없다. 요점은 정체와 파멸 사이의 치명적 선택을 극복하는 것이다. …… 만약 운동이 앞을 향한다면 …… 새로 만들

---

28 Iskander, "Who Are We?", pp.47~48.
29 추그레예프는 러시아에서 교육받은 계층은 '파괴적인'(katastroficheskaia) 접근을 선호하는 자와 '가정 세우기'(domostroitel'naia)식 접근을 선호하는 자로 나뉜다고 보고 있다. V. N. Chugreev, "Pochva i sud'ba", A. I. Studenikin ed., *Intelligentsiia v usloviiakh obshchestvennoi nestabil'nosti*, Moscow, 1996, p.73[「대지와 운명」, 『사회 불안정 상태에서의 인텔리겐치아』].

어진 질서는 서구의 단순한 복제가 되지는 않을 것이다. 역사는 반복을 모른다. 그것은 새롭고도 예측할 수 없는 길을 좋아한다.[30]

자신의 길을 찾기 위해서 러시아인들은 파멸도 정체도 찬양하지 않게 하는 자신들의 역사에 대한 균형 잡힌 시각을 만들어 내야 할 것이다. 역사적으로 러시아는 대체로 '국민의 가정'도 '국민의 감옥'도 아니었다. 현재 밝혀진 바로는, 니콜라이 1세가 통치한 30년 동안 온갖 억압과 정체가 있었음에도, 니콜라이 1세는 단지 다섯 명만을 처형했다고 한다.[31] 그러나 러시아의 인텔리겐치야가 그의 통치의 잔인함에 대해 그토록 확실히 말하였던바, 소비에트의 선전가들은 스탈린 시대의 집단학살 정책에서 관심을 분산시키기 위해 니콜라이 1세의 잔인함을 널리 과장할 수 있을 정도였다.

또 다른 극단적인 예를 들어 보면, 심지어 소비에트 시기에도 있었던 표트르 대제에게 보낸 거의 전반적이었던 열광과 찬사는 그에 의해 위에서 아래로 강요된 서구화가 러시아 사회에서 만들어 냈던 육체적 황폐화와 심리적 황폐화를 감추는 경향이 있었다. 소비에트 붕괴 이후 모스크바에 세워진 체레텔리Zurab Tsereteli가 제작한 소비에트 스타일의 거대한 표트르 대제 상은 특히나 그로테스크하다. 이는 마치 스탈린이 가장 좋아했던 차르가 민주주의 개혁을 위한 모델이 되어야 한다는 것을 암시하는 듯하다.[32]

---

30 Yury Lotman, *Kul'tura i vzryv*, Moscow, 1992, p.265[『문화와 폭발』].
31 신중한 역사학자 윌리엄 브루스 링컨의 사후 출판물에 따른 내용이다. W. B. Lincoln, *Sunlight at Midnight: St. Petersburg and the Rise of Modern Russia*, New York, 2000, p.320.
32 표트르 대제에 대한 보다 균형 잡힌 시각은 현재 상트페테르부르크의 주도적인 한 문인이 도시 건립 300주년을 기다리며 써낸 소설 속에서 표트르 대제의 유산에 대해 토론하는 부분에서 형성

고르바초프와 푸틴이 러시아의 과거 지도자들 가운데서 진정한 개혁론자였던 알렉산드르 2세를 자신들의 주요 모델로 삼았다는 사실은 고무적이다. 러시아의 마지막 차르 니콜라이 2세 통치하, 1905년 혁명과 제1차 세계대전 발발 사이 비교적 자유로웠던 10여 년을 가리키는 '은세기' 문화에 신세대가 열광하고 있다는 것에서 앞으로의 희망을 찾을 수 있다. 그러나 알렉산드르 2세와 마찬가지로 니콜라이 2세는 혁명주의자들에 의해 살해당했다. 두 차르의 비극적 운명은 러시아에서 무의미한 죽음들이 어떤 의미를 지닐 수 있을 것인가 아니면 실제 미래에 자유를 확대할 수 있을 것인가라는 보다 깊이 있는 질문을 제기한다.

　　러시아인들은 새로운 신화를 창조하지 않은 채 자신들의 역사에 관한 오래된 신화들을 제거할 수 있을 것인가? 몽골 지배기의 본성이 무엇이며 러시아에게 어떤 의미를 지니는가라는 문제에 현재 강박적으로 매달리는 것이 결정적인 시금석이라 할 수 있다. 근대 러시아는 점령자들, 즉 이교도와 이후에는 이슬람 교도들에 맞선 일련의 개혁적 투쟁을 통해 생겨났다는 것이 오랫동안 받아들여진 통설이다. 새로 등장한 유라시아주의적 신화 만들기는 몽골의 통치가 근대 러시아의 적이라기보다는 조상과 같은 역할을 했다고 주장하고 있다. 오래 지속된 몽골의 지배기는 (서구에서 오는 부패한 세속적 영향력으로부터 보호함으로써) 러시아의 정교 문화를 보존했을 뿐만 아니라 (절대적인 중앙 권력과 민족 다양성을 위한 관용을 결합시킴으로써) 대륙 제국을 위한 실제적인 모델을 제공하였다.

　　되었다. Daniel Granin, *Vechera s Petrom Velikim*, 2nd ed., St. Petersburg, 2001 [『표트르 대제와 함께한 저녁들』].

다큐멘터리 기록이 우리들에게 실제로 말해 주고 있는 것이 무엇인가에 대한 현재의 종종 서투르기도 한 논쟁 아래에는 어떤 종류의 사회가 현재 러시아를 위해 적당한가에 관한 보다 깊이 있고 규범적인 관심이 놓여 있다. 현재 유행하고 있는 지성적인 '모두를 위한 자유'에서 벗어나면, 학술적인 질문에 대해서뿐만 아니라 도덕적인 질문에 대해서도 상당히 분명한 대답들의 윤곽이 드러나기 시작한다. 몽골의 지배는 정신문화를 방해하지는 않았지만 모스크바가 키예프로부터 물려받았던 정치 문화는 변화시켰다.[33] 그러나 동슬라브인들이 몽골-타타르 세계와 오랫동안 만나면서 발견했던 선악의 균형은 사실들에 의해 결정되는 것에 못지않게 한 사람의 가치 기준들에 의해서도 결정된다.

만약 존재한다면, 러시아 민족이 공유하고 있는 가치는 무엇이란 말인가? 국가적인 일에 일반 대중의 참여는 늘어났지만, 머뭇거리기도 하고 들쭉날쭉하기도 하다. 그 결과 마침내 러시아의 미래를 형성할 선택들을 결정하는 데 있어 일반 국민의 핵심적인 가치들이 더욱 중요해

---

33 여러 해 전, 나는 키예프 러시아와 모스크바 러시아 간의 불연속성을 강조하였는데(James H. Billington, "Images of Muscovy", *Slavic Review*, March 1962, pp.23~34), 이로 인해 두 명의 가장 존경받고 있는 내 동료이자 멘토인 게오르기 플로로프스키와 드미트리 리하초프로부터 이의를 제기받은 바 있다. 1966년에는 『이콘과 도끼』에서 「이고르 원정기」(Slovo o polku Igoreve)의 진위에 관해 의심을 제기하여 다시 한 번 그들의 비판을 불러일으켰다(pp.631~632, 각주 24번). 에드워드 키넌(Edward Keenan)은 「이고르 원정기」가 중세의 작품이라기보다는 18세기 작품이라는 앙드레 마종(André Mazon)의 독창적인 주장에 현재 새로운 논쟁을 제기하고 있다. 키넌은 이것이 체코 학자 요세프 도브로프스키(Josef Dobrovsky)의 작품이라고 생각하고 있는데, 도브로프스키는 러시아에서 '슬라브주의자'(slavofil)라는 단어가 유행하기도 전에 스스로를 '슬라브주의자'라고 불렀던 인물이다. E. Keenan, "Was Iaroslav of Halich Really Shooting Sultans in 1185?", *Harvard Ukrainian Studies* 22, 1998, pp.313~327.

리하초프나 그 밖의 주도적인 러시아 학자들이 「이고르 원정기」의 진위를 의심하는 사람들의 주장에 이끌리지 못하는(심지어 때로는 출판하지 못하게 하는) 것은, 가장 계몽되고 코즈모폴리턴적인 러시아 학자들조차도 가끔은 국수주의적인 호소로 작품을 과잉보호하게 된다는 점을 보여 주고 있다.

지고 있다. 문화가 점차 자신을 아래에서 위로, 주변부에서 중심으로 정의할수록, 그 문화는 복잡한 과거 정치사에 대한 결론들을 도출하려는 어떤 시도를 통해서라기보다는 풍성한 민속 문화, 경시되어 왔던 지역 전망, 거대한 민족지학적 다양성을 통해서 보다 잘 이해될 수 있다. 자유와 다양한 견해들과 함께, 역사가 개발하였고 여전히 전진할 수 있는 수많은 길들이 존재한다는 것을 새롭게 기꺼이 받아들일 준비가 되어 있는 듯 보인다.

유대 철학자 프란츠 로젠츠바이크Franz Rosenzweig는 진리는 신에게만 명사이고 사람들에게는 항상 동사라고 언젠가 말한 적이 있다. 오늘날 러시아의 보다 젊은 세대들에게 그것은 놀랄 만큼 활기찬 동사가 되었다. 그들은 눈부시게 빛났던 '은세기' 러시아의 예술과 문화를 되풀이하지 못할 수도 있다. 그러나 그들이 많은 장소에서 여러 방식으로 타오르고 있는 자유의 불꽃을 지켜 내리라는 여러 징후를 보이고 있기 때문에 러시아가 언젠가 다시 한 번 냉혹한 억압 속에서 얼어붙게 될 것이라고는 상상하기가 힘들다.

외부 세계가 러시아인들 사이에서 벌어지는 내부 토론으로부터 배울 수 있는 것이 있을 것이다. 러시아인들은 역사를 만들어 내는 대부분의 힘을 잃고 난 뒤, 역사에 관한 어떤 기본적인 진리들을 재발견할 수 있게 하는 자유를 얻게 되었다. 그들이 한때 모든 것에 관해 완벽한 해명을 제시할 수 있을 것이라고 여겼던 문화의 압박으로부터 느슨해졌을 때, 그들은 거의 모든 것에 대해 질문을 하게 되었다. '인류는 살 것인가 죽을 것인가?', '러시아는 어떻게 가능할까?', '러시아에는 미래가 있다!'[34]와 같은 제목에 나타난 비탄 속에는 제멋대로인 점도 있다. 러시아를 넓게 펼쳐져 있는 화산 분화구인 '칼데라'로 묘사하거나[35] 러시아가 현대화의 '파멸적' 국면에 있는지 아니면 그저 '파멸 이전의' 국면에 있는지를 밝히려는[36] 그들의 진지한 노력 속에는 어렴풋하게나마 자학적인 어떤 것도 존재하고 있다.

그러나 흔히 보이는 젠체함이나 고뇌 아래에서도 대부분의 러시아 사상가들은 분명하게 혹은 암시적으로 인간 역사에 관한 두 가지 기본적인 믿음을 옹호하고 있다. 양자 중 그 어느 것도 현대 서구에서는 널리 인정받지 못하고 있고 양자를 동시에 확신하는 경우는 극히 드물다.

첫 번째 믿음이란 진보가 인간 역사의 일부가 아니라는 것이다. 오늘의 문제가 어떻든 간에 내일은 어제보다는 항상 어떻게든 더 나을 것이라는 아메리칸 드림의 러시아 버전은 없다.[37] 대부분의 러시아인들은

34 Nikita Moiseev, *Byt' ili ne byt'... chelovechestvu?*, Moscow, 1999[『인류는… 살 것인가, 죽을 것인가?』]는 생태학으로 전향한 은퇴한 응용 수학자가 쓴 임박한 지구의 재앙에 대한 광범위한 예언이다. 이 저서는 Nikita Moiseev, *Chelovek i noosfera*, Moscow, 1990[『인간과 누스피어』]의 주제들을 상술하고 있으며, 수백 명이 참가한 원탁회의의 주제가 되기도 했다. 이에 대해서는 *Voprosy filosofii*, no.9, 2000, pp.3~28[『철학의 제 문제』]에서 보고되었다.

Aleksey Kara-Murza, *Kak vozmozhna Rossiia*, Moscow, 1999[『러시아는 어떻게 가능할까?』]는 민주적 현대화주의자(modernizer)가 집필한 날카로운 논문집이다. Vladimir Onopriev, *U Rossii est' budushchee!*, Krasnodar, 2000[『러시아에는 미래가 있다』]는 저명한 외과의가 집필한 (이 저서의 부제에서 쓰인 말로 하자면) "과학에 근거한 낙관적 예측"이다.

유럽보다는 일본이나 중국을 모방하고자 하는 권위주의적 민족주의자들은 '러시아에서 사는 법'과 같은 거창한 제목들을 사용한다. Aleksey Podberezkin and Igor Yanin, *Iskusstvo zhit' v Rossii*, Moscow, 1997[『러시아에서 사는 법』]. 이고르 야닌은 이 책에서 자신이 맡은 부분을 '무엇을 할 것인가', '누구의 잘못인가' 같은 역사적으로 중요한 러시아적 질문들로 시작하여 네 쪽에 걸친 괴로운 수사학적 질문들로 열고 있다(pp.40~45).

35 S. B. Chernyshev, "Kal'dera Rossiia", *Inoe: Rossiia kak ideia*, vol.3, Moscow, 1995, pp.477~542, 특히 pp.478~479[『칼데라 러시아』, 『다른 것: 이념으로서의 러시아』].

36 A. Fadin, "Modernizatsiia cherez katastrofu?", *Inoe: Rossiia kak predmet*, Moscow, 1995, pp.323~342, 특히 p.342[『파멸을 통한 현대화인가?』, 『다른 것: 대상으로서의 러시아』].

37 에두아르트 바탈로프는 두 개의 사회문화적 신화들, 즉 '러시아 이념'과 보다 개인주의적인 '아메리칸 드림' 사이에 거의 아무런 공통점도 없음을 찾아내고 있다. 그 두 신화는 모두 이주민들을 순응시키고 있다. 그러나 러시아는 "미국의 용광로가 아니라 고유한 디자인들로 직조된 다채색의 거대한 카페트가 있는 카페트 가게"로서 역할을 하고 있다. E. Ia. Batalov, *Russkaia ideia i amerikanskaia mechta*, Moscow, 2001, pp.63, 67, 70[『러시아 이념과 아메리칸 드림』].

인류의 진보에 대한 믿음을 최상의 경우는 고상한 환영으로, 최악의 경우는 인류의 계획적이고 비극적이며 어쩌면 치명적인 착오로 간주하고 있다. 널리 퍼져 있는 미래에 대한 비관론은 부분적으로는 유토피아적인 소비에트의 미래주의를 러시아인들이 합리화한 것이자 시초에 민주주의 건설을 동반했던 자유주의적 낙관론에 뒤이은 환멸감을 합리화한 것이기도 하다. 그러나 인간 전체의 미래를 진심으로 걱정하는 더 깊숙한 저류는 거의 항상 존재하기 마련이다. 미하일 고르바초프가 말년에 열렬한 환경보호주의로 전향했다는 점이나[38] 대중들이 성서의 예언들에 푹 빠졌다는 점, 『문명의 충돌』, 『역사의 종말』과 같은 서구의 저서들을 분석적인 텍스트로 읽기보다는 아포칼립스적 텍스트로 읽으려는 경향을 통해서 이는 분명히 드러난다.

러시아에서 벌어지는 토론 전체의 기저를 이루는 두 번째 믿음은 첫 번째 믿음에 상반적인 것으로 보일 수 있다. 이는 역사적 전망이 아무리 암울할지라도 러시아인 개개인은 자유라는 새로운 조건 속에서 자신들의 삶을 철저히 책임지고 있다는 확신이다. 이러한 믿음은 신세대들이 특히 존경하고 있는 과거 러시아의 특정한 사상가 그룹의 저작들에서 힘을 얻고 있다. 그들은 '제1차'로 망명에 올라 러시아의 정체성

---

38 이런 열정에는 덜 숭고한 측면이 있다. 고르바초프는 1993년 그가 설립한 국제 환경 단체 녹십자 (Green Cross International)의 의장직을 맡고 있다. 고르바초프는 프로코피예프의 「피터와 늑대」 (Petia i volk)와 프랑스 작곡가가 "늑대의 관점에서 스토리를 보기 위하여" 작곡한 속편 「늑대와 피터」의 새 레코딩에 클린턴(Bill Clinton) 전(前) 대통령, 소피아 로렌(Sophia Loren)과 함께 참여하여 받을 출연료를 녹십자에 기부할 계획이었다. Kevin O'Flynn, "Gorbachev, Clinton, Loren to Record Classic", *St. Petersburg Times*, February 7, 2003. 사람들은 예언을 위해서는 성서만큼이나 점성술에도 의지하고 있다. 러시아학술원이 핀란드 학자들과 함께 실시한 1996년의 여론조사는 신을 믿는다고 응답한 사람 중 20%만이 죽은 자의 부활을 믿고 있는 반면 41%가 점성술을 믿고 있다는 것을 보여 주었다. Mar Elliott, "What Percentage of Russians Are Practicing Christians?", *East-West Church Ministry Report*, Summer 1997, p.2.

에 관해 글을 써나갔던 '은세기'의 주요한 철학 인사들이다.

현재 러시아의 많은 젊은이들은 개인들이 자유롭게 상정한 개인의 도덕적 책임감이 소비에트 시기 집산주의가 만들어 낸 비인간적 행위의 몇몇 새로운 변이체들을 피하게 하는 단 하나의 확실한 근거를 제시해 준다고 믿고 있다. 그들은 전제주의의 비밀이 자유를 부정하는 것뿐만 아니라 자유의 샴쌍둥이인 책임감을 부정하는 것에 있다고 보고 있다. 그들은 역사적 필연성을 거부하는 동시에 소비에트 체제가 좋아했던 주문인 '이건 나랑 상관 없어' 또한 거부한다. 성장해 나가는 시민사회는 노숙자들을 위한, 노숙자들이 만든 신문까지 만들어 냈다.[39]

소비에트 후기에 이미 러시아인은, 강제수용소에서 고통을 겪었던 바를람 샬라모프, 예브게니야 긴즈부르크Evgenia Ginzburg, 알렉산드르 솔제니친 같은 작가들의 증언에 자극받았었다. 포스트소비에트 시기, 젊은 세대들은 강제 추방이란 특별한 고통을 경험하였고 아직까지도 자신들의 조국에 대해 계속해서 염려하거나 글을 쓰고 있는 할아버지 세대의 생각들을 찾아내면서 다시금 활력을 얻게 되었다. 동정을 의미하는 러시아어 단어인 '소스트라다니에'sostradanie는 문자 그대로는 '함께 나눈 고난'을 의미한다. 포소트소비에트의 사고방식은 예전에 살았던 사람들의 생각들뿐 아니라 고통에도 영향을 받았다. 스탈린 시대의 한 체제 순응 소설가조차도 그것을 '고난 행렬'이라고 부른 바 있다.[40]

---

39 포스트소비에트 시기 여러 도시에서 설립된 사설 자선단체 '야간호스텔'(Nochlezhka) 설립자의 주목할 만한 발언과 노숙자들이 자신들을 위해 만든 신문 『밑바닥에서』(Na dne)를 참고 바람. Valery Sokolov, "Caring for the Homeless in St. Petersburg", Isham ed., *Russia's Fate*, pp.250~257. '블록을 만들어 가는 시민사회'(Civil Society Building Blocks)라는 제목의 부 전체는 미 의회도서관 오픈월드 프로그램의 젊은 참가자들이 정기적으로 증명해 주고 있는 것, 즉 민주주의가 성공하려면 비정부적 시민사회 건설이 근본적으로 중요한 것임을 보여 주고 있다(pp.193~295).

게다가 소비에트 붕괴 이후 미해결 살해 사건으로 수난을 당했던 진실 발설자들은 많지는 않았지만 꾸준히 있어 왔다.

러시아의 정체성에 관한 질문뿐 아니라 정체성 찾기 자체에 관한 질문도 남아 있다. 이 주제에 대해 러시아인들이 보여 준 집중적인 관심과 이 주제를 놓고 벌인 폭넓은 토론의 배후에는 무엇이 있는가? 전적으로 정치적인 용어나 경제적인 용어 혹은 사회적 용어로는 러시아인들이 보이는 이런 집착을 설명할 수는 없다. 내가 주장했던 대로, 만약 그 논쟁이 그룹들 간에서 이루어지는 것이라기보다는 개인들 내부에서 맹렬히 지속되고 있을 경우에는 말이다. 개인들을 분석하기 위해 사용한 심리학적 용어로도 이 질문을 이해할 수 없다. 고난을 참아 낼 수 있는 러시아인들의 능력은 마조히즘이나 정신분열증과 동일시될 수 없는 것이다. 더욱이 극단적인 입장들이 나타나는 것을 사회적 피해망상이라고 말할 수 없음은 당연하다. 수많은 초국가주의적 조직들과 활동 단체들과 관련되어 가장 주목할 만한 사실은 아직까지 폭넓은 대중적 지지를 얻지는 못하고 있다는 점이다.

우리가 마트료시카 안쪽 단단한 나무로 만들어진 가장 안쪽 인형을 찾아서 더 깊이 탐색할수록, 겹겹이 이루어진 대안적인 국가 정체성의 얼굴 안쪽에 개인의 삶의 진실에 관한 보다 보편적인 탐색이 숨겨져 있음을 우리는 발견할 수 있다. 러시아인들의 정체성 탐색의 깊이는 ─ 그리고 갈팡질팡함은 ─ 진리라는 단어 자체에 대한 그들의 이

---

40 알렉세이 톨스토이(Aleksey Tolstoy)가 1920년에서 1941년 사이에 쓴 소비에트 3부작 『고난 행로』 (Khozhdenie po mukam)의 다양한 영역본은 주로 '골고다로 가는 길'(Road to Calvary)이라는 제목으로 출판되었다. 1920년대 모든 종교의 억압에 대한 설명과 통계에 대해서는 M. Odintsov, "Khozhdenie po mukam", *Nauka i religiia*, no.5, 1990, pp.8~10[『고난 행로』, 『과학과 종교』] 참고.

중적인 이해로부터 기인한 것이다. 우리가 보았듯이, '프라브다'라는 단어는 규범적이고 도덕적인 진리뿐 아니라 설명적이고 과학적인 진리를 함께 일컫는다. 러시아에서 벌어지는 논쟁은 절망적으로 이 두 개를 엮고 있어 그들의 국가는 현재 어떠한가 혹은 미래에 국가는 어떻게 되어야 하는가에 대한 '진정한' 그림을 그리기 어렵게 만들고 있다. 이 두 개의 서로 다른 진리 형태 각각에 대한 자신들의 핵심적인 관점들을 교차 검토할 때, 정치적 반대자들조차 다음과 같은 합의에 이르는 경향이 있었다. 즉, **실제적으로는** 지속적인 경제 비생산성, 수수께끼 같은 정부, 생태적·인구학적·지정학적으로 취약한 국가라는 것에 대한 합의와 **규범적으로는** 기본적인 자유를 유지하고, 개인의 책임감을 확대하며 사회복지 사업을 개선하며 자신들의 '정신문화'를 심화시킬 필요성이 있다는 것에 대한 합의가 그것이다.

2003년 봄 즈음에는 최소한의 정치적 합의 같은 것에 이른 것처럼 보였다. 체제를 지지하는 민주주의자 게오르기 사타로프는 권위주의적인 반대파 글라지예프의 주요 입장을 거의 받아들였다. 즉, 정부는 책임감이 없고 사회는 책임감을 충분하게 받아들이지 못하고 있으며 외국 모델에 지나치게 의존하고 있으나 외국의 원조는 너무 적다는 것이다.[41]

정치적 극단주의자들조차도 러시아의 미래는 혁명보다는 진화에 의해, 반란보다는 선거에 의해 형성되어야 한다는 것을 인정하는 듯 보인다. '좌파'인 공산주의 지도자인 겐나디 쥬가노프는 자신이 러시아에

---

41 게오르기 사타로프와의 인터뷰 "I Think Putin Is to be Blamed", *Johnson's Russia List*, no.7180, May 13, 2003. 글라지예프의 국민애국연합(Narodno-patrioticheskiy soiuz)과 선거에서 선전한 조국당 이전에 존재했던 적갈 정치 블록의 다른 시도들에 대해서는 "Glaz'ev Will Lead the Patriotic Forces", *Johnson's Russia List*, no.7189, May 20, 2003 참고 바람.

서 보고자 하는 '국민의 힘'narodovlastie을 온건한 슬라브주의와 자유주의 적인 서구주의의 이상들, 즉 소보르노스치(연대감이라는 전통적인 종교 원칙)과 비보르노스치vybornost'(선거라는 민주주의적 실행)의 조합으로 정 의했다.[42] '우파'인 권위주의적 유라시아주의자 알렉산드르 두긴은 포스 트소비에트 러시아의 민주주의 발전에 이익이 되는 말을 마지못해 하 였다. "새로운 '민주주의적' 러시아의 형태는 상당히 불안정하게dovol'no smutnym 남아 있다." 그러나

> 최초의 급진적인 자유민주주의적 이념은 점차 서구화된 보수주의에 길을
> 내주어야 했다. …… 젊은 개혁론자들의 눈에 어린 솔직한 러시아 공포증
> 은 '계몽된 보수주의'와 '온건한' 유럽주의에 길을 내주고 있다.[43]

두긴은 러시아 역사에 제노포비아적 유라시아주의의 광택을 입혔 다. 그는 상트페테르부르크에서 로마노프가의 차르들에 의해 통치가 이루어졌던 300년을 '로마-게르만의 멍에'[44]라고 규정지음으로써 '새

---

42 Gennady Zyuganov, "Rus' griadushchaia", *Nash sovremennik*, no.1, 1999, p.162[「미래의 루시」, 『우리의 동시대인』]. 그는 전통적인 국민회의(젬스키 소보르)를 현재 러시아 혼란기로부터 빠져나 갈 수 있는 출구로 보며(p.163), '집산주의'를 '소보르노스치'로 재정의한다(pp.159~162).

43 Aleksandr Dugin, "Evolutsiia natsional'noi idei Rusi na raznykh istoricheskikh etapakh", L. R. Pavlinskaia ed., *Lev Nikolaevich Gumilev. Teoriia etnogeneza i istoricheskie sud'by Evrazii*, vol.2, St. Petersburg, 2002, p.34[[「여러 역사 단계에서의 루시의 국가 이념의 진화」, 『레프 니콜라예비치 구밀료프. 민족학 이론과 유라시아의 역사적 운명』]. 두긴의 논문은 상트페테르부르크 소재 인류 학·민속학박물관에서 개최된 심포지엄을 여는 논문이었다.

44 이것은 확립되어 있는 용어를 기가 막히게 뒤바꾼 것이다. 보통은 '몽골의 멍에'로 고대 루시를 무자비하게 예속시킨 것으로 묘사되고 있는 시기는 '몽골 루시'(Rus' Mongol'skaia)라고 명명된 절에서 보다 긍정적으로 다루어지고 있다(Ibid., pp.18~21). 한편 대체로 서구를 향한 러시아의 혁신적인 개방으로 묘사되는 시기는 '로마-게르만의 멍에'의 시기로 규정되고 있는데(pp.27~32) 이 멍에는 엘리트 계층을 대중에게서 분리시켰으며 대중으로 하여금 이전의 몽골-모스크바 시 기에 대한 '무언의 노스탤지어'를 갖게끔 만들었다.

로운 연표' 학파마저도 능가하고 있다. 그리고 그는 "소비에트주의의 내적이고 실제적인 '모스크바공국의' 내용"이 "국가 이념의 유라시아적 형태"로 인해 언젠가는 실현될 것이라는 희망을 품고 있다. "국가 이념을 위한 투쟁은 …… 끝나지 않았다"라고 그는 주장한다. 그러나 그는 ─ 무기에 호소하기보다는 한숨을 쉬며 ─ "국가 이념을 찾는 중에 현대 러시아의 권력은 여전히 서구화의 틀 속에 남아 있다"라고 결론짓고 있다. 그가 미래를 위해 자신의 권위주의적 동맹국들에게 제공할 수 있는 최상의 것은 사실 '유라시아 프로젝트 상세 설명'[45] 류의 논문들이다. 두긴은 비정치적이고 유사종교적인 '러시아 이념'을 권위주의적이고 지정학적인 '국가 이념'으로 바꾸고 있다. 그러나 그는 실천적인 정책과 실제적인 권력은 서서히 발전하는 민주주의의 동의라는 넓은 영역 내에서만 다룰 수 있음을 암시적으로 인정하는 듯 보인다.

대부분의 러시아인들은 국가의 정치와 정책에 대해 여전히 냉소적이다. 만약 무언가가 지배층 엘리트와 그 밖의 모든 이들 사이에 놓여 있는 지속적인 사회경제적 심연과 심리적 심연에 다리를 놓을 수 없다면, 러시아의 민주주의와 법치를 정당화하는 것은 불가능하지는 않겠지만 어려울 것이다. 관료적인 중앙정부와 부유한 새 올리가르히가 행사하는 권력은 대부분의 러시아인들에게는 도덕적으로 역겨운 것이었고, 그 권력은 종종 개인의 책임을 회복하기 위한 그들의 시도들이 더 넓은 공공 영역과는 상관없는 것으로 보이게 만들고 있다.

지적인 러시아인들은 정체성 관련 논쟁에 많은 에너지를 쏟고 있다. 왜냐하면 그들은 정체성 형성에 도움을 줄 수 있는 효과적인 행동의

---

45 Ibid., p.34.

여지가 거의 없음을 보고 있기 때문이다. 평범한 러시아인들은 그날그날 주변에서 실제로 일어나고 있는 것을 이해하는 데에(그들의 '진실-진리'pravda-istina 버전), 그리고 자신들의 지역 공동체 내에서 어떻게 점잖게 살아갈 수 있을까에(그들의 '진실-정의'pravda-spravedlivost' 형태) 더 큰 관심을 보이고 있다.

그리고 그것은 다음과 같은 탐색의 마지막 질문으로 이끈다. 왜, 그리고 무슨 목적으로 그토록 많은 러시아인들이 비개인적이고 지정학적인 독립체의 본성에 관한 논의를 통해 근본적으로 개인적이고 철학적인 진리 탐색을 계속하고 있는 것인가? 그것은 러시아연방의 대부분의 국민들(그리고 '주변국들'[46]에 살고 있는 많은 이들)이 아직까지 다른 방식으로 충분히 논의하지 못했고 넘어서지도 못했던 그 무엇, 즉 엄청난 박탈과 아주 다양한 고통을 공유하고 있기 때문일 수 있다. 외부의 적으로 인해 받은 고통만이 공공 기념물들을 통해 완벽히 인정받았고 예우를 받을 수 있었다. 그러나 이에 못지않은 고통이 그들 자신들에 의해서, 게다가 더 오랜 기간 그들에게 가해진 것이었다.

이와 같은 부정의 상황은 개선되기는커녕, 원탁 토론들로 결코 이해될 수도 없는 방식으로 사회에 영향을 끼치고 있다. 언젠가 모든 공동묘지들과 파묻힌 서류들이 밝혀진 뒤에 원탁 토론이 소집될 수도 있을 것이다. 한때 산 정상에 서 있었다고 생각했던 사람들에게 행복한 미래로 가는 로드맵을 말만으로는 결코 제공할 수 없을 것이다. 현재 그들은 자신들의 골짜기에서 빠져나갈 수 있는 쉬운 길은 없으며 대규모의 무고한 죽음의 그림자가 여전히 그 골짜기 위에 드리워져 있다는 것을 알

---

46 여기서는 구소련의 다른 여러 연방 공화국들을 가리킨다. ──옮긴이

고 있다.

지적이며 교육받은 국민들은 거의 모든 정치체제하에서 계속해서 위로 올라갈 수 있게 하는 천연자원과 인적자원이 있다는 사실을 대체로 알고 있다. 그러나 그것이 그림자를 사라지게 하고, 10년 이상 방향 감각을 잃게 하고 심리적으로 얼마간 마비시켰던 거의 신경쇠약이라 할 수 있는 문화적 상황을 끝낼 수 있을 것인가? 한 국가가 과거에 전례 없는 악행에 대규모로 공모했다는 사실을 딛고 일어설 수 있게 하는, 아래서 요약되는 기본적인 네 가지 방법이 있다.

① 대중의 의식에서 해당 문제를 제거하기. 잔학 행위에 집단적으로 연루되었다는 것은 사회 순응 윤리에 기반을 두고 있는 문화에는 그다지 심각한 실제적 문제가 아니다. 이것은 스탈린 치하의 러시아보다 더 장기간에 걸쳐 더 심한 내부 집단 학살을 자행했던 마오쩌둥 치하의 중국이 왜 최고 살인마를 비판하는 것을 계속해서 꺼리는지에 대한 이유의 일부가 될 수 있을 것이다. 공통된 초월적 종교를 결코 가져 보지 못했던, 유교에 바탕을 둔 문화가 다른 점에서는 아주 근면한 국민들이 그들 위에서 그리고 사이에서 여전히 권력을 행사하고 있는 수치심을 모르는 많은 살인자들에게 지속적인 복종을 보이도록 하는 상황을 조장할 수 있다. 이것은 러시아의 권위주의적인 유라시아주의자들이 모방하고자 비밀스레 열망하는 모델이 될 수 있다. 러시아의 유라시아주의자들은 여전히 독재주의적인 중국이 민주주의적인 러시아보다 더 많은 존경을 얻고 있으며 서구로부터 더 많은 투자를 유치하고 있다고 주장한다. 수많은 신新권위주의자들neoauthoritarians은 서구의 세속적 엘리트 문화가 악에 대한 견고한 염려를 상대론이라는 식염수로 녹이는 것을 학문의 이름으로 신성화하는 경향이 있다는 사실에 고무되었다.

② 악행의 짐을 타인들에게 전가하기. 이런 제목하에서는 악을 행했다는 사실이 인정될 뿐 아니라 나쁜 기억 지우기라는 맹렬한 공공 행위를 통해 국민-국가를 묶어 주는 힘이 만들어지기도 한다. 악은 그것이 아니었다면 나뉘어 혼란스러운 채 남아 있었을 집단의 외부 적들과 내부 배신자들 속에 존재하고 있다. 이는 전통적인 부정적 민족주의로, 독재 정권 영역 밖에서는 다른 국가들에 맞서 주기적으로 전쟁을 일으키고 안에서는 잠재적인 반대자들을 주기적으로 숙청함으로써 독재 권력을 제멋대로 사용하는 것을 정당화하고 있다. 국경 확장이란 것이 기본적으로 그러한 국가 정체성을 명백히 보여 준다. 또한 악과 싸우는 정의라는 이미지는 무제한적인 권력 행사를 정당화한다.

③ 엘리트를 위한 고상한 개인 철학을 만듦으로써 사회악의 문제 회피하기. 이것은 고대 그리스·로마 시대의 스토아 철학의 해법이었으며 현대 서구의 어떤 이들에게는 불교적 해법으로 여겨지고 있다. 이와 유사한 기능을 하는 철학들이 현대의 실용주의적 사고방식을 위해 미국의 존 롤스John Rawls와 독일의 위르겐 하버마스Jürgen Habermas에 의해 만들어졌다. 이 철학들과 여타 대단히 합리적이고 박애적인 학술 철학들은 비록 민주주의적 사회를 위해 만들어졌다 하더라도, 소규모의 지적인 엘리트 집단 이상을 넘어서서 일반 대중에게 다가가지 못했다.

레프 톨스토이가 선언한 국가권력 및 모든 폭력 형태에 대한 본능적이고도 철학적인 거부는 보다 폭넓은 호응을 얻었으며, 마하트마 간디Mahatma Gandhi에 의해 정치 운동으로 변형되었다. 이 접근법은 마틴 루터 킹 주도하에 미국에서 벌어진 시민권 운동에도, 넬슨 만델라 주도하에 남아프리카공화국에서 벌어진 인종차별 정책 반대 운동에도 영향을 끼쳤다. 이 두 운동 — 그리고 동유럽에서 벌어졌던 주로 비폭력적인 공산주의 독재 정권 타도 —의 성공을 보고 몇몇 사람들은 간디의 접근법이 미래의 변화를 위한 한층 강력한 힘이 될 수 있다고 주장하게 되었다.[47]

그러나 그처럼 격상된 유사 종교적 윤리는 통제적인 기독교 문명의 정치적 지배와 전반적 문화 분위기에 놓인 사회에서 더 폭넓은 대중에게 영향을 끼치는 것으로 밝혀졌다. 톨스토이식 접근은 러시아 인텔리겐치야 사이에서 항상 존경을 받았으나 그것이 생겨난 나라에서는 많은 대중적 지지를 결코 얻어 내지 못했다.

대부분의 러시아인들은 선행이라는 단순한 목적으로는 악을 피할 수 없다고 본능적으로 믿고 있다. 더욱이 그들은 타자들이 이해할 수도 없고 폭넓게 함께 나눌 수도 없는 개인 철학을 신봉함으로써 악을 회피할 수 있다고도 생각하지 않는다. 이러한 심리학적 상황은 악에서 벗어날 수 있는 제4의 방법에 특별한 의미를 제시한다. 그것은 러시아 문화의 정교적 토대에 깊이 뿌리 박고 있지만 현대 세계에서는 대부분의 기독교 신자들조차도 거의 상상할 수 없는 것으로 보일 수 있다.

④ 순결한 고난이 지니는 구원력을 받아들임으로써 악 극복하기. 이것은 파괴된 인간성이 육화된 신의 선행이 지니는 순결한 고난을 통해 회복될 수 있다는 기독교의 핵심적인 믿음에 따른 기본적인 귀결이다. 그리스도와 유사한 순교는 최초의 기독교 신자들의 피로 물든 계약이었다. 초기의 순교자들은 대부분의 가톨릭 미사에서보다 정교 미사에서 훨씬

---

47 이는 1999년 6월 15~16일 미 의회도서관에서 개최된 '개관 200주년 기념 학술대회: 21세기의 정신 경계에 관하여'(Bicentennial Conference on the Frontiers of the Mind in the 21st Century)에서 주디스 브라운(Judith Brown)과 조너선 스펜스(Jonathan Spence)가 제안하고 다른 참가자들이 지지한 결론이다. 텍스트는 http://www.connective.com/events/libraryofcongress/schedule061599.html에서 볼 수 있다.

더 많이 기억되고 숭배되고 있다. 어쩌면 역사를 통틀어 단일 정치 관할권 아래서 신앙 때문에 순교했던 가장 엄청난 수의 기독교 신자들이 20세기 소비에트연방 내 러시아 정교 신자들에 의해 지속되고 있었는지 모른다.

러시아 국민을 위해 보다 폭넓은 구원의 가능성을 열어 줄 이런 현실이 아쉬워하고 있는 것은 교회 측이 책임을 인정하거나, 하다못해 자기반성이라도 하는 것이다. 하나의 기관으로서 교회는 소비에트 후기에 방어적이지만 궁극적으로는 파우스트적인 무신론 국가와의 거래를 받아들이게 되었다. 교회는 사회 내에서 교육적 역할을 하지 못했던 동안 미사를 올릴 수 있는 제한된 유물을 지키고 있었고, 국가에서 요청을 받았을 때에는 국가의 정책을 지지했으며, 주요 직책들은 국가로부터 승인을 받아냈다. 그 결과 러시아 교회는 교회를 파괴하려고 했던 체제를 영속시키고 심지어 때로는 합법화하는 역할을 하기도 했다.

러시아 정교회 성직자들과 독실한 신자들의 순교사殉敎史에 관한 연구가 현재 아주 활발히 이루어지고 있으며 특히 지방에서 활발히 늘어나고 있다.[48] 스탈린 시대 러시아 정교회의 희생은 수적으로는 적었지만

---

48 주요 자료는 수도사제 다마스킨(속세명 오를로프스키Orlovsky)이 편집한 11권짜리 선집으로, 이 선집의 첫 번째 여섯 권이 출간되었다. Hieromonakh Damaskin ed., *Mucheniki, ispovedniki i podvizhniki blagochestiia Russkoi Pravoslavnoi Tserkvi XX stoletiia*, Tver, 1992~2002[『20세기 러시아 정교회의 경건한 순교자들, 참회자들과 고행자들』](제1권은 제목에 'Rossiiskoi'라는 용어를 사용했다). 이 선집은 총대주교의 축성을 받았지만 트베리에서 출판되고 있으며, 출판 부수도 1권에서 10만 부였던 것이 6권에서는 1만 부로 줄어들었다. 가장 인상적인 증언들이 현재 여러 지방에서 전해 오고 있다. 페름의 오사라는 작은 마을에서는 2000구 이상이 집단으로 매장되어 있는 증거 사진이 보내져 왔다(vol.2, pp.114~115). 오렌부르크의 사라크타슈 마을에서는 중요한 성직자 순교록이 보내져 왔다. 볼셰비키 혁명 이전 오렌부르크 교구에서 활동하고 있었던 238개의 교회와 5개의 수도원이 1938년에는 단 한 곳도 활동하고 있지 못했다. Nicholas Stremsky, *Mucheniki i ispovedniki Orenburgskoi eparkhii XX veka*, Orenburg, 2000, vol.3, pp.11~12[『20세기 오렌부르크 교구의 순교자들과 참회자들』]. 프스코프 영성 선교단에서는 라트비아와 러시아 북서부의 작

이념적으로는 스탈린주의 공포의 중심적인 부분이었다. 종교적 맹세를 하고 직무를 수행하고 있었던 20만 명의 성직자 및 그 밖의 사람들이 살해당했을 것으로 현재 추정되고 있다.[49] 총대주교 알렉시 2세는 20세기를 다음과 같이 규정하였다.

은 지역을 포함하는 순교록을 보내왔는데, 그 지역에는 혁명 이전에 400개 이상의 교회가 있었으나 제2차 세계대전 초기에는 단 하나도 남지 않았다. Andrey Golikov and Sergey Fomin, *Krov'iu ubelennye*, Moscow, 1999, p.ii[『피로 창백해진 자들』]. 심비르스크(레닌의 출생지) 지역의 순교자 분류화 작업을 통해 304명의 성직자 이름이 밝혀졌다. Vladimir Dmitriev, *Simbirskaia golgofa. 1917-1938*, Moscow, 1997[『심비르스크의 골고다. 1917~1938』]. 알렉세이 주라프스키는 1918년도 카잔에서 있었던 중대한 사건 기록을 열거하고 있다. Aleksey Zhuravsky, *Zhizneopisaniia novykh muchenikov kazanskikh. God 1918*, Moscow, 1996[『카잔의 새 순교자들의 삶의 기록들. 1918년』].

『그들의 수난으로 루시가 정화되리라』라는 선집에서는 다른 많은 지역의 새로운 순교자들이 자신들의 수난을 통해 "루시를 정화"하는 것이 묘사되고 있으며 또한 칭송받고 있다. K. Golubev et al., *Ikh stradaniiami ochistitsia Rus'*, Moscow, 1996[『그들의 수난으로 러시아는 정화되리라』]. 이미 출판되었거나 출판 준비 중인 다른 저서들의 목록은 *Ibid.*, p.262를 참고 바람.

49 안톤 조골레프는 (알렉산드르 야코블레프가 1995년 12월 기자회견에서 제공한 자료를 바탕으로) 소비에트 시절에 20만 명의 성직자가 죽임을 당했고 그 밖에 50만 명의 성직자가 여러 방법으로 박해를 받았다고 추산한다. Anton Zhogolev, *Novye mucheniki i ispovedniki samarskogo kraia*, Samara, 1996, p.7[『사마라 지역의 새 순교자들과 참회자들』].

니콜라이 에멜리야노프가 1998년 5월까지 수집한 러시아 정교회 내 박해 및 순교에 관한 통계자료의 분석은 1990년 이후 컴퓨터 프로그래밍 운용에 기반하고 있다. N. E. Emel'ianov, *Ostenka statistiki gonenii na Russkuiu Pravoslavnuiu Tserkov'(1917-1952 gody)*, http://www.pstbi. ru/cgi-bin/code.exe/mstatist.html?ans[『러시아 정교회 박해의 통계 평가(1917~1952년)』]. 1917년에 운영되고 있었던 6만 개의 교회가 1937년에는 100개 이하가 남아 있었을 뿐이며 감옥에 가지 않은 주교가 네 명에 불과했다고 결론짓고 있다(p.1). 이 연구는 '교회에 봉직하는 사람들' (sviashennosluzhiteli)이라는 다소 큰 범주를 이용하여 1988년에 32만 명의 순교자를 산출하는 자료를 인용하였으며, 50만 명에서 100만 명에 이르는 정교회 신자가 "그리스도를 위해 수난 받았고" 자신들의 신념을 위해 죽임을 당했다고 결론짓고 있다(p.4).

가장 상세한 공식 수난자 목록은 1996년 말 9000개 이상의 전기를 묶어 놓은 것이었다. Vladimir Vorob'ev, *Za Khrista postradavshie. Goneniia na Russkuiu Pravoslavnuiu Tserkov'. Kniga pervaia A-K*, Moscow, 1997, p.17[『그리스도를 위해 수난 받은 자들. 러시아 정교회 박해. 제1권 A~K』]. 연중 계속되는 새로운 성인들에 대한 읽을거리는 (블라디보스토크와 연해주 베니아민 주교의 승인하에) 미하일 다닐루시킨과 마리나 다닐루시키나에 의해 수집되고 있다. M. B. Danilushkin and M. B. Danilushkina, *Zhitiia i zhizheopisaniia novoproslavlennykh sviatykh i podvizhnikov blagochestiia, v Russkoi Pravoslavnoi Tserkvi prosiiavshikh*, 2 vols., St. Petersburg, 2001 [『러시아 정교회에서 밝게 빛났던 새롭게 시성된 성인들과 고행자들의 경건한 생애전과 일대기』]. 추가 자료와 새로운 순교자들로 구성된 365일 일력은 Roman Scalfi, *I testamoni dell'agnello. Martini per la fede in USSR*, 2nd ed., Bergamo, 2001을 참고 바람.

신앙 때문에 전례 없는 박해를 받았던, 규모·냉소·교활함·잔인함에 있어
예전 그리스도의 추종자들에게 가했던 것을 뛰어넘는 시기.

20세기에 러시아만이 기독교 교회 전체의 모든 역사보다도 더 많은 순교
자들과 고해자들을 만들어 냈다.[50]

그럼에도 불구하고 러시아 정교회는 지금까지 충분히 문서화된 그
소름 끼치는 경험을 신학적으로 혹은 철학적으로 분석해 내는 일에는
상대적으로 신경을 덜 쓰고 있다. 오랫동안 '새로운 순교자들'을 인정하
지 않았던 러시아 교회의 공식 성직자단은 현재 그 종교적 의미에 대해
서는 깊은 성찰도 하지 않은 채 새로운 시성諡聖들로 넘쳐 나게 하는 위
험에 처한 듯 보인다. 교회의 공식 발표를 살펴보면, 대체로 소비에트
시기에 임명된 성직자단하에서 현재 교회가 활동하고 있기 때문에 과
거에 고난을 당했다는 사실 그 자체를 러시아 교회의 특별한 미덕으로

---

50 Patriarch Alexis II, "Introduction", Damaskin ed., *Mucheniki, ispovedniki i podvizhniki
    blagochestiia Russkoi Pravoslavnoi Tserkvi XX stoletiia*, vol.2, p.3[『20세기 러시아 정교회의 경건
    한 순교자들, 참회자들과 고행자들』]. 1988년과 2000년 성직자 교무 총회에서 공식적으로 시성
    된 수백 명의 새로운 성인들에 관해서는 Danilushkin and Danilushkina, *Zhitiia i zhizheopisaniia
    novoproslavlennykh sviatykh i podvizhnikov blagochestiia, v Russkoi Pravoslavnoi Tserkvi
    prosiiavshikh*[『러시아 정교회에서 밝게 빛났던 새롭게 시성된 성인들과 고행자들의 경건한 생애전과
    일대기』]를 참고 바람.
      볼셰비키 혁명이 순교를 촉발시켰다는 생각은 1982년 이르쿠츠크에서 집필되었지만 1991년
    이 되어서야 최초로 발표되었던 레오니트 몬친스키의 주목할 만한 소설에서 처음부터 제시된
    것이었다. Leonid Monchinsky, "Proshchenoe voskresen'e", *Literaturnaia ucheba*, no.1, 1991,
    pp.4~39; no.2, 1991, pp.3~51[「용서의 일요일」, 『문학 교육』].
      성직자들은 혁명가들이 가한 고난 속에 있는 것으로 선명하게 그려지는데, (소설의 제목이자
    사순절 이전 마지막 일요일을 가리키는 일반적인 명칭인) '용서의 일요일'과 이 사건들이 동시에 일
    어나는 것은 궁극적으로 공포 너머로 넘어갈 수 있는 유일한 방법이 러시아인 정교도 신자들이
    사순절 금식기로 들어가기 전 서로에게 베푸는 일종의 용서를 통해서란 점을 암시하는 듯하다.

생각하는 듯하다. 이따금 일부 교회의 대변인은 소비에트의 종교 박해란 것은 서구의 영향으로 지금도 진행 중인 현대 세계의 세속화의 하위 범주일 뿐이라고 주장하기까지도 한다.

부분적으로는 러시아 정교회 스스로가 일신하기에 충분치 않다고 여겨지기 때문에, 많은 러시아인들은 현재 교회 밖에서 영적 일신을 추구하고 있다.[51] 그러나 잘 교육받은 정교회 내 많은 젊은 성직자들과 평신도 대표자들은, 한동안 다른 기독교 신자들과의 관계를 담당하는 교회 사무국의 국장직을 맡았었던 39세의 일라리온 알페예프Ilarion Alfeev 같은 인물 속에서 희망을 찾고 있다.

알페예프는 교회의 고통스러운 유산을 완전히 넘어서기 위해서 신앙과 미사에 대한 보수적인 관점을 개혁주의적이며 세계교회주의적인 공감 및 소비에트 시기의 교회 역사를 깊이 있게 분석하고자 하는 열망과 결합시킨다. 알페예프는 젊은 성직자로 리투아니아에서 봉직하는 동안, 1991년 1월 수도 빌뉴스에 있는 소비에트 정부 건물을 점거한 리투아니아인들에게 발포하지 말 것을 러시아군에 공개적으로 촉구하기도 했다. 그는 이후 옥스포드대학에서 박사 학위를 받고 나서 진일보한 신학 교육과 대중이 보다 쉽게 접근할 수 있는 미사, "박해에서 살아남

---

51 포스트소비에트 러시아에서의 종교 확산에 대한 얼마간의 정보는 레닌그라드주에서 현재 활동 중인 '630개 이상의 공동체'에 관한 블라디미르 샤로프의 연구를 통해 얻을 수 있다. Vladimir Sharov, *Religioznye ob'edineniia Sankt-Petersburga i Leningradskoi oblasti*, St. Petersburg, 2001 [『상트페테르부르크와 레닌그라드주의 종교 통합』]. 1990년대에 정교회 공동체의 수가 두 배로 증가하여 300개가 되기는 했지만, 루터교 공동체의 수만 해도 1990년에서 1997년 사이에 9개에서 40개로 늘어남으로써 프로테스탄트 공동체의 수는 훨씬 급속히 증가하였다(p.60). 어디서나 보이는 수치상의 증가 이외에도, 저자는 "과학적 지식에 종교적 성격을 부여하거나 동양 종교를 폭넓게 적용"(샤로프가 필자에게 보낸 영문 서신에서 인용, 날짜 미표기)하려는 일반적인 추세를 언급하고 있다.

은 교회의 20세기 전체의 경험을 성찰하고 내면화해야 하는"[52] 필요성을 주장하는 주요 인물이 되었다.

1996년 5월 23일, 예수승천절이자 자신의 열아홉 번째 생일에 벌어진 '러시아의 새로운 비공식적 성인聖人' 예브게니 로디오노프Evgeny Rodionov의 순교는 더욱 널리 알려졌으며 여러 가지로 해석할 수 있는 더 중대한 것이 되었다.[53] 그는 모스크바 정서쪽 쿠릴로보라는 작은 마을의 목수 집안 출신으로, 체첸에서 단순 사병으로 복무하기 위해 아무런 불평 없이 떠났다. 전쟁 포로로 잡힌 뒤 그는 정교를 버리지 않고 조모가 자신에게 주었던 십자가를 벗지 않았다는 이유로 고문을 당했으며 100일 후 참수당했다고 그를 체포한 자들과 그의 동료들은 말하고 있다. 그의 어머니는 (십자가를 포함하여) 아들의 유해를 손에 넣기 위해 4000달러를 지불해야 했고, 1996년 11월 6일 '성모, 고통받는 모든 이들의 기쁨'이라는 이름의 이콘 축제일에는 아들의 머리를 돌려받기 위해 추가 금액을 지불해야 했다. 다시 모아진 그의 유해는 그의 고향 마을의 황량한 산허리에 묻혔다.

이후 로디오노프를 추모하며 발전된 숭배 현상은 현대 러시아의 모

---

52 Hieromonakh Hilarion(Alfeev), "Reviving the Russian Orthodox Church: A Task both Theological and Secular", Isham ed., *Russia's Fate*, pp.235~249.

53 로디오노프를 '비공식 성인'으로 묘사한 것은 세스 마이던스였다. Seth Mydans, "From Village Boy to Soldier, Martyr and, Many say, Saint", *New York Times*, November 21, 2003. 나의 생각 중 대부분은 알렉산드르 샤르구노프가 편찬한 소책자의 제5판에 따른 것인데, 이 소책자는 캐슬린 파르테가 전해 준 것이다. A. I. Shargunov, *Novyi muchenik za Khrista voin Evgeny*, Moscow, 1999[『그리스도를 위한 새로운 순교자 무사 예브게니』]. 특히 로디오노프의 어머니 류보피 바실리예브나 로디오노바(Liubov' Vasil'evna Rodionova)가 쓴 그의 생애를 설명한 부분을 보라 (pp.18~41). 여기에는 로디오노프가 어머니에게 발송한 편지들 속에 적어 보낸 단순하지만 감동적인 시가 실려 있다(pp.32~33). 극보수적인 정교회 라디오 방송국인 라도네쥬의 특파원이 지역 성직자와 가졌던 인터뷰도 보라(pp.42~53). 정교회가 로디오노프의 시성 가능성에 대해 고려해 보았다거나 하는 그 어떠한 징후도 없지만 이 소책자는 총주교 알렉시 2세의 축성을 받았다.

순적인 충동들, 즉 한편으로는 민주적 평등주의와 다른 한편으로는 권위적 민족주의를 모두 지지하는 요소들을 포함하고 있다. 이 젊은 청년에 대한 찬양은 기본적으로는 아래로부터 시작된 '정신문화'의 비정치적 회복의 부분이라고 할 수 있다. 평범한 러시아인들은 가족과 신앙, 친구에 대한 소박한 충심으로 인해 고통받았고 자발적으로 죽음을 받아들였다는 이유로 그를 숭배하였다. 체첸인들뿐 아니라 자신의 지도자들로부터도 자주 버려지고 학대당한다고 느꼈던 다른 군인들도 그에게 기도를 바쳤다. 교회 성직자단의 허락을 받지 않은 채 그를 그린 이콘이 나오고 있다. 그에 대한 숭배는 아버지 조국의 이상이라기보다는 어머니 조국의 이상을 표현하는 것이며 민족주의적 정치가들에 의해서가 아니라 지치지 않는, 여전히 젊은 그의 어머니에 의해서 주로 이루어지고 있다.

그럼에도 불구하고 로디오노프 개인의 예는 본래부터 권위주의적이고 민족주의적인 주장에 신성한 기운을 불어넣기 위해 잘못 사용될 수도 있다. 정치가들은 제노포비아적 임무를 위한 군 단체에 절대적으로 복종한 현대적인 영웅 모델로 로디오노프를 격찬할 수 있다. 소년도 그의 어머니도 그 어떤 정치적 믿음을 표현하지 않았고 체첸 전쟁을 지지하지도 않은 듯 보인다. 그러나 예브게니 로디오노프의 무자비한 죽음과 그의 순결한 삶은 체첸 주민들을 지속적으로 야만적으로 대하는 것을 도덕적으로 정당화하는 데 이용될 수 있다.

포스트소비에트 러시아에는 다른 유형의 순교자가 존재한다. 그들은 다른 이유가 아닌 민주주의 때문에 사망했던 사람들이다. 그들은 러시아의 프라베드니크 전통에 서 있다. 그들은 아주 다양한 그룹으로 이루어져 있으며 강한 인상을 주지만 충분히 자주 주목받지 못하는 행진

속에서 역사의 안팎으로 드나들고 있다. 9명의 두마 의원들과 적어도 130명의 저널리스트들이 1994년 이후에 살해당했다.[54] 대부분은 청부 살인이었고 또한 대부분이 미제로 남아 있다. 은폐와 허위 정보가 만연해 있기 때문에 이와 같이 '살해하는 것으로 검열하는 것'을 줄이는 것은 고사하고 이 용감한 사람들의 완전하고 정확한 순교록을 편집할 가능성도 적어 보인다.

러시아의 민주주의를 위해 사망한, 대개 알려지지 않은 무명의 수많은 순교자들 가운데 라리사 유디나Larisa Yudina는 강한 인상을 남긴 예다. 모스크바대학교 언론학부를 졸업한 그녀는 소비에트 후기에 엘리스타에서 발행하는 주요 일간지의 용감한 기자가 되었다. 엘리스타는 카스피해 북쪽, 볼가강 하류 서쪽에 위치한 자그마한 공화국 칼미크의 수도이다. 소비에트 붕괴 이후 그녀는 편집장이 되었고 칼미크공화국의 독재적 대통령인 키르산 일륨지노프Kirsan Iliumzhinov에 맞서 민주주의적 반대자들의 대변인이 되었다.

일륨지노프는 (그녀가 인근 볼고그라드 지역에서 계속해서 발행했던) 유디나의 신문을 폐간시켰고 그녀의 남편을 공직에서 해고했으며, 그가 선동한 것은 아니라 하더라도 그녀의 목숨을 위협하고 그녀의 집 문에 불을 지르는 것을 묵인하였다. 그녀는 민주 야당인 야블로코당의 지역 대표가 되었으며, 그녀는 1998년 6월 잔인하게 살해될 때까지 이 일을 계속했다. 그녀 사후에 푸틴 대통령은 그녀에게 별로 중요하지 않은 훈장('용맹 훈장')을 수여하였지만 사건은 미제로 남았다. 그녀는 자신

---

54 인권 운동가이자 자유당 리더인 세르게이 유셴코프(Sergey Yushenkov)의 암살에 관한 보고서에 따른 것이다. *RFE/RL Newsline*, April 18, 2003, pt.1.

이 살았고 사망했던 러시아연방의 작은 공화국 내에서 '진실의 유일한 소도小島'로서 전설적인 인물이 되었다.[55]

1990년대 특별히 존경을 받았던 두 명의 순교자들은 교회 내 일신과 보다 큰 사회의 일신을 향한 길을 제시할 수 있을 것이다. 첫 번째 순교자는 러시아 의회의 열정적이고 아주 지적인 민주주의 활동가인 갈리나 스타로보이토바로, 그녀는 소수 계층과 소수민족을 변호하는 지도자였다. 그녀는 러시아 정교회 안팎에 존재하는 대大러시아의 쇼비니즘에 대항하여 발언하였지만, 페테르부르크에서 암살당하기 직전에 정교회에 합류하기도 했다. 그녀의 짧은 생애의 증거는 러시아의 일부 젊은이들에게 미국의 거의 모든 건국자들이 공유했던 핵심적인 믿음, 즉 자치 정부는 도덕적인 국민에 의존하는데 그 도덕성은 종교 없이는 오래가지 못할 것이라는 믿음이 유효함을 암시해 주었다. 그녀가 살해된 지 5년 후인 2003년 11월, 그녀는 "그녀의 말년보다 현재 더 유명하다"[56]라고 공개적으로 칭송받았다.

두 번째 순교자 알렉산드르 멘은 러시아 정교의 성직자로 세르기예

---

55 그녀는 살해되기 전에 가졌던 마지막 인터뷰에서 "그 어떤 허세도 없이, 거의 혼잣말하듯" 자신을 진실의 작은 섬이라고 불렀다. http://www.people.ru/state/correspondent/yudina/의 '라리사 유디나 추모'(Pamiati Larisy Yudinoi) 자료에서 그려진 그녀의 삶과 활동에 대한 인상적인 서술을 참고하라. 저널리스트들의 살해에 대한 전체적인 통계자료와 볼가강 하류 톨리야티시(市)의 개혁 성향 잡지의 두 편집장이 18개월 만에 연쇄 살해된 사건에 중점을 둔 분석은 Peter Baker, "In Russian City, Publish and Then Perish", *Washington Post*, October 24, 2003, p.A20을 참고 바람.

56 "Slain Democrat's Popularity Grows", *St. Petersburg Times*, November 21, 2003. 이 기사는 2003년 11월 20일에 있었던, 『갈리나 스타로보이토바: 지속되는 그녀의 삶』(*Galina Starovoitova: The Continuation of Her Life*)이라는 추모 도서의 출간 기념회에서 있었던 증언을 묘사하고 있다. 그러나 뒤따른 두마 선거에서는 스타로보이토바의 자매인 올가가 "갈리나와 가장 가까운 사람"이라고 여겼던 부의장 이리나 하카마다(Irina Khakamada)가 갈리나 스타로보이토바의 전(前) 지역구였던 상트페테르부르크에서 재선되지 못했다. Irina Titova, "Seleznyov Beats Khakamada in Starovoitova's Old District", *St. Petersburg Times*, December 9, 2003을 참고 바람.

프포사드의 성 세르기 삼위일체 대수도원 아주 가까운 곳에서 1990년 9월 9일에 살해당했다.[57] 그는 1980년대의 젊은 세대 대학생들이 가장 존경한 스승이자 설교자였으나 교회는 그에게 모스크바 북쪽으로 멀리 떨어져 있는 근교의 작은 마을에서만 봉직할 것을 허가했다. 그는 세례자 요한의 참수일에 그곳에 묻혔는데, 세례자 요한은 정교회에서 '선도자'로 알려져 있는 인물이다.

알렉산드르 멘은 포스트소비에트 시기 종교 일신의 선도자였다. 그는 러시아 정교를 구체화하고 지지하였는데, 러시아 정교의 세계교회주의ecumenism는 다른 기독교 신자들 및 비신자들에게뿐만 아니라 러시아연방 내에서 예우받아야 하는 다른 예언적 일신교에도 손을 뻗을 수 있다. 유대 태생인 멘은 반유대주의와 싸웠다. 그는 소비에트 후기에 반유대주의가 교회의 '두드러진 특성' 중 하나가 되었다고 느꼈다.[58] 그는 사회정의를 이루고자 하는 유대의 강렬한 열망을 정교회에 들여오려고 노력하였다. 그는 사망할 즈음 종교 원칙을 바탕으로 기독교 신자들과

---

57 소비에트 후기에 알렉산드르 멘 신부가 끼친 비범한 영향력과 그의 놀랄 만한 생애에 대한 권위 있는 학술적인 연구는 지금까지 전무한 실정이다. 그는 정교의 복음주의에 관한 수많은 종교 및 교육학 저작을 집필했다. 그는 일곱 권짜리 세계 종교 연구서를 완성하기도 하였다.

　Elizabeth Roberts and Ann Shukman eds., *Christianity for the Twenty-first Century: The Prophetic Writings of Alexander Men*, New York, 1996을 참고하라. 이들의 참고문헌 목록에서 언급된 저서 외에 멘 신부의 두 제자가 쓴 전기들, 즉 노바야데레브냐 교구에서 멘을 도와 봉직했던 성직자 안드레이 예레민의 『알렉산드르 멘 신부님. 두 세기 경계의 사제』와 시인이자 조각가인 조야 마슬레니코바의 『알렉산드르 멘 신부님의 생애』 또한 참조하라. Andrey Eremin, *Otets Aleksandr Men'. Pastyr na rubezhe vekov*, Moscow, 2001; Zoya Maslennikova, *Zhizn' otsa Aleksandra Menia*, Moscow, 1995. 마슬렌니코바가 쓴 책의 1~3장에는 멘 신부가 남긴 문서 중 저자에게 전해진 역사소설이 실려 있다.

58 Pilar Bonet, *Figures in a Red Landscape*, Baltimore, 1993, p.107에서 재인용. 보네트는 그가 소련이 붕괴될 경우 소비에트 공화국들 내에서 '문화적 나르시시즘'과 폐쇄된 사회들이 나타날 수도 있을 것이라고 두려워했었음을 지적하고 있다. 그녀는 "자신감 있는 사회들만이 다른 사회에 개방적일 만큼 강하다"라며 그의 말을 인용하고 있다(p.108).

무슬림들 간의 대화를 시작하려고 계획 중이었다. 그는 "우리들 사이에 우리가 세워 놓은 벽은 신에게 닿기에 충분할 만큼 높지는 않다"라고 말한 바 있다.

멘은 교회의 지하 분파에서 나왔기 때문에 KGB의 감시도, 보수적인 성직자들의 공격도 빈번하게 받았었다. 후기의 한 인터뷰에서 그는 1988년 기독교 수용 1000주년 기념식에서 자신이 목격했던 승리주의 triumphalism 및 교회와 소비에트 정부의 공조를 안타까워했다.

> 우리 신자들이 루시의 세례 1000주년을 기념했을 때, 러시아 교회의 비극에 대해서는 단 한마디도 들을 수 없었고 교회에 관한 환호와 황홀경만을 들을 수 있었다.[59]

멘은 도끼로 살해당했지만 많은 이들에게 그는 이콘으로서 여전히 살아 있다.

다른 관점에서는 무의미한 그 ─ 그리고 다른 이들 ─ 의 죽음 속에 깊이 새겨진 것은 예전의 적들 간 화해뿐만 아니라 기독교 전통과 현대 세계 간 화해 가능성에 대한 증거이다. 그리고 바로 이 지점에서 마트료시카의 이미지는 더 이상 충분한 것이 못 된다. 러시아의 많은 얼굴들 속에는 단단한 나무로 만들어진 마지막 인형이 없으며 아포칼립스도 '역사의 종말'도 보이지 않는다. 분명한 정체성은 각 개인의 삶 속에서만, 그리고 진정한 공동체가 재건될 수 있는 더 작은 공동체들 안에서

---

59 Pilar Bonet, "Poslednee interviu Aleksandra Menia", *Panorama*, no.13, 1990, p.2「「알렉산드르 멘의 마지막 인터뷰」].

만 얻을 수 있다. 그것은 무고한 고난에는 구원의 가치가 있을 수 있다고 믿게끔 하는 신앙을 강화시킨다.

과거의 탄압과 잔혹 행위에 대해 충분한 고려도 없고 청산을 위한 법률도 없는 상태에서 자주 주장된 정신적 가치들을 기초로 하여 러시아인들이 진정 새로운 출발을 하는 것은 불가능해 보인다.[60] 그러나 민주화 과정과 도덕적 참여가 점차 다원화되어 가는 대중문화 내에서 두드러진다. 서구에서 들어온 신조어들이 외부에서부터 러시아어를 변화시키고 있는 것보다, 저속하지만 반권위주의적인 비속어mat가 내부에서부터 러시아어를 변화시키고 있는 것이 훨씬 더 많을지도 모른다.[61] 개 기념상을 위한 유명한 디자인 공모전 '민중을 위한 무무!'는 러시아의 권력자들을 공개적으로 칭송하는 모든 관행들을 효과적으로 풍자하기도 했다.[62] 그리고 '함께 걷는 사람들'Idushchie vmeste이라고 불리는 신규 청년 단체는 2003년 2월경 60개 도시에서 8만 명의 회원을 매료시키기도 했다. 이 단체의 프로그램은 젊은 회원들에게 러시아 전통문화를 배우고 엄격한 개인 도덕 규정을 받아들이며 공동체를 위해 사회봉사를

---

60 Gary Kasparov and Therese Raphael, "When Red Is Not Dead: What a Refusal to Face the Communist Past Dose to Russia", *National Review*, April 8, 2002, pp.31~34; Nikita Petrov, "A Measure of Suspicion: The 'cheka-ization' of Society", *New Times*, March 2001, pp.17~19. 니키타 페트로프는 메모리얼(Memorial) 협회 연구원이다.

61 Victor Erofeev, "Dirty Words: The Unique Power of Russia's Underground Language", *The New Yorker*, Semtember 15, 2003, pp.42~48. 이 인기 있는 작가의 말에 따르면 비속어는 논쟁을 좋아하는 자유로운 사회에 적합한 "갈망, 아이러니, 강압, 실용주의의 언어로 러시아어를 변화" 시킨다. 그는 "소비에트 시기에 조국, 모국, 진리와 같은 고상한 어휘들의 위상이 평가절하되었다. …… 이런 상황에서 외설적인 말들이 진정성의 표지로서 기능하기 시작했다. …… 러시아의 정치어가 러시아 구어의 압박 아래 놓이게 되었다. 이는 민주화의 역사적 사실이다"라는 러시아 학술원 산하 러시아언어연구소 소장 아나톨리 바라노프(Anatoly Baranov)의 말을 인용하고 있다.

62 투르게네프의 단편소설 「무무」(Mumu)에 등장하는 개 동상 건립 콘테스트는 잡지 『등불』 (Ogonek)의 1999년 10월 25일, 11월 8일, 11월 22일 자에 실린 「무무를 민중에게 돌려주세요!!!」 (Vernite Mumu narodu!!!)에서 아주 코믹스럽게 공지된 바 있다.

하도록 만든다.[63]

오래전에 서구에서 생겨났지만 서구에 의해 대체로 주목받지 못했던 러시아 망명 철학자들의 이념들, 즉 에마뉘엘 무니에Emmanuel Mounier의 인격주의personalism에 대한 니콜라이 베르댜예프의 해석,[64] 소보르노스치는 사회의 물질적 변화보다는 개인 속의 정신적 변형에서 비롯된

---

63 Steven Myers, "Russian Groups Is Offering Values to Full a Void", *New York Times*, February 16, 2003.

64 이에 대해서는 나의 학사 학위 논문의 한 장(章)을 참고 바람. James H. Billington, "The Philosophy of Personalism", *Nicholas Berdiaev*, Princeton University, 1950. pp.48~71. 러시아 망명자 그룹 내 인격주의의 강한 영향력에 대해서는 V. V. Vanchugov, "Russkaia filosofiia i evraziistvo", *Vestnik RUDN, Ser. filosofiia*, no.1, 1997, pp.64~75[『러시아 철학과 유라시아주의』, 『러시아민족우호대학통보: 철학 시리즈』]를 참고 바람. 반추고프는 "러시아 내 인격주의는 거의 연구되지 않은 주제이다"라고 지적하고 있다(p.70).

러시아어 단어 리치노스치(lichnost')['개인, 개성, 인격'이라는 뜻 ── 옮긴이]는 모든 사람을 의미하는 것으로 보이고 소보르노스치처럼 분명히 러시아적인 이념으로 레프 카르사빈에게, 그리고 게오르기 포체프초프의 저서에서 다루어지고 있는 다른 러시아인들에게 칭송받고 있다. Lev Karsavin, *O lichnosti*, Kaunus, 1929[『리치노스치에 대하여』]; Georgy Pocheptsov, *Istoriia russkoi semiotiki*, Moscow, 1998, pp.165~168[『러시아 기호학의 역사』]. 창조하고 봉사하는 리치노스치는 블라디미르 스크리프니크가 제시한, 러시아를 위한 새로운 정보 기반 정체성 비전에 있어서도 중심적이다. Vladimir Skrypnik, *Rossiiskaia natsional'naia ideia tselostnogo garmonichnogo obshchestva*, Moscow, 1997, p.22[『완전히 조화로운 사회의 러시아 민족 이념』].

전혀 다른 전통의 주도적인 철학자가 바라본 베르댜예프의 견해에 대한 동정적이며 감탄을 표하는 재평가에 대해서는 루트비히 비트겐슈타인(Ludwig Wittgenstein)의 유고 관리인이었던 고(故) 게오르크 폰 라이트의 연구를 참고 바람. Georg von Wright, "Filosofiia tekhniki Nikolaia Berdiaeva", *Voprosy filosofii*, no.4, 1995, pp.65~78[「니콜라이 베르댜예프의 기술 철학」, 『철학의 제 문제』].

아마 동방 정교 전통에 뿌리를 두고 있는 러시아 인격주의 철학을 발전시키려는 가장 폭넓고 엄격한 시도는 유명한 체코 예수회 학자인 토마시 슈피들리크에 의해 이루어졌을 것이다. Tomáš Špidlík, *L'idée russe. Une autre vision de l'homme*, Paris, 1994. 그는 '러시아 이념'의 실재에 대한 지속된 믿음을 독특한 역사적 사실로도, 보다 일반적이고 지속적인 세계관으로도 규정하고 있다. 많은 점에 있어 그는 '은세기'의 정신적 아버지인 블라디미르 솔로비요프(그 또한 자신의 『러시아 이념』을 통해 비러시아 독자들에게 해당 이념을 최초로 소개해 준 인물이었다. Vladimir Solov'ev, *L'idée russe*, Paris, 1888)의 독창적인 관점을 되풀이하거나 상세히 기술하고 있다. 슈피들리크는 이 '이념'과 사유 흐름에 대한 서구의 관심을 뒷받침하고 있는 아주 뛰어난 참고문헌 목록을 제공한다(pp.347~394). 솔로비요프 탄생 150주년을 기념하여 2003년 9월에 모스크바에서 닷새간 개최되었던 국제 학술대회는 러시아연방의 많은 지역에서 그의 여러 사상에 대한 관심이 새롭게 일고 있음을 보여 주었다.

다는 세묜 프란크의 믿음, 러시아 정교는 민주주의에 반대하기보다는 민주주의를 필요로 한다는 게오르기 페도토프의 주장, 일정한 법치의 확립이 공산주의 이후 러시아 삶의 재건 사업을 위한 우선순위라고 하는 자유주의자 파벨 노브고로드체프와 보수주의자 이반 일린의 공통된 견해가 오늘날 러시아의 젊은이들에게 인정받고 있는 이념들이다. 이 러시아 사상가들은 ── 그리고 아직은 그 재능이 밝혀지지 않은 다른 많은 사상가들은 ── 러시아뿐만 아니라 유럽과 세계 문명에도 공헌을 하고 있다.[65]

아주 길었던 냉전 기간 동안 핵반응이 일어나는 병 안의 또 다른 전 갈로서 러시아에 맞섰던 미국은, 러시아인들이 매장하려고 희망했던 것이 아니라면, 한때 따라잡거나 앞서려고 희망했던 경쟁자라기보다는 자신들이 모방하고자 하는 모델이 되었다. 이 미국 모델에 대해 대중은 여전히 모르거나 점점 환멸을 느끼기도 한다. 그러나 러시아의 많은 젊은이들은 러시아에 만들고자 희망하는 것들, 즉 창의적인 경제, 열린 사

---

65 2000년 5월, 모스크바에서 닷새간 개최되었던 국제 학술대회 '러시아에서의 종교의 재탄생과 민주주의의 탄생'이 제시하길, ① 러시아 정교회는 "영성과 정치가 서로를 보강하고, 정교와 다원주의가 조화롭게 존재하도록" 만들 수 있다, ② 그러나 교회 대표부는 1990년 이후 지방종교회의 (pomestnyi sobor)를 소집하지 않으며 자신만의 규칙(그리고 소보르노스치라는 원형적 민주주의 전통)을 존중하지 않았다. 데이비드 헤케마(David Hoekema)가 2000년 6월 19일에 작성한 중간 보고서를 참고하라. http://www.calvin.edu/news/releases/russia.htm.

2003년 12월에는 "러시아인 전체의 공통된 종교적 가치들"과 "민주주의로의 이행"의 필요성을 고취시키기 위하여 교과서 『러시아학』(Rossievedenie)을 출간할 예정이었다. 자유민주주의자 사타로프와 보수적 전통주의자 솔제니친의 지지를 받은 이 교과서는 2004년 칼리닌그라드에서 교육용으로 채택되었다. 이 교과서의 안내서에서는 문학(Russkaia slovesnost')을 강조하고 전(全) 러시아 국민(rossiiskie) 사이에서 최근에 생겨난 시민적 합의를 이끌어 내도록 하면서 '러시아 이념'의 '진화'에 대해 말하고 있다. Novaia nauchnaia shkola "Preemstvo", Moscow, 2003[『신(新)과학학교 "계승"』]의 미 의회도서관 소장 복사본. 민주주의 지지자들은 민족적으로 좀 더 포괄적인 단어인 'rossikost'(전全 러시아적인 것)를 좀 더 배타적인 단어인 'russkost'보다 때때로 더 자주 사용하고 있다. Iosif Diskin, "Ideologiia 'novoi Rossii': pochva i rostki", Segodnia, April 4, 1996, p.5[「'새로운 러시아'의 이데올로기: 토양과 싹」, 『오늘』].

회 그리고 한 대륙 전체를 차지하는 다민족국가를 다스리기 위한 보다 책임감 있는 정부의 가장 성공적이며 적절한 예로 여전히 미국을 꼽고 있다. 이런 열망이 러시아에서 문화적 자기 발견과 경제적·정치적 변용의 유사한 과정을 위한, 그리고 보다 긴밀하게 일할 수 있는 기회 —— 의무가 아니라면 —— 를 제공했다.

책임감 있고 참여적인 정부들은 역사적으로 서로 투쟁하지 않았다. 유럽 문명의 서방 경계와 동방 경계에 위치하고 있는 두 대국인 미국과 러시아는 20세기 세계 전쟁을 종식시킬 수 있다. 사실상 이 전쟁들은 주로 북반구의 유럽 문명권 내에서 발생한 내전이었다. 21세기 세계 평화의 전망은 많은 부분 유라시아의 표준이 될 러시아 민주주의의 성공에 달려 있을 것이다. 그 밖에도 북유럽 문명이 자신들과 아주 상이하고 인구밀도가 높은 남유럽 문명과 평화롭게 살 수 있을 것인가라는 또 다른 문제가 존재한다. 이번에는 미국 차례로, 이 문제는 좋든 싫든 세계 관심의 지속적인 초점이자 유일한 초강대국인 미국에 달려 있을 것이다. 미국은 지속적인 정신적 일신과 끊임없는 자기 탐구를 높이 평가하고 있는 문화 내에서 책임 있는 세력 유지라는 자신의 전통을 지속시킬 수 있을 것인가? 미국의 민주주의를 역동적으로 만든 것은 바로 이 조합이고,[66] 이는 자유를 향해 앞으로 나아가고 있을 때조차 믿음을 위해 뒤를 돌아보는 오늘날의 러시아에게 희망을 주고 있다.

---

66 노벨상 수상자 로버트 포겔의 연구에서는 미국 내에서 대의 공화정으로부터 보다 평등한 민주정으로 변화되어 가는 과정에서 주기적으로 등장하는 종교적인 "위대한 깨달음"이 아주 중요한 것이었다고 새롭게 평가받게 되었다. Robert Fogel, *The Fourth Great Awakening and the Future of Egalitarianism*, Chicago, 2000.

옮긴이 후기

이 책 『러시아 정체성: 포스트소비에트의 이념과 정서』는 『혁명과 신념: 혁명적 신념의 토대』(1987), 『이콘과 도끼: 해석 위주의 러시아 문화사』 (2015)에 이어 한국에서 세 번째로 번역되어 나오는 제임스 빌링턴의 최근작으로, 러시아 사회의 변화 양상을 항상 예의 주시해 오던 저자가 소비에트연방 붕괴 후 급변하고 있는 현대사회에서 '러시아인들이 자신의 국가를 어떻게 인식하고 있는가'라는 자아 정체성 규정의 문제에 대해 러시아 역사 및 문화, 정치에 대한 폭넓은 이해를 바탕으로 기술한 저서이다. 이 책은 출간 이듬해인 2005년에 이미 러시아어로 번역되어 나왔고, 2006년에는 러시아에서는 다소 이례적으로 페이퍼백으로 재출간될 정도로 주목을 받은 바 있는데, 이는 2001년에 러시아어로 번역 출간된 저자의 첫 번째 저서 『이콘과 도끼』의 호평에 힘입은 바 크다고 하겠다. 한편, 빌링턴의 대표 저작으로 꼽을 수 있는 이 두 저서의 러시아어 번역본은 2011년에 두 권짜리 세트로 묶여 재출간되기도 하였다.

그렇다면 빌링턴의 저작이 이처럼 러시아에서 꾸준한 관심을 불러일으키고 있는 이유는 무엇일까? 저자가 미국 내에서 큰 영향력을 발휘하고 있는 권위 있는 러시아 연구자라는 사실은 어쩌면 가장 피상적인 이유에 불과할지도 모르겠다. 역사상 최초로 제국이 아닌 국가가, 독재정이 아닌 민주주의가 갑작스럽게 들어서면서 이념적·정서적 카오스 상태에 빠져 버린 포스트소비에트 시대의 러시아는, '러시아의 길'russkii put'을 탐색하는 과정에서 과거 그 어느 때보다 더 외부자들의 평가와 분석에 촉각을 곤두세우게 되었다. 빌링턴 또한 수많은 외부자들의 시선 가운데 하나일 뿐이지만 첫 저서 『이콘과 도끼』에서부터 최근작인 다섯 번째 저서 『러시아 정체성』에 이르기까지 일관되게 유지되고 있는 저자의 태도와 논조가 러시아 독자들의 관심을 견인해 내는 데 일조했을 것으로 판단된다. 빌링턴의 글에서는 외부 관찰자들이 흔히 범하는 패착이 쉽게 발견되지 않는다. 그는 일관성 없는 인상 나열이나 섣부른 예단, 불가피한 일반화의 유혹에 빠지지 않고 반사적인 비난이나 감상적인 찬사로부터 공히 자유로운 상태에서 방대한 양의 다종다기한 수집 자료를 일정한 흐름에 따라 텍스트로 체계화하여 유의미한 결과를 도출하려고 애쓴다.

아울러, 저자가 일정한 주제 및 사태에 대해 어느 한쪽으로 치우치지 않는 균형 잡힌 시각을 유지하면서도 도식적이거나 기계적인 중립의 자세를 피할 수 있었던 것은 연구 대상에 대한 깊이 있는 이해와 더불어 기본적인 애정을 품고 있었기 때문이라고 볼 수 있다. 빌링턴이 직접 밝히고 있는 바와 같이, 그는 초등학생 시절 톨스토이의 『전쟁과 평화』를 통해 "어제의 소설이 오늘의 신문보다 내일이 가져올 것에 대해 더 많은 것을 말해 줄 수 있다는 것을 막연하게나마 감지"한 이후 러시아의 문화 예술을 적극적으로 접하게 되었고 이를 통해 러시아 '정신문화'의 가치를 깨닫게 되었던 것이다. 러시아라는 국가의 정체성 탐색 과정 전반을 추적하면서 빌링턴은 관련 분야의 전문 학술 서적 및 논문을 비롯하여 잡지, 신문, 학회 프로시딩 등을 두루 참고하는 한편, 철학·사상서라든지 시, 소설 등과 같은 문학작품까지도 폭넓게 참고하여 효과적으로 인용하고 있다. 그는 러시아 '정신문화'의 가치에 대해 직간접적으로 끊임없이 환기함으로써 독자들이 지정학적으로나 지경학地經學적으로, 그리고 그로 인해 문화적으로도 특수성을 획득하게 된 러시아라는 국가의 정체성을 보다 온전히 이해할 수 있게끔 해준다. 그리고 바로 이러한 점이 러시아의 정체성에 대해 다루고 있는 여타의 많은 저작들로부터 빌링턴의 저작을 구분시켜 주는 강점으로 작용한다.

『러시아 정체성』에서 빌링턴은 통시적·거시적 관점과 공시적·미시적 관점을 적절하게 조절해 가며 19세기부터 시작되어 포스트소비에트 시기에 폭발적으로 이어지고 있는 새로운 국가 정체성 탐색의 과정 전체를 생생하고도 면밀하게 추적한다. 이 책은 서문과 두 개의 부으로 구성된 본문, 그리고 추가 참고문헌 목록으로 구성되어 있다. 본문을 좀 더 자세히 살펴보면, '긴 서막'이라는 제목의 첫 번째 부에서는 19세기에 이르러서야 본격적으로 시작된 러시아 정체성 탐색 시도와 20세기 소비에트 시기에 진행되었던 정통성 탐색의 과정이 약술되고 있고, '가속화된 탐색'이라는 제목의 두 번째 부에서는 포스트소비에트 러시아에서 진행 중인 치열한 국가 정체성 탐색 과정이 유라시아주의와 민족주의 논쟁을 중심으로 상술되고 있다. 논의의 핵심은 물론 1991년 '8월 쿠데타'의 실패로 인한 소비에트연방 붕괴 이후 러시아인들이 펼친 다양한 지적·이념적 논쟁들의 양상과 추이를 분석하고 있는 2부에 있다. 하지만 러시아 국가 정체성 탐색의 흐름 전체를 통시적 관점에서 조망하고 있는 1부 역시 분량이 적기는 하지만 정보의 질에 있어서는 그에 못지않다. "역사는 반복을 모른다. 그것은 새롭고도 예측할 수 없는 길을 좋아한다"라고 로트만이 말한 바 있지만 빌링턴은 러시아 역사에 나타난 독특한 정신·문화적, 정치·사회적 요인들에 주목하면서 과거로써 현재를 바라보고 미래를 전망하고자 한다. 그리고 실제로도 소비에트 연방 해체 후 10여 년간에 걸쳐 벌어졌던 수많은 사태와 담론에 대한 빌링턴의 심층 분석은, 여전히 불안정한 상태에 놓여 있는 2018년 현재의 러시아를 읽어 내는 데 도움을 주고 있다.

*　　*　　*

분량이 많지 않은 저서 한 권을 번역하고 '역자 후기'를 쓰기까지 정말 오랜 시간이 걸렸다. 역자의 게으름과 출판사의 사정이 맞물려 작업이 더디 진행되는 동안 수명을 다한 역자의 노트북이 두 번 교체되었고, 우리나라 대통령도 두 번 교체되었다. 그리고 그사이 다른 출판사에서 내기로 했던 책 한 권이 출판사 사정으로 잠정 중단되는 일도 있었다. 책을 많이 내본 건 아니지만 개중에는 꽤 속도감 있게 진행되어 좀 수월하게 나온 책도 더러 있었다. 그런 책들에 비해 이처럼 길게 작업해서 세상에 나오게 되는 책이나 아예 세상 빛도 못 보는 책이 있는 걸로 봐선 책에도 사람마냥 제각각의 운명이 있는 게 아닌가 하는 생각이 문득 들기도 한다.

　장기간 이어진 작업이었던 만큼 후기를 쓰자니 꽤 많은 기억들이 스쳐 가지만, 역시나 가장 먼저 떠오르는 것은 번역할 만한 저서를 찾으러 도서관에 갔다가 이 번역서의 저본을 만난 순간이다. 책장에서 이 책을 발견하고는 속으로 쾌재를 불렀던 기억이 난다. 빌링턴이라면 러시아 문화사의 고전이라 능히 말할 수 있는 『이콘과 도끼』의 저자 아닌가. 생경한 조합의 제목이 주는 묘한 매력과 함께 800쪽에 달하는 두꺼운 책 자체가 전해 주는 아우라에 눌려 대학원 시절부터 경외심을 가지고 조심스레 들춰 보던 책이었다. 의미 있는 주제를 다룬 공신력 있는 저자의 최근작인데다 분량도 많지 않으니 빠른 시일 내 가뿐하게 번역해 낼 수 있을 거라 생각했다. 정치학을 전공한 다른 선생님도 이 책을 출판사에 번역 추천서로 올렸다는 애길 전해 듣고는, '굿 초이스'였다며 자찬하기까지 했다. 처음엔 그랬다. 하지만 이 모든 상황은 번역이 본격적으로 시작되자 꽤 달라져 버렸다.

러시아 역사 및 문화 전반에 대한 해박한 지식을 뽐내며 800쪽 분량의 저서를 써냈던 저자가 사정상 200쪽 조금 넘는 얇은 책을 써냈으니 그 텍스트에는 얼마나 많은 압축과 생략이 있었겠는가. 문학 전공자인 역자로서는 소련 해체 이후부터 2003년 사이 러시아의 격동적인 정치 상황을 세세하게는 알 수 없었던 탓에 빌링턴이 스쳐 가듯 던진 인명이나 단체명 하나를 실수 없이 번역해 내기 위해 검색에 많은 시간과 공을 들여야 했다. 미 의회도서관장으로 여전히 왕성하게 활동하던 시기에 방대한 양의 최신 자료를 바탕으로 다소 급히 써낸 저작이었기에 미세한 오류들이 다수 발견되기도 했다. 원전에 누락되어 있거나 잘못 표기되어 있는 부분을 모조리 찾아내어 역자에게 확인 작업을 거친 그린비출판사 편집부의 꼼꼼함에 경의와 감사를 표한다. 예전에 함께 작업한 바 있어 그 꼼꼼함에 대해 익히 알고 있었지만 이번 작업을 통해 다시 한 번 책 만드는 이들의 책임감에 대해 깨닫게 되었다. 인명이나 단체명 등 고유명사를 옮길 때 꽤 많은 도움을 받은 러시아어 번역본에서도 그냥 넘겨 버린 원전의 오류들을 편집부에서 아주 세밀하게 잡아 주었다. 바로잡기 위해 애썼으나 혹여 남아 있을지 모르는 표기 및 번역상의 오류는 전적으로 역자의 잘못임을 밝혀 둔다.

'슬라비카 총서' 작업에 참여할 기회를 마련해 준 최진석 선생님과 'ethnic nationalism'을 '에스닉 민족주의'라는 애초 번역어 그대로 남겨 둘 수 있게끔 전공자의 권위를 빌려주신 김태연 선생님께도 감사의 말을 전하고 싶다. 존재만으로도 역자에게 큰 힘이 되는 여기서 호명되지 않은 많은 분들께도 깊은 감사와 사랑이 전해지길 소망한다. 그리고 마지막으로 급변하는 러시아 현대 정치·사회사를 다루면서도 현상 너머에 있는 근원적인 것을 직시할 줄 아는 혜안을 보여 준 저자 빌링턴에게도 감사하다. 방금 검색을 해보니 빌링턴은 2015년 9월 30일, 28년간 근속했던 미 의회도서관장직을 사임했다고 한다. 88세의 고령이지만 이제 원하던 자유시간을 가지게 되었으니 부디 기운을 모아 러시아 문화와 사회 전반을 통찰력 있게 분석해 줄 멋진 저작을 또 한 번 세상에 내어 주시길 빌어 본다.

2018년 1월 31일, 슈퍼문이 뜬 밤에

박선영

더 읽을거리

너무 늦게 입수하여 이 책에 포함하기 어려웠던 최근 연구들은 이 주제에 대한 다양한 접근법이 있음을 보여 주었다.

- 니콜라이 오스트로프스키는 경제나 정치보다 '문화의 힘'이 러시아의 미래를 조정할 것이라고 주장하고 있다. Nikolay Ostrovsky, *Sviatye raby. O russkikh i Rossii*, Moscow, 2001, p.334[『성스러운 노예들. 러시아인들과 러시아에 대하여』].
- 알렉산드르 구드젠코는 러시아가 제3세계에서 발전과 유럽화를 위한 고유한 모델을 만들어 내고 있는 것으로 보고 있다. Aleksandr Gudzenko, *Russkii mentalitet*, Moscow, 2001[『러시아 멘털리티』].
- 갈리나 벨랴예프와 겐나디 토르가셰프는 고대 슬라브 신화에서 '세계수'가 그러했던 것처럼 러시아의 영성이 땅과 하늘을 다시 연결시키고 있는 것으로 보고 있다. G. G. Beliaev and G. A. Torgashev, *Dukhovnye korni russkogo naroda*, Moscow, 2002[『러시아 민중의 영적 토대』].
- 세르게이 돔니코프는 러시아의 농경적 멘털리티와 기독교 수용 이전 신앙들의 잔존을 강조하고 있는데, 이는 사후 출간된 바딤 코지노프의 저서에도 실려 있는 내용이다. Sergey Domnikov, *Mat'-zemlya i tsar-gorod. Rossiia kak traditsionnoe obshchestvo*, Moscow, 2002[『어머니 대지와 차르 도시. 전통적인 사회로서의 러시아』], Vadim Kozhinov, *O russkom natsional'nom soznanii*, Moscow, 2002[『러시아 민족 의식에 대하여』],
- 세르게이 글라지예프, 세르게이 카라-무르자, 세르게이 바트치코프의 저서는 포스트공산주의 개혁들이 어떤 점에서는 제2차 세계대전 후보다 더 나쁜, 종종 혁명 이전의 수준으로까지도 떨어지는 경제를 만들어 냈다고 주장하는 좌

익 민족주의자들이 쓴 통계자료가 실린 연구이다. Sergey Glaz'ev, S. G. Kara-Murza and S. A. Batchkov, *Belaia kniga. Ekonomicheskie reformy v Rossii 1991-2001*, Moscow, 2003, p.4[『백서. 러시아의 경제 개혁 1991~2001』]. 그들은 중국의 모델을 더 선호한다고 말하고 있다(p.8).

- 블라디미르 지드코프와 콘스탄틴 소콜로프는 일반적이지만 종종 비이성적인 '세계상들'이 권력을 지닌 자들에게 열려 있는 변화의 가능성들을 역사적으로 제한해 왔다고 주장하고 있다. 그들은 새로운 러시아를 위한 '통합적인 규준' 확립을 위해 네 가지 선택 사항을 제시하고 있다. V. S. Zhidkov and K. B. Sokolov, *Desiat' vekov rossiiskoi mental'nosti. Kartina mira i vlast'*, St. Petersburg, 2001, pp.630~633[『10세기간의 러시아 멘털리티. 세계상과 권력』].
- 니키타 모이세예프가 편집장을 맡은 밀레니엄 맞이 학술대회 논문집은 20세기의 '정치적·경제적·문화적 대변동들'을 애통해하고 있지만 '정보계'(infosphere)와 '비폭력 문화'(nenasiliia)가 성장해 가는 것 속에서 러시아의 희망을 보고 있다. Nikita Moiseev ed., *Kto my v sovremennom mire*, Moscow, 2000[『현대 세계에서 우리는 누구인가』].

- 알렉산드르 프로호로프는 자신의 저서에서 러시아는 자신의 전통적인 활동 관리 방식을 인지하고 수정함으로써 자신을 찾게 될 것이라는 개혁적인 제안을 하고 있다. A. P. Prokhorov, *Russkaia model' upravleniia*, Moscow, 2000[『러시아의 관리 모델』].
- 미하일 알렉세예프와 콘스탄틴 크릴로프는 '관리 민주주의'(managed democracy)가 러시아 현실의 제한적 특징과 잠재적 가능성을 조정하는 최선책이라고 주장하면서 비즈니스 전망을 제시하고 있다. M. Yu. Alekseev and K. A. Krylov, *Osobennosti natsional'nogo povedeniia*, Moscow, 2001[『민족 행동의 특성』].

- 비탈리 부슈예프는 과학기술력을 러시아인과 기타 유라시아 민족들에게 특징적인 '공동 가족성'(sobornoi semeistvennosti)에 결합시킴으로써 러시아가 부활할 수 있을 것이라고 보고 있다. V. V. Bushuev, *Ia-my-oni. Rossiianstvo*, Moscow, 1997, p.219.[『나-우리-그들. 러시아적인 것』].
- 알렉산드르 지민은 러시아 정체성에 끼친 유럽 중심적 시각, 특히 그리

스도교적 시각의 역사적 영향을 비판적으로 평가하고 있다. A. I. Zimin, *Evropotsentrizm i russkoe kul'turno-istoricheskoe samosoznanie*, Moscow, 2000[『유럽 중심주의와 러시아의 문화적·역사적 자각』].

* 안톤 고르스키와 옐레나 주프코바는 러시아 역사에 '멘털리티' 개념을 적용한 테마를 특히 잘 다루고 있는 논문집을 발행했다. A. A. Gorsky and E. Yu. Zubkova eds., *Rossiiskaia mental'nost': metody i problemy izucheniia*, Moscow, 1999[『러시아 멘털리티: 연구의 방법과 문제』].

* 발렌티나 옥센은 자신의 저서에서 꽤 상당한 민속과 민간 풍습을 열거하고 있다. Valentina Oxen, *Über die Eigenschaft, russisch zu sein: kulturspezifische Besonderheiten der Russinnen und Russen*, Stuttgart, 2001.

* 마이클 레인 브루너는 폭넓은 비교를 통해 사회주의 붕괴 후 러시아의 정체성 형성에 대해 살펴보고 있고, 미하일 몰차노프는 우크라이나에서 벌어지고 있는 평형적 과정과 비교하며 이를 살펴보고 있다. Michael Lane Bruner, *Strategies of Remembrance: The Rhetorical Dimensions of National Identity Construction*, Columbus, South Carolina, 2002; Mikhail Molchanov, *Political Culture and National Identity in Russian-Ukrainian Relations*, College Station, Texas, 2002.

직접 살펴보지는 못했지만 우리의 주제와 관련 있는 것으로 보이는 그 밖의 자료들로는 다음과 같은 것들이 있다.

Wendy Helleman ed., *The Russian Idea: In Search of a New Identity*, Bloomington, 2003.
Yu. V'iunov, *Slovo o russkikh*, Moscow, 2002[『러시아인들에 관한 말』].
Yu. G. Fedoseev, *Russkie sredi drugikh*, Moscow, 2002[『타자들 사이의 러시아인들』].
Evgeny Troitsky, *Russkaia etnopolitologiia*, Moscow, 2001~2003[『러시아 민족정치학』].
  * 이는 러시아국민심화연구협회(AKIRN, Assotsiatsiia po kompleksnomu

izucheniiu russkoi natsii)를 위해 제작된 세 권짜리 교과서이다.

V. B. Avdeev and A. N. Savel'ev eds., *Rasovy smysl russkoi idei*, Moscow, 2002[『러시아 이념의 인종적 의미』].

G. V. Akopov, *Rossiiskoe soznanie: istoriko-psikhologicheskie ocherki*, Samara, 1999[『러시아 의식: 역사·심리 스케치』].

V. I. Bol'shakov, *Grani russkoi tsivilizatsii*, Moscow, 1999[『러시아 문명의 여러 측면』].

찾아보기